Sammlung der Zeitzeugen

Ingrid Volkmann

Vom Dritten Reich zur Nachkriegszeit
Kindheit und Jugend im Schatten
des Reichsarbeitsdienstes
1935–1955

Ingrid Volkmann, geb. 1936 in Pfaffendorf Kreis Landeshut/Schlesien. Kindheit an wechselnden Standorten des Vaters in Schlesien, Hessen, Bayern und im Generalgouvernement. Ab 1939 ständiger Wohnsitz Fürth/Bay. Mit Beginn der Luftangriffe durch die Alliierten Zuflucht der Familie bei den Großeltern in Jauer/Schlesien. 1945 Flucht vor der Roten Armee, Evakuierung in den Sudentengau, bei Kriegsende Rückkehr nach Schlesien, „wilde" Ausweisung aus Moys (Görlitz-Ost), Rückkehr nach Fürth/Bay. Besuch der dortigen Mädchenoberrealschule bis zur Obertertia, anschließend des Staatlichen Aufbaugymnasiums mit Internat in Bad Neuenahr (Rheinland/Pfalz), Abitur 1955. Studium an der Pädagogischen Akademie Worms, 1. Lehrerexamen 1957. Lehramtsanwärterin in Budenheim bei Mainz, 2. Lehrerexamen 1960. Auslandsschuldienst 1961-1964 an der Deutschen Schule Bilbao/Spanien. 1963 Heirat. Lehrerin in der Nähe wechselnder Dienstorte des Ehemannes in Hessen, Nordrhein-Westfalen, Baden-Württemberg und Berlin. Die Autorin lebt jetzt bei Freiburg. Sie hat drei Kinder und vier Enkelkinder.

Sammlung der **Zeitzeugen**

Ingrid Volkmann

Vom Dritten Reich zur Nachkriegszeit

Kindheit und Jugend im Schatten des Reichsarbeitsdienstes 1935–1955

Herausgegeben von Jürgen Kleindienst

Zeitgut Verlag

Die im Buch veröffentlichten Abbildungen und Dokumente stammen aus dem Privatbesitz der Autorin. Weitere Abbildungsnachweise auf Seite 425/426.

Bibliografische Information der Deutschen Bibliothek
Die Deutsche Bibliothek verzeichnet diese Publikation in der Deutschen Nationalbibliografie; detaillierte bibliografische Daten sind im Internet über http://dnb.ddb.de abrufbar.

© 2017 by Zeitgut Verlag GmbH, Berlin
Sammlung der Zeitzeugen, Band 85
Verlag: Zeitgut Verlag GmbH, Berlin
Klausenpass 14, 12107 Berlin
Telefon 030 - 70 20 93 0
Telefax 030 - 70 20 93 22
E-Mail: info@zeitgut.de
Herausgeber: Jürgen Kleindienst
Lektorat: Isabella Busch, Berlin
Satz: Dr. Helga Miesch, Perleberg
Umschlaggestaltung: Daniel Kreisel
Printed in Poland
ISBN 978-3-86614-271-8

Als E-Book:
ISBN 978-3-86614-272-5

www.zeitgut.de

Inhalt

Teil II   Meine Spurensuche in der Heimat

Reise 1985

Reise 1994 (nach dem Reisebericht von Maria Paeselt)

Reise 2007

Teil III   Das Schicksalsjahr 1945

Teil IV   Ein Jahrzehnt der Nachkriegszeit

Als „Flüchtling" in Fürth

Weshalb ich das Buch schrieb

Aus persönlicher Erinnerung, anhand schriftlicher Aufzeichnungen und Dokumente meines Vaters und erhalten gebliebener Fotos möchte ich unter Einbeziehung der damaligen politischen Verhältnisse die mein Leben prägenden Ereignisse festhalten. Während des Dritten Reiches geboren, beginnen meine persönlichen Erinnerungen erst, als der Zweite Weltkrieg schon voll im Gange war. Die Schilderung der Zeit des Nationalsozialismus erfolgt zum einen aus dem Blickwinkel eines Kindes und beruht auf den spärlichen Berichten der älteren zeitgenössischen Generation. Meine Erlebnisse und Erfahrungen im Krieg und auf der Flucht sind zum anderen in einen durch Fachliteratur und Quellen gestützten größeren historischen Kontext gestellt. Gezielte Reisen an Orte meiner Kindheit in Schlesien und solche der Tätigkeit meines Vaters in Polen und Südfrankreich haben vieles visualisiert und mir zu einer genaueren Vorstellung verholfen, wie es damals war oder gewesen sein könnte. Ganz zwangsläufig ergab sich daraus auch die Lebensgeschichte meines Vaters im Reichsarbeitsdienst, einer Institution, die einen Schatten auf meine Kindheit und Jugend warf, vor allem durch den häufigen Wechsel des Wohnortes und die Trennung der Familie.

Jetzt *noch* oder – ehrlicherweise – jetzt *erst* beschäftigt mich die ganze Problematik des Zweiten Weltkrieges. Zu wenig habe ich nach Kriegsende in Schule, Studium und eben auch von meinem Vater über diese Zeit erfahren und leider vermieden, ihn mit Fragen zu bedrängen. Es waren „versäumte Fragen", die in der ersten Nachkriegszeit von uns Schülern und Studenten auch an unsere Lehrer hätten gestellt werden müssen.

Für meinen Vater war am Ende des Krieges die Familie zerrissen, seine Welt beruflicher Erfüllung zusammengebrochen, auch die von Idealen bestimmte Lebensauffassung infrage gestellt, und ich wollte ihn mit meinen Fragen nicht verletzen. Erst beim Aufschreiben meiner Erinnerungen, merkte ich, dass dies ein Fehler war. Mein Lebensweg war so eng mit dem seinen verknüpft, dass ich fast vierzig Jahre nach seinem Tod die Hintergründe seines Werdeganges im Dritten Reich, in der Nationalsozialistischen Deutschen Arbeiterpartei (NSDAP) und im Reichsarbeitsdienst (RAD) aufspüren wollte. Mich beschäftigte, was sich in der Zeit meiner Kindheit abspielte, was die Generation unserer Eltern erlebte, was sie gewusst haben kann oder muss und dann vermutlich verdrängte. Und da sie uns erzogen und begleitet hat, reicht meine Erlebnisgeschichte bis in die Nachkriegs- und Besatzungszeit sowie in die Frühphase der Bundesrepublik hinein.

Besondere Impulse zu meinen schriftlichen Reflexionen hat mir die Lektüre einiger Bücher gegeben. Zum einen „*Unscharfe Bilder*" von Ulla Hahn. Mich hat sehr bewegt, wie der in diesem Roman auftauchende Generationenkonflikt zwischen Vater und Tochter ausgetragen wird. Aber im Unterschied zu meiner Situation konfrontiert die Tochter den Vater zu dessen Lebzeiten mit seinen Erinnerungen an den Zweiten Weltkrieg und seiner vermeintlichen Beteiligung an Kriegsverbrechen. Bei der Auseinandersetzung mit der Vergangenheit ihres Vaters spielt die Wehrmachtsausstellung eine Rolle, die auch ich – und zwar in der zweiten schon überarbeiteten Fassung von 2001 – besucht habe. Sie trägt den Titel „Verbrechen der Wehrmacht. Dimensionen des Vernichtungskrieges 1941–1944". Sie hat mir viele Vorgänge von damals bewusst gemacht, die auch mein Vater miterlebt hat.

Zum anderen waren es die Aufzeichnungen von August Friedrich Kellner (1885–1970) unter dem Titel „*Vernebelt, verdunkelt sind alle Hirne – Tagebücher 1939–1945*". Kellner, ein deutscher Sozialdemokrat und Justizinspektor, hat die Ereignisse während des Zweiten Weltkriegs aufgrund seiner Beobachtungen und seines dienstlichen Wissens insgeheim schriftlich festgehalten. Erst vor wenigen Jahren wurden seine Aufzeichnungen von seinem amerikanischen Enkel veröffentlicht. Sie machen deutlich, dass ein Großteil der deutschen Bevölkerung die Augen vor den ungeheuerlichen Vorgängen, Entwicklungen und den Verbrechen im NS-Deutschland verschloss, obwohl sie so allgegenwärtig waren. Und ganz besonders aufgewühlt hat mich „*Meines Vaters Land*" von Wipke

Bruhns, die Biografie über ihren Vater, der als Widerstandskämpfer 1944 hingerichtet wurde.

Außerdem forderte mich die kontrovers geführte Diskussion um die geplante Vertriebenen-Gedenkstätte „Zentrum gegen Vertreibung" in Berlin zur Reflexion der Erinnerungen an das Land meiner Kindheit und Vorfahren heraus. Meine Reisen in die Volksrepublik – und jetzt Republik Polen haben viele Erlebnisse aus den frühen Kindheitsjahren wachgerufen und konfrontierten mich mit der geschichtlichen und kulturellen Entwicklung des Landes und den heute dort lebenden Menschen. Diese meine Beobachtungen, Erfahrungen und Erkenntnisse möchte ich an die nächsten Generationen weitergeben.

Nicht zuletzt haben auch meine Enkelkinder mit ihren ständigen Bitten den Anstoß zum Schreiben gegeben: „Oma, erzähl uns eine Geschichte von früher, als du ein Kind warst!" Als sie so fragten, waren sie selbst noch Kinder. Jetzt, da ich mein Erlebnisse niederschreibe, sind sie Jugendliche und junge Erwachsene. Deshalb möchte ich auch den Zeitraum meiner Betrachtung auf meine Jugend bis zum Erwachsenwerden ausweiten. In die Nachkriegszeit fällt zudem meine schulische Ausbildung.

Meine Familie stammt aus Schlesien, wo auch mein Geburtsort liegt. Meine Erinnerungen an die Kriegszeit beginnen auch genau dort im „behaglichen" Luftschutzkeller des Reiches, so benannt, weil die Reichweite der alliierten Luftflotte bis 1944 noch nicht den Osten Deutschlands einschloss. Deshalb war meine Mutter mit mir unter Beibehaltung des eigentlichen Wohnsitzes Fürth/Bayern zu den Großeltern nach Jauer/Schlesien gezogen. Erst in den letzten Kriegsmonaten erreichten uns dort die Schrecken und Wirren von Flucht, nochmaliger Rückkehr nach Schlesien sowie endgültiger Vertreibung aus der Heimat. Nach vorübergehender Bleibe in der geteilten Stadt Görlitz und dem Hungertod meiner Großmutter und des kleinen Bruders begaben meine Mutter und ich uns auf die Rückreise zu unserem Wohnsitz im Westen, die sich, unterbrochen von einer Typhuserkrankung meiner Mutter, über zwei Monate hinzog. Sie musste, psychisch schwer erkrankt, den Rest ihres Lebens in Kliniken verbringen. Von der Kriegsgefangenschaft verschont, sorgte mein „alleinerziehender Vater" im ersten Jahrzehnt der Nachkriegszeit rührend für mich, sprach aber selten ernsthaft mit mir über sich und unser Leben im Dritten Reich.

Auf meinen Reisen, die ich schildere, möchte ich in die Vergangenheit eintauchen und den Verlust der Heimat verarbeiten, vor allem bei Begegnungen und Gesprächen mit den heutigen Bewohnern in deren „wiedergewonnenen Gebieten" in Polen. Dabei soll am Beispiel unserer Familiengeschichte deutlich werden, was Schlesien früher für die Deutschen bedeutete und wie heute eine gemeinsame Erinnerungskultur von Polen und Deutschen die Völker wieder miteinander verbinden kann und muss.

Bei der Beschäftigung mit dem Lebenslauf meines Vaters wurde mir die ganze Bandbreite möglicher Affinitäten zum nationalsozialistischen Regime deutlich. Mich interessierten insbesondere die Beweggründe eines jungen, 22-jährigen Menschen, schon früh (1928) in die Partei einzutreten, zeitweilig mitzuwirken, zwischenzeitlich sich abzuwenden und dann wieder die Aufnahme in die NSDAP zu beantragen. Ich versuche zu verstehen und nachzuvollziehen, was meinen Vater an Hitlers Programm faszinierte, und was ihm für das Deutsche Reich und sich selbst als Zukunftsperspektive erschien. Wann kamen bei ihm die ersten Zweifel auf, welche Maßnahmen lehnte er ab, um dann doch vieles mitzutragen? Mit meiner Schilderung des Entnazifizierungsverfahrens in den ersten Nachkriegsjahren wird die persönliche Entwicklung meines Vaters noch einmal aufgegriffen und beleuchtet. Ich will zeigen, wie er durch den „Untergang des Reiches" aus der Bahn geworfen wurde und nur mühsam in der Bundesrepublik Fuß fassen konnte. Dabei ist die Eingliederung der Familie als Heimatvertriebene in Bayern nur ein Aspekt unter vielen anderen.

Die berufliche Laufbahn meines Vaters im Arbeitsdienst kann ich von 1933 bis zum Zusammenbruch des Deutschen Reiches nachzeichnen. Das impliziert die Entwicklung dieser Organisation vom Freiwilligen Arbeitsdienst bis zur Gleichschaltung im Reichsarbeitsdienst, von der ursprünglichen Aufgabenstellung der Bewältigung der Arbeitslosigkeit bei

Durchführung gemeinnütziger Arbeiten hin zur Erziehungs-
schule des NS-Regimes und schließlich zur Bau- und Hilfs-
truppe der Wehrmacht und gelegentlichem Kriegseinsatz ab
1939. Am Überfall auf Polen war mein Vater nicht beteiligt
und über die Einbeziehung in den Einmarsch in Frankreich
1940 habe ich in seinen Unterlagen keine Hinweise gefunden. Jedoch dokumentieren im Bundesarchiv-Militärarchiv
(BAMA) Freiburg die Kriegstagebücher der Wehrmacht von
1943 die Einbindung des RAD in die Besetzung Südfrankreichs. Dazu konnte ich über hundert persönliche Fotos meines Vaters aus seiner Zeit in der Camargue auswerten.

Einen großen Raum nehmen die Ereignisse des Ostkrieges
ein. Mein Vater hat 1941 den Vormarsch in Russland bis vor
die Tore Leningrads als Führer einer RAD-Abteilung miterlebt. Ab Sommer 1942 war er als Kriegsberichterstatter für
den RAD in die Kampfhandlungen an der Ostfront bis Rschew
(Ržev 200 km vor Moskau) eingebunden. Außerdem ist für
1943–1945 seine Tätigkeit im Baudienst des Generalgouvernements belegt, wobei die Themen Zwangsarbeit und die
Durchsetzung von Hitlers Lebensraumprogramm im Osten
zur Sprache kommen. An einigen Orten waren wir als kleine
Familie mit meinem Vater zusammen, manche seiner Wirkungsstätten habe ich später auf Reisen aufgesucht. Die einzelnen Stationen dokumentiert sein Soldbuch. Auch mithilfe
von Karten, Fotos und Dokumenten habe ich versucht, für
heutige und auch für spätere Leser ein anschauliches Ge-
schichtsbild über die dramatischen Vorgänge in der Mitte des
20. Jahrhunderts zu zeichnen.

So hat diese „Autobiografie" den Charakter einer „Doppel-
biografie". Sie ist ein Beitrag zur Geschichte der Familie und
der Generationen, deren Akteure den Werdegang unseres
Landes fast ein ganzes Jahrhundert gestaltet haben. Sie ist
ein Dokument der Erinnerung subjektiver Erlebnisse vor er-
schlossenem historischem Hintergrund und damit der Versuch, ein zeit- und familiengeschichtliches Gesamtbild zu ent-
werfen.

Bei meinen Recherchen konnte ich auf die Hilfe meines
Mannes bauen, der mich als Historiker auf Fachliteratur in
Bibliotheken und im eigenen Bestand hinwies und Kontakte

zu Archiven herstellte. Ich habe mich erst jetzt intensiv mit einigen seiner wissenschaftlichen Werke befasst, die die Problematik des Dritten Reiches und des Zweiten Weltkriegs beleuchten. Er stand mir mit seinem Wissen und seinen Erkenntnissen zur Seite, gab Anregungen und half durch weiterführende Kritik. Dafür möchte ich ihm danken.

Mein Dank gilt auch der Biographin Dr. Sabine Schuster für erste konzeptionelle Anregungen zum Manuskript und Dr. Matthias Weis für die Erfassung des Bild- und Fotomaterials.

Gerhard Schätzlein steuerte mit dem Gesprächsprotokoll eines Zeitzeugen einen wesentlichen Beitrag zum Verständnis der Organisation und der Einstellung meines Vaters zum Reichsarbeitsdienst bei. Auch die Fluchtbeschreibungen meiner Kusinen Gerda Berger und Hannelore Grengel waren als Ergänzung meiner Erlebnisse sehr aufschlussreich. Monika und Jens Schönwandt haben das Manuskript auf Ausdruck, Lesbarkeit und juristische Sachverhalte überprüft. Dafür danke ich ihnen allen.

Besonderen Dank möchte ich dem Team des Zeitgut-Verlages für die Aufbereitung des Manuskriptes zur Veröffentlichung aussprechen. Jürgen Kleindienst danke ich für die Aufnahme des Titels in die „Sammlung der Zeitzeugen".

Für meine Kinder und Enkel.

Meine erste Reise in die Vergangenheit 1976

Unerwünschte Heimattouristen

Gleichmäßig rollt der Nachtzug über die Schienen. Ich kann trotz des monotonen Klopfens der Räder, deren Erschütterung sich auf das schmale, harte Bett überträgt, nicht schlafen. Eine trübe Lampe sorgt in dem Abteil nur für eine schummrige Beleuchtung. Ab und zu holpern die Waggons über Weichen und gleichzeitig huschen helle Lichtkegel am Fenster vorbei. Daran erkenne ich, dass wir durch eine Bahnstation fahren. Vorsichtig schiebe ich den Vorhang ein wenig zur Seite und versuche, die Ortsschilder zu lesen, doch meist gleiten sie zu schnell vorbei und das Entziffern gelingt mir nicht. In Dresden haben wir einen längeren Aufenthalt. Danach geht die Fahrt weiter Richtung Görlitz und langsam dämmert draußen der Morgen. Bei mir wächst die Spannung: Was wird die Reise – meine erste Reise nach dem Krieg als Erwachsene – in das Land meiner Kindheit bringen?

Wenige Monate nach Kriegsende hatte ich als Kind mit meiner Mutter Teile dieser Strecke in umgekehrter Richtung von Görlitz nach Bayern zu unserem damaligen Wohnsitz Fürth zurückgelegt. In den Nachkriegsjahren reiste ich des Öfteren auch alleine im Interzonenzug von Bayern nach Görlitz, um die Großeltern zu besuchen, die dort als Vertriebene lebten. Das großelterliche Haus aber, das ich von Besuchen in meiner Kindheit kenne und aufsuchen möchte, steht auf der heute polnischen Seite jenseits der Oder-Neiße-Grenze in Ujazd, einem Stadtteil von Zgorzelec, früher der Stadtteil Görlitz-Moys. Die Großeltern haben es nach der Vertreibung nie wiedergesehen und sind inzwischen schon lange verstorben. Görlitz-Moys wird die erste Station dieser Reise sein, auf der mein Mann mich begleitet.

In Görlitz-West hält der Zug lange, die meisten Reisenden steigen aus. Grenzpolizisten kontrollieren Pässe und Gepäck. Einige prüfende Blicke – Erleichterung! Alles ist in Ordnung!

Görlitz.
Die Neiße   — Symbol der Trennung
Neißeviadukt — Symbol der Verbindung zwischen Ost und West

Dann geht die Fahrt weiter Richtung Osten. Wenige Minuten nach Verlassen des Bahnhofs höre ich am metallenen Widerhall, dass wir die Neiße auf dem Eisenbahn-Viadukt überqueren. Unser Blick fällt auf den Fluss tief unter uns.

„Hier bin ich oft Kahn gefahren, manchmal mit den Großeltern und meiner Mutter, einmal mit meinem Vater, als er uns im Fronturlaub in Moys besuchte. Am lustigsten war es mit den Cousinen", erzähle ich meinem Mann.

Niemand ahnte damals, dass die Lausitzer Neiße als Grenze wenige Jahre später eine schicksalhafte Rolle spielen würde – für unsere Familie und für Millionen deutscher Landsleute.

Da bremst der Zug auch schon und hält in Zgorzelec. Nur wenige Fahrgäste steigen mit uns aus. Der Zug fährt weiter nach Wrocław (Breslau). Unsere Koffer lassen wir am Gepäckschalter zur Aufbewahrung. Gut dreißig Jahre ist es her, seit ich das letzte Mal vor dem Bahnhofsgebäude gestanden habe. Wenn meine Mutter und ich die Großeltern väterlicherseits besuchten, fuhren wir mit dem Zug von Jauer über Liegnitz

Zu Besuch bei den Großeltern in Görlitz-Moys machten mir die Kahn-fahrten auf der Neiße besonderen Spaß (1942).

und Kohlfurt hierher. Mein Herz klopft vor Aufregung, aber ich bin mir sicher, dass ich den Weg zum Elternhaus meines Vaters finden werde. Dummerweise habe ich es versäumt, mir die Straßennamen übersetzen zu lassen: Gablonzerstraße 5 oder vor der Umbenennung durch die Nationalsozialisten: Johanniskirchstraße 5. Die frühere Bezeichnung ist in die noch heute existierende Reisekiste aus meines Vaters Studenten-zeit eingebrannt. In meiner Erinnerung liegt das Grundstück genau gegenüber einer Kirche. Das muss demnach die Johan-niskirche sein, nach der ich jetzt Ausschau halte. Aber wird es möglich sein, die heutigen Bewohner anzusprechen? Ich habe keine Gelegenheit gefunden, unseren Besuch anzumel-den. Der Rat für Heimattouristen lautet: einen Taxifahrer als Vermittler anheuern.

Wir haben Glück, denn auf dem Vorplatz steht ein Auto. Es stellt sich heraus, dass der Fahrer ein paar Brocken Deutsch spricht. Mit Mühe kann ich ihm erklären, dass meine Großel-tern früher in Zgorzelec gelebt haben.

„Bitte Haus suchen – hier Kirche – da Haus".

Mein Vater verbrachte mit uns einen Heimaturlaub in Görlitz-Moys (1942).

Er nickt verständnisvoll. Wir steigen in den Wagen. Von der Anhöhe mit dem Bahnhofsgelände hat man einen weiten Blick. Aber ich habe zunächst keinerlei Orientierung. Der Taxifahrer fährt durch einige Straßen, biegt um eine Ecke, hält auf eine Kirche zu. Die Wohngegend erscheint mir vollkommen unbekannt. Ich kann das großelterliche Haus mit dem großen Garten nicht entdecken und schüttle den Kopf. „Andere Kirche, bitte!" Der Chauffeur wendet und fährt in die entgegengesetzte Richtung. Ein markanter neoromanischer Bau taucht auf, das ist die Johanniskirche! Ich gebe dem Taxifahrer ein Zeichen, damit er in die nächste Straße einbiegt – und schon erkenne ich das Haus der Großeltern mit der Nummer 5. Es sieht noch genauso aus, wie ich es im Gedächtnis habe, seit wir es im Juni 1945, also vor rund dreißig Jahren, überstürzt verlassen mussten.

Die ausgebaute Dachgaube mit dem Fenster war das Zimmer meines Vaters und bei unseren Besuchen unser Gästezimmer. Im Hintergrund sind die zum Anwesen gehörende

Vaters Elternhaus in Görlitz-Moys war in den 70er Jahren noch im alten Zustand erhalten.

Wagenhalle und der Pferdestall, eine Zeitlang umfunktioniert zur Garage, zu sehen. Und der Garten, in dem ich mit Opa werkelte, schließt sich an. Nur ist das Grundstück nicht mehr in voller Größe vorhanden. Ein Neubau ist nebenan auf dem ehemaligen Gartengelände errichtet worden.

Wir warten längere Zeit vor dem Gebäude, sehen aber keinen Menschen im Garten oder am Haus, den wir hätten ansprechen können. Könnte vielleicht der Taxifahrer an der Haustür klingeln und fragen, ob Besuch erwünscht sei? Unser Chauffeur hat meine Gesten und Worte verstanden. Er läutet einmal – ein zweites Mal –, aber niemand öffnet. Schließlich erscheint ein Frauenkopf hinter einer Fensterscheibe, verschwindet aber schnell wieder, doch im Haus rührt sich nichts. Ich spüre förmlich die Ablehnung und bin enttäuscht. Zu gerne hätte ich mich in Haus und Garten umgesehen, um die vielen schönen Ferientage bei den Großeltern besser in der Erinnerung aufleben zu lassen.

Wir bedanken uns bei dem Taxichauffeur, bezahlen die Fahrt und bedenken ihn mit reichlich Trinkgeld. Es bleibt noch etwas Zeit für einen Rundgang zu Fuß. Inzwischen entsinne ich mich wieder, dass man nur die leicht ansteigende Straße bis zum Ende gehen und nach rechts abbiegen muss, um zum Bahnhof zu gelangen.

Die damals evangelische Johanniskirche habe ich als Kind nie betreten. Ich habe Scheu, das jetzt katholische Gotteshaus zu besichtigen. Da fällt mein Blick auf das Eckhaus gleich gegenüber auf der anderen Straßenseite. In die Hauswand ist eine steinerne Knabenfigur im Jugendstil eingelassen, die schon früher meine kindliche Aufmerksamkeit geweckt hatte. Ich hatte mir damals vorgestellt, der Bube müsse als Strafe für seine Missetaten versteinert für immer an der Ecke stehen.

Jetzt taucht nach wenigen Schritten ein Turm zwischen den Häusern auf, der Wasserturm. Ich kann mich noch gut entsinnen, dass ich mich als Kind wunderte, warum das Wasser erst hinaufgepumpt wird, um es dann wieder herunterfließen zu lassen. Das Prinzip der verbundenen Röhren zur Druckerzeugung verstand ich noch nicht. Auch einige schöne Jugendstilvillen erkenne ich wieder. Damals kamen sie mir wie kleine Schlösser vor. Heute ist ihre Bausubstanz in einem bedauernswerten Zustand.

Am Ende der Straße biegen wir nach links in einen abschüssigen Spazierweg ein und ein Winterbild erscheint vor meinem inneren Auge: Hier ist der Schlittenhang, den Opa mit mir im Winter hinuntersauste!

Zum Bahnhof ist es nicht weit und nach kurzer Wartezeit kommt an diesen Treffpunkt wie verabredet der Bus des Reiseunternehmens aus der Bundesrepublik, mit dem wir nun eine Woche die schönste Landschaft in Niederschlesien erkunden wollen: das Riesengebirge.

Mein Mann und ich sprechen während der Fahrt über unsere ersten Eindrücke, die Situation der polnischen Neu-Bürger in Zgorzelec und deren Reaktionen bei Begegnungen mit Deutschen. Welches Schicksal mögen sie gehabt haben? Sind es Umgesiedelte aus früheren polnischen Ostgebieten, als diese nach dem Krieg der Sowjetunion einverleibt wurden? Sie hatten die „Wahl" zwischen der Aufgabe ihrer Staatsangehörigkeit bei Eingliederung in die Sowjetgesellschaft oder der

Umsiedlung in die „wiedergewonnenen" Gebiete. Sind es ehemalige polnische Zwangsarbeiter aus Deutschland, die aus demselben Grund keine Rückkehrmöglichkeit in ihre Heimat hatten, da Stalin schon vor und gleich nach Kriegsende die Ostgebiete „polenfrei" machte? Handelt es sich gar um ehemalige Kriegsgefangene aus dem Stalag (Stammlager) VIIIA in Görlitz-Moys? Oder fanden Polen, die ihr Zuhause durch Bombentreffer und andere Kriegseinwirkungen verloren hatten, hier in den von Vertriebenen zurückgelassenen Häusern und Wohnungen ein neues Heim? Auch der eine oder andere Angehörige der Polnischen Armee, die mit der Roten Armee zusammen die letzten Kämpfe in diesem Gebiet bestritten hatte, soll sich hier niedergelassen haben. Diese Polen hatten zu Kriegsende den Verlust der Heimat erlebt. Die Atmosphäre der Vorläufigkeit mag bei manchen Neusiedlern wegen der Unsicherheit über die endgültige Grenzregelung und ihren Verbleib in den „wiedergewonnenen Gebieten" immer noch anhalten. Vor allem seit der Öffnung der „Freundschaftsgrenze" 1972 – zunächst bis 1980 – nutzen viele jetzt in der DDR lebende ehemalige Flüchtlinge und Vertriebene den pass- und visafreien Grenzverkehr nach Polen. Aber auch Bundesbürger reisen an, um zum ersten Mal seit 1945 einstige Wohnorte zu besuchen und Stätten der Kindheit und Jugend wiederzusehen. So ist es verständlich, dass Begegnungen zwischen den aus der Heimat entwurzelten Deutschen und polnischen Neusiedlern nicht immer konfliktfrei verlaufen und bis heute nicht völlig spannungsfrei sind. Ich verstehe die skeptische und ablehnende Haltung dieser Polen, die in der Regel nicht freiwillig nach Niederschlesien gekommen waren.

Unterwegs in Rübezahls Reich

Unser Quartier ist ein Hotel in Karpacz (Krummhübel) am Fuße des Riesengebirges. Auf dem Programm unseres deutschen Reiseunternehmers stehen viele Sehenswürdigkeiten. Wir besuchen die Ruine Chojnik (Kynast) und die beeindruckenden Wasserfälle bei Szklarska Poręba (Schreiberhau), den Wodospad Kamieńczyka (Zackelfall) und den Wodospad Szklarki (Kochelfall). Auch auf die Spur des wohl bekanntesten schlesischen Schriftstellers, Gerhart Hauptmann, stoßen wir. Er besaß unweit von Jelina Góra (Hirschberg) ein Anwesen in Jagniatków (Agnetendorf), in dem er das Kriegsende erlebte und noch wenige Tage vor seiner Ausweisung durch polnische Behörden aus Schlesien im Juni 1946 verstarb. Für sein sozialkritisches Drama „Die Weber" erhielt er 1912 den Literaturnobelpreis. An der Rückwand des Hauses entdecken wir eine Inschrift auf Deutsch: „Hier wirkte im Schatten des Riesengebirges Gerhart Hauptmann, Dichter der deutschen Nation, von den Russen beschützt." Für mich aber verbindet sich mit Hauptmann vor allem seine Erzählung „Hanneles Himmelfahrt". Ich habe sie aber erst nach dem Krieg gelesen, immer wieder und jedes Mal war ich in Tränen aufgelöst:

Der bewusstlosen 14-jährigen Hannele erscheint im Traum die verstorbene Mutter, die sie auf den Tod vorbereitet. In ihren Fiebervisionen wird dem Mädchen alle Zuwendung und Wertschätzung zuteil, die ihm im Leben versagt geblieben ist. Ein Schneider legt ihr ein prächtiges Brautkleid für den Einzug in den Himmel an. Die Schulkinder aus ihrer Klasse kommen, um sich bei ihr für Spott und Bosheiten zu entschuldigen. Während immer mehr Engel den Raum füllen, nimmt eine Erlösergestalt Hannele an die Hand und lässt sie aufstehen. Die Engel führen sie in den Himmel. In der Stube des Armenhauses kann der Arzt nur noch Hanneles Tod feststellen.

Wahrscheinlich identifizierte ich mich damals mit Hannele. Meine Mutter war zwar nicht gestorben, aber wegen ihrer psychischen Erkrankung nach Kriegsende für mich mental nicht mehr erreichbar.

Eine weitere Busrundfahrt am nächsten Tag führt uns das Leben von Hauptmanns „Webern" deutlich vor Augen. In Chelmsko Śląskie (Schömberg) erfahren wir die interessante Geschichte der Webersiedlung „Zwölf Apostel". Für böhmische Weber wurde sie im 18. Jahrhundert erbaut. Mich erinnern die jetzt nur noch elf erhaltenen Häuschen – „Paulus" ist einem Feuer zum Opfer gefallen – eher an dicht aneinander gedrängte Heinzelmännchen als an erwachsene Männer.

Auf dieser Fahrt werden uns zahlreiche schlesische Kulturgüter gezeigt: zum Beispiel das Zisterzienserkloster mit

Wallfahrtskirche in Krzeszów (Grüssau) und nicht zuletzt das größte Schloss Schlesiens, Schloss Ksiąź (Fürstenstein), heute die drittgrößte Schlossanlage Polens.

An unserer Strecke liegen auch Szarocin (Pfaffendorf), mein Geburtsort, und Leszczyniec (Haselbach), wo ich getauft wurde. Aber ein Halt ist nicht möglich, da niemand außer mir und meinem Mann sich für diese Dörfchen interessiert und das Programm für den Busausflug eingehalten werden muss. Diese Orte will ich aber in den nächsten Tagen unbedingt auch noch aufsuchen!

Der polnische Reisebegleiter bietet als nächste gemeinsame Unternehmung eine Gebirgstour an. Bei der Auswahl des Ziels stimme ich mit einigen anderen ehemaligen Schlesiern aus dieser Gegend für eine Kammwanderung im Isergebirge, einem weiteren Höhenzug der Sudeten, nordwestlich an das Riesengebirge angrenzend. Ich habe die begeisterten Schilderungen meines Vaters aus seiner Wandervogelzeit vor Augen. Der Bus bringt uns an den Fuß der Berge in den Kurort Świeradów-Zdrój (Bad Flinsberg). Nach einem anstrengenden steilen Aufstieg laufen wir auf dem Kamm durch vollkommen abgestorbene Wälder. Ich bin enttäuscht und traurig über die Veränderungen, die die tschechischen Industriegebiete auf dem Sudeten-Gebirgskamm verursachen. Der durch den CO_2-Ausstoß entstehende saure Regen fügt der Vegetation enormen Schaden zu. Szenarien, die von den Naturschützern für den Schwarzwald und andere Mittelgebirgsregionen in naher Zukunft erwartet werden, sind hier schon traurige Wirklichkeit geworden. Älteren „Heimattouristen" treten sogar Tränen in die Augen, als wir auf dem Höhenweg stundenlang über die Baumleichen steigen oder Umwege in Kauf nehmen müssen. Sie haben ihre Wälder ganz anders in Erinnerung. Zudem hindern uns die tschechischen Grenzpolizisten daran, den bequemeren Wanderweg auf der tschechischen Seite zu benutzen. Erschöpft nach stundenlangem Herumirren sind wir froh, dass uns der Busfahrer am anderen Ende des Gebirgskammes wieder einsammelt und in unser Quartier zurückbringt. Der polnische Reiseleiter entschuldigt sich vielmals, denn er hat die Wanderung seit etlichen Jahren nicht mehr durchgeführt und wusste deshalb nichts von den dra-

matischen Veränderungen der Wälder in dieser Gegend.
Am nächsten Tag besichtigen wir die Kreisstadt Jelenia Góra (Hirschberg). Ein Besuch hier darf natürlich nicht fehlen. Die Stadt war im Krieg zwar nur leicht beschädigt worden und die Infrastruktur deshalb erhalten geblieben, aber man hatte die Altstadthäuser ziemlich verfallen lassen und erst in den letzten Jahren notdürftig renoviert. Trotzdem begeistert mich der wunderschöne geschlossene Ring um den Marktplatz, wie er für viele schlesische Städte typisch ist. Diese Stadt ist mir aus den Erzählungen meines Vaters ein Begriff. Als Volontär lernte er in einer Drogerie, bis er einen anderen Berufsweg wählte.

Verständnisvoller Empfang

Der nächste Tag ist zur freien Verfügung, es gibt kein offizielles Programm, und fast jeder nutzt die Gelegenheit für eine Fahrt an die Stätten der Erinnerung an Flucht oder Vertreibung aus der Heimat. Wir heuern wieder einen Taxifahrer an, so wie die meisten Heimattouristen auf diese Möglichkeit zurückgreifen, darin schon Routine haben und uns einen gut Deutsch sprechenden Polen empfehlen. Der hat Erfahrung als Dolmetscher und Vermittler zwischen Vertriebenen und Neusiedlern. Wir wollen Jawor (Jauer), den Heimatort meiner Mutter, besuchen, in dem ich mit ihr während des Zweiten Weltkriegs fünf Jahre bei den Großeltern gelebt habe.

Das Taxi fährt durch die liebliche Vorgebirgslandschaft des Riesengebirges. Ich verfolge auf einer alten deutschen Landkarte von Schlesien – einer Radfahrkarte meines Vaters – mit dem Finger die Route, indem ich das polnische Schild bei jedem Ortseingang jeweils mit der deutschen Bezeichnung vergleiche. Rückfragen bei dem polnischen Taxifahrer werden von diesem bestätigend oder korrigierend beantwortet.

Für mich als Achtjährige bedeutete damals der abrupte Aufbruch Ende Januar 1945 das Ende einer unbeschwerten Zeit mit vielen schönen und prägenden Erlebnissen. Je mehr wir uns dem wichtigsten Ort meiner Kindheit, dem heutigen Jawor – auf Deutsch Ahornbaum – nähern, desto aufgeregter werde ich. Die Landschaft an der etwa 50 Kilometer langen

Strecke ruft aber nicht die geringsten Erinnerungen in mir wach. In den Kriegsjahren hatten wir so gut wie keine Ausflüge in die Umgebung unseres Wohnortes unternommen. Dennoch klingen mir so manche Ortsnamen vertraut. Ich kenne sie wohl aus Gesprächen der Eltern oder Großeltern, wie Bolkenhain (Bolków) oder Schweinhaus (Świny). Letzterer ist mir sicher schon wegen des lustigen Namens im Gedächtnis geblieben.

Das Beamtenhaus in Jauer, in das meine Großeltern mich und meine Mutter während der Kriegsjahre bei sich in der Wohnung aufgenommen hatten, steht mir aber noch genau vor Augen.

„Früher Breslauerstraße 29a, das heißt heute im Polnischen sicher Ulica Wrocławska und die Hausnummer ist wahrscheinlich dieselbe geblieben", erkläre ich dem Taxifahrer das Ziel.

Wir kommen durch die Außenbezirke der Stadt und ich erkenne immer noch nichts wieder. Doch plötzlich biegt das Auto in eine Straße ein, wobei der Taxifahrer auf das Straßenschild weist und ich sehe schon von Weitem ein großes Gebäude.

„Das ist es!", rufe ich ungeduldig, „da, der Eingang in der Mitte. Dann hoch im zweiten Stock rechts, die Wohnung mit dem Rundbogenbalkon!"

Der Taxifahrer hält. „Bitte, etwas Geduld, ich schaue, ob die Leute zu Hause sind."

Nichts hat sich in den über dreißig Jahren am Gebäude verändert, nur an der Fassade hat im Laufe der Zeit die Witterung genagt.

Da kehrt der Taxifahrer auch schon strahlend zurück: „Sie können raufkommen und die Wohnung besichtigen."

Das Treppenhaus, das Geländer, auf dem ich oft verbotenerweise herabgerutscht war, die Wohnungstür, alles kommt mir so vertraut vor, als wäre ich erst gestern das letzte Mal hier gewesen.

An der Tür empfängt uns eine freundliche ältere Dame und bittet uns durch den großen Korridor in ihr Zimmer. Nach dem Überreichen der üblichen Westgeschenke, Kaffee und Schokolade, entwickelt sich ganz ungezwungen ein lebhaftes Gespräch: wer man ist, woher man kommt, die familiäre Si-

Das Beamtenhaus in Jawor (Jauer) 1976: Wohnung der Großeltern mütterlicherseits im 2. Stock. Die schmalen Fenster gehören zum Treppenhaus. Die zwei Fenster rechts daneben waren die „gute Stube" der Großeltern, die beiden folgenden das Wohnzimmer. Den sich anschließenden Rundbogenbalkon konnte ich durch eine Tür zwischen den zwei weiteren Fenstern vom Kinderzimmer aus betreten.

tuation, was man beruflich macht. Natürlich läuft alles über den Taxifahrer als Dolmetscher. Wir erfahren, dass die alte Dame aus Lemberg stammt, heute das ukrainische Lwiw (polnisch Lwów), Partnerstadt von Freiburg. Mit ihrem Mann, einem Arzt, wurde sie nach dem Krieg zunächst nach Kraków (Krakau) umgesiedelt, ehe sie später nach Jawor zogen. Da mein Mann als Historiker Kontakte zu polnischen Kollegen hat und zuvor schon an Tagungen in Polen teilgenommen hat, unter anderen in Krakau, ist die Stadt ein Gesprächsthema. Seine Begeisterung für Krakau rührt die alte Dame sehr. Der verstorbene Ehemann, Hobbymaler, hat ein kleines Bild vom Wawel, der Königsburg, gemalt. Das nimmt sie von der Wand und zeigt es uns. Wir werden – typisch polnische Gastfreund-

Im September 1944 konnten wir nicht voraussehen, dass dieses Foto das letzte in der Heimat sein würde.

schaft – mit Kaffee und Kuchen bewirtet.

Dann erzähle ich von den Kriegszeiten, von der Gefahr der Bombenangriffe auf unseren damaligen Wohnort Fürth bei Nürnberg und unserer Zuflucht bei den Großeltern in Jauer.

„Und das Zimmer hier war mein Kinderzimmer. Mein Kinderbett stand links gleich neben der Tür. Den Kachelofen gab es damals auch schon." Ich zeige das letzte Foto von meiner Mutter mit mir auf dem Balkon, der vom Kinderzimmer aus erreichbar ist.

Sogleich werde ich aufgefordert, hinauszutreten. Von hier aus eröffnet sich der Blick auf die Breslauerstraße, die Einbeziehungsweise Ausfallstraße Richtung Breslau. Früher beobachtete ich am liebsten das Treiben auf dem Gutshof auf der gegenüberliegenden Straßenseite. Das Interessanteste für mich war die Viehwaage auf dem Hof, die jetzt ebenfalls noch existiert. Dorthin kamen viele Viehtransporte, um die Tiere wiegen zu lassen. In einer Kohlenhandlung im Nebengebäude herrschte damals reger Betrieb und riesige Kohlenhaufen wurden in Säcke oder auf Wagen geschaufelt und gewogen.

Nebenan gab es den Kolonialwarenladen „Scholz", bei dem alles für den Alltag zu haben war, von Lebensmitteln bis Nähzeug. In die großen Gefäße mit Bonbons auf der Theke durften wir Kinder nach jedem Einkauf hineinlangen und eine Süßigkeit herausfischen. Die Himbeerbonbons hatten es mir besonders angetan, denn man bekam davon eine ganz rote Zunge.

Da werde ich vom Dolmetscher aus meinen Erinnerungen gerissen: „Sie müssen noch bei einer zweiten Familie guten Tag sagen". Die Gastgeberin informiert uns, dass diese Wohnung über viele Jahre das Zuhause für sie und ihren Mann und dessen Arztpraxis war. Jetzt aber darf sie als alleinstehende Person nicht so viel Wohnraum beanspruchen. Eine junge Familie mit zwei Kindern hat sich in den anderen Zimmern eingerichtet, Küche und Bad werden gemeinsam benutzt. Die alte Dame überreicht uns zum Andenken an den Besuch zwei von ihrem Mann gemalte Bilder, das mit dem Wawel in Krakau und ein anderes mit einem typischen polnischen Holzhaus als Motiv. Wir lassen uns noch die genaue Anschrift geben, denn wir versprechen, in Kontakt zu bleiben. Über Post würde sie sich sehr freuen, denn eine gute Freundin könne ihr den Text ins Polnische übersetzen.

Die unerwartete Herzlichkeit beglückt und beschämt mich gleichermaßen. Sie lässt keinerlei Bitterkeit über den Verlust meines Kindheitsparadieses aufkommen. Hier war eine vorbehaltlose unvoreingenommene Begegnung zweier vom Schicksal unfreiwillig hin und her geschobener Menschen gelungen. Die eine war aus Galizien gezwungenermaßen nach Schlesien gekommen, die andere von Niederschlesien nach Westdeutschland vertrieben.

Als wir in das Wohnzimmer der anderen polnischen Familie, in die frühere „gute Stube" meiner Großeltern eintreten, fällt mir sofort der weiße, reich verzierte Kachelofen auf. Sonst ist aber kein Möbelstück der ursprünglichen Ausstattung vorhanden. Zu damaliger Zeit waren Möbel im Biedermeierstil die große Mode; die der Großeltern waren sogar in der Möbeltischlerei der „Rauschaer Verwandten" meiner Großmutter in Rauscha bei Görlitz angefertigt worden. Das vornehme Zimmer blieb außergewöhnlichen Anlässen vorbehalten, so für die Silberhochzeit der Großeltern. Es roch immer etwas eigentümlich nach Möbelpolitur. In dem Raum stand unser Klavier. Ich habe noch die Szene vom hektischen Aufbruch zur Flucht vor mir: Meine Mutter stopfte einen guten Anzug meines Vaters in die Rückwand des Instrumentes und meinte: „Wir kommen ja bald wieder. Aber wenn hier Plünderer in der Zwischenzeit am Werk sind, findet an dieser Stelle so schnell kein Mensch das gute Stück!"

Was werden wohl die ersten nach Kriegsende hier eingewiesenen oder plündernden Polen gedacht haben? Ob sie das nicht funktionierende, nur Misstöne von sich gebende Klavier untersucht haben und dabei fündig wurden? Vielleicht wanderte das Instrument in dem außergewöhnlich kalten ersten Nachkriegswinter aber auch gleich ins Feuer. Oder haben es plündernde Polen abtransportiert? Ich hoffe, dass es bei einem der vielen Musikliebhaber Polens gelandet ist.

Auch die junge Familie empfängt uns freundlich. Es wird uns bewusst, dass wir es jetzt dreißig Jahre nach Kriegsende schon mit der Generation zu tun haben, die hier nach dem Krieg aufgewachsen, vielleicht sogar schon in Jawor geboren ist. Mit der Heirat wurde ihnen diese Wohnung zugewiesen. Sie sind etwas enttäuscht, denn wir haben natürlich nicht damit gerechnet, zwei Familien in einer Wohnung anzutreffen, und stehen nun mit leeren Händen da. Das ist uns sehr unangenehm. Der Taxifahrer möchte den Besuch beenden und drängt zur Weiterfahrt.

Dennoch ist Zeit für einen kleinen Bummel durch die Innenstadt. Ich erkenne den Ring (steht für Marktplatz oder Stadtkern) um das Rathaus mit den Laubengängen wieder, von denen aber zwei Seiten der historischen Bausubstanz bei Kriegsende zerstört wurden und sich jetzt, restauriert, von den anderen beiden abheben.

Ein alter Mann spricht uns auf Deutsch an und bittet uns um Unterstützung. Mit wenigen Worten beschreibt er sein Schicksal. Er war nach Kriegsende von den Polen nicht ausgewiesen worden, sondern hatte als Facharbeiter in den Stadtwerken als unentbehrlich gegolten und musste viele Jahre gegen geringen Lohn arbeiten. Wegen seiner polnischen Frau zählte er zudem 1946 nicht zu den nach Westdeutschland

Zwangsausgesiedelten. Jetzt reicht die Altersversorgung kaum zum Überleben. Auf die Frage nach dem Notwendigsten, bittet er um Rasierzeug. Wir lassen uns seine Adresse geben und versprechen, ihn nach unserer Rückkehr in die Bundesrepublik nicht zu vergessen.

Bevor wir die Rückfahrt antreten, bestehe ich darauf, dass der Taxifahrer uns noch zur Friedenskirche bringt. Vor allem nach dem Krieg war in unserer Familie von diesem einzigartigen Denkmal protestantischen Kirchenbaus in Schlesien die Rede. Natürlich nur in dem Zusammenhang als Ort der kirchlichen Trauung meiner Eltern und von Onkel und Tante, einer Doppelhochzeit. Das Foto von diesem Ereignis habe ich jetzt dabei. Der Taxifahrer macht eine halbe Stunde Besichtigungszeit aus.

Wir müssen uns aber erst den Schlüssel im ehemaligen Pfarrhaus besorgen. Die Kirche „arbeitet" nicht mehr. Der vom Staat bestellte Restaurator öffnet uns und ist über den Besuch hocherfreut. Er kann ein wenig Deutsch und bietet sich für einen kleinen Rundgang an. Ich bin überwältigt und traurig zugleich. Der von außen so bescheiden wirkende Fachwerkbau steht im Kontrast zu dem riesigen Kirchenschiff mit barockem Innenausbau. Aber das Gotteshaus macht einen verwahrlosten Eindruck. Der Konservator beklagt den Mangel an Hilfskräften und Geldmitteln, die ihm zur Verfügung stehen.

Als ich ihm von dem persönlichen Bezug zu dieser Kirche erzähle, bittet er uns ins alte Pfarrhaus, und nach kurzer Zeit schleppt er mehrere dicke Folianten herbei. Nicht alle Kirchenbücher ab 1900 sind dabei. Aber ich entdecke auf Anhieb die Einträge in der zweiten Hälfte der Zwanzigerjahre mit den Namen der Konfirmanden, darunter die meiner Tante und meiner Mutter. Und außerdem finde ich unter Trauungen 1935 beim Datum 23. April meine Eltern und die Schwester meiner Mutter mit ihrem Mann verzeichnet. Ich stelle mir die beiden Brautpaare am Altar vor und muss an einen eigentlich belanglosen Vorfall denken, der im Zusammenhang mit dieser Hochzeit in unserer Familie erwähnt wurde: Bei dem Gang der beiden Brautpaare durch die Kirche musste sich bei meiner Mutter durch irgendeinen Umstand der Schleier verhakt haben. Sie schaute sich nach der Ursache um und ein entsetztes Raunen ging durch den Kirchenraum. Diese Geste des Zurück- oder Umschauens der Braut war damals mit einem abergläubischen Vorurteil behaftet: Sie sollte Unglück bringen. Würde man diesem Aberglauben nachhängen, dann könnte man sie als Vorzeichen für das Unheil, das im Jahr 1945 über meine Mutter hereinbrach, erklären.

Auf der Rückfahrt machen wir uns wieder Gedanken über die Situation der ersten Zwangsumsiedler aus den polnischen Ostgebieten oder der angeworbenen Menschen der meist zerstörten Ortschaften aus Zentralpolen bei ihrer Ankunft in Niederschlesien. Hier lebten bis Kriegsende – anders als in Oberschlesien – fast ausschließlich Deutsche. Manche überrollte die Kriegswalze einfach und die Überlebenden blieben zu Hause. Viele jedoch hatten erst in den letzten Tagen vor der „Roten Armee" fluchtartig ihr Zuhause verlassen, wie auch wir. Möbel und Einrichtungsgegenstände, Kleidung, Spielsachen, Lebensmittel, Bücher - alles war zurückgeblieben. In den Tagen oder Wochen nach Kriegsende kehrten nicht wenige deutsche Flüchtlinge wieder in ihre schlesische Heimat zurück. Vor allem die Ortsverwaltungen in Mitteldeutschland drängten die vielen vor der Front zu ihnen evakuierten Menschen förmlich dazu, die Heimreise anzutreten. Welche Szenen mögen sich abgespielt haben, als sie bei der Rückkehr ihre Heimstätte zerstört oder, wenn unversehrt, dann von Fremden vereinnahmt vorfanden? In manchen Fällen mussten sie mit ihnen unter einem Dach leben – oft bis zur organisierten endgültigen Aussiedlung 1946/1947.

Meine Wiege hat Rübezahl geschaukelt

Als Höhepunkt der Schlesienreise ist natürlich die Wanderung auf die Schneekoppe (1602 m) angekündigt. Rübezahl ist uns aber nicht wohlgesonnen. Trotz des Wonnemonats Mai musste wegen schlechter Wetterlage der Termin immer wieder verlegt werden. Letztendlich schließen wir einen Kompromiss: Der erst nach dem Krieg gebaute Sessellift soll uns von Krummhübel bis zur Bergstation auf der „ Koppe" in eine Höhe von 1377 Metern bringen. Und so trotzen wir, einge-

Es grüßet Euch viel tausendmal, der Herr der Berge „Rübezahl".
Hinter Rübezahl ist das Schlesierhaus, eine typische Baude im Riesenge-
birge zu sehen. Ein steiler Zickzackweg führt zum Gipfel der Schneekop-
pe.

hüllt in warme Kleidung und Regenschutz, der schlechten Witterung. Die 600 m Höhenunterschied machen sich aber doch
unangenehm bemerkbar und das Programm wird nochmals
abgeändert. Statt auf den jetzt im Mai noch mit Schnee be-
deckten und in Wolken gehüllten Gipfel zu wandern, begeben
wir uns gleich an den Abstieg.

Die Namen der Bauden (Berghütten) zur Einkehr klingen vertraut, nicht nur von Berichten meines Vaters, sondern auch anderer Verwandter und schlesischer Bekannter: Schlesierhaus und Teichbaude am kleinen Teich. Wege, Einkehr- und Unterkunftsmöglichkeiten sind gut in Schuss. Die ganze Riesengebirgsregion war neben der Ostsee d a s Erholungsgebiet für den Osten des Reiches. Schon seit dem 18. Jahrhundert verbrachten hier Menschen von Berlin bis Schlesien ihren Sommer- oder Winterurlaub. Und die polnische Regierung hat nach dem Krieg sofort erkannt, dass der Tourismus eine gute Grundlage für die wirtschaftliche Infrastruktur bietet.

Auf dieser Riesengebirgswanderung begeistert mich trotz oder gerade wegen des Wetters die wunderschöne Gebirgslandschaft. Habe ich doch als Kind viele Geschichten über das Riesengebirge und den Rübezahl gelesen! Wenn jetzt der Nebel und die Wolken einen alten knorrigen Baum oder eckigen Felsvorsprung freigeben, sehe ich in meiner Phantasie wieder wie beim Lesen der Sage schemenhaft den alten Berggeist: Ich stelle mir wie so oft als kleines Mädchen vor, wie dieser die Reichen ausraubt, die Übermütigen erschreckt, die Bösen bestraft, aber den Armen hilft, sie beschenkt und die Guten belohnt. Und so erzähle ich heute jedem, der mich nach meiner Herkunft fragt, zur geografischen Orientierung: Meine Wiege hat der Rübezahl geschaukelt. Denn die meisten Menschen kennen die Volkssage vom mächtigen Berggeist und wissen, in welchem Land sie angesiedelt ist.

Am letzten Tag verzichten wir deshalb auf einen vorgesehenen Programmpunkt und steuern von Krummhübel aus gezielt Pfaffendorf, meinen Geburtsort, an. Diesmal aber mit der Bahn! Das ist für meinen Mann und mich ein aufregendes Unternehmen. Bis Kowary (Schmiedeberg) fährt ein Heimattouristen-Ehepaar aus unserer Reisegruppe mit und ist uns beim Besorgen der Fahrkarten behilflich. Von Krummhübel geht es zuerst mit der Riesengebirgsbahn bis Musłakówice (Erdmannsdorf), wo wir in den Zug nach Kamienna Gora (Landeshut) umsteigen müssen. Nachdem die anderen in Schmiedeberg ihr Ziel erreicht haben, sind wir für die nächsten Stationen die einzigen Reisenden im Zugabteil. Die kurvenreiche Strecke um das mächtige Bergmassiv herum und ein langer Tunnel lassen an den Schwarzwald denken. Wir sind in einem „fremden" Land unterwegs und beherrschen die Landessprache nicht. Der Haltepunkt Szarocin – so heißt Pfaffendorf heute – liegt ein wenig abseits vom Ort. Außer uns steigt niemand aus. Wir schauen uns etwas ratlos um, denn wir haben auch keinen Ortsplan. Wie mag die Dorfstruktur damals wohl ausgesehen haben? Wir gehen einige Straßen ab. Der Ort liegt ganz idyllisch am Fuße des Riesengebirges. Wieder müssen wir an den Schwarzwald denken und an die Gemeinde, in der wir jetzt leben. So wie man von hier zu Fuß in etlichen Stunden den höchsten Berg, den Feldberg (1593 m), erreicht, so kann man von Pfaffendorf aus die höchste Erhebung des Riesengebirges, den Gipfel der Schneekoppe (1602 m), erklimmen. An solch eine Wanderung ist in unserer Situation natürlich nicht zu denken. Wir begegnen keinem Einheimischen mit Deutschkenntnissen. Alle Einwohner in dieser Gegend stammen aus dem früheren Zentralpolen oder aus östlichen Gebieten, die heute zur Sowjetrepublik Ukraine gehören. Viele sind nach dem Krieg hier geboren. Auf unsere vorsichtigen Fragen ernten wir nur Schulterzucken und ablehnende Gesten: „nie rozumiem" oder „nix verstehn". Und ich möchte doch so gern mein Geburtshaus finden! Von unserer Familie lebt niemand mehr, der mir vor der Reise hätte genaue Hinweise geben können. Nur Cousine Inge, meine Taufpatin, glaubt sich an ein großes Ziegelsteinhaus an der Hauptstraße erinnern zu können. Auf zwei Gebäude könnte ihre Beschreibung zutreffen. Ob weitere Häuser zerstört wurden? Wenn ich schon mein Geburtshaus nicht identifizieren kann, so habe ich doch die Kulisse vor Augen, vor der sich die erste Szene bei meinem Auftritt auf der Lebensbühne abgespielt hat, von dem meine Eltern mir früher erzählten:

Mein Erscheinen auf dieser Erde begann nämlich mit einer kleinen Panne. Üblicherweise fand zu damaliger Zeit eine Niederkunft im Hause der Familie statt. Nur eine Hebamme war zugegen und half dem neuen Erdenbürger ans Licht der Welt. Meine Geburt war komplikationslos verlaufen, etwa um vier Uhr morgens. Zur Begrüßung seines ersten Enkelkindes war mein Großvater väterlicherseits extra von seinem Wohnort Görlitz-Moys angereist. Er wurde dazu auserkoren, das

Geburtsschein mit meinen Vornamen und der Korrektur bei Ingrid.

wichtige Familienereignis auf dem Standesamt zu melden und ins Familienstammbuch eintragen zu lassen. Meine Mutter hatte ihm die beiden Vornamen für das kleine Mädchen anscheinend nur mündlich mit auf den Weg gegeben. In seiner Aufregung verwechselte er vor dem Standesbeamten die Reihenfolge der beiden Namen und gab Helga Ingrid an. Darüber war meine Mutter sehr verärgert und bestand darauf, dass dies sofort geändert wurde. Notgedrungen musste mein Großvater sich ein zweites Mal auf den Weg zum Amtsschimmel machen. Dieser ließ sich nur widerwillig zu einer Korrektur des ursprünglichen Eintrags in der Geburtsurkunde veranlassen. Ein winziger, kaum sichtbarer Strich unter dem r von Ingrid war sein Zugeständnis. Aber damit war der von

Bäckermeister Drescher (Mitte) als Standesbeamter in Pfaffendorf

meiner Mutter gewünschte Rufname für ihre Tochter gerettet. Ich jedoch hatte aufgrund der falschen Reihenfolge der Vornamen Schwierigkeiten beim Ausstellen von offiziellen Papieren und musste den Beamten jedes Mal die Sachlage erklären – meist vergeblich. Ein Blick auf Personalausweis und Führerschein bestätigt das.

Inzwischen habe ich aus dem erhalten gebliebenen Adressbuch von 1938 entnehmen können, dass der Bäcker an der Haupstraße von Pfaffendorf die Funktion des Standesbeamten ausübte. Er hat meine Geburtsurkunde deutlich mit seinem Namenszug Drescher unterschrieben. Das Foto wurde mir von Hella Tegeler, Arbeitskreis Landeshut zur Verfügung gestellt.

Von Pfaffendorf aus erreichen wir nach nur zwei Kilometern Fußweg Haselbach, das nächstgelegene Kirchdorf. Wir haben keine Schwierigkeit, das Gotteshaus zu finden, in dem ich evangelisch getauft wurde. Meine ältere Cousine Inge, die am gleichen Tag wie ich Geburtstag hat, übernahm im Alter von nur fünfzehn Jahren das verantwortungsvolle Amt der Patenschaft. Heute finden hier natürlich katholische Gottesdienste statt. Die Kirchentür ist nicht verschlossen. Bei der Besichtigung male ich mir aus, wie meine Patin mich über das Taufbecken gehalten hat. Ich soll die ganze Prozedur friedlich schlafend überstanden haben. In die Mauer des angrenzenden Friedhofes eingelassen, entdecken wir noch einige erhaltene Grabsteine mit deutschen Inschriften — eine versöhnliche Geste gegenüber den ehemaligen Dorfbewohnern anderer Nationalität und Konfession. Auf den übrigen Gräbern stehen nur polnische Namen. Rechtzeitig erreichen wir den Bahnhof und der Zug bringt uns wieder zurück nach Krummhübel.

Die eine Woche, die wir in Schlesien und in Rübezahls Reich verbracht haben, ist wie im Fluge vergangen und wir brechen auf in Richtung Bundesrepublik. Der Busfahrer wählt für die Rückfahrt die gleiche Route über Görlitz wie bei unserer Anreise. Da der Aufenthalt viel zu kurz war, nehme ich mir vor, bald wieder in das Land zu reisen, in dem ich meine Wurzeln habe.

Teil I
Mein Vater im Reichsarbeitsdienst (RAD)
Im Zeichen von Spaten und Ähre

Meines Vaters Werdegang zur Weimarer Zeit

Warum es meine Eltern nach Pfaffendorf am Fuß des Riesengebirges verschlug, will ich erklären, indem ich den Lebenslauf meines Vaters bis dahin nachzeichne. Das ist von umso größerer Bedeutung, als dessen Berufsweg für mein Leben richtungsweisend war: Seine Einbindung in den Reichsarbeitsdienst (RAD) bestimmte meine ganze Kindheit.

Mein Vater Herbert Paeselt, Jahrgang 1906, wurde in Kohlfurt (Węgliniec), 20 Kilometer östlich von Görlitz, heute also jenseits der Oder-Neiße-Grenze, geboren, wo er die Volksschule besuchte. Sein fast zehn Jahre älterer Bruder – damals schon junger Volksschullehrer – wird sicher die Eltern bestärkt haben, den jüngsten Sohn nach der Volksschule auf eine weiterführende Schule zu schicken und später studieren zu lassen. So absolvierte mein Vater die Oberrealschule mit Abiturabschluss 1926 in Görlitz und begann ein naturwissenschaftliches Studium (Chemie, Physik, Biologie) im Sommersemester desselben Jahres in Berlin mit dem Ziel, Gymnasiallehrer zu werden. Obwohl die Eltern eine gut gehende Fleischerei besaßen, musste mein Vater in der Weltwirtschaftskrise als Werkstudent sein Studium mitfinanzieren. Er erzählte mir, dass er im Sommersemester 1927 in Berlin am Bau des U-Bahnhofes Alexanderplatz mitgewirkt hat. An seinem zweiten Studienort Jena, wo er 1928 in den Nationalsozialistischen Deutschen Studentenbund (NSDStB) eintrat, war dieser Schritt mit der Aufnahme in die NSDAP verbunden. In seinem Lebenslauf fand ich für den letzten Studienaufenthalt in Halle im Wintersemester 1928/29 den Eintrag: Werkarbeit (Montage) und für das Sommersemester 1931: Werkarbeit (Hochbau).

„Weihnachten 1932 mußte ich", so steht es in Vaters Auf-

zeichnungen, „aus wirtschaftlichen Gründen mein Studium
aufgeben. Ich bekam keine Arbeit und ging als unbezahlter
Volontär in das Drogeriefach [ab 1.1.1933 in Hirschberg], um
irgendwie den Anschluss an das Wirtschaftsleben zu finden."
Wie die meisten Hochschulabgänger sah er bei der Akademikerschwemme keine Chance auf eine Anstellung. Vielleicht
hatte mein Vater die Hoffnung, sich eines Tages mit einer
Drogerie selbstständig zu machen.

Das waren genau die wirtschaftlich-sozialen Verhältnisse,
mit denen sich zu dieser Zeit viele junge Menschen konfrontiert sahen. Sie waren deshalb für neue politische Ideen empfänglich, wenn diese zugleich berufliche Zukunftsperspekti-
ven in Aussicht stellten. Als Hitler am 30. Januar 1933 die
Regierung übernahm, hatten bereits zahlreiche Akademiker
ein Unterkommen und Auskommen in den im Aufbau begrif-
fenen Organisationen der NSDAP wie SA und SS gefunden.
Mein Vater entschloss sich hingegen, in den damals noch Freiwilligen Arbeitsdienst (FAD) einzutreten.

Vom FAD zum RAD

Die Idee, in einer ständelosen Volksgemeinschaft gemeinnützige Arbeit zu leisten, reicht zurück in die Zeit des Ersten
Weltkriegs. Es gab etliche kirchliche, gewerkschaftliche, pa-
ramilitärische und parteipolitische Träger und Organisationen, die alle ein ähnliches Ziel verfolgten. [1] Besonders in
der Weimarer Republik wollten sie der Massenarbeitslosig-
keit und Perspektivlosigkeit vor allem der Jugend entgegenwirken. Aber bei der älteren Generation stand auch die For-
derung nach Erziehung der Jugend zu Ordnung, Disziplin und
Gehorsam im Vordergrund – vermeintliche Tugenden, die früheren Generationen durch den Wehrdienst eingetrichtert
worden waren. Nach dem Ersten Weltkrieg besaß Deutschland aber keine Wehrpflichtarmee mehr, sondern nur das sogenannte 100.000-Mann-Heer, das nur einen kleinen Teil junger Männer aufnahm. Andere Träger des FAD versprachen,
vor allem das Ideal der Handarbeit wieder hochzuhalten. Sie
gingen so weit, im Deutschen Ritterorden wegen der Koloni-
sation des Ostens im Mittelalter einen Vorgänger des deut-

schen Arbeitsdienstes zu sehen. Und erst recht bezeichneten sie Friedrich den Großen aufgrund seiner Meliorationstaten im Osten als Vorreiter und Vorkämpfer.

Ihre Aufgaben fanden die Arbeitsdienste bei Ernte- und Katastropheneinsätzen, im Straßen- und Wegebau, bei Aufforstungen, beim Trockenlegen und bei der Urbarmachung von Sümpfen für Ackerland. Es ging dabei um Erschließung von Kulturland, um Landgewinnung für Siedlungen ohne Krieg, also ohne Gewehr, nur mit dem *Spaten*, der zusammen mit *zwei Ähren* zudem das Sinnbild des Freiwilligen Arbeitsdienstes wurde.

Die Gesetzlichen Grundlagen wurden bei der Weltwirtschaftskrise noch von der Weimarer Regierung mit der Notverordnung vom 5. Juni 1931 geschaffen. Das von der Reichsanstalt für Arbeitsvermittlung eingeführte Beschäftigungsprogramm wurde öffentlich gefördert, um vor allem junge arbeitslose Menschen ausschließlich für gemeinnützige Aufgaben einzusetzen.

Die Auffassung meines Vaters vom Arbeitsdienst kommt am besten zum Ausdruck durch die von ihm rot unterstrichenen Stellen in einer Rede des Reichsarbeitsführers Konstantin Hierl an die Arbeitsdienstführer auf dem Reichsparteitag 1934 in Nürnberg, die „Die Führerzeitung des deutschen Arbeitsdienstes" veröffentlicht hat: „Ich habe schon vor einem Jahr die Weisung gegeben, daß die Kraft des Arbeitsdienstes beim Einsatz *nicht zersplittert* und für *Verlegenheitsmaßnahmen* vergeudet werden darf, sondern dass sie wohl überlegt und vor allem für *Großarbeiten* auf dem Gebiet der *Innenkolonisation* zusammengefaßt werden muß. [...] Die deutsche Öffentlichkeit ist sich gar nicht bewußt, wie viel in Deutschland an *Innenkolonisation* noch geleistet werden kann, wie wir auf diese Weise in die Fußstapfen Friedrich des Großen tretend, im *Frieden* Provinzen erobern können." [2]

Mit welcher Einstellung und welchem Enthusiasmus die jungen Menschen in den FAD eintraten, zeigt der Reim eines Arbeitsdienstkameraden, 1933 abgedruckt in den „Führerblätter[n] des freiwilligen Arbeitsdienstes Schlesien":

„Wir sind ein neues, ein junges Geschlecht,
wir sind das Deutschland von morgen.
Wir wollen nur Arbeit, Verständnis und Recht,
heraus aus Kummer und Sorgen.
Wir wollen jedem die Hände reichen
der deutsch ist und so fühlt wie wir.
Und künden sollen's Flammenzeichen
die Zukunft – sind wir."[3]

Hier kam bereits die ideologische Einstellung des Verfassers und der Organisation zum Ausdruck, die nur die Gemeinschaft der Deutschen in ihre Zukunftswünsche und -pläne einbezog und damit das Fremde, das Andersartige, den Menschen anderer Nationalität ausschloss.

In den Dienstpapieren meines Vaters ist der 15. August 1933 als Datum für den Eintritt in den Arbeitsdienst als Führeranwärter festgehalten, und zwar in die „Technische Nothilfe des FAD" in Grunau bei Hirschberg/Rsbg. Meinem Vater wurde die Führeranwartschaft in Aussicht gestellt und damit eine berufliche Aufgabe im Dienste einer nationalen Volksidee, wie sie die NSDAP proklamierte: „Du bist nichts, dein Volk ist alles". Und er konnte seine Laufbahn auf einer soliden finanziellen Basis in seiner Heimat Niederschlesien, im Arbeitsgau X, beginnen. Gleichzeitig geriet er aber in eine Umbruchphase. Er musste wieder in die NSDAP eintreten, deren Mitgliedschaft seit Anfang 1932 ruhte.

Die Partei, nach der Reichstagswahl im März 1933 nunmehr stärkste Kraft der Reichsregierung unter Hitler, hatte einen Prozess der „Gleichschaltung" eingeleitet, der auch die Freiwilligen Arbeitsdienste der verschiedenen Träger zu einer zentralen Organisation im nationalsozialistischen Deutschen Reich erfasste. Diese hatten sich den von den Nationalsozialisten vorgegebenen Zielen freiwillig oder unter Druck, bisweilen durch Gewalt, untergeordnet. Bis April 1934 war dieser Vorgang abgeschlossen. Der FAD wurde in den Reichsarbeitsdienst (RAD) umgemünzt und galt als eine dem Führer unterstellte Organisation der NSDAP. Das Emblem des FAD ergänzte man mit dem angeblichen germanischen Runenzeichen für Heils- und Glücksbringer, mit dem Haken-

Embleme von FAD und RAD: Das aufwärts gerichtete Spatenblatt symbolisiert die Arbeit am Boden, die Ähren versinnbildlichen die Frucht, die das geschaffene Ackerland tragen wird. Das uralte weltweit verbreitete Runenzeichen, das Hakenkreuz, münzte Hitler als Symbol für die Einheit des Volkes und damit für die Nationalsozialistische Partei um.

kreuz, seit Beginn des 20. Jahrhunderts ein „arisches" Symbol für die „Reinheit des Blutes".

Keine zwei Wochen nach dem Eintritt in das Lager bei Hirschberg wurde mein Vater von einem Tag auf den anderen als Lehrer zu den Truppführer-Vorschulungs-Lehrgängen nach Neuhammer/Queis abkommandiert. Dort angekommen, fand er im Lager nur Provisorien und Orientierungslosigkeit vor und sich selbst mit der Aufgabe konfrontiert, als Vertreter des eigentlichen Lehrgangsleiters die Organisation und Leitung des kommenden Lehrgangs selbst in die Hand zu nehmen. Am Wochenende schnell von zu Hause geholte alte Schulbücher – auch die seines Stiefbruders, des Volksschullehrers, – dienten ihm als Arbeitsunterlagen für den Unterricht, der die allgemeinbildenden Fächer Geschichte, Heimat- und Erdkunde, Sozial- und Wirtschaftskunde umfasste. Sporttafeln vom Reichskuratorium für Jugendertüchtigung lieferten Anhaltspunkte für den Sportunterricht. Auch anhand von Berichten über den Ablauf vorheriger Lehrgänge stellte er dann das Programm des nächsten Lehrgangs zusammen. Seine Aufgabe bestand darin, zukünftige Truppführer über den theoretischen und praktischen Lehrstoff zu instruieren, den diese dann der Unterrichtung der Arbeitsdienstleistenden zugrunde legen sollten. Diese ersten Lehrgänge verliefen erfolgreich und wurden immer weiter ausgebaut. In einem nach dem Krieg angefertigten Bericht schrieb mein Vater nicht ohne Stolz: „Der von uns damals entworfene Lehr- und Ausbildungsplan fand sich dann in den wesentlichen Zügen in den Ausbildungsplänen der Reichsleitung für die Truppführer- und Feldmeisterschulen wieder (z. T. sogar wörtlich)“. Jedoch war von der RAD-Reichsleitung zusätzlicher Lehrstoff eingebaut worden, vor allem der staatspolitische Unterricht, durch den die Führer und Arbeitsdienstleistenden auf das Ideengut des Nationalsozialismus eingeschworen werden sollten.

Die in der Folgezeit verschiedenen Tätigkeiten meines Vaters als Lehrer, auch als „Sachbearbeiter für Erziehung und Ausbildung“ in Görlitz am Verwaltungssitz des Gaues X im ehemaligen Hotel Hohenzollernhof (in Vertretung) und beim Stab der Gruppe Liegnitz (als Abteilungsleiter), müssen ihn in der Überzeugung bestärkt haben, eine sinnvolle Aufgabe gefunden zu haben. Für seine nächste Zukunft erhoffte er sich, eines Tages selbst als Abteilungsleiter eines ganzen Lagers die Organisation der Einsätze der Arbeitsdienstmänner zu übernehmen.

Die Organisation des RAD wurde immer weiter ausgebaut, wobei sich schließlich die Befürworter einer Arbeitsdienstp f l i c h t durchsetzten. Diese Arbeitsdienstpflicht regelte das Arbeitsdienstgesetz:

Reichsarbeitsdienstgesetz vom 26. Juni 1935, § 1

„Der Reichsarbeitsdienst ist Ehrendienst am deutschen Volke. Alle jungen Deutschen beiderlei Geschlechts sind verpflichtet, ihrem Volke im Reichsarbeitsdienst zu dienen. Der Reichsarbeitsdienst soll die deutsche Jugend im Geiste des Nationalsozialismus zur Volksgemeinschaft und zur wahren Arbeitsauffassung, vor allem zur gebührenden Achtung der Handarbeit erziehen. Der Reichsarbeitsdienst ist zur Durchführung gemeinnütziger Arbeiten bestimmt.“

Von da ab bestand für alle jungen Männer die sechsmonatige Arbeitsdienst p f l i c h t. Die Umsetzung des Gesetzes für junge Frauen erfolgte erst 1939. Die Führung der NSDAP sah im Arbeitsdienst ein geeignetes Mittel zur Erziehung und Manipulierung der Jugend im Sinne des Nationalsozialismus. Der Arbeitsdienst rekrutierte sich immer aus zwei Gruppen: dem Stammpersonal der Führer und Unterführer sowie den Arbeitsdienstleistenden. Der zunächst freiwillige Arbeitsdienst bot jungen Menschen Unterkunft, Essen und Arbeit von unterschiedlicher Dauer, von wenigen Wochen bis zu einem Jahr. Die ab 1935 bestehende Arbeitsdienstpflicht wurde auf 6 Monate festgelegt. Im Anschluss daran erfolgte in der Regel die Einziehung zum Wehrdienst.

Der RAD wies folgende Personalstruktur auf, aus der auch die Position meines Vaters ersichtlich wird:

Aufbau des männlichen Reichsarbeitsdienstes (1939)
Reichsleitung in Berlin
36 Arbeitsgaue
(z. B. Gau X = Schlesien, Gau XXVIII = Franken)
244 Arbeitsdienstgruppen von etwa 4-6 Abteilungen
1625 Arbeitsdienstabteilungen zu etwa 226 Mann

Organisationsstruktur
1. Reichsarbeitsführer (Konstantin Hierl)

Höhere Laufbahn: Mittlere Laufbahn
2. Obergeneralarbeits-   7. Oberstfeldmeister
    führer   8. Oberfeldmeister
3. Generalarbeitsführer   9. Feldmeister
4. Oberstarbeitsführer
5. Oberarbeitsführer
6. Arbeitsführer

Untere Laufbahn:
10. Unterfeldmeister
11. Obertruppführer
12. Truppführer
13. Untertruppführer/Hauptvormann
14. Obervormann
15. Vormann

Der RAD war wie alle NS-Organisationen hierarchisch ge-
gliedert und folgte dem Führerprinzip. Die Schulen verteilten sich über das ganze Reichsgebiet.

Schulen
Reichsschule: Potsdam
Bezirksschulen: Murnau (Oberarbeitsführer Walter H. war
Lehrer bzw. Leiter), Rendsburg, Steinach, Eisenach und Burg
Katz in St. Goarshausen (hier Herbert G. Lehrer)
Feldmeisterschulen: Golm, Großstädtln, Lünen, Murnau,
Bad Schwalbach (1937/38 H. Paeselt Lehrer)
16 Truppführerschulen (u. a. Neuhammer/Queis und Neu-
hof bei Liegnitz Niederschlesien, erste Wirkungsstätten von
Herbert Paeselt und Herbert G.)

Familiäre Verflechtungen mit Doppelhochzeit

Im Lager Grunau lernte mein Vater Herbert G. kennen, den
späteren Vater meiner Cousinen Hannelore und Heidi und
meines Cousins Dieter, und freundete sich mit ihm an. Schon
im September des Jahres wurden beide Lehrer und Ausbilder
von Truppführer-Schulungslehrgängen in Neuhammer/Queis
und anschließend in Neuhof bei Liegnitz, Orte in Niederschlesien.

Damals begannen auch die familiären Verflechtungen: In
der Nähe von Neuhammer liegt der Ort Rauscha. Dort hatte
eine der vier Schwestern meiner Großmutter Heckelt das „große Los gezogen". Sie hatte in die reiche, vornehme Familie
des Sägewerksbesitzers Wilhelm Besser eingeheiratet. Die
Familie mit großer Villa und Beziehungen zu Künstlern in
Dresden war das Aushängeschild und Vorbild der übrigen
Familie, auch für meine Großeltern Heckelt. Sie gaben ihrer
ersten Tochter den Vornamen Erna (kleine Erna). Die verbrachte die Ferien häufig in Rauscha bei Onkel und Tante
und der gleichnamigen älteren Cousine (große Erna).

Nach Abitur und Haushaltungsschule wurde der „kleinen
Erna" durch die Verwandten eine Stelle als Praktikantin in
der Wirtschaftsabteilung des FAD-Lagers im nahegelegenen
Neuhammer vermittelt. Denn mittlerweile hatte die „große

Erna" den Leiter der FAD-Truppführerschule Neuhammer/ Queis, Arbeitsführer Walter H., geheiratet. Der war in seiner Funktion der Vorgesetzte der Kameraden Herbert G. und Herbert Paeselt. Man kann sogar annehmen, dass sie von ihm in ihrer weiteren Laufbahn protegiert wurden. Walter H. wurde 1934 Oberarbeitsführer und stellvertretender Leiter der Reichsschule des Reichsarbeitsdienstes in Potsdam/Wildpark, wo die beiden Führeranwärter im August /September 1934 einen Lehrgang absolvierten und die Qualifikation für die „Mittlere Laufbahn" erwarben. Damit war die Voraussetzung geschaffen, sehr schnell die Karriereleiter bis zum Unterfeldmeister hinaufzuklettern.

An der schönen jungen Praktikantin in der Wirtschaftsabteilung des FAD-Lagers Neuhammer, der „kleinen Erna", fand Herbert G. Gefallen. Und als diese von ihrer ebenfalls bildhübschen erst 19 Jahre alten Schwester Anneliese einmal besucht wurde, lernten meine Eltern sich kennen.

Meine Mutter, 1914 in Jauer geboren und dort aufgewachsen, machte nach der Obersekunda-Reife eine Ausbildung als Hausschwester in einem evangelischen Schwesternstift in Magdeburg. Die Ausbildung beinhaltete Kranken- und Altenpflege, Jugendfürsorge und Hauswirtschaft. Ihr Tätigkeitsfeld umfasste die Organisation und Führung eines Haushaltes einschließlich der Kinderbetreuung. Erste Anstellungen fand sie in Dresden, dann in Berlin. Gerade zwanzigjährig, musste sie sofort selbstständig eine große Familie versorgen, deren Hausfrau durch Krankheit ausgefallen war. Das beschreibt sie in einem Brief an die ehemaligen Klassenkameradinnen und die Oberschwester, ihre ehemalige Lehrerin.

Vor jeder Heirat des Führungspersonals des RAD galt es wie bei den Offizieren der Wehrmacht, einige Bedingungen zu erfüllen: Die Anwärter mussten

1. das 25. Lebensjahr vollendet haben,

2. die Ausbildung zum Arbeitsführer bei der höheren Laufbahn, zum Feldmeister bei der mittleren und zum Truppführer bei der unteren Laufbahn abgeschlossen haben,

3. ein Ehetauglichkeitszeugnis erbringen und die arische Abstammung der Frau nachweisen,

4. die Schuldenfreiheit und eine Wohnung nachweisen.

Die Doppelhochzeit am 23. April 1935 in Jauer: Die Ehepaare von links nach rechts: Erna, geb. Heckelt und Herbert G., sowie Anneliese, geb. Heckelt und Herbert Paeselt.

Ob im Frühjahr 1935 alle diese Vorschriften schon einge-halten werden mussten oder erst nach Inkrafttreten des RAD-Gesetzes im Juni, konnte ich nicht in Erfahrung bringen. Alle Bedingungen für den heiratswilligen Mann hatte mein Vater bereits erfüllt: Er war schon 28 Jahre alt, mittlerweile bis zum Feldmeister aufgestiegen und mit ca. 200 RM – ein Ar-beiter verdiente etwa 140 RM – in einem festen Besoldungs-verhältnis. Seit Sommer 1934 war er nach Liegnitz zur Grup-pe 102 als Sachbearbeiter für Erziehung und Bildung versetzt. Die Gruppe war in einer ehemaligen Möbelfabrik unterge-bracht und mein Vater hatte eine Dienstwohnung. Die Un-terlagen für den Ariernachweis der Ehewilligen waren leicht zu beschaffen gewesen, da drei Elternteile und wiederum de-ren Vorfahren aus Niederschlesien stammten. Nur meine Großmutter väterlicherseits und zwei Generationen ihrer Vorfahren stammten aus Berlin, deren Geburts- und Heirats-daten sich im Kirchenbuch in der Sophienkirche fanden. Alle

Daten sind im neu geführten Familienstammbuch (Ahnen-pass) eingetragen.

Nachdem alle Bedingungen erfüllt waren, konnte gehei-ratet werden. Am 23. April 1935 fand eine große Doppel-hochzeit statt: Die beiden Schwestern heirateten die Ar-beitsdienstführer in Jauer, der Heimatstadt meiner Mut-ter und meiner Tante. Die kirchliche Trauung fand in der dortigen evangelischen Friedenskirche statt. An diesem Zeremoniell nahmen die Ehemänner in Uniform teil. An-fang 1934 waren für den RAD die einheitliche paramilitäri-sche Uniform – die Farbe Erdbraun sollte auf die Erdver-bundenheit des Arbeitsdienstes hinweisen – und auf aus-drückliche Anweisung von Hitler am 18. April 1934 die Arm-binde mit dem Hakenkreuz eingeführt worden. Zur Dienst-kleidung gehörte eine Art Bauernmütze mit Falte in der Mitte, vom einfachen Arbeitsdienstmann abfällig auch als „Arsch mit Griff" verspottet.

Das RAD-Lager in Pfaffendorf

In den Papieren meines Vaters ist seine erste Tätigkeit als Abteilungsführer mit der Versetzung nach Pfaffendorf (2.1.1936) und die Umzugsgenehmigung zum 1.4.1936 von Liegnitz nach Pfaffendorf dokumentiert. In Pfaffendorf wur-de ich zwei Monate später als erstes Kind der Eheleute Anne-liese und Herbert Paeselt geboren.

Vaters Arbeitsdienstabteilung 3/103 besaß wie viele andere einen Namenspatron: *Georg Ritter von Schönerer (1842-1921)*. Dieser war österreichischer Politiker, Mitglied des Abgeord-netenhauses, ein radikaler Antisemit und vertrat ein alldeut-sches Programm, d.h. er forderte den Anschluss Deutsch-Österreichs an das Reich. Schon 1878 verlieh er dieser Forde-rung mit seinem Ausspruch „Wenn wir nur schon zum Deut-schen Reich gehören würden" Ausdruck. Schönerer übte star-ken Einfluss auf den jungen Hitler aus. Der verwirklichte 1938, also 60 Jahre später, diese Sehnsucht mit der Besetzung Öster-reichs unter dem Schlagwort: Heim ins Reich!

Über die Zeit in Pfaffendorf hat mein Vater nach dem Krieg einen Bericht für die Zeitschrift ehemaliger Angehöriger des

R.A.D.A. 3/103 Ritter von Schönerer Pfaffendorf i. Rsgb.

Das Reichsarbeitsdienstlager in Pfaffendorf unter der Führung meines Vaters war 1936 nur in den beiden Ziegelsteingebäuden untergebracht. Die an der Straße gelegene „Villa" war mein Geburtshaus.

RAD verfasst. Er schilderte anschaulich die schwierigen Umstände, unter denen Arbeitsdienstverpflichtete, Führungspersonal und deren Familien vor allem in der Aufbauphase leben und arbeiten mussten:

„Rübezahl und seine Arbeitsmänner. Die Abteilung 3/103 bestand schon, als ich im Januar 1936 die Abteilung als Abteilungsführer übernahm. Als ich nach der Meldung bei der Gruppe 103, Hirschberg, in Pfaffendorf bei einem Schneematschwetter eintraf und die Gebäude sah, verließ mich der Mut und ich wäre am liebsten wieder umgedreht. Diese alte Spinnerei machte wahrlich zu dieser Jahreszeit keinen günstigen Eindruck.

Es waren gerade die Unterkünfte, in denen der FAD seine Anfänge hatte: große, unübersichtliche Schlafsäle unter dem Dach, ausgelaufene Treppen, mangelnde Wasserversorgung und noch viele andere Mängel. Es war zunächst schwer, in der Unterkunft etwas anzufangen. Der Besitzer, ein Bankhaus, hatte natürlich auch kein Interesse, dort Geld zu investieren. Aber so eines nach dem anderen konnte doch verbessert werden. Es gab dort in der Unterkunft dauernd zu tun. Der Vermieter erteilte schließlich die Genehmigung, das mitten im Hofe stehende Waschhaus mit der Düngergrube abzureißen, es sollte aber wieder erstellt werden. Das taten wir auch ohne Mittel: Wir bauten es mit den alten Ziegeln mit Lehmmörtel wieder auf und verputzten es, kein Mensch hat etwas bemerkt, jedenfalls es gab jetzt eine schöne Werkstatt ab. Im Frühjahr beanstandete der Arbeitsgauarzt die Latrinenbaracke, und er gab den Befehl, sofort eine massive Senkgrube zu bauen. Ich ließ mir das schriftlich geben. Meldung an die Gruppe erfolgte mit der üblichen Post. Aber noch am gleichen Abend wurde die Baugrube ausgehoben, Ziegel, Kalk, Zement beschafft und angefahren, zum nächsten Abend wäre die Grube fertig gewesen, wenn nicht der Stoppbefehl von der Gruppe eingetroffen wäre. Jedenfalls bekamen wir daraufhin eine „genormte Latrine". So wurden die Zustände langsam besser. Im Frühjahr 1937 erhielten wir eine Mannschafts-Zusatzbaracke, jetzt lockerte sich die Unterkunft auf und der Betrieb wurde übersichtlicher."

Auf der Postkarte sind die unter Vaters Aufsicht entstandenen Baracken gut zu erkennen, auch die Werkstatt und die Latrine. Die alte „Spinnerei", von der die Rede ist, war allerdings eine Schreinerei, wie ich erst kurz vor Beendigung des Manuskriptes in Erfahrung brachte: Darin war das Lager untergebracht, in der dazugehörigen „Villa" die Dienstwohnung meines Vaters. Das war also mein Geburtshaus.

Mein Vater berichtete weiter: „Die Hauptarbeitsvorhaben der Abteilung 3/103 waren: Straßenbau in Rothenzechau auf dem Landeshuter Kamm, Regulierungsarbeiten am Schweinlichbach unterhalb Pfaffendorf, und zahlreiche Windbruchaufforstungsflächen. Jedenfalls hätte die Abteilung noch auf Jahrzehnte hinaus genügend Arbeitsvorrat gehabt. Zu erwähnen ist der erste große Ernteeinsatz im Sommer 1936, die gesamte Abteilung wurde innerhalb 12 Stunden in den Raum Mertschütz, Gr. Wandris verlegt. Meine Zelte in Pfaffendorf musste ich durch meine Versetzung zur FS [Führerschule] 5 Bad-Schwalbach Ende April 1937 leider wieder abbrechen."

*Die Feldmeisterschule Bad Schwalbach war in einer Kaserne unterge-
bracht.*

In Vaters Unterlagen existiert sogar von dieser Gegend ein
Messtischblatt, also eine Landkarte im Maßstab 1: 25000 aus
dem Jahr 1886, vom Reichsamt für Landesaufnahme 1924
berichtigt, in die er alle oben aufgeführten Arbeiten akribisch
eingezeichnet hat.

Das Nomadenleben einer RAD-Familie

In unserem Schlafzimmer hängt ein Aquarell mit den Schneegruben, ein Blick auf das beeindruckende Bergmassiv im Riesengebirge. Auf der Rückseite befindet sich eine Widmung:
„Von den Kameraden zum Abschied von der Riesengebirgs-
gruppe am 25.4.1937". Das typische Schicksal einer RAD-Füh-
rer-Familie mit Versetzungen und Abkommandierungen an
die unterschiedlichsten Standorte begann für meinen Vater
nach gerade 14 Monaten Dienst in Pfaffendorf und nicht einmal einem Jahr nach meiner Geburt. Als Lehrer und stellvertretender Schulleiter an der Feldmeisterschule in Bad Schwalbach im Taunus war mein Vater wieder im Ausbildungsbe-
trieb für Führeranwärter tätig, wie von 1933 bis 1937 im Gau

Im Sommer 1937 lebten wir in Bad Schwalbach im Taunus. Ich stehe auf dem Balkon.

Liegnitz. In der Zeit wurde er auch zum Oberstfeldmeister befördert und hatte damit die höchste Stufe der mittleren Führerlaufbahn erreicht.

Für unsere junge Familie hieß es im Frühsommer, vom Riesengebirge in den Taunus umzuziehen. Zwanzig Jahre später begann meine berufliche Laufbahn als Lehrerin ganz in der Nähe, in Budenheim bei Mainz auf der anderen, der linken Rheinseite. Ich musste mich nur mit der Fähre von Buden-

Das RAD-Lager in Oberelsbach/Rhön wurde 1938 unter Führung meines Vaters errichtet.

heim nach Niederwalluf übersetzen lassen und einige Kilometer in die Taunusberge hineinwandern, dann kam ich nach Bad Schwalbach. Damals war die Feldmeisterschule in einer Kaserne untergebracht. Wir wohnten vermutlich nicht dort, denn das Kinderbild aus dieser Zeit zeigt mich auf dem Balkon eines Privathauses. Beim Betrachten dieses Fotos beschleicht mich noch heute ein schlechtes Gewissen und ich höre eine mahnende Stimme rufen: „Du sollst doch keine Blumen abreißen!"

Versetzung in den Arbeitsgau Würzburg

Der Aufenthalt in Bad Schwalbach war wieder nur von kurzer Dauer. Gegen Ende des Jahres absolvierte mein Vater eine achtwöchige verpflichtende Pionierübung. Und dann erhielt er die Versetzung zum 1.1.1938 in den Gau XXVIII, Würzburg. In der Versetzungsurkunde wurde zunächst kein Ort angegeben. Vater sollte „als Führer einer der neu aufzustellenden Abteilungen" wirken. Weiter hieß es: „Es bleibt dem

Die genormten Baracken verwandte man im Dritten Reich für Arbeitsdienst- und KZ-Lager.

Führer des Arbeitsgaues XXVIII überlassen, eine Abteilung für Oberstfeldmeister Paeselt unter Berücksichtigung der besonderen örtlichen und dienstlichen Verhältnisse auszuwählen. Standort und Nummer dieser Abteilung ist zu melden." Das war dann die Abteilung 2/283 in Oberelsbach/Rhön. Nun wurde für längere Zeit ein schöner Landstrich in Franken sein Arbeits- und Lebensmittelpunkt. Das ihm unterstehende Lager musste allerdings erst errichtet werden. Vater erhielt eine Trennungsentschädigung vom 1.1.38 „bis zur Fertigstellung der amtl. Unterkunft".

Meine Mutter und ich lebten deshalb noch einige Wochen

*Die unter Vaters Leitung entstandene Führerwohnbaracke war 1938/39
unser Zuhause.*

im Taunus, dann mussten wir uns mit den neuen Verhältnissen in Oberelsbach vertraut machen. Das Dorf liegt am Ost-
abhang der Rhön, auf der bayerischen (fränkischen) Seite. Als
Standort für das Lager war ein Gelände nur wenige hundert
Meter vom Ortsausgang direkt an der Verbindungsstraße, dem
Aufgang zur Hochrhön, ausgewählt worden. Meinem Vater
stand wie allen verheirateten Führern vom Unterfeldmeister
an aufwärts eine Unterkunft außerhalb des Lagers zu. Diesmal sollten wir in der unter seiner Leitung neu erstellten
„Führerbaracke" in unmittelbarer Nähe des Lagers wohnen.

Die genormten Arbeitsdienst-Baracken aus Holzfertigtei-
len waren alle nach dem gleichen Grundriss gebaut. Sie sollten an das altgermanische Langhaus erinnern. In den Zeitschriften für den Arbeitsdienst erschien bereits 1932 eine
Anzeige mit den „Unterkunftsbaracken in transportabler
Bauweise" der Firma Christoph und Unmack AG aus Niesky/
Oberlausitz (in der Nähe von Görlitz). Die darin angepriese-
ne Baracke hatte mit ca. 30 mal 7 Metern einen langgestreck-
ten Grundriss und wirkte sehr geräumig. Sie besaß ein mäßig
flaches Satteldach mit ca. 3 Metern Giebelhöhe. Die Seiten-
wände erreichten eine Höhe von etwa 2 Metern mit großen

2010 war die ehemalige Führerwohnbaracke durch ein Einfamilienhaus auf altem Fundament im selben Maßstab ersetzt worden.

Fenstern, die in Abständen von gut 1 Meter aneinandergereiht waren. Dieser multifunktionale Gebäudetyp fand nicht nur für RAD-Lager Verwendung, sondern diente während des Dritten Reiches u.a. auch als Baracke für die berüchtigten Zwangsarbeits- und Konzentrationslager für politisch Verfolgte und deportierte Juden. Aber auch deutschen Bombengeschädigten wurden sie als Notunterkünfte zugewiesen. Und letztlich fanden darin nach dem Krieg viele Flüchtlinge und Vertriebene – oft jahrelang! – ein provisorisches Zuhause.

Die Wohnunterkünfte für das Führerpersonal waren in der Regel die einzigen Baracken mit Unterkellerung. Diese Auskunft erhielt ich bei einem Besuch in Oberelsbach im Jahr 2010 von dem jetzigen Bewohner. Dessen Familie hatte ihr seinerzeit für die Errichtung des Lagers enteignetes Grundstück nach dem Krieg samt „Führerbaracke" zurückerwerben können. Die Baugenehmigung für ein neues Haus wurde mit der Auflage erteilt, den ursprünglichen Grundriss beizubehalten und die äußere Form wiederherzustellen.

Inzwischen ist ein Großteil der NS-Bausubstanz aus Gründen der Pflege der politischen Erinnerungskultur unter Denkmalschutz gestellt, so beispielsweise die „Bettenburg Prora" am schönen Strand von Rügen oder das Olympiastadion in Berlin. Beim Abriss der alten Führerbaracke in Oberelsbach stellte sich heraus, dass sich Fundament und Keller in tadellosem Zustand befanden, auf denen dann der Neubau errichtet werden konnte. Schließlich hatte mein Vater seine als Werkstudent beim Tief- und Hochbau in Berlin gesammelten Erfahrungen beim Bau der Unterkunft eingesetzt. Ein altes Foto und das neue Haus, das ich mit der freundlichen Erlaubnis der Eigentümer besichtigen durfte, weckten bei mir Erinnerungen.

Das Wohnhaus war aber nur ein kleiner Teil des umfangreichen Bauprojekts, für das mein Vater in der Rhön verantwortlich war, denn zwei Lager wurden fast gleichzeitig erstellt: das Doppellager Oberelsbach I und Oberelsbach II. Der maßgebliche Bauunternehmer berichtet von insgesamt 30 Holzhäusern und einer freitragenden Turnhalle. Auch für die zuerst in Angriff genommenen Tiefbauten wie Quellfassungen, Zisternen (Hochbehälter), Kläranlagen usw. zeichnete mein Vater verantwortlich, wie aus einem Empfehlungsschreiben des Bauunternehmers Wilhelm Maisch vom 12.7.1948 hervorgeht. Die bis zu 250 Mann anwachsende Baumannschaft bestand fast ausschließlich aus jungen Männern, die ihre sechsmonatige Arbeitsdienstzeit ableisteten, bei nur wenigen zivilen Arbeitskräften.

Der Rhönaufbauplan

Die Arbeitsdienstlager I und II in Oberelsbach zählten zu den letzten, die im Rahmen des sogenannten „Dr. Hellmuth-Rhön-Plans" zur Entwicklung der Hochrhön angelegt wurden. Das Deutsche Reich war von den Nationalsozialisten in Gaue mit Gauleitern an der parteipolitischen Spitze aufgeteilt. Ihnen entsprachen geografisch weitgehend die Arbeitsdienstgaue.

Der Gauleiter von Mainfranken, zu dem die Rhön zählte, war der Zahnarzt Dr. Hellmuth, der den „Rhönaufbauplan" zur strukturellen Verbesserung eines „Notstandsgebietes" vorgelegt hatte. Ein Teil dieses Planes beinhaltete Meliorationen zur Ertragssteigerung von Äckern und Wiesen sowie die Urbarmachung von Moor und Ödland zur Gewinnung von neuen landwirtschaftlichen Flächen. Im Wesentlichen waren alle Projekte schon zur Zeit der Weimarer Republik geplant, etliche begonnen worden und hatten deutliche Erfolge erzielt. Die Entsteinungs- und Aufforstungsarbeiten zur Hebung des landwirtschaftlichen Ertrages und des Einkommens der Bewohner der Hohen Rhön besaßen ihre Vorläufer sogar schon im 19. Jahrhundert. Auch die Anlage von Landstraßen und Verbindungswegen und der Ausbau der Eisenbahnlinien gingen auf Überlegungen aus der Weimarer Zeit zurück. Die verkehrstechnische Erschließung der Rhön war also überfällig. Die Projekte erhielten jetzt allerdings eine der nationalsozialistischen „Blut und Boden"-Ideologie gemäße volkstumspolitische Ausrichtung. Die war schon in Hitlers *„Mein Kampf"* formuliert. Um der „steigenden Volkszahl Arbeit und Brot zu sichern", wollte man „neuen Boden erwerben". Hier wurde bereits das nach Osten ausgerichtete Lebensraumprogramm angesprochen. Zuvor aber galt es, aus rassischen Gründen einen „gesunden Bauernstand" auf dem Land zu begründen, der ein Gegengewicht zu den „ungesunden Verhältnissen" in der Stadt schuf. „Ein fester Stock kleiner und mittlerer Bauern war noch zu allen Zeiten der beste Schutz gegen soziale Erkrankungen [...]. Dies ist aber auch die einzige Lösung, die eine Nation das tägliche Brot im inneren Kreislauf einer Wirtschaft finden lässt."[4] Diesem Programm lag auch der NS-Autarkiegedanke zugrunde, also das Selbstversorgungskonzept für Deutschland, das Hitler mit Blick auf den stets geplanten Krieg entwickelte, um nicht wie im Ersten Weltkrieg blockadeanfällig zu sein.

Die so verstandene agrar- und forstwirtschaftliche sowie verkehrsstrukturelle Erschließung der Rhön oblag dem RAD mit billigen und verfügbaren Arbeitskräften. Die Entlohnung der RAD-Männer im Alter von 18–25 Jahren betrug pro Tag 50–60 Pfennig bzw. knapp 1 Mark, natürlich bei freier Unterkunft, Verpflegung und Bekleidung. Nach Kriegsbeginn wurden für diese Arbeitsaufträge zunehmend Kriegsgefangene und Zwangsarbeiter eingesetzt, die auch in RAD-Lagern untergebracht waren und die Arbeit des RAD fortsetzen mussten, damit dieser für den Kriegshilfsdienst frei wurde.

In die anderthalb Jahre Dienstzeit meines Vaters in der

Rhön fiel nach Fertigstellung der Lager vor allem der Ausbau der Verbindungsstraße von Oberelsbach zur Hochrhönstraße, die als „Franzosenweg" von französischen Kriegsgefangenen schon im Ersten Weltkrieg begonnen worden war. Bei einem späteren Aufenthalt in der Rhön unternahmen die Eltern mit mir auf dieser Straße und anderen Wirtschaftswegen kleine Wanderungen, sicher auch zur beruflichen Selbstbestätigung meines Vaters. Zur Aufgabenstellung des RAD zählten ferner die Ernteeinsätze. So wurde im von Goebbels regierten Land der Propaganda nicht mit zustimmendem Lob gespart, als zum Beispiel am 14.8.1939 die Ostheimer Zeitung von der Ankunft zahlreicher Arbeitsmänner vom Lager Oberelsbach berichtete, um den Landwirten bei der Ernte zu helfen. In einem Bericht über Vaters Lager in Pfaffendorf im Riesengebirge wurde schon ein Ernteeinsatz im Sommer 1936 geschildert. Mein Vater brachte also selbst auf dem landwirtschaftlichen Gebiet eine gewisse Erfahrung mit. Der Abteilungsführer, meistens ein Oberstfeldmeister, bekleidete ein anspruchsvolles Amt, in dem neben Führungsqualität auch Verwaltungskenntnisse, Lehrbefähigung, sportliche Qualitäten und technisches Können gefordert waren.

An das Alltagsleben im Lager erinnere ich mich nur schemenhaft. Erlebnisse müssen aus der letzten Zeit unseres dortigen Aufenthaltes, also von 1940 stammen und durch spätere Besuche in Oberelsbach aufgefrischt worden sein. Ich habe aber noch den würzigen Duft von Ringelblumen in einer Wildnis von Beeten rings um das Führerhaus in der Nase. Sie beherbergte gleichzeitig die lustigen Heuhüpfer, mit denen ich Haschen spielte. Nur dunkel taucht ein Bild von einem großen Platz auf, auf dem eine Fahne im Wind flatterte und die Arbeitsmänner – als vormilitärische Übung – mit dem Spaten exerzierten. Oder es marschierten Kolonnen junger Männer laut singend auf den Straßen zu ihrem Arbeitsplatz.

Der Ort Oberelsbach war vom Lager aus auf der Dorfstraße zu erreichen. Zudem führte ein Fußweg durch Wiesen und über eine kleine Brücke, unter der das muntere Bächlein Els hindurchplätscherte. Deutlich erinnere ich mich an das Glücksgefühl, wenn ich auf den leicht hügeligen Wiesenwegen rennen konnte und die Gräser und Blumen, genauso hoch wie ich, zu beiden Seiten „vorbeiflogen". Unterwegs sammelte ich immer ein paar Steine auf und ließ sie durchs Brückengeländer ins Wasser der Els plumpsen.

Meine Mutter und ich gingen häufig ins Dorf zum Einkaufen. Das Geschäft, ein richtiger Tante-Emma-Laden, gehörte der Familie S. Sie bewirtschaftete zudem einen Bauernhof und besaß eine Gastwirtschaft. Das war die dem Lager nächstgelegene Anlaufstelle für die Arbeitsdienstmänner in ihrer Freizeit, auch für meine Eltern. Sie pflegten zu dieser Familie eine sich allmählich zu einer Freundschaft entwickelnde Bekanntschaft, zu der zwei Mädchen, etwas älter als ich, und der alte Großvater gehörten. Mein Vater hatte zu Beginn des Krieges, als nahezu alle Privatautos zu militärischen Zwecken beschlagnahmt wurden, sein DKW-Cabriolet in der Scheune versteckt. Der Wagen wurde nach dem Krieg im Zuge der alliierten Besatzung requiriert. Zu Familie S. sollte sich die Verbindung noch vertiefen, wie ich später erzählen werde.

Bestürzender Vorfall im Lager

Inwieweit mein Vater Hitlers grundlegendes Werk „*Mein Kampf*", das alle Ehepaare als Hochzeitsgeschenk von der Partei bekamen, gelesen hat, vermag ich nicht zu sagen. Dem darin formulierten und von der NSDAP verfolgten Autarkieprogramm hat er jedenfalls zugestimmt. Der „Rhönaufbauplan", die Organisation und Durchführung der praktischen Arbeiten in diesem Rahmen und die Anleitung der jungen Männer haben meinem Vater Freude bereitet und waren ihm berufliche Erfüllung. Später nach dem Krieg hat er viel von der Zeit in der Rhön gesprochen und sich gerechtfertigt: „Es war doch nicht alles falsch, was wir vor dem Krieg geleistet haben."

Und für seinen Umgang mit den Untergebenen und Arbeitsdienstleistenden hatte er sich die Forderungen des Reichsarbeitsdienstführers Hierl zu eigen gemacht, die dieser auf einem Reichsparteitag formulierte: „Verhalten Sie sich nach unten stets so, wie Sie wünschen, von oben behandelt zu werden, und verhalten Sie sich nach oben stets so, wie Sie wün-

Originalschrift der Pfarrchronik vom 12. Mai 1938

schen und fordern, daß Ihre Unterstellten sich gegen Sie verhalten." Diese Zeilen sind in der gedruckten Fassung der Rede
von meinem Vater wieder rot markiert. [5]

Deshalb muss ihn ein bestürzender Vorfall gleich im ersten
halben Jahr in Oberelsbach besonders getroffen und verunsichert haben. Er ist in zwei Dokumenten festgehalten, allerdings in unterschiedlichen Versionen:

Da ist zunächst einmal die Pfarrchronik:

In der Nacht vom 11./12. Mai [1938] wurde im Lager I
schwer Bier getrunken, ein Oberfeldmeister kam dann in seinem Suff auf den Einfall eine Abtlg. Leute im Hemd u. umge-
schnallt durch die Ortsstraße gehen zu lassen, grölend zogen

sie gegen 12 Uhr im ob. Aufzug durch die Straße. Der Oberstfeldmeister Paeselt erfuhr es, er soll daraufhin dem Oberfeldmeister die Achselstücke abgerissen haben, dieser zog gegen
seinen Vorgesetzten blank [d.h. er zückte seinen breiten Dolch,
den die höheren Arbeitsdienstführer, ähnlich dem Degen der
Wehrmachtsoffiziere, mit sich führten]. Paeselt ließ ihn durch
die Wache festnehmen. Am Montag kamen höhere Vorgesetzte zur Untersuchung des Skandals, während der Untersuchung bat der Oberfeldmeister austreten zu dürfen, es wurde
ihm gewährt u. dabei erschoss er sich, war bald tot. Wurde in
seine Heimat Nördlingen überführt, er soll kath. gewesen sein,
lebte geschieden von seiner Frau, war ein großer Flucher u.
Hasser der kath. Kirche. RIP [lat.: requiescat in pace d. h.
Ruhe in Frieden]. [6]

Dem steht folgender örtlicher Polizeibericht gegenüber:
„1939 schlug der betrunkene RAD-Führer in Oberelsbach
Alarm, da er an eine, sich in der Kirche befindliche Verschwö-
rung glaubte. Daraufhin stürmten RAD Arbeiter, Lieder singend in die leere Kirche. Die Folge war, dass der RAD-Führer
degradiert wurde. Aus diesem Grund erschoss er sich am nächsten Tage in seinem Bett." [7]

Merkwürdig sind die unterschiedlichen Darstellungen der
Ereignisse, die aber in drei Punkten übereinstimmen: im
Aufmarsch der RAD-Männer, in der Degradierung und im
Selbstmord eines RAD-Führers.

Ich halte den Bericht des Pfarrers für zuverlässiger, da er
das Verhalten der RAD-Männer und ihres Anführers nicht
beschönigt. Der Polizeibericht eines sicher parteinahen Beamten spielt dagegen das Geschehene herunter, verschweigt
die Rahmenbedingungen des Skandals, rechtfertigt sogar den
Einsatz wegen eines vermuteten politischen Delikts. Die fal-
sche Datierung lässt auf eine wesentlich spätere Niederschrift
schließen.

Ich kann mir gut vorstellen, dass mein Vater, wie in der
Pfarrchronik beschrieben, reagiert hat. War er doch bis zur
Übernahme dieser Lagerleitung als Lehrer an einer Feldmeisterschule tätig und besonders darauf bedacht gewesen, dass
„seine Männer" sich vorbildlich verhielten und dem Ansehen
der Organisation keine Schande bereiteten. Trotzdem denke

ich, dass er sich nach dem tödlichen Ausgang dieses Zwischenfalls gefragt haben wird, ob er nicht auch anders auf das Fehlverhalten des Untergebenen hätte reagieren können. Hätte er weniger spontan gehandelt, den Oberfeldmeister – also einen Kameraden nur ein Rang tiefer als er selbst – unter vier Augen zur Rede gestellt, dann wäre dieser vielleicht zugänglich für Ermahnungen und eine interne Bestrafung gewesen. Eine Bloßstellung vor einem Teil der Mannschaft rief bei dem Betrunkenen – vom Pfarrer zwar als ein aufwieglerischer Patron beschrieben – eine für meinen Vater bedrohliche Gegenreaktion hervor. Für das NS-Regime war der Vorfall höchst peinlich.

Die Betroffenheit über diesen Todesfall eines unmittelbar Untergebenen mag in meinem Vater die Überlegung geweckt haben, einen anderen Berufsweg einzuschlagen. Denn kurz nach diesem Vorfall gab es einen Briefwechsel meines Vaters mit einem ehemaligen Professor aus Halle, von dem allerdings nur dessen Antwortbrief vom 26. Juli 1938 erhalten ist: Daraus geht hervor, dass mein Vater wegen einer möglichen Promotion bei ihm angefragt hat. Dem stand nach Ansicht des Hochschullehrers nichts entgegen, da er alle vorgeschriebenen Vorlesungen belegt und die zugehörigen Übungen absolviert hatte. Doch das Vorhaben wurde nicht realisiert. Mein Vater tat weiterhin Dienst im RAD. Hätte es eine Alternative gegeben? Wohl nicht. Zu einem weiteren Studium mit Promotion bedurfte es der Freistellung durch den RAD. Die Realität der politischen Verhältnisse ließ das nicht zu: Das NS-Regime hatte seine Friedensperiode hinter sich gelassen. Im März 1938 war der Anschluss Österreichs erreicht. Ab Mai 1938 wurden die ersten Abteilungen des RAD zusammen mit der Organisation Todt (OT) beim Bau des Westwalls eingesetzt. Hitler steuerte auf einen europäischen Krieg zu und band den Reichsarbeitsdienst zunehmend in die Kriegsmaschinerie ein, was später mit dem Polenfeldzug ganz offensichtlich wurde.

Wenige Monate danach sollte ein brutales Ereignis bei meinem Vater eine Ahnung aufkommen lassen, in welche Richtung das NS-Regime steuerte.

Judenpogrom in Oberelsbach

In den Zeitraum der Tätigkeit meines Vaters in Oberelsbach fiel die sogenannte „Reichskristallnacht". Gemeint ist die Pogromnacht vom 9. auf den 10. November 1938, in der es in ganz Deutschland zu massiven Ausschreitungen zumeist von SA-Horden gegen jüdische Bürger, zur Zerstörung von Synagogen, jüdischen Friedhöfen, Geschäften und Häusern kam. Fast hundert Männer und Frauen wurden in den Synagogen, in ihren Wohnungen oder auf offener Straße ermordet. Zehntausende kamen in „Schutzhaft" und die meisten anschließend in Konzentrationslager.

Übereinstimmenden Berichten zufolge haben in Oberelsbach am 10.11.1938 zwischen 3 und 3.30 Uhr morgens etwa 20 SA-Männer aus Ostheim v. d. Rhön (ca. 10 Kilometer östlich von Oberelsbach) mit wenigen Unterstützern aus Unter- und Oberelsbach eine judenfeindliche Aktion durchgeführt. Auch hier fielen jüdische Geschäfte und Wohnhäuser der Wut des Nazi-Mobs zum Opfer. Sämtliche Fenster und Türen wurden eingeschlagen und die Wohnungseinrichtungen fast vollständig zertrümmert. Der Sachschaden belief sich schätzungsweise auf ca. 5.000 RM. Vorhandene Lebensmittelvorräte blieben von der Zerstörung nicht verschont. Beispielsweise wurde aus einem Haus eine Kiste Vorratseier auf die Straße geschmissen. In einem anderen Anwesen schüttete man 3 ½ Zentner Mehl auf den Mist. [8]

Die Vorfälle waren tagelang Gesprächsstoff im Ort. Die Bewohner von Oberelsbach und der näheren Umgebung erregten sich über die Vernichtung von Nahrungsmitteln, die in Anbetracht der allgemeinen Knappheit auf Kosten der Bevölkerung ging und somit politisch sinnlos erschien, wie der Gendarmeriemeister am 28.11.1938 in den Akten vermerkte (Chronik Oberelsbach). Die Synagoge entging nur deshalb der Zerstörung, weil sie schon am 1. Oktober von der Kreisbauernschaft beschlagnahmt worden war, um Brotgetreide darin zu lagern. Mehrere jüdische Bürger wurden in der Nacht in „Schutzhaft" genommen. Die Hausbesitzer der kleinen jüdischen Gemeinde – von 1924 bis 1938 schon von 40 auf 20 Personen geschrumpft – mussten ihr Eigentum verkaufen und

in einem „Judenhaus" in großer Enge zusammenrücken. [9]
Die damals fünfjährige Tochter des Gastwirts S. erinnerte
sich, dass der Haufen SA-Männer nach dem Zerstörungswerk
auf dem Rückweg auch noch vor dem Wirtshaus randalierte
und noch einen „saufen" wollte. Sie und ihre Schwester hätten furchtbare Angst ausgestanden, bis es schließlich ihrem
Vater gelang, die Burschen zu bewegen, den Heimweg anzutreten.

Meine Mutter ging mit mir – ich war damals zwei Jahre alt
– jeden Tag ins Dorf zu einem Bauern, um Milch zu holen. Da
wurde sie sicher von all den Vorgängen unterrichtet. Erst recht
musste mein Vater informiert worden sein, auch wenn die
RAD-Männer aus dem Lager nicht in die Vorgänge verwickelt
waren. Er hat nie mit mir darüber geredet, auch nicht, als ich
eines Tages als Schülerin entsetzt aus dem Unterricht das
Wissen über die „Reichskristallnacht" mit nach Hause und
zur Sprache brachte.

Im Lauf der Recherchen zu diesem Buch fiel mir Anfang
2014 unerwartet ein aufschlussreiches Dokument in die Hand:
Ein ehemaliger Arbeitsdienstmann, Anton K., hatte im Oktober 2013 auf einen Zeitungsaufruf des Autors einer umfangreichen Monografie über den RAD in der Rhön hin seinen
Lebenslauf unter Einschluss seiner Arbeitsdienstzeit zu Protokoll gegeben. Kurze Zeit danach verstarb dieser Zeitzeuge,
ohne dass ich ihn hätte persönlich befragen können. In seinem Bericht, der o h n e Kenntnis meiner Existenz verfasst
wurde, wird mein Vater von dem Arbeitsdienstmann Anton
K. als dessen zuständiger Abteilungsleiter im RAD mehrmals
erwähnt. Im Zusammenhang mit dem Pogrom in Oberelsbach
heißt es wörtlich: *„Sein Abteilungsführer war Paeselt. Der war
beim Marsch zur Feldherrnhalle gewesen und sagte dann: So
sollte das nicht werden, das ist menschenunwürdig."* [10]

Um diese Äußerung meines Vaters einordnen und deuten
zu können, muss man sich die vorausgegangenen Geschehnisse, die zum Novemberpogrom 1938 führten, vergegenwärtigen.

„Alte Kämpfer" in München am 8./9.November 1938

Den NS-Machthabern war zur Durchführung eines schon lange vorbereiteten Pogroms an der jüdischen Bevölkerung ein Vorwand in die Hände gespielt worden: [11] Am 7. November 1938 hatte in Paris ein polnischer Emigrant jüdischen Glaubens ein Attentat auf den deutschen Botschaftsangestellten Ernst vom Rath verübt, dem dieser zwei Tage später erlag. Der Täter, Herschel Grynszpan, hatte einen – in seinen Augen – Vertreter des verhassten deutschen Regimes niedergeschossen, das die Verantwortung für die Deportation seiner Eltern trug. Sie waren Ende Oktober 1938 zusammen mit Zehntausenden anderer polnischer Juden zwangsweise unter menschenunwürdigen Umständen aus Deutschland an die polnische Grenze abgeschoben worden und hatten von der polnischen Regierung zunächst keine Einreisegenehmigung erhalten. Mehrere Wochen mussten sie vor dem deutschen Grenzübergang Neu Bentschen (heute Zbąszynek) ohne ausreichende Nahrungs- und Geldmittel kampieren. Von dort erreichte ein Hilferuf der Eltern den Sohn in Paris, der dann das Unrecht ahnden wollte.

Das Attentat und seine Folgen gerieten zufälligerweise in den Zusammenhang mit dem wichtigsten Gedenktag der nationalsozialistischen Bewegung, dem 9. November. Er besaß im Gedächtnis der Nationalsozialisten eine sakrale Bedeutung, weil Hitler am 9.11.1923 versucht hatte, mit einem Marsch auf die Münchner Feldherrnhalle die Staatsgewalt an sich zu reißen. Dieser Aufstand scheiterte und endete im Kugelhagel der Polizei. Vierzehn Aufständische und drei Polizisten wurden getötet. Hitler entkam leicht verletzt, wurde aber zwei Tage später verhaftet, vor Gericht gestellt, zu fünf Jahren Festungshaft verurteilt und die NSDAP verboten. Die Zeit in der Haft nutzte er, um seine programmatische Schrift *„Mein Kampf"* zu verfassen. Nach seiner vorzeitigen Entlassung und der Aufhebung des Parteiverbots gründete Hitler 1925 die NSDAP erneut, die sich deutschlandweit verbreitete und viele neue Mitglieder rekrutieren konnte. Schließlich entwickelte sie sich von 1928 an in Landtags- und Reichstagswahlen

von einer politischen Splittergruppe zur stärksten Partei bei
der Reichstagswahl im November 1932, ohne jedoch die absolute Mehrheit zu erreichen. Jedoch war damit der Weg zur
Machtübernahme am 30. Januar 1933 geebnet.

Am 9. November 1933, am 10. Jahrestag des Putsches, stiftete Hitler den „Blutorden" für die „Helden der Bewegung",
die an dem Marsch auf die Feldherrnhalle teilgenommen hatten. Gleichzeitig erhielten „Alte Kämpfer", die zwischen der
Neugründung der Partei 1925 bis zu Hitlers Machtübernahme Parteimitglieder (Mitgliedsnummern bis 100.000) geworden waren, das „Goldene Parteiabzeichen". Mein Vater, 1928
mit der Mitgliedsnummer 90.587 eingetreten, wurde demnach
automatisch als „Alter Kämpfer" ausgezeichnet, o h n e sich
besondere Verdienste für die Partei erworben zu haben.

Jedes Jahr am 9. November trafen sich in München die
„Helden der Bewegung", „Alte Kämpfer" und Parteigrößen
und zelebrierten einen Marsch auf die Feldherrnhalle. So
wurde auch am 9.11.1938 zum 15. Jahrestag des Ereignisses
der „Märtyrer" der „Bewegung" beim gescheiterten Hitler-
Putsch gedacht. Am Vorabend hielt Hitler vor 2000 Gästen
im Bürgerbräukeller eine programmatische Rede. Am darauf
folgenden Abend versammelten sich noch einmal die alte Garde, die 1923 am Putsch persönlich teilgenommen hatte, die
Angehörigen der Opfer sowie hohe Funktionäre zum Kame-
radschaftsabend im Rathauskeller. Zu diesem Zeitpunkt gab
es offensichtlich noch keine Pläne, wie das Regime auf den
um 17 Uhr eingetretenen Tod des Diplomaten von Rath reagieren sollte. Beim Essen beriet Hitler sich mit Goebbels über
das Vorgehen gegen die Juden in einer Strafaktion. Gegen
21 Uhr informierte dieser die versammelten Parteigrößen über
den tödlichen Ausgang des Attentats. Diese Vorgänge hat
Goebbels in seinem Tagebuch festgehalten: „Ich trage dem
Führer die Angelegenheit vor. Er bestimmt: Demonstrationen weiterlaufen lassen. Polizei zurückziehen. Die Juden sollen einmal den Volkszorn zu verspüren bekommen. Das ist
richtig. Ich gebe gleich Anweisungen an Polizei und Partei.
Dann rede ich dementsprechend vor der Parteiführerschaft.
Stürmischer Beifall. Alles saust gleich an die Telefone." [12]
Die anwesenden Parteiführer verstanden die Hetzrede als

Signal für die schon geplanten Judenaktionen und gaben den Befehl weiter. Über Gauleiter, Kreisleiter und Ortsgruppenleiter wurden noch in der Nacht SA- und Parteimitglieder alarmiert. In vielen Fällen erreichte die Nachricht die Funktionäre, die bei den örtlichen Gedenkfeiern zusammengetroffen waren, erst gegen Mitternacht. Auch eine wichtige Anweisung darf nicht unerwähnt bleiben: Die Parteiführung sollte bei diesen Aktionen im Hintergrund bleiben und SS und SA die Ausführung überlassen.

Goebbels' Befehl hat gegen Mitternacht über die verschiedenen Instanzen auch die in Ostheim existierende SA-Ortsgruppe erreicht. Die SA-Männer teilten sich auf, begaben sich in die Nachbarorte, u. a. Nordheim und Oberelsbach, und richteten dort ihre Verwüstungen an, da in Ostheim keine Juden lebten. Übrigens war es eine bekannte Taktik der SA, nicht im Heimatort, sondern als Ortsfremde in Nachbargemeinden solche Gräueltaten auszuführen. Alles musste so dargestellt werden, als hätte sich der „spontane Volkszorn" über die Ermordung des Diplomaten in Paris gegen die Juden gerichtet. In Wirklichkeit hegte die NS-Führung die Absicht, die seit Frühjahr 1938 begonnene gesetzliche „Arisierung", also die Zwangsenteignung jüdischen Besitzes und jüdischer Unternehmen, zu beschleunigen. Der Pogrom hing eng mit Hitlers Kriegskurs und dessen Finanzierung zusammen. Die Pogromnacht am 10.11.1938 markiert den Übergang von der Diskriminierung der deutschen Juden seit 1933 zu ihrer systematischen Verfolgung, die im Holocaust endete. Nur wenigen jüdischen Familien aus Oberelsbach gelang im nächsten Jahr die Emigration. Die letzten jüdischen Bürger wurden bis 1942 in verschiedene Lager im Osten deportiert und ermordet.

Ich versuche zu rekonstruieren, wo und wie mein Vater die dramatischen Ereignisse des Novemberpogroms 1938 erlebt hat: Die regionale Partei- oder die RAD-Führung hatte ihn wahrscheinlich im Jahr 1938 ausgewählt, als „Alter Kämpfer" an den Feierlichkeiten in München und an dem Erinnerungsmarsch zur Feldherrnhalle repräsentativ teilzunehmen. Auf diese Begebenheit bezieht sich offenbar die oben zitierte Aussage von Anton K.: *„[Mein] Abteilungsführer war Paeselt. Der war beim Marsch zur Feldherrnhalle gewesen ..."* Mein

Vater war demnach auch am Vortag bei der Ansprache Hitlers im Bürgerbräukeller zugegen, gehörte aber nicht zu dem engeren Kreis der Parteigrößen, die sich noch am Abend trafen. Er reiste deshalb nach dem offiziellen Zeremoniell ab. Wieder zurück in Oberelsbach, erfuhr er am nächsten Morgen von den ungeheuerlichen Vorfällen in der Nacht vom 9. auf den 10. November 1938. Seine Reaktion: *„So sollte das nicht werden, das ist unmenschlich"* drückt seine Fassungslosigkeit und auch Distanzierung von den Geschehnissen aus.

Was wusste mein Vater von der NS-Judenpolitik? Ich stellte mir diese Frage immer wieder und hoffe, sie wenigstens teilweise beantworten zu können. Bei seinem Eintritt in die NSDAP 1928 war der Antisemitismus ein herausragendes Kennzeichen der nationalsozialistischen Ideologie. Schon vor Hitlers Erscheinen auf der politischen Bühne legte sich die 1920 gegründete NSDAP in ihrem 25-Punkte-Programm auf die Vertreibung, Ausweisung und Entrechtung der Juden fest. Blickt man noch weiter zurück, dann entdeckt man Wegbereiter des Holocaust, deren Schriften Hitler sich zur Pflichtlektüre gemacht hatte: Zu nennen ist beispielhaft das „Handbuch der Judenfrage" des Leipziger Publizisten Theodor Fritsch (1852–1933). Dieser hatte zeitlebens nur eine große Mission, wie er 1884 bekannte: „die Mission der Menschen, den Juden zu zertreten". Er gehörte zu jenen Organisatoren und Netzwerkern des radikalen und eliminatorischen Antisemitismus in Deutschland, ohne der Holocaust nicht möglich gewesen wäre. [13] Über eine andere politische Streitschrift, betitelt mit „Wenn ich der Kaiser wär", sagte Hitler begeistert, dass „in diesem Buch alles für das deutsche Volk Wichtige und Notwendige enthalten" sei. Mit dem Autor Heinrich Class (Pseudonym: Daniel Frymann), einem Mainzer Rechtsanwalt, Vorsitzender des radikalnationalistischen Alldeutschen Verbandes, hatte Hitler Kontakt und betrachtete ihn als Lehrmeister. Class verachtete die Juden als „innere Reichsfeinde" und empfahl eine „nationale Flurbereinigung", um durch umfangreiche Aus- und Umsiedlungen in Ostmitteleuropa das germanische Rassenelement gegenüber Juden und auch Slawen zu stärken. [14] All diese Gedankengänge und Ziele übernahm Hitler in seine Propagandaschrift

„*Mein Kampf*", die mein Vater auch besaß. Wie intensiv er sie gelesen hatte, kann ich natürlich nicht beurteilen, sie wurden aber in der Partei diskutiert und natürlich auch im RAD.

Gleich nach der Machtübernahme begann die NS-Führungsspitze um Hitler mit der Drangsalierung der Juden durch ihre Entrechtung, um sie zur freiwilligen Emigration zu bewegen. Mit den „Nürnberger Gesetzen" 1935 stempelte sie die jüdischen Mitbürger zu Menschen minderen Rechts, äußerlich schon sichtbar durch die Verpflichtung zum Tragen des gelben Judensterns an der Kleidung. Das war ein öffentlicher Rechtsakt, den jedermann wahrnehmen konnte, auch wenn er es später verleugnen sollte.

Es existierten bei der Führungselite der NSDAP seit 1937 Pläne, die Juden in einen abgegrenzten Staat umzusiedeln. Als Zielorte zog man damals Palästina, Ecuador, Kolumbien und Venezuela in Erwägung. Es sei darauf hingewiesen, dass bereits im Kaiserreich führende Vertreter des Judentums selbst, die sogenannten Zionisten, die Ausreise der deutschen Juden nach Palästina propagierten. Auch das war hinlänglich bekannt. Wahrscheinlich hat sich mein Vater zunächst ein halbwegs geordnetes Vorgehen bei der Aussiedlung oder Auswanderung der Juden vorgestellt.

Die Judenverfolgung erfuhr eine weitere Steigerung durch finanziellen Druck und Einweisungen in Konzentrationslager. Hatten bis dahin reiche Juden immer noch die Möglichkeit, ein Visum für die Einreise in ein anderes Land zu erwirken, weigerten sich vor allem nach Kriegsbeginn europäische und auch überseeische Staaten, Juden aufzunehmen.

Marseille war einer der Häfen, von wo aus viele jüdische Bürger ihre Rettung versucht hatten.

Nun begann die Parteispitze über Zwangsumsiedlungen nachzudenken. Zunächst hießen die Ziele Mittelamerika (1937/38), nach dem Blitzkrieg und Sieg über Polen sollten die Juden im Generalgouvernement zusammengezogen werden. Nach der Besetzung Frankreichs wurde die französische Kolonie Madagaskar ins Gespräch gebracht (1940), was wegen der britischen Seeblockade dann nicht mehr realisierbar war.

Mit dem Krieg gegen die Sowjetunion 1941 sagte Hitler dem jüdischen Bolschewismus und gleichzeitig den Juden in Deutschland den Kampf an, die man zu diesem Zeitpunkt bis hinter den Ural nach Sibirien abschieben wollte. Die negative Entwicklung an der Ostfront schob auch dieser Variante den Riegel vor. So sah sich die NS-Führung auf der berüchtigten geheimen „Wannsee-Konferenz", als die massenhafte „Umsiedlung der Juden nach Osten" bereits im Gange war, veranlasst, in Polen selbst eine „Endlösung" für das Judenproblem herbeizuführen.

Vermutlich hat sich mein Vater nach dem Novemberprogrom einigen Personen gegenüber missbilligend über die Ausschreitungen in Oberelsbach geäußert. Der Arbeitsdienstmann Anton K. kam erst fünf Jahre später in seine Abteilung, wie ich noch schildern werde, muss aber von seiner Familie oder vom Bekanntenkreis über Vaters Haltung informiert worden sein.

Zwangsversetzung

Die Aufgabe eines Abteilungsleiters bestand auch darin, das nationalsozialistisch ausgerichtete Unterrichtsprogramm für die Arbeitsdienstleistenden durchzuführen. Von den ab 1935 vorgegebenen Themen konnte zwar eine gewisse Auswahl während des halben Jahres RAD-Dienstes eines Jahrgangs getroffen werden. Aber jedes Thema enthielt nationalsozialistischen Propagandastoff, dem man nicht ausweichen konnte, und zu dem mein Vater sich teilweise auch bekannte. Laut Lehrplan mussten einige Kapitel mit dem Schwerpunkt Juden bearbeitet werden: *„Der Jude als Feind des deutschen Volkes"* und *„Warum sind wir Antisemiten?"* Ich kann mir vorstellen, dass diese Themen bei meinem Vater Skrupel ausgelöst haben. Er versuchte die Thesen, hinter die er sich nicht überzeugend stellen konnte, auszulassen oder inhaltlich zu verändern. Das hat er nach dem Krieg erzählt, ohne dabei ins Detail zu gehen.

Wie er später im Entnazifizierungsverfahren angibt, hielt er sich lieber an selbst zusammengestellten Unterrichtsstoff aus alten Schulbüchern der Weimarer Zeit wie in seinen er-

sten FAD-Lehrgangsstunden. Das sollte Folgen haben: Zum
1.7.1939 taucht im frisch eingeführten Soldbuch meines Vaters seine plötzliche Versetzung zur Gruppe 281 Fürth/Bay.
auf. Meinem Vater wurde also die Leitung einer Abteilung
abgenommen und man versetzte ihn in die Verwaltung ohne
maßgebliche Verantwortung.

Am Westwall

Als mein Vater noch das Lager in Oberelsbach in der Rhön
führte, wurde seine ehemalige Abteilung aus dem Riesengebirge, dem Gau X, schon bei den Befestigungsarbeiten im
Westen eingesetzt. Ab Mai 1938 war der RAD nämlich gleichzeitig mit der Organisation Todt in den Bau des Westwalls
(s. Karte) eingebunden. Die Organisation Todt (OT) geht auf
einen Auftrag Adolf Hitlers an Fritz Todt zurück. Sie entwickelte sich aus den im Zusammenhang mit dem Bau der Autobahn ab 1934 rekrutierten Einsatzkräften und privaten Baufirmen. Gegenüber der französischen Maginot-Linie arbeitete die OT ab dem Frühjahr 1938 an der deutschen Festungsli-
nie im Westen, Westwall genannt. Im Ganzen war der Westwall an der Westgrenze des Deutschen Reiches ein über 630 Kilometer langes Verteidigungssystem von der holländischen
Grenze bis nach Weil am Rhein an der Schweizer Grenze. Mein
Onkel wurde mit seiner RAD-Abteilung versetzt und musste
mit meiner Tante und meiner fast gleichaltrigen Cousine seinen Wohnort von Liegnitz nach Kandel in der Pfalz, etwa auf
der Höhe von Karlsruhe, aber auf der westlichen Rheinseite,
verlegen. In Kandel wurde mein Cousin geboren. Die beiden
Ehefrauen, also meine Tante und meine Mutter, besuchten
sich gegenseitig an den jeweiligen Dienstorten ihrer Männer
und brachten dabei uns Kinder mit. Ich war mit meiner Mutter auch in der Pfalz zu Besuch, denn es existieren einige Fotos mit dem Vermerk „Kandel" auf der Rückseite. Erst vor
Kurzem beschrieb mir mein Cousin, in welcher Straße die
Familie in einem katholischen Schwesternhaus gewohnt hatte. „Schwester Oberin" hatte sich ganz persönlich um die Familie und die kleinen Kinder gekümmert. Mein Onkel malte
von dem Wohnhaus, das früher eine Villa in Privathand ge-

Karte mit Maginotlinie in Frankreich (links) und Westwall in Deutsch-land (rechts)

wesen war, ein Bild. Dieses hing in der Wohnung von Onkel und Tante und gab nach dem Krieg immer wieder Anlass zu Gesprächen über die Zeit in Kandel. Das Haus an der Haupt-straße konnte ich bei einem Besuch 2010 aufgrund der Zeichnung wiedererkennen. Noch heute erinnert eine Tafel an die „Schwester Oberin", die gerade in der Kriegszeit als eine sehr wohltätige, mutige und umsichtige Frau im Gedächtnis der Bevölkerung geblieben ist. Dieses positive Bild einer Katholikin hatte auch in unserer Familie Bestand und es war noch oft von dieser außergewöhnlichen Frau die Rede.

Die Errichtung des Westwalls wurde in der Familie als Beruhigung empfunden, zumal die Franzosen auch ihre Verteidigungslinie, die Maginot-Linie, ausbauten. „Da kann uns im Krieg nichts passieren!" Diese Auffassung kommt noch zu einem späteren Zeitpunkt in einem Fotoalbum meiner Verwandten durch einen Reim zum Ausdruck:

„Am Westwall bumst's, doch in der Rhön
kann man in Ruh' spazierengehn."

Bei Ausflügen, besonders bei Radtouren im Elsass, sind mein Mann und ich in den letzten Jahren schon häufig auf die Reste der Befestigungsanlagen der Maginot-Linie gestoßen. Bei Kandel trafen wir auf die Reste des Westwalls, dessen Bau an dieser Stelle womöglich mein Onkel beaufsichtigt hat. Auf einem informativen Rundweg besichtigten wir nur einen Bruchteil des Befestigungssystems aus über 18.000 Bunkern, Stollen sowie zahllosen Gräben und Panzersperren. Nach dem Krieg schleifte man die meisten Befestigungsbauten. Einer Arbeitsgruppe des Landesdenkmalamtes in Baden-Württemberg gelang es 2005, die Denkmalwürdigkeit der restlichen Wehrbefestigungen ausreichend zu begründen und unter Schutz stellen zu lassen. So dienen die Bauten als Mahnmal gegen sinnlose Kriegführung. Man trifft hier auf den Widerspruch zwischen frühneuzeitlichem Befestigungsdenken und mobiler Kriegführung auch aus der Luft. Denn bei der Westoffensive 1940 erfolgte der Vormarsch der deutschen Truppen in Frankreich so schnell, dass am Westwall keine Kämpfe stattfanden. Erst in der letzten Phase des Zweiten Weltkrieges 1944/45 wurden die alliierten Truppen dort für kurze Zeit von den zurückweichenden deutschen Armee-Einheiten aufgehalten.

Im Kriegseinsatz 1939–1945

Fürth, das ‚fränkische Jerusalem'

Durch die plötzliche Versetzung meines Vaters noch kurz vor
Kriegsbeginn aus Oberelsbach nach Fürth/Bayern (Abtlg. 281)
war dort in der Nürnbergerstraße 88 unser Hauptwohnsitz,
den wir bis Ende der fünfziger Jahre beibehalten sollten. Dass
ein Umzug stattfand, habe ich damals noch nicht wahrgenommen. In einer alten Kennkarte meiner Mutter ist als Wohnsitz am 1.9.1939 immer noch Oberelsbach angegeben. Zumindest der Umzug nach Fürth hat sich u. U. verzögert und unsere kleine Familie lebte wahrscheinlich wieder eine Weile
getrennt. Der Kriegsbeginn lag schon in der Luft. Vielerlei
Maßnahmen wie die Verlagerung von Wehrmachteinheiten
nach Osten – angeblich zu Manövern – und auch von RAD-
Abteilungen zur Erntehilfe in Ostpreußen sowie unter anderem die Einziehung von Autos ließen auch meinen Vater hell-
hörig werden.

In Fürth war Vater wieder beim Gruppenstab tätig. Die
Versetzung, die ihn gekränkt hatte, musste er erst verkraften. Den Hintergrund erhellt die Erklärung eines ehemaligen RAD-Verwaltungsmannes:

*„Ich war im Jahre 1939 bei Herrn Paeselt als Verwaltungs-
fachmann im RAD in Oberelsbach/Rhön.*

*Herr Paeselt wurde damals (Sommer 1939) von dieser Ab-
teilung zu einem Stab mit untergeordneter Dienstaufgabe straf-
versetzt, weil ihm von der vorgesetzten Dienststelle mangelhafte nationalsozialistische Dienstauffassung vorgeworfen
wurde: Er wurde sogar öffentlich vor sämtlichen ihm unterstellten Arbeitsdienstführern bloßgestellt und diffamiert.*

*Andererseits mußte ich feststellen, daß er ein sehr gutes Ver-
hältnis mit seinen ihm unterstellten Mitarbeitern unterhielt
und großes Verständnis für die Sorgen und Nöte der Arbeitsmänner hatte".*

Diese eidesstattliche Erklärung legte mein Vater nach dem
Krieg seinen Unterlagen zur Entnazifizierung bei. Auch wenn

man bei einem solchen „Persilschein" gewisse Abstriche vornehmen muss, ist die Reaktion meines Vaters für mich der Schlüssel für seine weitere Haltung zum NS-Regime. Seinem Aufgabenbereich entsprechend hat er sich während seiner Tätigkeit beim RAD-Stab in Fürth – wie auch schon in den ersten FAD-Jahren in Görlitz und Liegnitz – mit der Ausrichtung des Unterrichts für die Arbeitsdienstverpflichteten befasst. Die Vorwürfe und die daraus resultierende Versetzung mögen ihn veranlasst haben, sich jetzt mit dem historisch-politischen Ideengut, das zum Nationalsozialismus führte, intensiver auseinanderzusetzen. Welche dazu nötigen Unterlagen er in seiner Dienststelle vorfand, ist mir leider unbekannt. In seinem Bücherbestand fand ich allerdings eine 1933 erschienene und von ihm 1939 erworbene Sammlung von Aufsätzen des politischen Publizisten Paul de Lagarde (1827-1891) aus der Bismarckzeit: *Schriften für Deutschland*. Mein Vater hat handschriftlich eine Stichwortsammlung am Ende des Buches angelegt, der er bestimmte Seiten zuordnete. Er unterstrich penibel solche Passagen von Lagarde rot, die ihm wichtig erschienen und mit denen er sich wohl auch weitgehend identifiziert hat. Diese sind ihrem Autor entsprechend radikalnationalen Charakters. Sie betonen einmal das deutsche Herrenmenschentum und dessen Recht auf die Eroberung östlichen Lebensraumes. Zum anderen sah Lagarde Gefahren in der Industrialisierung und bejahte, ja forderte sogar die Agrargesellschaft als völkischen Lebensborn zur autarken Versorgung. Für ihn lag der Segen auf der Handarbeit und er betonte die Notwendigkeit eigenverantwortlicher Arbeit der Handwerker. Außerdem verstand er den völkischen Nationalstaat weniger rassisch, sondern mehr gesinnungspolitisch. Den Artikeln von Lagarde ist vom Herausgeber eine ausführliche Einführung vorangestellt, der mein Vater, wie die Unterstreichungen verdeutlichen, gebührende Aufmerksamkeit geschenkt und die er ebenfalls in der Stichwortsammlung verwertet hat. Eines ist dabei auffällig: Während der Editor ausführlich auf den Antisemitismus von Lagarde eingeht, bleiben die entsprechenden Auslassungen von meinem Vater völlig unbeachtet. Das Stichwort „Judentum" fehlt auch bei seinen Gliederungspunkten, obwohl er gerade zu dem Zeitpunkt in Fürth mit diesem Thema konfrontiert wurde.

Fürth gehörte zum Gau Franken mit der Hauptstadt Nürnberg, dem Sitz des Gauleiters, zu jener Zeit Julius Streicher. Er hatte am Ersten Weltkrieg und am Hitlerputsch 1923 teilgenommen. Schon 1922 gründete er in Anwesenheit Hitlers die NSDAP-Gruppe Nürnberg-Fürth. Streicher, ein berüchtigter Demagoge, ging besonders scharf gegen Juden und bürgerliche Gegner vor. Zudem war er Gründer, Eigentümer und Herausgeber des antisemitischen Hetzblattes „Der Stürmer". Darin hatte er die Boykotthetze gegen jüdische Unternehmen, Geschäfte, Banken, Arztpraxen, Notars- und Rechtsanwaltskanzleien angeheizt, die das NS-Regime schon am 1. April 1933, also nur zwei Monate nach Hitlers Machtübernahme, in ganz Deutschland propagiert hatte.

Haben die Vorgesetzten meinen Vater bewusst nach Fürth in den Dunstkreis Streichers versetzt, um ihn „auf Linie" zu bringen? Sicher hat mein Vater als „Alter Kämpfer" mit ihm zu tun gehabt, da die Fürther NSDAP-Gruppe stark unter Streichers Einfluss stand. Nicht zu übersehen waren bei Vaters Ankunft in Fürth die Folgen der Pogromnacht im Jahr davor. Die antijüdische Stimmung war durch Streicher nicht nur in Nürnberg angefacht worden, sondern auch in der Nachbarstadt Fürth und führte dort zu extremen Ausschreitungen, Verwüstungen und der Zerstörung der Hauptsynagoge. Es ist von „wilden Arisierungen" schon vor 1938 die Rede, bei denen Streicher und seine Gefolgsleute sich an den beträchtlichen jüdischen Vermögenswerten bereicherten. Wegen weiterer skandalöser Vorfälle in Verbindung mit parteischädigendem Verhalten und Korruptionsvorwürfen wurde Streicher 1940 in einem Prozess vor dem Obersten Parteigericht in München sogar von seinen eigenen Parteigenossen für schuldig befunden und seiner Amtsgeschäfte enthoben. Er behielt aber den Titel eines Gauleiters ebenso wie die Herausgeberschaft des „Stürmer" bei. Im Nürnberger Prozess gegen die Hauptkriegsverbrecher wurde er wegen Verbrechen gegen die Menschlichkeit zum Tode verurteilt und am 16.10.1946 hingerichtet.

Von Judenproblemen habe ich nach dem Krieg nie etwas erfahren, weder von meinem Vater noch von Bekannten und schon gar nicht in der Schule. Dabei hat das Judentum in Fürth eine besondere Rolle gespielt. Die Zahl der Juden war von der ersten Erwähnung einer Gemeinde im 15. Jahrhundert bis zur zweiten Hälfte des 18. Jahrhunderts auf fast ein Viertel der Bevölkerung angewachsen, sodass die Stadt mit ihrem großen religiösen und wissenschaftlichen Zentrum im Volksmund als das „fränkische Jerusalem" bezeichnet wurde. Die Nürnberger Bürger hatten 1499 ihre Juden ausgewiesen, die Fürther nahmen sie auf. Daher war die Stadt bis ins 19. Jahrhundert hinein durch eine außergewöhnliche jüdische Geschichte geprägt. Die tüchtigen Handwerker und Kaufleute trugen maßgebend zur Entwicklung einer blühenden Handelsstadt bei, die der Nachbarstadt Nürnberg Konkurrenz machte.

Ich habe an diese erste Zeit in Fürth/Nürnberg kaum Erinnerungen. Das Fotoalbum enthält nur einige Bilder vom Besuch im Nürnberger Zoo, wohin aber auch nach dem Krieg gelegentlich Sonntagsausflüge führten, sodass sich meine Eindrücke verwischen und zeitlich nicht mehr eindeutig zuordnen lassen. Wir unternahmen aber von Fürth aus Fahrten in das Alpenvorland. Im Fotoalbum finden sich einige Bilder von mir, meiner Mutter und Verwandten am Eibsee am Fuße der Zugspitze. Spätere Erzählungen meines Vaters machten mir die verwandtschaftlichen Beziehungen deutlich. Dort liegt in der Nähe der idyllische Ort Murnau, wo sich damals eine der Bezirksschulen des RAD befand. Der Leiter war zu der Zeit der schon erwähnte Oberarbeitsführer Walter H. Vielleicht hatte er schon 1938 mit dem Wechsel der Dienststelle meines Vaters vom Arbeitsdienstgau X (Niederschlesien) zum Gau XXVIII (Franken) zu tun. Auch nach dem Krieg sollte dieser Verwandte und ältere RAD-Kamerad für meinen Vater Berater sein. Die Familie wohnte damals in Eschenlohe (Ohlstadt) bei Murnau in einer herrschaftlichen Villa. Das Zusammengehörigkeitsgefühl unserer schlesischen Familie war sehr stark ausgeprägt.

Nürnberg, die Stadt der Reichsparteitage

Für meinen Vater bedeutete die Versetzung nach Fürth in unmittelbarer Nähe zu Nürnberg vielleicht sogar eine Abwechslung zu seiner bisherigen Tätigkeit. War doch Nürnberg die Stadt der Reichsparteitage, an denen er schon einige Male teilgenommen hatte. Diese Propagandaveranstaltungen wurden von 1933–1938 auf dem Reichsparteitagsgelände abgehalten, einem Areal im Südosten der Stadt. Die Wahl fiel auf sie, weil die nationalsozialistische Führung eine historische Verbindung zum „Heiligen Römischen Reich deutscher Nation" und den Reichstagen, im Mittelalter häufig in der Freien Reichsstadt Nürnberg abgehalten, herstellen wollte. Der Gesamtentwurf für die Gestaltung des Geländes stammt von dem späteren Reichsminister für Rüstung und Kriegsproduktion, dem Architekten Albert Speer (1905–1981). Am 1. Oktober 1946 wurde er wegen seiner Kriegsverbrechen und Verbrechen gegen die Menschlichkeit schuldig gesprochen und zu 20 Jahren Haft verurteilt, die er bis zu seiner Entlassung 1966 in Berlin-Spandau verbüßte.

Hitler, als selbst ernannter „Oberster Bauherr" Deutschlands, nahm immer wieder direkten Einfluss auf die Gestaltung des Reichsparteitaggeländes als Teil eines groß angelegten, für das gesamte Reichsgebiet entworfenen NS-Bauprogramms. Für die geplanten Bauwerke lieferten mehr als 280 Firmen Natursteine. Unter den Lieferanten befanden sich ab 1940 auch die SS-eigenen Deutschen Erd- und Steinwerke (DEST). Konzentrationslager wie Flossenbürg, Mauthausen, Groß-Rosen – auf dieses KZ komme ich noch zu sprechen – und Natzweiler-Struthof wurden in der Nähe von Steinbrüchen errichtet. In den zugehörigen Steinmetzbetrieben beutete die DEST die Arbeitskraft der Häftlinge rücksichtslos aus (Vernichtung durch Arbeit). Ob mein Vater das verifiziert hat, habe ich von ihm nicht erfahren.

Nur einige der Kolossalbauten auf dem Parteitagsgelände, die den Größenwahn Hitlers und seiner Gefolgsmänner deutlich machten, konnten fertiggestellt werden. Die Kongresshalle, die sich im Erscheinungsbild am Kolosseum in Rom orientierte, blieb unvollendet. Sie sollte als Kongresszentrum bei

Die Kongresshalle auf dem Reichsparteitaggelände in Nürnberg blieb unvollendet, da mit Kriegsbeginn die Baumaßnahmen eingestellt wurden.

Veranstaltungen der NSDAP Platz für 50 000 Menschen bieten. Heute steht sie unter Denkmalschutz. Ein Dokumentationszentrum ist eingerichtet, das sich in seiner Dauerausstellung „Faszination und Gewalt" mit den Ursachen, Zusammenhängen und Folgen der nationalsozialistischen Gewaltherrschaft befasst. Der größte Teil des Baus ist aus Ziegelsteinen gemauert; die Fassade wurde mit großen Granitplatten „aus allen Gauen des Reiches" verkleidet.

Bei den sich über eine Woche hinziehenden Veranstaltungen eines Reichsparteitages gab es einen „Tag der Hitlerjugend", einen „Tag der Sturmabteilungen" (SA, SS), einen „Tag der Wehrmacht" und einen „Tag des Reichsarbeitsdienstes". Hitler nahm die Paraden der jeweiligen Formationen von der zentral gelegenen Kanzel inmitten der Zeppelin-Ehrentribüne ab, von der aus er auch seine Ansprachen an die Massen hielt. Die Tribüne wirkte wie eine Tempelfassade. Zwei riesige Feuerschalen an den Ecken verliehen ihr etwas Altarmäßiges. Der Pergamonaltar soll das antike Vorbild gewesen sein. Das riesige Hakenkreuz in der Mitte war von der US-Armee schon gleich bei ihrem Einmarsch 1945 gesprengt worden. Teile der Treppenanlage wurden einige Jahre nach dem Krieg

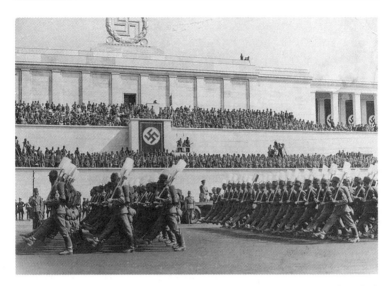

RAD-Parade vor der Zeppelintribüne in Nürnberg, wahrscheinlich Reichsparteitag 1938, als mein Vater mit seiner Abteilung auch teilgenommen hatte.

wegen Baufälligkeit abgerissen. Ich kann mich noch gut an diese Bauwerke erinnern, denn mein Vater nahm mich nach Kriegsende zur Besichtigung des Geländes mit. Wenn ich seine Berichte recht im Gedächtnis habe, war er beim Parteitag 1938 mit seiner Abteilung unter der Masse der Spatenträger. Er zeigte mir die Stellen, wo er gestanden hatte oder vorbeimarschiert war. Die Massenveranstaltungen hatten ihn sehr stark beeindruckt wie so viele seiner Zeitgenossen und er war damals stolz gewesen, daran teilnehmen zu dürfen.

Der Überfall auf Polen

In die Zeit unseres Aufenthaltes in Fürth fiel der Beginn des Zweiten Weltkrieges am 1.9.1939. Als Vorwand für den Überfall auf Polen diente eine angeblich gewaltsame Besetzung des Senders Gleiwitz in Oberschlesien. In Wahrheit handelte es sich um eine von der SS fingierte Aktion am 31. August 1939. Als Beleg dafür erschoss die SS vor Ort einen polnischen Sträfling, der in eine polnische Uniform gesteckt worden war. Tags darauf begann mit dem Beschuss der polnischen Befestigungen auf der Westerplatte durch das Linienschiff „Schleswig-Holstein" ohne Kriegsklärung der Überfall auf Polen. Die damals polnische Westerplatte unweit der Freien Stadt Danzig ist eine größtenteils bewaldete, sandige, langgestreckte Halbinsel ohne nennenswerte Bodenerhebungen an der Ostseeküste. Bekannt wurde sie durch diese ersten Kampfhandlungen. An die polnischen gefallenen Verteidiger erinnert das 1966 eingeweihte Westerplatte-Denkmal.

„*Seit 5.45 Uhr wird jetzt zurückgeschossen!*" Jedes Mal, wenn ich bei Dokumentationen über den Zweiten Weltkrieg im Radio oder Fernsehen die knarrende Stimme Hitlers diesen Satz in die Menge der Reichstagsabgeordneten hineinschleudern und danach den Beifall und Jubel der Anwesenden höre, überläuft es mich eiskalt. Mündete diese militärische Auseinandersetzung doch in einen Weltbrand mit 60 Millionen Toten, unendlichem menschlichem Leid und dem Verlust der Heimat für weitere Millionen in ganz Europa.

Später hat mein Vater immer bekräftigt, die Version vom Überfall auf den Sender Gleiwitz als Anlass geglaubt und den Einmarsch in Polen als gerechtfertigt angesehen zu haben.

Mit Kriegsbeginn wurde der Reichsarbeitsdienst der Wehrmacht unterstellt. Vater erhielt ein Soldbuch wie die Wehrmachtsangehörigen. Die „Vereidigung auf den Führer" erfolgte aber erst, als der Polenfeldzug schon fast beendet war, und ist mit Datum vom 22.9.1939 im Soldbuch eingetragen. Der Wortlaut der Eidesformel:

„*Ich schwöre bei Gott diesen heiligen Eid, dass ich dem Führer des Deutschen Reiches und Volkes, Adolf Hitler, dem Oberbefehlshaber der Wehrmacht, unbedingten Gehorsam leisten und als tapferer Soldat bereit sein will, jederzeit für diesen Eid mein Leben einzusetzen.*"

Von jetzt ab dokumentiert das Soldbuch mit dem Buchstaben K die besonderen Kriegseinsätze. Einige hat mein Vater mit den zum Dienst verpflichteten jungen RAD-Männern aus den ihm zugeteilten Abteilungen erlebt. Von anderen besonderen K-Einsätzen wird noch die Rede sein. Zum Teil wurden aus den Korps der Führer und Unterführer eigene militärische Einheiten formiert. Dabei verloren die Betroffenen ihren Arbeitsdienstrang und wurden wie einfache Soldaten bzw. entsprechend einem militärischen Reservedienstgrad, sofern sie diesen besaßen, eingesetzt. Sie wurden wie gewöhnliche Soldaten eingesetzt und hatten besonders viele Verwundete und Gefallene zu beklagen. Im Nachlass meines Vaters findet sich eine Liste mit etwa 500 Namen Gefallener, Vermisster oder anderweitig verstorbener Arbeitsdienstler allein aus dem Gau X, Niederschlesien.

Im Sommer 1939 hatte schon ein getarnter Aufmarsch in Ostpreußen stattgefunden. Reservisten wurden eingezogen, die der heimischen Landwirtschaft fehlten und mehr und mehr durch in den Osten verlegte RAD-Abteilungen ersetzt werden mussten.

An dem Einmarsch der deutschen Truppen in Polen im September/Oktober 1939 war auch der Arbeitsdienst beteiligt. Die Abteilungen agierten hinter der Front bei Pionierarbeiten wie Reparaturen der Wege, Straßen und Brücken oder der Anlage von Knüppeldämmen usw.

Außerdem wurden die Arbeitsdienstmänner zum Bau des Ostwalls, die Verteidigungslinie als Gegenstück zum Westwall, und zum Ausbau der Luftbasis eingesetzt. Einige Abteilungen erhielten eine besondere militärische Ausbildung. Zumindest die nach Ostpreußen abgeordneten Einheiten des RAD traf der Kriegsbeginn also nicht unvorbereitet.

Reichsarbeitsführer Hierl traf am 26.09.1939 in Danzig ein, um seinen persönlichen Dank den Arbeitsmännern abzustatten, die vom ersten Kriegstage an beim Kampf um die Westerplatte und bei Gotenhafen (heute Gdynia) eingesetzt waren. Wenige Tage später — am 06. Oktober, am Ende der Kriegshandlungen in Polen – sandte der OBdL (Oberbefehlshaber der Luftwaffe) Göring an den Reichsarbeitsführer einen Dankbrief, in dem er sich lobend über den Einsatz der RAD-Abteilungen im Rahmen der Luftwaffe aussprach.

Die ersten in Polen eingesetzten Arbeitsdienstgruppen kehrten bereits Mitte Oktober 1939 in das Reichsgebiet zurück, weil die deutschen Truppen innerhalb von fünf Wochen das ganze Land mit der Hauptstadt Warschau erobert hatten. Einige davon wurden in den neu besetzten Gebieten zurückbehalten und bildeten hier die Stämme für die im November neu gegründeten Arbeitsgaue II (Danzig-Westpreußen) und III (Warthegau).

Im Polenfeldzug war mein Vater nicht eingesetzt, sondern er blieb in der Verwaltung in Fürth.

Blitzkrieg gegen Frankreich 1940

Der Kriegseinsatz mit dem Datum 1.2.40 bezieht sich zunächst auf Kriegsvorbereitungen im Westen. Vater musste jetzt – wie mein Onkel schon seit 1938 – mit seiner RAD-Abteilung K 281 Verteidigungsstellungen am Westwall errichten. Wo er überall gewesen ist, geht aus den Unterlagen nicht hervor.

Am 10. Mai 1940 marschierte dann die deutsche Armee blitzartig in Frankreich, Luxemburg, Belgien und Holland ein und damit begann der Westfeldzug. Ein Foto zeigt meine Mutter mit mir bei der Verladung der Arbeitsdienstabteilungen in Nürnberg. Ich durfte mein neues Dirndl anziehen wie zu einer festlichen Angelegenheit. Im Nachhinein erscheint mir das absurd. An Abschiedsgefühle kann ich mich nicht erinnern. „Vati kommt ja bald wieder", beruhigten mich seine Kameraden und auch meine Mutter. Dass jetzt aber die Zeit der Trennungen für unsere Familie richtig begann, wurde mir erst später bewusst.

Genaue Einsatzorte meines Vaters sind nicht festgehalten, es heißt nur ganz allgemein: 30.5.–10.11.40 K281 Operationsgebiet West. In einem handgeschriebenen Lebenslauf taucht die kurze Notiz „im Stabe" auf. Das deutet darauf hin, dass er mit der Organisation des Einsatzes der RAD-Gruppe K281 (Nürnberg/Fürth) betraut war. Im Jahrbuch des Reichsarbeitsdienstes 1941 schildert der Arbeitsgauführer von Franken in einem allgemeinen Bericht den Einsatz von Abteilungen, auch aus der Rhön. Bei Beginn des Westfeldzuges wurde der RAD – im Gegensatz zum Polenfeldzug – nicht der Wehrmacht unterstellt, sondern geschlossene Abteilungen operierten selbstständig im rückwärtigen Gebiet unter dem Befehl der „Höheren RAD-Führer". Zunächst waren es die Abteilungen, die

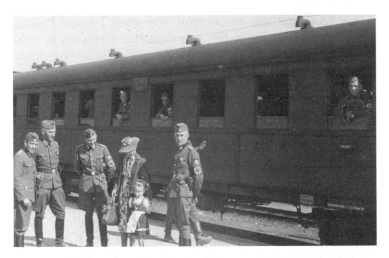

Bei der Verladung der Arbeitsdienstmänner an die Westfront 1940 verabschiedeten wir uns auf dem Bahnhof in Nürnberg auch von meinem Vater.

am Westwall entbehrlich wurden und nun den vorrückenden Heeres- und Luftwaffeneinheiten folgten und für einen erheblichen Teil des Nachschubs sorgten. Der RAD hatte zerstörte Brücken und Straßen zu reparieren, wobei sich generell die Verkehrswege in Frankreich im Vergleich zu Polen in einem weitaus besseren Zustand befanden. Zerstörte Feindflugplätze wurden repariert und neue Feldflugplätze eingerichtet. Auch von dem Einsatz bei der „Desarmierung" der Maginot-Linie ist die Rede, d.h. dort gelagerte Waffen und Munition und andere Kriegsbeute mussten gesichtet, geordnet sowie nach dem Ende der Kampfhandlungen einer neuen Verwendung zugeführt werden. Arbeitsdienstmänner halfen im Elsass und in Lothringen vor allem den Bauern bei der Rückkehr in ihre vorher geräumte Heimat. Bei diesem „Blitzkrieg" konnte der Westwall kaum seine Schutz- und Verteidigungsfunktion entfalten. Der Waffenstillstand wurde schon am 22. Juni im Wald von Compiègne unterzeichnet, und zwar im selben Salonwagen, in dem am 11. November 1918 die Waffenruhe zum Ende des Ersten Weltkriegs abgeschlossen worden war. Das war für Hitler und sicher für die meisten

Deutschen eine Genugtuung, für die Franzosen eine Demütigung. Mit dem Inkrafttreten am 25. Juni 1940 teilte man Frankreich in das Territorium des Vichy-Regimes von der Mitte Frankreichs bis nach Süden, in eine deutsche Besatzungszone im Norden und Westen entlang der Küste bis nach Spanien sowie in eine italienische Zone in den Westalpen, die Benito Mussolini noch in den letzten Kriegstagen erobern ließ, auf.

Ab Mitte 1940 begannen die ersten Luftangriffe der Alliierten auf Nürnberg. Der erste Angriff auf Fürth erfolgte am 17. August 1940. Der Angriff sollte den MAN-Werken in Augsburg gelten, durch einen Navigationsfehler warf ein Bomber seine Last auf Fürth.

Bis 1945 wurden 11 % der Bausubstanz in Fürth zerstört. Im Vergleich zu anderen Städten ist dies jedoch ein relativ niedriger Prozentsatz. In den letzten Kriegsmonaten erlebte Nürnberg einen besonders schweren Angriff (21. Februar 1945), bei dem 1198 Bomber insgesamt 1700,3 Tonnen Spreng- und 1168,5 Tonnen Brandbomben abwarfen. Dabei wurde die Stadt der Reichsparteitage verwüstet. Auch Fürth hatte Treffer zu verzeichnen, bei denen Häuser in der Nürnbergerstraße beschädigt wurden. Zum Glück blieb unser Wohnhaus Nr. 88 verschont.

Ich kann mich an keinen Fliegeralarm erinnern. Vielleicht waren meine Mutter und ich während der Abwesenheit von Vater auch schon in Schlesien, in Jauer. Die Wohnung in Fürth mit den großen Möbelstücken und dem Hausrat wurde zwar nicht aufgegeben, aber ein Gutteil der Kleidung, der Spielsachen usw. machte die Reise nach Osten. Dort lebten meine Mutter und ich fast bis zum Ende des Krieges, also 5 Jahre lang. 1941 besuchten wir meinen Vater noch längere Zeit an seinem Einsatzort. Ab meiner Einschulung 1942 jedoch beschränkte sich das Zusammensein unserer kleinen Familie ausschließlich auf Schulferienaufenthalte an den jeweiligen Dienstorten meines Vaters. Ansonsten erging es mir nicht anders als all den Soldatenkindern, die ihre Väter nur kurz im Heimaturlaub zu sehen bekamen. In den Großeltern hatte ich natürlich gleich zwei Ersatzpersonen, die liebevoll ein normales Familienleben zu gestalten versuchten.

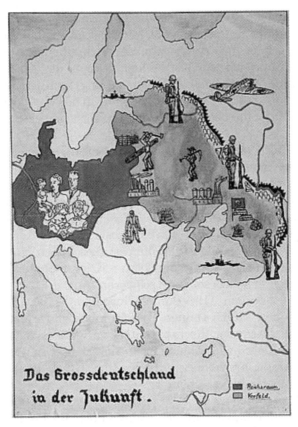

Die Kartenskizze (von 1943) illustriert die nationalsozialistischen Vorstellungen vom „Neuen Europa" unter deutscher Herrschaft. Der eroberte „Osten" sollte das Deutsche Reich mit Produkten aus Industrie und Landwirtschaft und mit Arbeitskräften versorgen.

Im „Rahmen des Heeres" in Ostpreußen

Hitler ging in seiner Propagandaschrift *Mein Kampf* von einem naturgegebenen „Kampf um das Dasein" zwischen den Völkern und Rassen aus, wobei die jeweils stärkere Rasse auf Kosten der schwächeren ihren Lebensraum ausweitete. Eine Vermischung mit minderqualifizierten Ethnien musste verhindert werden. Die NSDAP sagte in ihrem Parteiprogramm an erster Stelle den Juden, verkörpert in Form des „jüdischen Weltkapitals", den Kampf an. Hitler und andere führende NS-Vertreter – wie Alfred Rosenberg in seinem politischen Buch *Mythus des 20. Jahrhunderts* betrachteten die Sowjetunion als Träger des „jüdischen Bolschewismus" und damit als eine Bedrohung des deutschen Volkes. Da sie überseeische Kolonien ablehnten, stattdessen „Lebensraum im Osten" auf Kosten der ebenfalls als minderwertig deklarierten Slawen forderten, gab es eine doppelte Begründung, die UdSSR anzugreifen: zur Vernichtung des Judentums und zur „Versklavung" des „slawischen Untermenschen". Dieser Krieg, schon in *„Mein Kampf"* programmiert, erschien Hitler nach der Niederwerfung Frankreichs und Polens militärisch erfolgversprechend. Alle Mittel waren ihm dazu recht, vom Nichteinhalten geschlossener Bündnisse bis zum völkerrechtswidrigen militärischen Einfall in andere Länder, deren Besetzung und wirtschaftliche Ausbeutung.

In die dramatischen Vorgänge beim Russlandfeldzug versuche ich, die nun folgenden Kriegseinsätze meines Vaters einzuordnen. Sie bildeten gleichzeitig den Rahmen für zeitweilige Aufenthalte mit meiner Mutter in den besetzten Gebieten Polens.

Kaum aus dem besetzten Frankreich zurückgekehrt wurde die Versetzung meines Vater in den Gau I, Ostpreußen, ausgesprochen und vom 26.11.40–10.3.41 die Kommandierung zur RAD-Dienststelle Abt. K 2/15 „im Rahmen des Heeres" angeordnet.

Der erste Einsatzort für meinen Vater im damaligen Ostpreußen hieß Niedersalpkeim bei Rastenburg. Seine RAD-Abteilung hatte die Aufgabe, am Bau eines Flugplatzes mitzuwirken, und zwar für die „Wolfsschanze". Es war dies der Tarnname für eines der Führerhauptquartiere mit dem militärischen Lagezentrum des Führungsstabes der Wehrmacht während des Zweiten Weltkrieges. Der größere der beiden zur „Wolfsschanze" gehörenden Fluglätze lag etwa 5 Kilometer südlich des Führerhauptquartiers. Die Anlage dieses Flugplatzes in Niedersalpkeim ein halbes Jahr vor dem Überfall auf die Sowjetunion stand offensichtlich mit den Vorbereitungen des Krieges in Zusammenhang. Dieses Bauvorhaben hielt sich

für Führungspersonal und Arbeitsdienstmänner im normalen Rahmen gewohnter Anforderungen. Das sollte sich bald
ändern.

Bei der anschließenden Kommandierung nach Raczki von
März bis Juni 1941 handelte es sich ebenso um die Vorbereitung des Militäreinsatzes gegen Russland. Hier war mein Vater mit dem RAD wieder am Bau eines Flugplatzes beteiligt.
Vorrang bekam die militärische Ausbildung der Arbeitsdienstmänner. Man versetzte den RAD in die Lage, bei Bedarf den
Spaten mit dem Gewehr zu tauschen.

Raczki, im äußersten Nordosten Polens in einem kleinen
Landzipfel des Kreises Suwalki, gehörte von 1939 bis 1944
unter deutscher Besatzung zum Generalgouvernement.

Bewohner im Schloss Dowspuda bei Raczki

Der Besuch mit meiner Mutter bei meinem Vater in Raczki
im Frühjahr 1941 hat sich in vielen Einzelheiten tief in mein
Gedächtnis eingegraben. Es ist überhaupt die früheste Begebenheit in meinem Leben, an die ich mich bewusst erinnere.
Während dieser Besuchsreise war ich noch nicht ganz 5 Jahre
alt. Schon die Zugfahrt quer durch Polen hat bei mir bleibende Eindrücke hinterlassen. Sie wurden sogar Gegenstand eines Aufsatzes, als ich in der Schule in der Quinta oder Quarta
(6. oder 7. Klasse) im Fach Deutsch die Aufgabe hatte, eine
Reise zu beschreiben. Für diesen Aufsatz wählte ich die Überschrift: „Eine Polenreise" und brachte meine Erlebnisse von
damals zu Papier. Sie hatten sich anscheinend verfestigt. Wenn
ich an sie zurückdenke, ziehen die Bilder der Reise heute noch
an meinem geistigen Auge vorüber:

Meine Mutter und ich sitzen im D-Zug von Breslau nach
Warschau. Ich bin glücklich, weil ich eine große Reise mit der
Eisenbahn machen darf und bald meinen Vati wiedersehen
werde. Wir haben einen Fensterplatz ergattert und auf dem
Schoß meiner Mutter sitzend kann ich besonders gut die vor-
beifliegende Landschaft beobachten. Als es draußen dunkel
wird, presse ich mein Gesicht an die Scheibe und schirme mit
den Händen die Augen vor dem Waggonlicht ab. Mein Blick
fällt auf eine weite Schneelandschaft, die im Mondschein glit-

zert. Es ist Vollmond, denn ich kann in seinem runden Gesicht deutlich Augen, Nase und Mund erkennen. Ich bilde mir ein, der Mond müsse mich besonders gernhaben, weil er am Himmel mit mir wandert. Zu fortgeschrittener Stunde fallen mir vor Müdigkeit die Augen zu und Mutti bettet mich auf die Sitzbank und auf ihren Schoß, damit ich schlafen kann. Plötzlich ein Ruck! Ich werde aus meinem Schlaf gerissen und auf den Boden des Abteils geschleudert. Gleichzeitig höre ich über mir einen ohrenbetäubenden Schlag. Ich schreie nach meiner Mutti, die mich hochnimmt und schützend an ihre Brust drückt: „Ganz still, Ingelein. Es ist nichts passiert, mein Kind!", versucht sie mich zu beruhigen. Ein schwerer Koffer ist aus dem Gepäcknetz über den Sitzen herabgestürzt. Zu meinem Glück hat ein unter dem Fenster angebrachtes ausklappbares Esstischchen – wie sie in den D-Zug-Wagen noch bis lange nach dem Krieg üblich sind – die Wucht des Aufpralls abgefedert. In unserem Abteil sind alle Fahrgäste mit dem Schrecken davongekommen. Jetzt versuchen sie, das schwere Gepäckstück und andere Gegenstände wieder in das Netz zu hieven. Wenige Minuten später geleitet man eine blutüberströmte Frau an unserem Abteil vorbei, die sicher durch einen herabfallenden Koffer verletzt wurde. Die Erklärung für den Zwischenfall ist offenbar, dass der Zug im Bahnhof auf einem falschen Gleis eingefahren und mit einem Poller kollidiert ist. Er setzt aber seine Fahrt durch die Nacht nach einem längeren Aufenthalt fort. Unsere Reise verzögert sich wegen des Unglücks und zusätzlich verpasster Anschlüsse und damit natürlich auch unsere Ankunft am nächsten Tag in Raczki um Stunden. Vati hat wohl lange vergeblich am Bahnhof auf uns gewartet. Denn als wir schließlich eintreffen, ist niemand da, um uns abzuholen. Diese einsame Bahnstation ist meiner Mutter unheimlich und sie entschließt sich, Richtung Dorf zu gehen. Unser Gepäck geben wir in die Obhut des Bahnhofsvorstehers. Draußen tobt ein Sturm und im Schneegestöber müssen wir gegen heftige Böen ankämpfen. Ich krieche unter Muttis Pelzmantel, in den sie mich fürsorglich einhüllt. Schließlich ertönt ein erlösendes Geläut und der Pferdeschlitten mit meinem Vater taucht auf. Er hat uns gleich erkannt, lässt den Kutscher anhalten und springt zu mir her-

Vom Pac-Palast in Dowspuda, 1820-1823 im Stil der englischen Neugotik errichtet und umgeben von einem romatischen Park, waren 1941 und sind heute noch das Eingangstor und ein oktogonaler Turm erhalten.

unter. Ich falle Vati um den Hals und kurz darauf sitze ich warm in Decken eingehüllt zwischen meinen Eltern auf der Schlittenbank. Von Peitschenknall begleitet, bringt uns das Gefährt quer durch Raczki zu dem nur einen Kilometer entfernt liegenden Schloss Dowspuda (litauisch Raspuda – polnisch Dowspuda). Ich finde es herrlich und spannend, in einem ehemals herrschaftlichen Gebäude zu sein und fühle mich wie eine Prinzessin. Dabei nehme ich kaum wahr, dass wir in einer Schlossruine wohnen, von der zwar das Herrenhaus noch steht, sonst aber nur das Eingangstor und ein oktogonaler Turm erhalten sind.

Rund 400 Jahre existierte Litauen in Personalunion mit dem Königreich Polen und erlitt ab 1795 mit Polen das Schicksal der Aufteilung unter die angrenzenden Großmächte Preußen/Deutschland, Russland und Österreich. Schloss Dowspuda/Raspuda war ein bedeutender Adelssitz und ein Beispiel für die damalige politische Situation. Es war der Palast des

litauischen Generals Michal Ludwik Pac (1780–1835). Dieser
Bau vermittelt heute als Ruine nur einen Abglanz seiner einstigen Pracht. Die Pac-Familie war eine der zahlreichen Familien Litauens, die sich, wie praktisch die ganze Oberschicht
des litauischen Landes, polonisieren ließ. Die Landessprache,
das Litauische, wurde schließlich nur noch von Bauern gesprochen. Erst die nationale Bewegung Litauens im 19. Jahrhundert wertete sie als Trägerin der litauischen Kultur wieder auf. Viele Zwistigkeiten zwischen Polen und Litauen im
20. Jahrhundert sind historisch gewachsen und so auch er-
klärbar.

Der Aufenthalt in Raczki zieht sich über mehrere Wochen
hin. Das Wetter beschert uns zunächst echte Winterfreuden.
Mutti baut mit mir einen Schneemann und wir liefern uns
auch deftige Schneeballschlachten. Ich bedaure aber, dass es
in der Gegend keine Hänge zum Schlittenfahren gibt. Mit der
einheimischen Dorfjugend komme ich nicht in Kontakt. Ohne
Spielkameraden – nur ein Hund, der auf den Namen Bonzo
hört, taucht manchmal auf – bin ich viel auf mich selbst gestellt.

Der tiefe Schnee verlockt mich zum Anlegen von Spuren,
die ich vom Herrenhaus um den Turm herum und über ver-
schneite Schutthügel in vielen Windungen durch den Schloss-
park ziehe. Beim ersten Rundgang knirscht der Schnee unter meinen Stiefeln und ich versinke bis über die Knie in dem
weißen Element. Den Fußstapfen folgend, kann ich mich bei
meinen Rundgängen auf diese Weise nicht verirren. Das Spiel
wiederhole ich Tag für Tag, bis die Schneeschmelze einsetzt.
Als der späte Wintereinbruch dem Frühling endlich gewichen
ist, dehne ich meine Erkundungen in den zum Schloss gehörenden romantischen Park aus. Und dort entdecke ich eines
Tages zu meinem Entzücken ganze Blumenteppiche mit Le-
berblümchen. Ich pflücke einen dicken Strauß der blauen Sterne und finde sogar zwei Albinos. Mutti flicht mir einen Kranz
mit den beiden weißen Blüten in der Mitte. Damit die Pflanzen sich zwischendurch erholen, und ich mit diesem Kranz
möglichst lange Blumenfee spielen kann, lege ich ihn immer
wieder, vor allem nachts, in einen Teller mit Wasser.

Ganz nah beim Schloss gibt es ein breites, flaches Gewäs-

Mit Spielkamerad „Bonzo" kam keine Langeweile auf. Im Hintergrund der oktogonale Turm der Schlossruine Dowspuda (1941).

ser. Darüber führt ein wackeliger Holzsteg ohne Geländer. Ich habe Angst, darüberzugehen, denn durch die Spalten zwischen den Balken sehe ich unter mir das Schmelzwasser hindurchschießen und höre dessen wildes Gebrause und Getöse. Heute weiß ich, dass der Fluss auf Polnisch Raspuda heißt und bei Kanufahrern beliebt ist. Auch gibt es eine hölzerne Brücke, aber jetzt mit Geländer.

Dicht beim Schloss befindet sich im Wald das Arbeitsdienstlager. Dazu gehört ein Schießstand. Dorthin nimmt mein Vater mich und meine Mutter gelegentlich mit. Meine Mutter soll an den Schießübungen der Arbeitsdienstmänner teilnehmen, die jetzt die verpflichtende kurze Militärausbildung erhalten. Ich habe immer schreckliche Angst, kann das Geknalle nicht vertragen, halte mir die Ohren zu und will weg von dem schrecklichen Ort. Mein Vater ist über mein Verhalten erbost und verlangt ärgerlich, dass ich mich an das Geräusch gewöhnen und das alberne Gejammer einstellen solle: „Ein deutsches Mädchen weint doch nicht!" Ich wiederum kann seine barsche Reaktion nicht verstehen, wo er doch sonst seinem ‚Tochtel' jeden Wunsch erfüllt.

Mit meinen Eltern am Schießstand des RAD-Lagers Raczki (Generalgouvernement). Meine Mutter nahm an den Schießübungen der Arbeitsmänner teil.

Heute denke ich, dass dieser im Kern unmilitärische Mensch vor seinen Untergebenen die Schwäche überdecken und eine vorbildliche Figur einschließlich Familie abgeben wollte. Sicher wusste er, dass alle Vorbereitungen auf einen Krieg hinausliefen. Wenige Wochen nach unserer Abreise erfolgte der Überfall auf die Sowjetunion.

Überfall auf die Sowjetunion 1941

Die folgenden Monate vom 25. Juni bis 21. November sind in Vaters Soldbuch als ‚Besonderer Einsatz' gekennzeichnet mit folgender Beschreibung der Tätigkeit: Im Operationsgebiet jenseits der Reichsgrenzen (Russland), für rückwärtige Dienste im Rahmen der Heeresgruppe Nord.

Wenn ich mir heute vergegenwärtige, was sich in der UdSSR vor allem in den ersten Kriegsmonaten abgespielt hat, beschleicht mich ein bedrückendes Gefühl. Ich frage mich, was mein Vater alles gesehen, gewusst und miterlebt haben mag.

Am 22. Juni 1941 eröffnete das Deutsche Reich auf breiter Front von der Ostsee bis zu den Karpaten den Krieg gegen die offensichtlich überraschte Sowjetunion. Hatten Hitler und Stalin noch zwei Jahre zuvor, am 23.August 1939, einen Nichtangriffspakt unterschrieben und nach dem Polenkrieg am 28. September 1939 das Land unter sich aufgeteilt, stand jetzt die Wehrmacht mit über drei Millionen Soldaten bereit für einen „Kreuzzug gegen den Bolschewismus". Außerdem wusste Hitler verbündete Staaten wie Ungarn, Rumänien, Finnland und die Slowakei hinter sich. Die Sowjetunion hatte aber nur knapp die Hälfte ihrer Soldaten mobilisiert und an ihrer Westgrenze und im kurz vorher annektierten Ostteil Polens stationiert. Die drei deutschen Heeresgruppen Nord, Mitte und Süd stießen deshalb, begünstigt vom Überraschungsmoment, schnell nach Osten vor. [15]

Wer als junger deutscher Mann dem Jahrgang 1922 angehörte, war zu dieser Zeit zum Reichsarbeitsdienst eingezogen und mancher nach Osten transportiert worden. Mein Vater folgte mit seiner RAD-Abteilung von Nordenburg (Ostpreußen) unter Generalarbeitsführer Eisenbeck der HGr.Nord. Er hatte also eine Mannschaft von 18-/19-Jährigen unter sich, junge Männer im Alter meines Enkels zur Zeit der Niederschrift dieses Manuskripts. Vor gut siebzig Jahren wäre er nach dem Abitur zum Arbeitsdienst eingezogen worden und hätte wahrscheinlich wie diese jungen Leute mit der Hakenkreuzbinde am Arm, mit Fahrrad ausgerüstet hinter einer Division in die Weiten der russischen Landschaft einrücken müssen. Es war ein Einsatz „für rückwärtige Dienste", wie es in Vaters Soldbuch heißt. In der Sprache der Militärs bedeutet das: Aufgaben hinter der Hauptkampflinie. Der Kommandant des rückwärtigen Heeresgebietes, kurz als „Korück" bezeichnet, befehligte in diesem Gebiet Nachschub-, Verwaltungs-, Sanitäts-, Veterinär-, Ordnungs-, Straßenbau- und Feldposteinheiten, in die der RAD nach Bedarf eingebunden wurde. Die jungen Arbeitsdienstmänner sicherten z. B. das große Verpflegungslager der „Roten Armee" nach der Einnahme von Riga. Man brauchte sie als Hilfskräfte im Sanitätsdienst, selbst im Operationssaal. Den vollen körperlichen Einsatz erforderte das Bauen und Ausbessern von Straßen.

Häufig mussten Knüppeldämme in morastigem Gelände und Behelfsübergänge über die Flüsse für die Truppe angelegt werden. Es waren Aufräumarbeiten nach den Kampfhandlungen zu leisten. Aber auch zur Sichtung von Beutegut und zur Einbringung der Ernte wurden die Arbeitsmänner herangezogen. In vielen Fällen hatten sie den Abtransport von Kriegsgefangenen und deren Bewachung zu übernehmen.

Die Kriegsgefangenen stellten ein besonderes Problem dar. Natürlich hatte man im OKW (Oberkommando der Wehrmacht) damit gerechnet, dass im Laufe der ersten Kriegswochen ein großer Teil der Rotarmisten mit ihren anfangs fast *fünf Millionen Mann* in Kriegsgefangenschaft gerieten. Etwa zwei Millionen sollten ins Reich transportiert und zur Zwangsarbeit eingesetzt werden. Ab April 1941 wurden dafür im Reich sowie im Generalgouvernement sogenannte Russenlager errichtet. Im Operationsgebiet übertrug man Transport und Bewachung in der Regel den Sicherungsdivisionen, die in den riesigen besetzten Gebieten bald überfordert waren, deshalb bezog man auch Reichsarbeitsdienstmänner mit ein. Sicherungs-Divisionen wurden erstmals Anfang 1941 für den bevorstehenden Russlandfeldzug aufgestellt. Sie waren vorgesehen für die Sicherung des rückwärtigen Heeresgebietes und waren dort dem Kommandanten rückwärtiges Heeresgebiet unterstellt.

In den Dulags (= Durchgangslager) herrschten katastrophale Zustände. Die Behandlung der kriegsgefangenen Rotarmisten erfolgte meist ohne Konzept. Und es waren mehrere Hunderttausende, die in provisorischen Lagern zusammengetrieben, oft unter freiem Himmel dahinvegetierten. Bei unzulänglicher und oft auch gänzlich fehlender Versorgung mit Nahrung waren viele dieser „russischen Untermenschen" dem Hungertod preisgegeben.

Das Problem der Versorgung mit Nahrungsmitteln steigerte sich, je weiter die deutsche Armee in russisches Gebiet eindrang. Hitler hatte angeordnet, dass sich das Heer weitgehend aus dem „besetzten Land" zu verpflegen habe, um nicht die Versorgungssituation der Menschen in der Heimat zu beeinträchtigen. Je näher Herbst und Winter rückten, desto mehr fehlte es selbst der Zivilbevölkerung im besetzten Territorium am Notwendigsten zum Leben. Der „Reichenau-Befehl", benannt nach Generalfeldmarschall von Reichenau, prangerte Rücksichtnahme auf Landeseinwohner vonseiten deutscher Soldaten bei der Verpflegung an: *„Das Verpflegen von Landeseinwohnern und Kriegsgefangenen, die nicht im Dienste der Wehrmacht stehen, an Truppenküchen ist eine ebenso missverstandene Menschlichkeit wie das Verschenken von Zigaretten und Brot."* [16]

Einige Offiziere und Kommandeure missbilligten aber die menschenverachtenden Befehle von oben. Einfache Soldaten versuchten, sich wenigstens bei der Versorgung mit Nahrungsmitteln der hungernden Bevölkerung, auch der Kriegsgefangenen anzunehmen, mit ihnen zu teilen, ihnen z.B. verendete Pferde zu überlassen.

Zu Beginn des Einmarsches in die Sowjetunion trat die Heeresgruppe Nord mit Vaters RAD-Einheit über die Memel zum Angriff nach Osten an. Sie marschierte dabei zunächst durch ein Gebiet, in dem vergleichsweise viele Juden neben der einheimischen Bevölkerung der Litauer, Letten und Esten lebten. Dort ereigneten sich in den ersten Tagen der Besatzung zahllose „spontane" Massenmorde an jüdischen Zivilisten. Zum Teil beteiligte sich die einheimische Bevölkerung an den Pogromen oder war, wie in Litauen, sogar den Besatzern zuvorgekommen. Die totale Vernichtung der jüdischen Minderheiten durch SS-Einheiten erfolgte auf Hitlers Befehl später. Diese Morde konnten von allen im rückwärtigen Gebiet operierenden Kräften nicht unbemerkt bleiben. Da der RAD hinter der Front seinen Aufgaben nachging, mussten auch Reichsarbeitsdienstangehörige Zeugen der Vernichtungsaktionen werden!

So wurden sie sicher auch mit der Vollstreckung des sogenannten Kommissarbefehls vom 6. Juni 1941 als einem zentralen Bestandteil jener völkerrechtswidrigen Befehle konfrontiert, die auf Geheiß Hitlers im Frühjahr 1941 für den bevorstehenden Überfall auf die Sowjetunion ausgearbeitet wurden. Der Kommissarbefehl verpflichtete das deutsche Ostheer, alle gefangen genommenen Politoffiziere der Roten Armee noch im Frontbereich auszusondern und an Ort und Stelle zu exekutieren. Da die sowjetischen Politkommissare uniformier-

te Angehörige der sowjetischen Streitkräfte waren, die als
reguläre Kombattanten in der Kriegsgefangenschaft Anspruch
auf eine völkerrechtskonforme Behandlung besessen hätten,
war der Kommissarerlass ein besonders offenkundiger, plan-
mäßiger Bruch des Kriegsvölkerrechts. Das Ostheer setzte die
Richtlinien während des deutsch-sowjetischen Krieges – wie
die meisten Forschungen überzeugend darlegen – flächendeckend und weitgehend befehlsgemäß um. Der Erlass ging als
„Symbol für die Einbeziehung der Wehrmacht in die nationalsozialistische Ausrottungspolitik" in die Geschichte ein.
Erst im Mai 1942 wurde dieser mörderische Befehl aufgehoben. [17]

Nur wenige maßgebliche Führungskräfte der Wehrmacht
hatten bislang gegen das Vorgehen von SS und Einsatztrup-
pen opponiert. Als Beispiel sei auf einen Bericht des Generals der Artillerie Wilhelm Ulex hingewiesen, in dem dieser
schon nach dem Polenfeldzug im Februar 1940 die Zustände
im Generalgouvernement und die Übergriffe von Polizei und
SS angeprangert hatte: *„Die sich gerade in letzter Zeit an-*
häufenden Gewalttaten der polizeilichen Kräfte zeigen einen
ganz unbegreiflichen Mangel menschlichen und sittlichen
Empfindens, so daß man geradezu von Vertierung sprechen
kann". [18]

Von diesen Problemen und Ausschreitungen, von all den
Menschenrechtsverletzungen ist in den Propagandaberich-
ten des Arbeitsdienstes und der Partei natürlich keine Rede.
Im Jahr 1942 gab der Zentralverlag der NSDAP einen Sam-
melband mit Erlebnisberichten und Bildern vom Einsatz
der Arbeitsdienstmänner des Jahrgangs 1922 beim Überfall auf Russland im Vorjahr heraus: *Arbeitsmänner zwi-*
schen Bug und Wolga. Darin werden hauptsächlich die „Heldentaten" und Leistungen der jungen Menschen verherrlicht. [19]

Ein Beitrag, „Daneben das Gewehr", stellt den Einsatz einer Arbeitsdienstabteilung unter Frontbedingungen dar. Geführt wurde die Abteilung, von der hier die Rede ist, von einem Oberstfeldmeister P., bei dem es sich nach meinen Recherchen nur um meinen Vater handeln kann. Wenn er diesen Artikel auch nicht selbst geschrieben hat, so fußte er doch

auf einem seiner dienstlichen Berichte. Der Beitrag eines alten Parteigenossen musste den Herausgebern der Zeitschrift sehr gelegen kommen. Der Bericht gibt einen Einblick in den belastenden und gefährlichen Alltag der jungen Arbeitsdienstmänner. Und ich kann mir beim Lesen meinen Vater gut in seinem langen Uniformmantel, den Feldstecher umgehängt und für „seine Männer" sorgend, vorstellen:

Dieser Einsatz fand in der Nähe eines zu errichtenden Flugplatzes statt:

„[...] Und in diesem Farbengewirr leuchtet ... ein kleiner Wimpel: Spaten und Ähre ... das Symbol der Arbeit, das Symbol des Friedens, aber neben ihnen stehen die Gewehre und liegen die Stahlhelme – jederzeit griffbereit, um im gegebenen Augenblick zur Hand zu sein.

Wuchtig schwingen die Hämmer – tief graben die Spaten in die Erde – Schotter wird angefahren – Pfähle werden eingerammt –Muldenkipper rollen heran – Startbahnen, Splitterboxen – Häuser und Unterstände entstehen. ‚Hau – ruck! – Hau – ruck!' Froh klingt ihr Lied in den Tag, das Lied der Arbeit, vermischt mit dem Brummen der Motoren, mit dem Lied des Kampfes und des Einsatzes.

[...] Spät am Abend knallt wieder einmal die Flak, die zum Schutze des Flugplatzes eingesetzt ist. Durchs Glas beobachtet der Oberstfeldmeister zwei Sowjetaufklärer, die ziemlich hoch fliegen und von der Flak in kurzer Zeit vertrieben werden. Trotzdem lässt ihm hinterher ein sonderbares Gefühl keine Ruhe. War es nicht, als ob die beiden Sowjets seinen Zeltplatz besonders genau betrachtet hätten? Eine Stunde nach dem Auftauchen gab er den Befehl, das Zeltlager zu verlegen. Wenn jemand so wie seine Männer den ganzen Tag in der glühenden Hitze draußen geschwitzt hat, dann fällt er abends wie ein Klotz aufs Stroh und ist froh, wenn ihn niemand mehr stört. So ging denn auch dieser nächtliche Umzug nicht ganz ohne Murren vonstatten. Aber immerhin, in einer Stunde lag die Abteilung fünfhundert Meter tiefer im Wald in Deckung und schnarchte in ihren Zelten.

Pünktlich wie ein deutscher Wecker kamen um 4.30 Uhr die Sowjet-Flieger. Rums, rums, ging es, dass die Männer in ihren Zelten hochflogen. Es war nichts passiert. Doch wie

staunten die Männer, als sie ihren gestrigen Lagerplatz besa-
hen. Er war übersät von Einschlägen. Wenn sie dort liegen
geblieben wären, wären wahrscheinlich nicht viele lebend da-
von gekommen.

[...] Der Feind hält verdammt heftig auf den Steg, die
Schlagader unseres jenseitigen Brückenkopfes, und auf die
Fähre und Boote, die den wenigen [Kameraden der Truppe]
drüben Verstärkung bringen sollen. Auf einer Insel im Flusse
– der Feind sieht sie genau ein - ankern vier sowjetische Mo-
torboote. [...] Wie auch die Batterien dazwischenfunken, Oberst-
feldmeister P. und seine Männer reparieren die Boote, die der
Gegner unbrauchbar machte, bevor er die Stadt verließ. Als es
endlich gelingt, die Motoren wieder laufen zu lassen, nehmen
zum zweiten Male schon Nacht und Nebel dem Feinde die Sicht.
Wie er auch sucht, das Unternehmen zu stören, unter der pfei-
fenden Bahn der Artilleriegeschosse findet die kleine, ehedem
sowjetische Flotte den Weg zur Anlegestelle. In der Nacht noch
tragen die Boote die ersten Soldaten hinüber, den Brücken-
kopf zu verstärken". Laut einer Lagekarte des Militärs muss
von der Stadt Novgorod am Volchov, die vom 15.08.1941 bis
20.01.1944 von der deutschen Wehrmacht besetzt war, die Rede
sein. [20]

Einen erschütternden Bericht über das Schicksal Lenin-
grads während des Ostfeldzuges hatte ich schon vor Jahren
in einem Merian-Heft zur Vorbereitung einer Reise in die
Sowjetunion im Jahr der XXII. Olympiade 1980 gelesen. [21]
Bei dieser Reise standen neben Moskau auch Nowgorod und
Leningrad (heute wieder St. Petersburg) auf dem Programm.
Als wir in Leningrad bei einem verspäteten Winterrückfall an
Ostern mit der Realität extremer Witterungsverhältnisse konfrontiert wurden, konnten wir einen Hauch der Unmenschlichkeit spüren, dem die Menschen in dieser Stadt im Zwei-
ten Weltkrieg ausgesetzt gewesen waren:

Die deutschen Truppen rückten im Herbst 1941 bis vor
Leningrad. Sie konnten die zäh verteidigte Stadt nicht sofort
einnehmen. Statt verlustreicher Straßenkämpfe ordnete Hit-
ler die Belagerung der zweitgrößten sowjetischen Stadt an.
Auf seinen Befehl hin schnitten die deutschen Truppen bis
Anfang 1944 (900 Tage) nahezu alle Versorgungswege ab, um

Mein Vater (vorne rechts mit Landkarte) 1941 in Russland. „Der Arbeitsmann" war seit 1935 die offizielle Zeitschrift des RAD und erschien alle zwei Monate.

das militärisch nicht erreichte Ziel der Einnahme Leningrads *durch Aushungern der Bewohner zu lösen.* Dem täglichen Überlebenskampf in drei Wintern fielen zwischen 800.000 und einer Million Einwohner durch Verhungern und Erfrieren zum Opfer!

Bei Einbruch des überaus harten und strengen Winters 1941 lagen die vordersten RAD-Einheiten, höchstwahrscheinlich auch die Abteilung meines Vaters, dicht vor Leningrad. *„Fest liegt der Ring um die sterbende Stadt und sie [RADmänner] helfen ihn stärken und sichern ... Denn von hieraus wird das Feuer gelenkt, von hier aus der Gegner in der Millionenstadt da drüben in die Knie gezwungen",* heißt es in einem weiteren Bericht. Als der Vormarsch des Heeres durch die unerbittliche Jahreszeit zum Erliegen kam, wurden die RAD-Verbände aus den Frontabschnitten herausgelöst. Man transportierte sie nach und nach in die Heimat, was auch meinen Vater und seine Abteilung betraf, deren erster Einsatz in Russland mit dem 21.11.1941 endete.

Ob mein Vater zumindest meiner Mutter von seinen Russlanderfahrungen berichtet hat, entzieht sich meiner Kenntnis. Mir hat er nach dem Krieg nichts von seinen Erlebnissen in Russland erzählt.

NS-Propaganda in Kriegszeiten

Gleichzeitig mit der sich abzeichnenden Katastrophe an der Ostfront überschüttete die Propaganda die deutsche Öffentlichkeit mit Siegesmeldungen. Schon ab Kriegsbeginn hatte das NS-Regime zu Propagandazwecken zum Beispiel Marschlieder verbreitet, um die Bevölkerung zu beruhigen und ihr eine heile Welt vorzugaukeln. Ein Lied mochte ich besonders gern: „Erika". Einmal war damit die Pflanze, das Heidekraut, gemeint, um die Naturverbundenheit der Menschen anzusprechen. In den weiteren Strophen fungiert Erika als Mädchenname, wobei die Soldaten an die zu Hause gebliebene Braut denken sollten. Man konnte zu Text und Melodie wandern, wenngleich das Lied von Herms Niel (1888–1954) als Marschlied komponiert und getextet war. In die Partei 1933 eingetreten, brachte er es zum „führenden" Kapellmeister ausgerech-

Erika
Marsch und Soldatenlied
Text und Musik von Herms Niel

1. Auf der Heide blüht ein kleines Blümelein –
und das heißt – Erika. –
Heiß von hunderttausend kleinen Bienelein –
wird umschwärmt – Erika. –
Denn ihr Herz ist voller Süßigkeit, –
zarter Duft entströmt dem Blütenkleid. –
Auf der Heide blüht ein kleines Blümelein –
und das heißt – Erika.

2. In der Heimat wohnt ein kleines Mägdelein –
und das heißt – Erika. –
Dieses Mädel ist mein treues Schätzelein –
und mein Glück – Erika. –
Wenn das Heidekraut rotlila blüht –
singe ich zum Gruß ihr dieses Lied. –
Auf der Heide blüht ein kleines Blümelein –
und das heißt – Erika.

Bildpostkarte mit Soldatenlied „Erika"

net beim Reichsarbeitsdienst. Mein Vater hat mir das Lied
bei einem Heimaturlaub beigebracht. Sicher habe ich es auch
oft aus dem Volksempfänger gehört. Nur die erste Strophe ist
mir in Erinnerung geblieben und ich habe dabei immer an
das hübsche Heidekraut gedacht. In den Gesangspausen der
Vierertakte schlägt die Pauke dreimal. Wir riefen dann immer zwo, drei, vier dazwischen. Oder: bum, bum, bum. Das
gefiel mir natürlich, vor allem, wenn ich den Paukenschlag
mit den Fausthieben auf die Tischplatte nachahmen konnte.

Die von Herms Niel komponierten und getexteten Marschlieder dienten der NS-Propaganda. Die Verbreitung in der Öffentlichkeit wurde vor allem durch den Druck des Textes mit
passendem Bild als Postkarte erreicht. In einem Großteil weiterer Lieder tauchen Mädchennamen auf: Rosemarie, Hannelore, Rosalinde u. a.

Ich kann mich auch noch an ein weiteres Lied erinnern,
wenn auch nur an den Refrain: Keine Angst, keine Angst,
Rosmarie! Und auch die Namen der Sänger Heinz Rühmann
oder Hans Albers habe ich erst nach dem Krieg erfahren.

Das kann doch einen Seemann nicht erschüttern,
Keine Angst, keine Angst, Rosmarie!
Wir lassen uns das Leben nicht verbittern,
Keine Angst, keine Angst, Rosmarie!

Und wenn die ganze Erde bebt,
Und die Welt sich aus den Angeln hebt,
Das kann doch einen Seemann nicht erschüttern,
Keine Angst, keine Angst,Rosmarie!

Beliebt war damals auch das Westerwaldlied, komponiert
1935 von J. Neuhäuser nach einem älteren Volkslied, dessen
Verfasser unbekannt ist. Damals hatte ich keinerlei Vorstel-
lung, in welcher Gegend dieser Wald liegt. Beim Singen des
Liedes bereitete mir der Refrain mit den gedehnten Silben
schö-ö-ö und We-e-e und dem von uns Kindern eingefügten
Wort „Eukalyptusbonbon" Spaß – oder habe ich das erst nach
dem Krieg gehört?
Heute wollen wir marschier'n
Einen neuen Marsch probier'n
In dem schönen Westerwald
Ja, da pfeift der Wind so kalt

Refrain:
O du schö-ö-ö-ner We-e-esterwald (Eukalyptusbonbon)
Über deine Höhen pfeift der Wind so kalt,
Jedoch der kleinste Sonnenschein
Dringt tief ins Herz hinein.

Die Erklärung für die Entstehung dieses Liedes ist einleuchtend: Koblenz war schon seit Kaisers Zeiten ein Standort vieler Kasernen mit dem Regiment der Kaiserin. Von dort marschierten die Soldaten hinauf auf die menschenarmen Höhen
des Westerwaldes zu den Truppenübungsplätzen. Auch im
Dritten Reich war das noch so.
Nach dem ersten Einsatz in Russland war mein Vater für
drei Monate wieder im Gau I Ostpreußen, vom 22.11.41–
20.02.42 in der Abt. K 2/15. Dort wirkte er am Bau des Haupt-
quartiers Oberkommando des Heeres (Deckname Mauerwald)

unweit von Hitlers Hauptquartier Wolfsschanze mit. Im Soldbuch erscheint der Ortsname Engelstein als Standquartier.
Aus Ost-, West- und Nordeuropa wurden alle RAD-Abteilungen bis Ende Februar bzw. Juli 1942 in das Reich zurück-
geholt. Nun mit den jungen Männern des Geburtsjahrgangs
1924 frisch aufgefüllt, erhielten im Sommer und Herbst 1942
viele Abteilungen wieder im Heimatfront- und Kriegsgebiet
militärische Arbeits- und Sicherungsaufgaben:

324 RAD-Abteilungen im Bereich der HGr. Süd, Russland
67 RAD-Abteilungen im Bereich der HGr. Mitte, Russland
36 RAD-Abteilungen im Bereich der HGr. Nord, Russland
56 RAD-Abteilungen im Bereich Luftgau Westfrankreich,
44 RAD-Abteilungen im Bereich des Gen. Quartiermeisters
des OKH [22]

Ich überschlage im Kopf: Rund 420 Abteilungen mit je rund
200 Mann – das sind ca. 84 000 17-/18-jährige Arbeitsdienstmänner – wurden allein in Russland im 2. Halbjahr 1942 eingesetzt!

RAD-Berichterstatter in Russland

Nach dem ersten Einsatz beim Bau am OKH Mauerwald teilte man meinen Vater zunächst wieder einmal seinem alten
Gau X, Niederschlesien zu. Anschließend erreichte ihn am
6.5.1942 der Versetzungsbefehl zur RAD-Reichsleitung nach
Berlin-Charlottenburg. Von dort aus kommandierte man ihn
zu einer besonderen Verwendung bei der Heeresgruppe Mit-
te-Ru (ssland) HXXVIII (= Heeresgruppe achtundzwanzig),
und zwar als Bild- u. Filmberichterstatter, um die Tätigkeiten des RAD im Russlandfeldzug 1942 zu dokumentieren. Hier
standen drei der insgesamt 67 RAD-Abteilungen im Bereich
der HGr. Mitte unter Befehl des „Höheren RAD-Führers
H XXV", Generalarbeitsführer Frhr. v. Bothmer. Aufgabe dieser Gruppen war, Straßen und Wege, Sperren, Panzerhinder-
nisse und Nachschubeinrichtungen zu bauen.

Die umfänglicheren Ressourcen der Sowjetunion an Soldaten und Material waren nun für den weiteren Verlauf des
Russlandfeldzuges entscheidend. Trotz des raschen deutschen

Vormarsches hatten die Sowjets 1941 einen Großteil ihrer Rüstungsbetriebe in den Ural und nach Sibirien verlagert. Bei nahezu unbegrenzten Rohstoffen und Arbeitskräften war die UdSSR der deutschen Rüstung mehr und mehr überlegen. Denn die Wehrmacht verfügte trotz gesteigerter Kriegsproduktion über keine nennenswerten materiellen und personellen Reserven. Mit der Offensive frisch herangeführter sowjetischer Verbände begann in der Winterschlacht 1941/1942 der sich über mehr als drei Jahre hinziehende Rückzug der Wehrmacht.

Die sowjetischen Armeen durchbrachen am 30.07.1942 auf breiter Front die deutsche Hauptkampflinie. Daraufhin mussten die drei RAD-Gruppen helfen, sofort eine notdürftig hergerichtete Verteidigungslinie zu besetzen, die bald im Mittelpunkt der russischen Angriffe lag. Die RAD-Gruppe K-83 wehrte in den ersten Tagen alle Angriffe vor der eigenen Stellung ab und konnte noch Ende August aus dem Kampfgeschehen herausgenommen werden. Die Gruppe K84 führte trotz aller Feindangriffe die ihr übertragenen Bauarbeiten dicht hinter der Front weiter durch und trug damit schließlich zur allgemeinen Festigung der deutschen Front bei.

Die im Bereich der HGr. Mitte und Nord tätigen RAD-Abteilungen hatten auch mit anderen Schwierigkeiten zu kämpfen, die oft mit den gesundheitsschädigenden klimatischen Verhältnissen der Wald- und Sumpfgebiete Mittel- und Nordwestrusslands zusammenhingen. So gab es – besonders im Bereich der HGr. Mitte – viele Ausfälle durch Krankheiten, da die jugendlichen Arbeitsmänner bei häufig schlechter Ernährung nicht allen Strapazen gewachsen waren. Die Ereignisse des Jahres 1942 zeigten, dass überall an der langen Front die „Rote Armee" nach und nach das Kriegsgeschehen bestimmte. Daher gerieten verschiedene RAD-Abteilungen immer öfter in den Strudel von Kämpfen und Schlachten und mussten sich ohne hinreichende militärische Ausbildung und Erfahrung auf diese neuen Situationen einstellen. Es wurden RAD-Abteilungen zu Sicherungsaufgaben dicht hinter der Front und vorübergehend selbst zur Partisanenbekämpfung herangezogen, die oft schwere Verluste forderte. Ein Tagesbefehl von Generalfeldmarschall Model, Oberbefehlshaber der 9. Armee, kann

Soldbucheinträge von Mai bis November 1942

nur als zynisch bezeichnet werden. In ihm hieß es:

„Diese jungen Männer des RAD haben damit bewiesen, dass der Nachwuchs mit derselben Begeisterung und Härte zu kämpfen versteht wie die alten Ostfrontkämpfer. Ihre Leistungen im Kampf sind durch zahlreiche Kriegsauszeichnungen anerkannt worden". [23]

Und wie viele Tote waren zu beklagen?! Darüber wurde von diesem hohen Militär kein Wort verloren. In diese kriegerischen Auseinandersetzungen ist mein Vater mit seinem Kamera-Team geraten. In seinen Papieren findet sich für diese Zeit der Zusatz „Mittelrussland Kampfhandlungen". Da gab es besondere Zulagen. Auf der Rückseite eines Fotos ist Rschew (Ržev) zu lesen. Um diese Stadt, nur 200 Kilometer vor Moskau gelegen, tobten über ein Jahr lang blutige Kämpfe, bei denen beide Seiten hohe Zahlen an Todesopfern und Verwundeten zu verzeichnen hatten.

Die Bild- und Film-Dokumentationen für die RAD-Reichsleitung sind nicht mehr auffindbar, sie wurden wahrscheinlich vernichtet. Ich nehme aber an, dass nach seiner Rückkehr zur RAD-Reichsleitung in Berlin-Zehlendorf Ende November 1942 der Zeitpunkt gekommen war, an dem er gegenüber Vorgesetzten, Kameraden oder im Kreis „Alter Kämpfer" seine an der russischen Front gewonnenen Einsichten über das Kriegsgeschehen kritisch dargelegt und zusammengefasst hat: „*Ihr spielt so lange Krieg, bis euch die Handgranaten über den eigenen Teppich rollen.*" Dies ist der einzige Satz meines Vaters nach 1945 über seine Kriegseinsätze, den er auch meinem Mann gegenüber wiederholt ausgesprochen hat. Mit dieser Äußerung wollte er wohl zum Ausdruck bringen, dass er manche Vorgehensweisen des NS-Regimes, vor allem die Kriegführung in Russland, nicht gebilligt hat. Bei der Lektüre politischer Literatur hat mein Vater Aussagen, die er unterschreiben konnte, stets rot markiert. In den gedruckten Reden des Reichsarbeitsführers Hierl verfuhr er dementsprechend und markierte bei der Beschreibung der Aufgaben für den Arbeitsdienst: *Land schaffen ohne Waffen, nur mit dem Spaten.* Dass sich die ursprüngliche Aufgabenstellung für den RAD ab 1938 so grundlegend geändert hat, entsprach sicher nicht seinem Berufsbild.

Auf defätistische Äußerungen, wie sie mein Vater wohl bisweilen von sich gab, stand im äußersten Fall die Todesstrafe. Es ist davon auszugehen, dass an ihm als „altem Kämpfer" mit goldenem Ehrenzeichen Schlimmstes vorüberging. Vielleicht konnte hier der angeheiratete Vetter, Oberstarbeitsführer Walter H., eine Maßregelung oder Strafe verhindern. Auch könnte man ihm als Träger des Ehrenzeichens eine Bewährungsfrist zugestanden haben. Mein Vater war der Meinung, die Reaktion der Vorgesetzten auf seine kritische Einstellung könnte auch das Aussetzen jeglicher Beförderung gewesen sein. Von 1937 bis Kriegsende behielt er den Rang eines Oberstfeldmeisters und fühlte sich bei seinen folgenden Verwendungen 1943 bis 1945 weit weg von den Entscheidungszentren an entlegene Bereiche des deutschen Besatzungsgebietes abgeschoben. So jedenfalls hat er sich mir gegenüber geäußert.

Reichsarbeitsführer Hierl erwirkte gegen Ende 1942 den Abzug sämtlicher RAD-Einheiten von der Ostfront. Ich kann mir vorstellen – und an diesem Wunschdenken will ich festhalten – dass kritische Berichte meines Vaters mit ein Anstoß für diese Entscheidung der RAD-Reichsleitung waren, um weitere Jahrgänge junger, ungenügend ausgebildeter Männer vor den immer härter geführten kriegerischen Auseinandersetzungen und den belastenden Begleitumständen an der russischen Front zu bewahren. Viele wurden aber im Anschluss an den sechsmonatigen RAD-Einsatz gleich zur Wehrmacht eingezogen und erhielten eine militärische Grundausbildung. Andere allerdings ereilte bereits an Ort und Stelle in Russland der Gestellungsbefehl.

Mit dem RAD nach Südfrankreich

Seit 1942 war der RAD seiner ursprünglichen Aufgabenstellung völlig beraubt. Er fristete ein „Schattendasein" als Bautruppe unter dem Mantel der Wehrmacht und letztlich wurde er immer häufiger zu militärischen Einsätzen herangezogen. Meinem Vater teilte man eine neue Aufgabe in Südfrankreich zu, wie folgender Soldbucheintrag beweist:

9.1.– 14.7.1943 Wehrmachteinsatz Operationsgebiet SüdFR.

Das erste Mal erfuhr ich von Vaters Einsatz in Südfrankreich in Form einer Reaktion seinerseits auf einen Reisebericht meines Freundes und späteren Ehemannes. Mein Freund beschrieb mir seine erste Frankreichfahrt 1957 mit einem Busunternehmen in die Camargue und an die Côte d'Azur. Es war eine Schülerreise seines ehemaligen Gymnasiums, bei der er als Student zur Unterstützung der Lehrer als Begleitperson mitfahren durfte. Besonders anschaulich waren seine Schilderungen über den Aufenthalt in Saintes-Maries-de-la-Mer. Als ich meinem Vater diese Stelle aus dem Brief vorlas, äußerte er so ganz nebenbei: *„In der Gegend bin ich auch schon gewesen, im Krieg. Da habe ich mit meinen Arbeitsdienstmännern Bunker gebaut."*

Ich fragte nicht weiter nach seinen Erlebnissen und Erfahrungen, auch später nicht. Mein Vater kam von sich aus nicht mehr darauf zurück, auch nicht, als er mit dem Auto durch Frankreich reiste, um mich im baskischen Bilbao zu besuchen, wo ich in den frühen Sechzigerjahren an der Deutschen Schule unterrichtete. Seine Reisepläne galten eher der Alpenregion und später den nordeuropäischen Ländern.

Erst Jahrzehnte später, als mein Vater schon lange verstorben war, unsere Familie ein Feriendomizil in Südfrankreich erworben hatte und wir von dort aus unsere Ausflüge in die Umgebung erweiterten, erfüllte ich mir den Wunsch, zusammen mit meinem Mann die Camargue zu erkunden, auch von dem Interesse getrieben, nach Überresten der Bautätigkeit meines Vaters zu suchen. Dazu bot sich die Gelegenheit, als wir 2007 die Einladung von Freunden nach Salin-de-Giraud im Rhone-Delta bekamen.

Wir verbringen eine erholsame und interessante Woche in diesem Ort, der zu Arles gehört, obwohl etwa 30 Kilometer südlich gelegen. Die Freunde haben erst kürzlich ein Feriendomizil erworben, ein Reihenhaus für Arbeiter eines ehemaligen belgischen Chemiewerkes. Das Backsteingebäude im holländischen Stil vom Ende des 19. Jahrhunderts ist etwas ungewöhnlich für Südfrankreich! Prägend für die ganze Gegend sind allerdings die Salzhügel der Salinen, die bis an den Ort heranreichen und in der Sonne ein gleißend weißes Licht zurückwerfen. Das offene Meer mit kilometerlangem Strand und vorgelagerten Dünen liegt nur wenige Autominuten entfernt. Aber erst bei Ausflügen zu Fuß oder mit dem Fahrrad auf kleinen Feldwegen erschließt sich uns die typische Landschaft der Camargue. Streckenweise führen die Wege vorbei an sumpfigem Gelände und stehenden Gewässern, den Etangs, in denen wir zu unserer großen Freude unzählige Wasservögel, vor allem Flamingos, beobachten können. Im Hinterland, durchzogen von einem verzweigten Kanalsystem, entdecken wir Reisfelder zwischen Weiden, auf denen die typischen schwarzen Stierkampf-Rinder oder die weißen Camargue-Pferde grasen. Fotomotive noch und noch! Etwas abseits vom Weg werden wir dann fündig: gesprengte Bunker, Reste der Befestigungsanlagen, die die deutsche Besatzungsmacht 1943/44 gegen die befürchtete Landung der Amerikaner errichtet hatte. Wir kennen solche, zum Teil noch gut erhalten, bereits vom Strand zwischen Agde/Tamarissière und Vias-Plage. Aber hier in der Camargue frage ich mich, ob sie an dieser Stelle unter der Leitung meines Vaters entstanden sind. Er hatte zwar gelegentlich gegenüber meiner Stiefmutter Sts. Maries-de-la-Mer im Zusammenhang mit seinem Einsatz in Südfrankreich erwähnt. Der Ort liegt aber zahlreiche Kilometer weiter westlich. Auf Verdacht hin halte ich die zum Teil gesprengten Bauwerke auf Fotos fest!

Rätselraten um 70 Jahre alte Fotos

Mir ließ die Entdeckung keine Ruhe. Wieder zu Hause in Deutschland, erinnerte ich mich an ein kleines Päckchen im Nachlass meines Vaters. Es wurde im Geheimfach des geerbten schweren Bücherschrankes entdeckt, geriet in den Wirren zweier Umzüge jedoch in Vergessenheit. Erst nach meiner und meines Mannes Pensionierung öffneten wir das äußerlich einer Zigarrenschachtel ähnelnde Behältnis. Es enthielt, wie sich herausstellte, 130 Negative von Schwarz-Weiß-Aufnahmen – nicht als zusammenhängenden Film, sondern in Form von jeweils zwei nicht nummerierten Aufnahmen. Bei genauerer Betrachtung meinte ich, auf einigen Negativen römische Ruinen, auf anderen Meeresbrandung auszumachen. Die meisten Bilder waren aber in einem derart schlechten Zustand, dass ich nichts darauf erkennen konnte. Wenige Jahre später erhielt ich von meinem Mann ein besonderes Weihnachtsgeschenk: die digitalisierten Schwarz-Weiß-Fotos der besagten Negative. Dank des technischen Fortschritts konnte ich eindeutig feststellen, dass es sich um Aufnahmen in Südfrankreich handelte. Zumindest die Stadtaufnahmen ließen sich mühelos zuordnen: Die Sehenswürdigkeiten von Nimes, Aigues Mortes, Avignon, Arles und Marseille. Auch die Stierkämpfe, die Courses camarguaises, hat mein Vater nicht ausgelassen. Ich selbst erlebte diese Art unblutigen Stierkampf zum ersten Mal bei dem geschilderten Aufenthalt in Salin de Giraud. Aufnahmen mit schwarzen Stieren, weißen Pferden auf den Weiden, Salinen und Salzhügeln ließen unverwechselbar die typische Landschaft der Camargue erkennen.

Jedoch erst der Interviewbericht des ehemaligen Arbeitsdienstmannes K. aus Vaters Abteilung Weisbach/Rhön und die Kopie von dessen Soldbuch gaben die Gewissheit, dass Vater in Salin de Giraud stationiert war. Die Zuweisung des jungen Mannes zu seiner Abteilung im Februar 1943 trug eindeutig die Unterschrift meines Vaters. Im Gesprächsproto-

Gesprengter Bunker bei Salin de Giraud (2007) beim Tourvieille

koll wurden sogar die Fahrt von Deutschland nach Südfrankreich und die Aufgabenstellung dieser RAD-Abteilung beschrieben:

„Nach Weisbach kam Anton K. als Hilfsausbilder am 4.2.43.
Die Weisbacher waren praktisch schon nach Südfrankreich
abkommandiert. Sein Abteilungsführer war Paeselt [...]. Am
11.2.43 kam die Abt. mit dem Zug über Lyon (60 Waggons,
Pferde, Wagen, 2 Feldküchen) in die Nähe von Arles nach Salin
de Giraud. Dort waren Salzmieten und ein großes Chemie-
werk mit Afrikanern [Senegalesen] und [Indo-]Chinesen. Sie
bauten Bunker nach Plänen der Organisation Todt in Flach-
bauweise, besonders zur Versorgung. Sie bauten auch eine
große Baracke." [24]

Wie kam es zu diesem Einsatz im Süden Frankreichs? Ich
wurde fündig in der Bibliothek meines Mannes und im Mili-
tärarchiv Freiburg: Am 8. November 1942 waren anglo-ame-
rikanische Truppen im damals französischen Marokko und
Algerien gelandet. Aus Furcht vor einer Invasion über das
Mittelmeer im unbesetzten Frankreich rückten am 11. November 1942 deutsche Truppen in das bis dahin noch selbstständige, der Vichy-Regierung unterstehende Südfrankreich
ein. Für den gesamten Küstenabschnitt wurde sofort nach

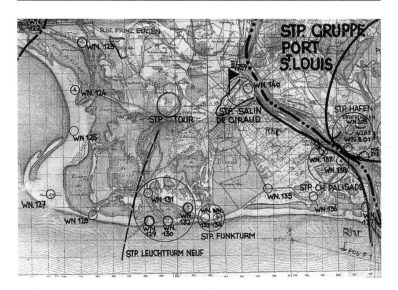

Wehrmacht-Karte des Rhonedeltas 1943/44:
WN = Widerstandsnester (dem Feind Widerstand leisten)
STP = Standpunkte
Dem RAD wurden die STP Salin de Giraud, Leuchtturm neuf und Tourvieille übertragen.

dem Vorbild des Atlantikwalls in Westfrankreich der Bau eines Sicherheitsgürtels angeordnet. Die Durchführung oblag den Baubataillonen der Wehrmacht und dem Reichsarbeitsdienst nach den Plänen der Organisation Todt. [25]

Das dem Oberbefehlshaber der 19. Armee unterstellte Küstengebiet wurde für die Verteidigung aufgeteilt. General Felber hatte seinen Befehlsstand in Avignon. Ihm unterstanden drei Divisionen, die einen Küstenstreifen von 153 Kilometern kontrollierten. Während des Aufenthaltes meines Vaters in der Camargue hielt die 338. Infanteriedivision (I.D.) mit dem Gefechtsstand in Arles das Gebiet vom Rhone-Hauptmündungsarm im Osten bis zur Linie Aigues-Mortes-Nimes im Westen besetzt. Im Kriegstagebuch der Division unter dem Datum 21.2.43 fand ich folgender Eintrag: [26]

„Für den feldmäßigen Ausbau der Verteidigungsanlagen an der Mittelmeerküste ist ein verstärkter Einsatz vom R.A.D.

vorgesehen". Insgesamt waren Anfang März 1943 drei Gruppen mit insgesamt 18 Abteilungen, rund 4.000 Mann, vor Ort. Dem Kriegstagebuch ist aber auch zu entnehmen, dass aus Furcht vor Sabotage und feindlichem Fallschirmjägereinsatz dem RAD neben der Wehrmacht auch Sicherungsaufgaben in Form von bewaffnetem Streifendienst zufielen. Wie die Wehrmacht verfügte der RAD über einige wenige sogenannte Jagdkommandos, die einen ausgemachten Feind, z.b. Fallschirmspringer, aufbringen und im Ernstfall unschädlich machen mussten. Die Arbeitsdienstmänner erhielten zu diesem Zweck eine militärische Ausbildung, insbesondere bei der Flugabwehr. Der RAD übernahm also neben seiner Bautätigkeit regelrechte militärische Aufgaben bei Küstenüberwachung und aktiver Küstenverteidigung. Taktisch unterstand der RAD der Wehrmacht, blieb aber truppendienstlich (Vorgesetztenverhältnis, Unterbringung, Verpflegung) weiterhin der eigenen Führung unterstellt.

Vor diesem Hintergrund gewannen die Fotos aus dem Nachlass meines Vaters eine kriegsgeschichtliche Bedeutung, sie gaben mir aber auch Rätsel auf. Denn ohne dienstlichen Auftrag durften militärische Vorgänge und Objekte nicht fotografiert werden. Hatten sie deshalb im Geheimfach gelegen?

Diese Aufnahmen weckten meine Neugier und es reifte der Entschluss, nach über siebzig Jahren erneut auf Vaters Spuren ins Rhone-Delta zu reisen. Ich nahm die Kopie der militärischen Karte Südfrankreichs des Jahres 1943 aus dem Freiburger Archiv zur besseren Orientierung mit. Auf ihr waren die Standpunkte (STP) der Wehrmacht eingezeichnet, die der RAD-Abteilungen zusätzlich mit farbigen Kreisen markiert. Vor allem interessierten uns mögliche Zeugen der deutschen Besatzungsmacht und deren Eindrücke.

Wir quartieren uns also wieder in Salin de Giraud ein. Unsere Freunde haben ein Treffen mit einem Zeitzeugen vorbereitet. Wir erleben eine aufgeschlossene Begegnung mit einem neunzigjährigen gebürtigen Armenier. Dessen Eltern hatte es in den Wirren des Völkermordes an den Armeniern Anfang des Ersten Weltkrieges zunächst nach Griechenland und von dort nach Südfrankreich in die Camargue verschlagen, wo die Familie in Salin de Giraud eine neue Heimat fand.

Geistig und körperlich äußerst rüstig, kutschiert er uns im eigenen Auto einen halben Tag bei glühender Hitze durch den Ort und mit Sondergenehmigung sogar durch das gesperrte Salinengebiet. Er erkennt den Leuchtturm auf einer von Vaters Aufnahmen und bringt uns zu dem heute noch gut erhaltenen „Faraman". Seine Äußerungen über die Wehrmacht fallen recht positiv aus. Junge deutsche Soldaten (oder RAD-Männer), wahrscheinlich in seinem Alter, hatten ihn an diesem Ort sogar einmal aus einer brenzligen Situation gerettet, in der er sich als Salinenarbeiter nicht hatte ausweisen können und befürchten musste, von den Deutschen als Widerstandskämpfer oder von französischen Widerständlern als Kollaborateur behandelt zu werden. Vielleicht habe er sogar meinem Vater gegenübergestanden. Er habe auch an den Unterständen für die Soldaten mitgebaut, erzählt er uns. In Salin de Giraud selbst zeigt er uns die Standquartiere der Wehrmacht, u.a. in der Schule. Die Arbeitsdienstmänner waren laut RAD-Mann K. in einer Baracke untergebracht.

Unser „Fremdenführer" zeigt uns auch die Ruinen von Baracken für Zwangsarbeiter, die in der Regel schon vor der deutschen Besatzung von der Kolonialmacht Frankreich in Afrika und Asien als Soldaten, Fabrikarbeiter sowie Landarbeiter im Rhone-Delta zum Reisanbau rekrutiert worden waren. Vor allem Farbige aus den französischen Kolonien Indochina und Senegal arbeiteten in der chemischen Fabrik Solvay in Salin de Giraud. Eines dieser ansonsten ruinösen Gebäude ist restauriert und umgebaut und hat seit einigen Jahren eine neue Funktion erhalten: als Kirche für die griechisch-orthodoxe Gemeinde im Ort.

Mein Vater musste mit der übrigen RAD-Führerschaft eine andere Unterkunft als die Wehrmachtsoffiziere bezogen haben. Auf der Suche nach derselben pirschen wir uns bis zur Stierkampfarena vor, die Vater fotografiert hat, ebenso bis zu einer Doppelhaushälfte. Mit kriminalistischem Spürsinn ermitteln wir dann, dass eine Aufnahme von der Arena aus dem Fenster dieses Hauses gemacht sein musste. Wir sind mutig und klingeln dort. Ein freundlicher Franzose bestätigt den Blickwinkel, aus dem die Aufnahme geschossen wurde. Als Quartier war meinem Vater also dieses typische Backstein-

Ganz und gar unsoldatisch: Mein Vater in Salin de Giraud 1943.

haus in Salin de Giraud zugewiesen worden, davor der Garten mit blühenden Mandelbäumen. Er hält auf einem Foto eine idyllische Situation fest: eine ältere Frau mit einer Katze und einem Stallhasen. Er selbst lässt sich mit dem Häschen an der Leine fotografieren. Ganz und gar unsoldatische Bilder! Die mehr persönlichen Motive sollten sicher ein Stück Normalität und die gute Beziehung zur Bevölkerung dokumentieren. Andere Fotos zeigen die Stierkampfarena, die Salinen in Salin de Giraud sowie die damals schon existierende Fähre über die Rhone nach Port St. Louis. Die bei Kriegsbe-

Bunkerbau bei Schleuse im Rhone-Delta bei Salin den Giraud 1943

richterstattern übliche Routine kommt bei der Darstellung der verschiedenen Arbeitsbereiche der RAD-Männer bei der Ausbildung an der Flak, beim Wachdienst, bei Patrouillen, beim Bunkerbau, beim Verladen bzw. Ausladen von Fahrzeugen und Gerät vom Güterzug zum Ausdruck.

Wir machen uns jetzt zu den Befestigungen außerhalb des Ortes auf. Dem vor ein paar Jahren von mir aufgenommenen „Tourvieille" gilt erneut mein Interesse, da dieser in der Militärkarte als Tätigkeitsbereich des RAD gekennzeichnet ist. Wir steuern gezielt das Gelände um die mittelalterliche Ruine und die Befestigungen an, das mittlerweile durch Zäune gesichert ist. Die meisten Bunker sind immer noch im gesprengten Zustand vorhanden. Einer hat jedoch eine neue Aufgabe erhalten, die meinen Vater als Biologen und Naturfreund sicherlich auch gefreut und getröstet hätte: Er ist restauriert und dient als Unterschlupf für zwei Fledermausarten.

Ein gutes Jahr nach dem Aufenthalt meines Vaters in der

Ausbildung der RAD-Männer zur Flugabwehr (Flakhelfer)

Camargue, am 20. Juni 1944, begann die Landung der Alliierten, aber zunächst in der Normandie, in Nordwest-Frankreich. Erst im Juli/August folgte die Befreiung Südfrankreichs von St. Tropez bei Toulon aus. Dieser Küstenabschnitt liegt weiter östlich der Rhone-Mündung, wo mein Vater 1943 tätig gewesen war.

Wie sagte ein Arbeitsdienstmann in einem Bericht über seinen Einsatz in Südfrankreich: *„War alles für die Katz!"* [19]

Ob mein Vater nach dem verlorenen Krieg auch solch ein Gefühl der Sinnlosigkeit seiner ganzen Tätigkeit empfunden haben mag? Vielleicht hat er deshalb nie darüber gesprochen, auch nicht die positiven, die schönen Erlebnisse erzählt. Wer kam im Krieg schon nach Südfrankreich mit seinen kontrastreichen Landschaften, dem besonderen Klima, dem Wein ...? Doch was haben die Baubataillone der Wehrmacht, des RAD und der Organisation Todt mit ihren Zwangsarbeitern in der Camargue alles hinterlassen? An der gesamten französischen Mittelmeerküste waren bis zur Landung der Alliierten etwa 500 Bunker fertiggestellt. Allein für den Bereich des Rhone-

Deltas hatte die Heeresleitung 16 Waggons mit Hindernis-
baustoffen wie Stacheldraht, glatten Draht und Tretminen
angefordert, die auch verbaut wurden. Nach Salin de Giraud
allein kamen zwei Waggons Hindernispfähle.

Mein Vater hat später nie eine Reise dorthin unternommen, wo Zeugnisse seines vollkommen sinnlosen Einsatzes
zu besichtigen waren, wo die deutsche Armee eine ausgebeu-
tete, verwüstete und verminte Landschaft zurückgelassen hat.

Razzien und Sprengungen in Marseille

Es reizte mich nun doch, alle Schwarz-Weiß-Fotos meines
Vaters aus dieser Zeit genau den einzelnen Orten zuzuordnen. Die größeren Städte musste mein Vater zu Besprechun-
gen und Meldungen bei Vorgesetzen aufsuchen: Avignon mit
dem Stab des Oberbefehlshabers der zuständigen Armee, Arles
mit dem Divisionsstab und Nimes mit dem Chef des Verbin-
dungsstabes. Dabei blieb Zeit für die Besichtigung der römischen Attraktionen wie Arenen und Tempel. In welchen Sach-
zusammenhang waren aber die Fotos über den Hafen von
Marseille einzuordnen? Welcher Auftrag hat meinen Vater
wohl in diese strategisch wichtige Hafenstadt geführt? Ich
wollte der Sache auf den Grund gehen. [28]

Marseille, 2013 europäische Kulturhauptstadt, war von einem besonderen Ereignis heimgesucht worden. Vor siebzig
Jahren, im Februar 1943, musste auf Veranlassung der deutschen Besatzungsmacht ein Großteil des Altstadtviertels gesprengt werden. Hitler hatte am 2. Januar 1943 dem Reichsminister für Bewaffnung und Munition, Albert Speer, den
Auftrag erteilt, Vorbereitungen für die Erweiterung des alten
Hafens von Marseille zur Anlage von U-Boot-Bunkern für die
Kriegsmarine zu treffen. Diesen geplanten Befestigungen
musste das Altstadtviertel zu großen Teilen weichen. Zwei
Sprengstoffanschläge auf die Wehrmacht im Dezember 1942
und ein Attentat auf deutsche Soldaten mit zwei Toten am
3. Januar 1943 dienten dann als Vorwand für eine Vergeltungsaktion ungeheuren Ausmaßes. Sofort wurde der Ausnahme-
zustand über die Stadt verhängt, dessen Einhaltung die 19. Armee überwachte. Es folgte die Räumung der Gebäude im Ha-

fenviertel am 24. Januar, die SS, SD und französische Polizeikräfte der Regierung Petain zu einer Massenrazzia nutzten. Dazu muss man sich vergegenwärtigen, dass schon vor diesem Zeitpunkt, also vor 1943, die Situation der Menschen in der übervölkerten, größten Hafenstadt am Mittelmeer katastrophal war: Vor allem galt die Mittelmeermetropole für die vielen politischen Flüchtlinge aus Deutschland und den deutsch besetzten Gebieten Europas als das Tor in die Freiheit. Das Viertel am Alten Hafen war ein Rotlichtmilieu, mit seinen vielen engen Gassen zudem ein Sammelbecken für Gauner, Verbrecher, Widerstandskämpfer, die besagten Emigranten und – Juden. Deshalb war dieses Quartier den deutschen Besatzern ebenso ein Dorn im Auge wie der Vichy-Regierung. So bot die Sprengungsaktion die willkommene Gelegenheit zu der Massenrazzia. 27.000 Einwohner wurden zwangsumgesiedelt – Himmler hatte 100.000 gefordert! – 6000 wurden vorübergehend festgenommen. 1.640 Menschen, darunter etwa 800 Juden, übergab die französische Polizei als „unerwünschte und antisoziale Elemente" den Deutschen, die sie per Bahn zunächst in ein Lager nach Compiègne bei Paris verfrachteten. Die meisten dieser Verfolgten wurden von Paris in Vernichtungslager nach Deutschland (Sachsenhausen) und ins Generalgouvernement (Sobibor und Auschwitz) deportiert, wo fast alle den Tod fanden.

Nach dem Soldbuch meines Vaters war er ab dem 9. Januar 1943 in Südfrankreich eingesetzt. Sicher ist er bei der Geheimhaltung der Aktion und der alleinigen Zuständigkeit von SS, Wehrmacht und französischer Polizei bei der Razzia nicht anwesend gewesen. Man hielt den Kreis der Zeugen so klein wie möglich. In den bekannten Akten über die Razzien taucht der RAD nicht auf.

Es gibt aber Beispiele, die belegen, dass junge Arbeitsdienstpflichtige an anderer Stelle bei unzumutbaren Aufgaben eingesetzt wurden. So im tschechischen Lidice, wo eines der grausamsten Verbrechen im Zweiten Weltkrieg verübt wurde. Als Vergeltungsaktion für die Ermordung von Hitlers Statthalter in Prag, Reinhard Heydrich, wurden die Einwohner von Lidice ermordet oder deportiert. Junge Arbeitsdienstmänner erhielten später den Befehl, auf dem Friedhof die Gräber nach

Wertsachen zu durchsuchen und den Ort dem Erdboden gleichzumachen. [29]

Mein Vater muss allerdings von den Razzien in Marseille gewusst haben. Das bezeugt der bereits im Zusammenhang mit dem Judenprogrom erwähnte Arbeitsmann K. aus Weisbach/Rhön, zu dem er ein ganz besonderes Vertrauensverhältnis hatte. Das bereits im Zusammenhang mit der Reichskristallnacht von mir erwähnte Protokoll hält weitere Details fest: *„Toni war länger Dienender, ein Verdienst von OFM [Oberstfeldmeister] Paeselt, damit er [Anton K.] – blond, 1,80 m groß – nicht zur Waffen-SS musste.“* Demnach schlug mein Vater den jungen Mann im Anschluss an die Pflichtzeit von sechs Monaten zur Weiterverwendung im RAD als Hilfsausbilder vor. Somit war für diesen die Gefahr, wegen seiner prägnanten Statur in die Waffen-SS eingezogen zu werden, gebannt. Er hatte wohl bei seinen Russlandeinsätzen die Erfahrung gemacht, dass es sich bei dieser militärischen Einheit unter dem Kommando Himmlers um ein „Himmelfahrtskommando" mit wesentlich höheren Verlusten als in der Wehrmacht handelte. Vielleicht kannte mein Vater auch dessen Familie. Nur so ist zu erklären, dass er die Razzien in Marseille zum Anlass nahm, zumindest gegenüber K. die Pogromnacht 1938 in Oberelsbach zur Sprache zu bringen. Jedenfalls ist auffällig, dass sich ein damals siebzehnjähriger Mann sieben Jahrzehnte später an die kritisch-distanzierte Haltung seines Abteilungsleiters gegenüber der Pogromnacht erinnern konnte: *„Sein Abteilungsführer war Paeselt. Der war beim Marsch zur Feldherrnhalle gewesen und sagte dann: So sollte das nicht werden, das ist menschenunwürdig".*

Am 10. Februar legten dann Sprengungen durch Pioniereinheiten der 328. ID der Wehrmacht große Teile der Altstadt in Schutt und Asche. Und diesen Akt der Zerstörung hat mein Vater auf Film gebannt. Deutlich sind der Staub der Explosion und die entstandenen Trümmerhalden zu erkennen. Fragen über Fragen stürmten auf mich ein: Wieso hielt sich mein Vater an diesem Tag in Marseille auf, das immerhin 50 Kilometer von seinem Stationierungsort entfernt in der Zuständigkeit einer anderen Division lag? Vaters RAD-Abteilung ist nach der Aussage von Arbeitsmann K. in Salin de Giraud erst

Aufnahme von Notre-Dame de la Garde: Sprengung des Vieux Port von Marseille am 10. Februar 1943. Im Hintergrund die Schutthalden als helle Flächen.

am 11. Februar eingetroffen. Zudem ist kein Foto aus der Sammlung meines Vaters den Razzien zuzuordnen.

Kommt hinzu, dass mein Vater 1941 kurz vor dem Russlandfeldzug eine Ausbildung zum Sprengmeister absolviert hatte. Hatte er den Auftrag zur Fotodokumentation von seiner vorgesetzten Dienststelle bei der RAD-Reichsleitung in Berlin bekommen? Persönliche Aufnahmen können es bei absolutem Fotografierverbot nicht gewesen sein, schon gar nicht vom Zugang zur Basilika Notre-Dame de la Garde aus, dem Wahrzeichen Marseilles, mit Blick auf das Hafenviertel. Griffen die Vorgesetzten auf meinen Vater zurück, weil er schon im Russlandfeldzug als Kriegsberichterstatter Erfahrungen gesammelt hatte? Wieso hat er dann aber die Negative nicht ausgehändigt? Blieb vielleicht nur eine Auswahl der Fotos in seinem Besitz? Im Bundesarchiv in Koblenz existiert eine Dokumentation über die Vorgänge im Januar/Februar

1943 in Marseille, nicht aber aus der Hand meines Vaters oder anderer RAD-Berichterstatter, sondern nur von Sonderberichtern und Fotografen einer deutschen Propagandakompanie der Wehrmacht.

Ich werde auf meine Fragen zu Vaters Rolle im Fall Marseille keine Antworten mehr bekommen. Nur aus seiner gesamten persönlichen Entwicklung kann ich einige Rückschlüsse ziehen.

Meine ersten Sommerferien

Nach seinem Frankreicheinsatz kehrte mein Vater am 14.7.1943 mit seiner Abteilung nach Deutschland zurück. Zunächst war er dort etwa 10 Tage in einer Würzburger Klinik. Ob aus Krankheitsgründen, nur zur Beobachtung oder in Quarantäne ist aus seinen Papieren nicht ersichtlich. Laut Kriegstagebuch waren 1943 im Rhone-Delta einige Malariafälle bekannt geworden. Die Divisionsleitung hatte schon im Frühjahr Moskitonetze, Schutzhandschuhe und -brillen angefordert und ab April Medikamente verteilt.

Im August 1943 ist im Soldbuch bis Ende des Monats Weisbach als Standort eingetragen. Es war eines der ersten Lager, die in der Rhön erstellt worden waren. Das Dorf Weisbach lag nur vier Kilometer von Oberelsbach, der ersten Wirkungsstätte meines Vaters in der Rhön, entfernt. Ich war schon schulpflichtig, lebte damals in Jauer und verbrachte im August 1943 meine ersten Sommerferien mit meiner Mutter und meinem Vater zusammen in der Rhön in diesem Lager. Die Erlebnisse aus dieser Zeit haben sich mir tiefer eingeprägt als jene vom Aufenthalt im benachbarten Oberelsbach vor Kriegsbeginn.

Um mich an unsere Unterkunft und das Leben im Lager während dieser Ferienwochen erinnern zu können, helfen mir einige Fotos:

Als Hauptspielzeug besaß ich einen Medizinball, den mein Vater wohl von den Sportartikeln des Lagers organisiert hatte. Im Erziehungsplan des RAD spielte der Sport eine wichtige Rolle. Er umfasste für die Jungen eine vormilitärische Ertüchtigung, Leichtathletik, Schwimmen usw. Für die Mädchen spielten daneben auch Gymnastik, Spiel und Tanz eine große

Der Medizinball diente als Zeitvertreib bei Turnübungen und Spielen.

Rolle. Zur Gymnastik verwendete man Reifen, Keulen, Stäbe und Medizinbälle als Hilfsmittel. Diese eigneten sich besonders für Übungen in Gruppen, die dann auch auf den propagandistischen Großveranstaltungen, z. B. auf den Reichsparteitagen und bei der Olympiade vorgeführt wurden. Die in Weisbach vorgefundenen Gymnastikgeräte waren sicher ein Überbleibsel aus der Zeit, als das Lager einer RAD-Einheit der weiblichen Jugend zur Verfügung gestanden hatte. Auch zu Beginn meiner Lehrerinnentätigkeit 1957 – also 12 Jahre nach Kriegsende – gehörten diese Sportgeräte immer noch zur Ausstattung von Turnhallen. Ich baute sie in meinen Unterricht selbstverständlich mit ein.

Damals in den Sommerferien 1943 in Weisbach spielte ich vor allem mit dem Medizinball und dachte mir viele Turnübungen aus. Auch meine Mutter bezog ich als Partnerin in die Spiele mit ein. Ich langweilte mich nie, denn ich las schon damals viel und konnte es mir gemütlich machen auf einem Liegestuhl vor der Baracke, wie auf einem der Fotos zu sehen ist. Meine Mutter, die sehr geschickt und gerne bei Handar-

Ich konnte schon lesen und las meiner Mutter aus Märchenbüchern vor,
während sie mir einen Hänsel-und-Gretel-Rock strickte.

beiten war, strickte. Damals hatte sie gerade für mich den
„Hänsel-und-Gretel-Rock" in Arbeit. Er war aus grüner Wolle und mit einem breiten schwarzen Streifen am unteren Rand
versehen. In diesen Untergrund strickte (oder stickte?) sie
die verschiedenen Figuren aus dem Märchen. Ich liebte diesen Rock über alles, und da sich die Träger und der Bund
verstellen ließen, wuchs er mit mir und begleitete mich mehrere Jahre. Er reiste in meinem Tornister zwei Jahre später
sogar auf der Flucht und bei der Vertreibung mit nach Fürth.

Ein Erlebnis im Lager Weisbach hat sich mir tief eingeprägt. Es gab in diesen primitiven Holzbaracken sehr viel
Ungeziefer und Mäuse. Um der Plage Herr zu werden, hatte
man Mausefallen angeschafft. Es waren Fallen der besonderen Art. Der untere Teil des Kastens bestand aus einem Ma-
schendraht-Gang, an dessen Ende ein Lockmittel auf einem
schrägen Brett angebracht war. Krabbelte nun eine Maus, vom
Geruch nach Speck oder Käse angelockt, bis auf das Brett, so
kippte dieses und löste eine Falltür aus, die dem Tier den
Fluchtweg zurück nach draußen versperrte. Verängstigt suchte

Mit Vater unternahmen wir Spaziergänge auf unter seiner Leitung 1938/39 angelegten Wirtschaftswegen.

es einen Ausweg, der nur durch eine Röhre nach oben möglich war. Dabei öffnete sich eine Klappe, die sich sofort wieder schloss, sobald die Maus sie passiert hatte und ihr den Rückweg versperrte. Am oberen Ende angekommen, blieb nur der Weg über eine Plattform frei, die sich durch das Gewicht des Tieres neigte, sich dadurch in eine Rutschbahn verwandelte und die Maus in einen Eimer mit Wasser beförderte. Der Mechanismus war so ausgeklügelt, dass sich bei dem letzten Vorgang gleichzeitig wieder die Falltür öffnete – für das nächste Opfer. Hatte man die Falle über Nacht aufgestellt, fand man am Morgen einen Wassereimer voll toter Mäuse vor. Trotz meiner großen Tierliebe schwankte mein Gefühl für diese Mäuse zwischen Mitleid und Abscheu, bekam ich doch oft zu spüren, dass sie unsere knappen Lebensmittel anknabberten, auffraßen oder ungenießbar machten. Meine kindliche Faszination an dem Mechanismus der Mausefallen und dem gesamten Vorgang erfüllt mich heute aber mit Unverständnis.

Mein Vater unternahm in seiner Freizeit Spaziergänge oder kleine Wanderungen mit uns zu Baustellen und zu solchen

Wegen und Straßen, die er 1938/39 mit seinen Arbeitsdienstmännern bereits von Oberelsbach aus angelegt hatte. Da war ich ganz stolz auf ihn als Baumeister. Allerdings waren die Straßen damals nicht geteert, wohl aber mit einem festen Belag versehen, ausreichend vor allem für die landwirtschaftlichen Fuhrwerke.

Während mein Vater dienstliche Verpflichtungen hatte, wanderte ich mit meiner Mutter von Weisbach aus in der Umgebung. Auf den Landstraßen gab es noch kaum Autoverkehr. Mehrmals war Bischofsheim unser Ausflugsziel, sogar den über 800 m hohen Kreuzberg erklommen wir einmal. Die drei großen Gipfelkreuze beeindruckten mich am meisten. Ich kannte ein ähnliches Kreuz mit einer Christusfigur aus Jauer, von dem noch die Rede sein wird. Auf meine Frage nach den beiden anderen Kreuzen mit den Schächern bekam ich nur unzureichende Antwort. Unsere Familie war zwischenzeitlich aus der Kirche ausgetreten. Wir waren „gottgläubig". Meine Mutter wollte wahrscheinlich darüber nicht sprechen.

Im Sommer war das Leben in den Holzbaracken ansonsten angenehm. Im Winter aber genügten sie kaum den minimalsten klimatischen Anforderungen. Ein Dokument besagt, dass das Lager von 1939–1941 der Unterbringung weiblicher RAD-Jugend diente. Die Arbeitsmaiden zog man zur Hilfe in der Land- und Hauswirtschaft heran. Während dieser Zeit sahen sich die jungen Mädchen politischer Schulung, Drill und harter körperlicher Arbeit ausgesetzt. Die Unterbringung in dem primitiven Lager bedeutete deshalb eine zusätzliche Belastung. Aus diesem Grund musste es nach den besonders kalten Wintern 1939 und 1940 aufgelöst werden. Den RAD-Männern mutete man die Baracken weiterhin zu. Später waren auch Zwangsarbeiter und nach dem Krieg Flüchtlinge darin untergebracht.

Beim Polnischen Baudienst im Generalgouvernement (GG)

Eine letzte Kommandierung meines Vaters ist für den 2.11.1943 dokumentiert, und zwar nach Tarnopol, Galizien, das damals zum Generalgouvernement gehörte.

Um die Geschehnisse und unseren Aufenthalt dort besser einordnen zu können, befasste ich mich etwas ausführlicher mit der Geschichte dieser Stadt und der Region. Allein schon die unterschiedliche Namensgebung lässt ihr wechselvolles Schicksal erahnen: *Ternopil (ukrainisch)*, Tarnopol *(polnisch) und russisch* Ternopol.

1540 unter dem Namen Tarnopol als polnischer Militärstützpunkt und Festung gegründet, war die Stadt von 1569 bis 1772 eine administrative Einheit von Polen-Litauen. Ab der ersten Teilung Polens gehörte sie etwa 150 Jahre zum Kaiserreich Österreich bzw. Österreich-Ungarn. Zwischen den beiden Weltkriegen war Tarnopol kurzzeitig Teil der Westukrainischen Volksrepublik, dann aber nach kriegerischen Auseinandersetzungen der Republik Polen zugesprochen. Als Hitler und Stalin sich 1939 Polen aufteilten, wurde Ternopol Teil der Sowjetunion und geriet dann während des Russlandfeldzuges 1941–1943 unter deutsche Besatzung als Teil des Generalgouvernements. Nach dem Zweiten Weltkrieg gehörte die Stadt wieder zur Ukraine, die damals Teilrepublik der Sowjetunion war. Seit 1991 ist Ternopil eine der drei wichtigsten Städte Ostgaliziens und somit Teil des jetzt selbständigen Staates Ukraine. Sie liegt 132 Kilometer östlich von Lemberg (ukrainisch: Lviv, polnisch: Lwów).

Bis zum Beginn des Zweiten Weltkriegs lebten in Tarnopol sehr viele Juden und auch Deutsche. Im Zuge der Besetzung durch deutsche Truppen kam es am 4. Juli 1941 zu einem Pogrom. Ukrainische Miliz, vermutlich auch polnische und ukrainische Zivilisten, trieben unter Mitwirkung der SS-Einsatzgruppe C jüdische Einwohner ins Stadtgefängnis, wo die sowjetische Geheimpolizei NKDW vor ihrem Abmarsch auch schon ein Massaker unter politischen Häftlingen angerichtet hatte. Ein kurz darauf eingerichtetes Ghetto wurde 1943 mitsamt seinen Bewohnern liquidiert. Große Teile der jüdischen Bevölkerung wurden massakriert, in Arbeits- oder ins Vernichtungslager Belzec deportiert.

Wohl in Kenntnis dieser Vorgänge kam mein Vater gegen Ende 1943 zum Polnischen Baudienst nach Tarnopol. Dieser Baudienst im Generalgouvernement ging auf einen Erlass Hit-

lers zurück. Dieser hatte auf dem Papier die Aufgabe, gemeinnützige oder staatspolitisch bedeutsame Arbeiten durchzuführen und bei Katastrophen Hilfe zu leisten. Das ähnelte
der Aufgabenstellung des Reichsarbeitsdienstes. Baudienst-
pflichtig waren alle nicht deutschen männlichen Bewohner
des Generalgouvernements zwischen dem 18. und 60. Lebensjahr, ausgenommen Juden und Zigeuner. Es wurden vorwiegend ganze Jahrgänge der jüngeren Generation einberufen.
Zum Jahreswechsel 1943/44 sollten der Jahrgang 1924 entlassen und die Jahrgänge 1925/26 erfasst werden. Generalgouverneur Hans Frank mag anfänglich die Einrichtung des
Baudienstes als Maßnahme zur Behebung der Arbeitslosigkeit für erforderlich erachtet haben, zumal die Entlohnung
vergleichbar dem RAD minimal war. Baudienstpflichtige erhielten Bekleidung, Verpflegung und Unterkunft in geschlossenen Abteilungen und sollten in Baracken untergebracht
werden. In der Praxis wurde es aber meist so gehandhabt, dass
die Arbeitsdienstverpflichteten zu Hause wohnten und täglich
an der Arbeitsstelle zu erscheinen hatten. Bei diesem Verfahren sparte man die Kosten für Unterbringung und Verpflegung.
Eine Parallele zum RAD findet man auch in dem erziehungs-
mäßigen Anspruch, die „polnische männliche, arbeitsfähige
Jugend im Baudienst zu produktiver Arbeit" anzuhalten. Von
theoretischen Schulungen im staatspolitischen Sinne wie beim
RAD wurde Abstand genommen. Ähnlich dem RAD wurde der
Polnische Baudienst im Verlauf des Krieges immer mehr zu
verteidigungsrelevanten Aufgaben verpflichtet.

Die praktische Durchführung des Baudienstes oblag deutschen Reichsarbeitsdienstführern, die zum Dienst im Generalgouvernement abgeordnet wurden, darunter auch mein
Vater. Der Verbindungsführer zum Reichsarbeitsführer Hierl
war Generalarbeitsführer Hinkel, der seinen Dienstsitz in Krakau hatte und als Vorgesetzter meines Vaters fungierte.

Unterscheiden muss man in diesem Zusammenhang zwischen dem RAD und der Organisation Todt (OT). Letztere
führte ähnliche Bauvorhaben wie der RAD durch, arbeitete
aber mit Baufirmen zusammen. Im Generalgouvernement
wurden von der OT zum Ausbau der Reichsstraßen und anderen Infrastrukturen vornehmlich jüdische Arbeiter einge-

setzt, für die Hitlers Motto „Vernichtung durch Arbeit" galt! Für Polen bestand Arbeitspflicht, für Juden Arbeitszwang! Ukrainer wurden von den deutschen Rassefanatikern als „höherwertig" eingestuft und sie genossen eine Vorzugsbehandlung während ihrer Verpflichtung im sogenannten Ukrainischen Heimatdienst. *Sie waren Opfer und Täter zugleich. Mehrere Tausend nahmen in deutschen Diensten an der Vernichtung der Juden teil.*

Schon wenige Monate nach Beendigung des Polenfeldzuges, ab dem 20. Mai 1940, waren im Generalgouvernement die polnischen Kriegsgefangenen bei schriftlicher Einwilligung zur Arbeitsleistung beim polnischen Baudienst entlassen worden. Obwohl ihnen offiziell Wahlfreiheit zugesagt war, setzte die deutsche Verwaltung sie in der Praxis durch Repressalien, Schikanen oder Strafen unter Druck und drängte sie auf diese Weise ebenfalls zu einer Form von Zwangsarbeit. Denn für Hitler stand fest, dass das Generalgouvernement im Interesse der deutschen Kriegswirtschaft ausgenutzt werden sollte und als Arbeitskräftereservoir vorzusehen war.

Ich erinnere mich noch, dass meine Mutter und ich in den Weihnachtsferien 1943/44 in Tarnopol waren. Die Reise selbst hat keine bleibenden Eindrücke bei mir hinterlassen. Aber die zwei bis drei folgenden Wochen waren eine aufregende Zeit für mich. Die Rückbesinnung an diese Winterferien unterstützen auch einige Fotos. Wir wohnten in einem Gebäude mit Dienstwohnungen für das Führungspersonal des RAD. Zumindest ein weiterer Arbeitsdienstführer teilte mit uns die Etage. Er besaß einen Hund namens Basko. Der akzeptierte mich sofort als Spielgefährtin und ich tollte glücklich mit ihm durch die Wohnung oder draußen im Schnee. Meine Hundeliebe wurde allerdings eingeschränkt durch die Entdeckung, dass „Basko" mein Kinderbett in Besitz nahm, wenn er unbeaufsichtigt war. Die Folge davon waren unangenehme Gerüche und Flöhe.

Begeistert haben mich die Pferdeschlittenfahrten in die Umgebung. In warme Decken gehüllt, manchmal auch mit einer Wärmflasche auf dem Schoß, machte mir die kalte Luft überhaupt nichts aus. Vaters Bursche knallte lustig mit der Peitsche und dann lenkte er das Pferd geschickt durch die

Mein Spielkamerad in den Winterferien 1943/44 in Tarnopol war „Basko".

Stadt und die winterliche Landschaft. Wenn ich heute die Landkarte betrachte, dann stelle ich fest, dass wir manchmal auch den Vorort Biała passierten und von dort ging es zurück an einem Gewässer entlang. Dabei handelte es sich um den zu einem See aufgestauten Fluss Seret. Außerdem ist mir bewusst geworden, dass mir daher das polnische Wort ‚biała' vertraut war – natürlich mit der deutschen Aussprache des Buchstabens als l – und ich die Bedeutung auf Deutsch (= weiß) kannte. Mein Vater hat mir bei unseren Schlittenfahrten durch den Ort Biała sicher den Namen des Dorfes erklärt. In Biała muss es auch gewesen sein, wo mein Vater mit Schorsch, seinem Burschen und Dolmetscher, und mir in eine brenzlige Situation geriet. Überrascht von der schnell hereinbrechen-

Mit dem Pferdeschlitten unternahmen wir in Tarnopol Fahrten am Seret entlang.

den Dunkelheit, waren wir in den kleinen Ort gelangt, wo eine aufgeregte Menschenmenge sofort unser Gespann umringte. Mein Vater stieg aus, ließ durch Schorsch nach der Ursache fragen und versuchte, die Leute zu beruhigen. Ich war auch aus dem Schlitten geklettert und klammerte mich ängstlich und schluchzend an meinen Vater. Plötzlich trat eine Polin auf mich zu, streichelte mir über die Haare und drückte mir ein Stück Kuchen, ich glaube, es war Streuselkuchen, in die Hand. Mein Vater musste wohl durch sein Eingreifen das Problem gelöst haben, denn nach einiger Zeit beruhigten sich die Menschen, die Ansammlung zerstreute sich und wir setzten unsere Fahrt fort. Vielleicht hatte die SS wieder einmal eine Razzia durchgeführt oder Familienangehörige unter Druck gesetzt, um Nachschub an Arbeitskräften zu requirieren, wie dies, der historischen Literatur zu entnehmen, an der Tagesordnung war. Tarnopol war ein wichtiger Verkehrsknotenpunkt und ein militärstrategischer dazu. Dafür sollte der Rangierbahnhof erweitert werden. Meinem Vater standen für diese Maßnahme 2.000 Mann zur Verfügung. Zusammen mit ihm besuchte ich mehrmals die Baustelle des Rangierbahnhofs. Es existierte dort ein großer Schuppen für Lokomotiven. Ich staunte über das „Haus" für die Kolosse. Mich faszinierten diese Ungetüme von Dampfrössern, wenn sie sich stampfend und zischend in Bewegung setzten. Um auf ein bestimmtes Gleis zu gelangen, mussten sie vor ihrem Einsatz auf einer Drehscheibe rangiert werden. Diese Drehscheibe wurde auf Geheiß meines Vaters für mich extra in Betrieb gesetzt und ich durfte eine Runde allein darauf Karussell fahren. Das war für mich ein besonders aufregendes Erlebnis und ich bettelte oft, wieder auf die Baustelle mitgenommen zu werden. Dort habe ich natürlich die vielen Arbeiter gesehen, was aber für mich ein bekannter Anblick von früheren Einsätzen des RAD in Deutschland war.

Die Gefahr von Partisanenüberfällen muss jedoch schon bedrohlich gewesen sein. Von Kameraden auf die Gefährdung in seiner Stellung angesprochen, betonte mein Vater immer wieder: „Mir passiert nichts. Man muss die Menschen nur ordentlich behandeln und auf ihre Probleme eingehen." Oft nahm er auf dienstlichen Fahrten ins Umland den Priester mit, er verzichtete aber auf anderen Begleitschutz, der ein direkter Angriffspunkt hätte sein können.

Aufgrund der Lageberichte kann ich feststellen, dass insbesondere im Distrikt Lemberg, zu dem Tarnopol gehörte, die Unsicherheit gegen Ende 1943 zugenommen hatte. Partisanen überfielen die Bautrupps, wobei sie die Baudienstmänner durch Androhen von Erschießen aus den Abteilungen jagten und nach Hause schickten. Außerdem wurden die vom Baudienst ordnungsgemäß zur Einbringung der Ernte Beurlaubten und Sonntagsurlauber an der Rückkehr zu ihren Abteilungen gehindert. Generalarbeitsführer Hinkel beklagte den Mangel an Polizeikräften für Fahndungsaktionen. Auch für die Durchsetzung der neuen Einberufungen wäre nicht genügend deutsche Autorität vorhanden, um einem Absinken des Mannschaftsbestandes Einhalt zu gebieten. Die Baustellenstärke sei in den beiden letzten Monaten um 20 % gesunken. [30] Im Juli ist ein Überfall auf eine Baustelle in Tarnopol verzeichnet. Zur Zeit der Leitung meines Vaters wurde in Tarnopol aber kein Überfall gemeldet.

Bei der Heeresgruppe Süd entwickelte sich schon ab Ende

1942 der Frontverlauf für die Wehrmacht dramatisch ins Negative. Nach dem erfolgreichen Vorstoß der deutschen Truppen bis ins Stadtzentrum von Stalingrad schloss die Rote Armee am 6. Oktober 1942 einen Ring um die Stadt. Es begann ein mörderischer Kampf um diesen strategischen Punkt. Hitler hatte ein Durchhalten bis zum letzten Mann befohlen. Bei der Schlacht um Stalingrad, einer der größten Schlachten des Zweiten Weltkriegs, musste die deutsche Wehrmacht Anfang 1943 erstmals eine verheerende Niederlage hinnehmen. Stalingrad gilt als Wendepunkt des im Juni 1941 begonnenen deutsch-sowjetischen Krieges, der nach Ansicht mancher Fachleute schon seit dem Stillstand der Front im ersten Winter für Deutschland nicht mehr zu gewinnen war.

In den großen Sommerschlachten des Jahres 1943 hatte die Rote Armee die Verbände der Wehrmacht zurückgedrängt. Sie stand an der Grenze zu Weißrussland und hatte auch den größten Teil der Ukraine zurückerobert. Damit näherte sie sich den Grenzen des Generalgouvernements für die besetzten polnischen Gebiete. Um diesen Vormarsch aufzuhalten, entwickelte Hitler Anfang März 1944 die Idee der „festen Plätze". Er meinte damit Orte, denen aufgrund ihrer Lage als logistische Verkehrsknotenpunkte eine operative oder gar strategische Bedeutung zukam. Diese Orte würde der Gegner erst einmal einnehmen müssen, um seinen Vormarsch fortzusetzen, und so lange würden ihm wichtige Verkehrsverbindungen versperrt:

„Die ‚festen Plätze' sollen die gleichen Aufgaben wie die früheren Festungen erfüllen. Sie haben zu verhindern, daß der Feind diese operativ entscheidenden Plätze in Besitz nimmt. Die Soldaten haben sich einschließen zu lassen und dadurch möglichst starke Feindkräfte zu binden. Sie haben dadurch mit die Voraussetzung für erfolgreiche Gegenoperationen zu schaffen." [31]

Bereits in den ersten Wochen nach Hitlers dilettantischer Anweisung erwies sich die Umsetzung des Konzeptes als fragwürdig. Schon am 9. März 1944 drangen sowjetische Truppen in die ukrainische Stadt Tarnopol ein, welche erst seit wenigen Tagen zur Verteidigung vorbereitet worden war. Ausgerechnet diese Stadt erklärte man zum „festen Platz". Obwohl die Verbände der Roten Armee zunächst wieder zurückgeworfen werden konnten, wurde die Stadt schließlich am 23. März eingeschlossen. Noch am Morgen zuvor hatte ihr Kommandant gemeldet: „Ferner melde ich, daß T. infolge unzureichender Munitionsbevorratung den an einen festen Platz zu stellenden Anforderungen nicht genügt. Desgleichen ist der Rundumausbau unvollendet [...] Die Voraussetzungen für einen festen Platz treffen daher auf Tarnopol nicht zu. Dennoch verweigerte Hitler die daraufhin von der Heeresgruppe Süd geforderte Aufgabe der Stadt. Die 4.600 Mann zählende Besatzung konnte mangels ausreichender Kapazitäten seitens der deutschen Luftwaffe auch nicht aus der Luft mittels Lastensegler versorgt werden. Nach schweren Kämpfen mit Entsatz- und Ausbruchsversuchen, in deren Verlauf die Stadt nahezu komplett zerstört wurde, gelang es nur 55 (von 4600!) der eingeschlossenen deutschen Soldaten, am 16. April 1944 zu den eigenen Linien zurückzukehren. Der Kampf um Tarnopol wird auch als „Stalingrad en miniatur" bezeichnet. [32]

Meine Mutter und ich waren demnach zwei Monate vor diesem Inferno noch in Tarnopol zu Besuch bei meinem Vater. Was mag ihn bewogen haben, uns zu sich kommen zu lassen in dieser doch schon sehr angespannten und gefährlichen Lage? War die Front zur Jahreswende 1943/44 doch schon auf 150 bis 200 Kilometer an die Stadt herangerückt und die deutschen Armeen befanden sich ständig auf dem Rückzug! Hat er es nicht für möglich gehalten, dass die deutschen Truppen so schnell zurückgedrängt würden? Hatte meine Mutter etwa auf einem Besuch bei ihrem Mann bestanden?

Andere RAD-Führer hatten schon vorher unter wesentlich günstigeren Umständen ihre Familien ganz zu sich in die besetzten Gebiete geholt. In größeren Städten des Generalgouvernements wurden gleich nach der Besetzung 1940 für die Kinder der vielen Beamten und Angestellten, die für die Verwaltung des Generalgouvernements nötig erschienen, deutsche Schulen eingerichtet. Danach glaubten viele an einen Sieg und der Russlandfeldzug stand noch nicht öffentlich in Rede. Als mein Vater Ende 1943 nach Tarnopol kam, sah das Kriegsgeschehen nicht mehr nach Endsieg aus. In Tarnopol bestand zudem keine Möglichkeit eines deutschen Schulbesuchs für mich. Deshalb hatten meine Eltern wohl entschieden, weiterhin eine Trennung der Familie in Kauf zu nehmen und Gemeinsamkeiten auf Fronturlaube oder Schulferien zu verlegen. Die Papiere meines Vaters enthalten keinerlei Hinweise, wann er Tarnopol verlassen musste. Die Eintragungen im Soldbuch sprechen nur generell von „abgestellt zum Baudienst i. GG. vom 2.XI.43 bis 17.I.45". Der Generalarbeitsführer für das Generalgouvernement, Hinkel, berichtete noch am 7. Juli 1944 von 73.000 Mann im Distrikt Galizien beim Einsatz zu Schanzarbeiten bzw. Stellungsbau im Frontgebiet. Aber am 26. Juli 1944 klagte er, dass 20.000 Männer wie auf Befehl über Nacht geflüchtet seien. Auf der Burg in Krakau fand am 3. August 1944 unter dem Vorsitz von Generalgouverneur Dr. Hans Frank eine Besprechung statt, bei der dieser erklärte, „dass die gegenwärtige Lage in jeder Beziehung klar sei und zu einer ernsthaften Sorge keinerlei Veranlassung gebe". [33] Von kompetenter Stelle wurde demnach die kritische Situation der deutschen Wehrmacht verharmlost und wider besseren Wissens beschönigt. Die Ostfront behielt vom Frühjahr 1944 ein Jahr lang fast den gleichen Verlauf bei, bevor die Rote Armee zum Großangriff Anfang 1945 ansetzte und damit das Ende des Krieges einleitete.

Ich fand weitere Fotos meines Vaters aus dem letzten Kriegsjahr. Beim Herauslösen aus einem kleinen Album aus seinem Nachlass kam auf einer Rückseite die Eintragung „Zakopane 1944" zum Vorschein. Daraus schließe ich, dass er nach dem Verlassen von Tarnopol weiterhin im Generalgouvernement verblieb, und zwar im westlichen Teil in Zakopane in den Beskiden (die Beskiden sind eine Gebirgskette der Karpaten mit bis zu rund 2000 m Höhe). In einer Liste über Standorte des „polnischen Baudienstes" im GG wird dieser Ort angegeben.

Am 17. Januar 1945 verließen der Generalgouverneur Dr. Frank und andere Verantwortliche der Verwaltung Krakau im letzten Moment vor dem Ansturm der Roten Armee. Am selben Tag hat mein Vater auch den Befehl erhalten, sich nach Westen zurückzuziehen und sich in seinem Stammgau in Würzburg zu melden. Auf den Aufenthalt meines Vaters in Zakopane gehe ich im Reisebericht 1985 ein.

Letzter mysteriöser Einsatz „Alpenfestung"

Reichsarbeitsführer Hierl versuchte, in der letzten Kriegs-
phase selbstständige RAD-Kampftruppen aufzustellen. Es ist
belegt, dass drei RAD-Infanterie-Divisionen im Endkampf um
Berlin eingesetzt wurden. Bei mangelhafter Bewaffnung übten sie keinen wesentlichen Einfluss auf die militärischen
Geschehnisse aus, hatten jedoch hohe Verluste an Menschenleben zu beklagen.

Außerdem hat Hierl, der am Ende des Krieges sein Quartier in Sillian/Osttirol nahm, noch im April 1945 die Anweisung gegeben, aus drei Arbeitsgauen, Karlsruhe, München
und Würzburg, je eine RAD-Brigade zu zwei Regimentern zu
bilden. Teile der im Münchner Gau liegenden RAD-Gruppen
kamen noch zum Einsatz und haben versucht, Alpenpässe
bei Kufstein gegen die Alliierten zu verteidigen. Die anderen
beiden Gebirgs-Brigaden waren bis Kriegsende teilweise noch
nicht in ihren Zielgebieten angekommen, nicht zur Aufstellung, geschweige denn zum Einsatz gelangt. [34] Laut Entlassungsschein hat mein Vater vom 13.4. bis 4.5.1945 als Kom-
panieführer im RAD-Regiment Montua Dienst geleistet.

In den Zusammenhang mit diesen Anordnungen gehört
auch das Phänomen „Alpenfestung". Der Gauleiter von Ti-
rol-Vorarlberg, Franz Hofer, will im Herbst 1944 Informationen aus der Schweiz erhalten haben, wonach im Alpenraum
ein letztes Rückzugsgebiet für die Reichsleitung und SS-Einheiten entstehen sollte. Er stellte es sich als „Endkampf"-
Zentrum und eventuelles Verhandlungsobjekt für die Einstellung des Krieges vor. Hofer reichte über Himmler eine Pro-
jektstudie zur sofortigen Vorlage bei Hitler ein, um in seinem
Gau dieses Vorhaben „Alpenfestung" zu verwirklichen. Er
erhielt aber keine sofortige Rückmeldung, denn Himmler hatte
das Papier zunächst nicht weitergereicht, und so begann der
Gauleiter auf eigene Faust mit dem Bau von Luftschutzein-
richtungen und anderen ihm günstig erscheinenden Vorkeh-
rungen. Als Hitler schließlich im April grünes Licht für Ho-
fers Pläne gab, ihn wie alle Gauleiter sogar noch zum Reich-
verteidigungskommissar ernannte, war es bereits zu spät. Die
alliierten Truppen standen schon weit auf deutschem Gebiet,

stießen in Richtung Alpen vor und hatten die von Hitler noch festgelegte Grenzlinie bereits überschritten.

Ich vermute, dass das letzte Aufgebot an RAD-Gebirgsbrigaden durch den Reichsarbeitsführer Hierl auch mit dieser „Alpenfestung" in Zusammenhang stand. Von meinem Vater weiß ich, dass er das Kriegsende in den Alpen in Tirol erlebt hatte. Leider habe ich den Namen des Ortes vergessen. Aber bei einem gemeinsamen Alpenurlaub in den Fünfzigerjahren hat er mir von dem Tiroler Freiheitshelden Andreas Hofer erzählt und mir die Tiroler Landeshymne beigebracht. Nur den Anfang des Liedes habe ich behalten: *Zu Mantua in Banden der treue Hofer war.* Und der Kehrreim klingt mir noch im Ohr: *Mit ihm das Land Tirol, mit ihm das Land Tirol.* Der Entlassungsschein enthält vermutlich einen Druckfehler. Da RAD-Einheiten Namen bekannter Persönlichkeiten oder Orte erhielten, muss es sich um Mantua (statt Montua) handeln. Das war die Stadt, in der der Tiroler Nationalheld Andreas Hofer – nicht zu verwechseln mit dem obengenannten Gauleiter Franz Hofer – vor Gericht gestellt, zum Tode verurteilt und 1810 erschossen wurde. Das Osttiroler Alpenjäger-Bataillon Nr. 3 hatte den Beinamen „Andreas Hofer". Daher erscheint die Benennung eines RAD-Gebirgsregiments mit dem Namen „Mantua" naheliegend.

Ich habe zwar in der Fachliteratur keine endgültige Aufklärung über Gestalt und Aufgabe eines solchen Projektes gefunden. Das Phänomen „Alpenfestung" geisterte jedoch durch die Hirne der Militärs und auch der Alliierten bis nach dem Krieg. Tatsache ist, dass für SS-Rüstungsbetriebe geheime unterirdische Bunkersysteme in die österreichischen Alpen getrieben worden waren. Zigtausende von KZ-Häftlingen und Kriegsgefangenen erlitten unter unmenschlichen Bedingungen beim Flugzeugbau das Schicksal „Vernichtung durch Arbeit" bis zum Tag der Kapitulation.

In die Endzeit fiel die Bekanntgabe von Hitlers Tod im Rundfunk am 30. April: „An der Spitze der heldenmütigen Verteidiger der Reichshauptstadt ist der Führer gefallen." Die Bevölkerung Deutschlands und die einfachen Soldaten erfuhren damit aber nur die halbe Wahrheit. In Wirklichkeit hatte Hitler Selbstmord begangen. Überall waren die deutschen

Truppenverbände in Auflösung begriffen. Die über den Rhein
in Richtung Süddeutschland vorstoßenden Alliierten trieben
die versprengten Kampfeinheiten immer weiter Richtung Alpen und nahmen eine Stadt nach der anderen ein. Bei den
deutschen Einheiten herrschte ein Befehlschaos. Einige verantwortungsvolle deutsche Einheitsführer beendeten für ihre
Untergebenen den Krieg in dieser hoffnungslosen Lage auf
eigene Faust, indem sie ihre Soldaten offiziell mit einem entsprechend ausgefüllten Wehrpass aus der Truppe entließen.
So handelte auch der für das RAD-Regiment meines Vaters
zuständige Oberarbeitsführer. Der Entlassungsschein aus dem
Reichsarbeitsdienst ist für meinen Vater am 4.5.1945 ausgestellt. Für den Entlassungstag erhielt er noch Verpflegung
sowie 50 RM, daneben Marschanzug und Reiseproviant. [35]
Von der Kapitulation am 8.5.1945 erfuhr mein Vater noch in
den Alpen: „Ab 9. Mai, 0.00 Uhr, sind auf allen Kriegsschau-
plätzen, von allen Wehrmachtsteilen und von allen bewaffne-
ten Organisationen oder Einzelpersonen die Feindseligkeiten
gegen alle bisherigen Gegner einzustellen". Nachdem er die
RAD-Uniform gegen Zivilkleidung eingetauscht hatte, machte Vater sich auf den Weg nach Hause und gab sich unterwegs
als französischer Kriegsgefangener bzw. einer der Zwangsarbeiter aus, die am Kriegsende aus allen Richtungen der Heimat zuströmten. Sein Schulfranzösisch und die RAD-Einsät-
ze in Frankreich machten seine Fremdidentität glaubhaft. Bei
Kontrollen durch die Besatzungstruppen konnte ihm der
Entlassungsschein weiterhelfen. Und so gelang es ihm, sich
zu unserem Wohnsitz nach Fürth durchzuschlagen, ohne in
Gefangenschaft zu geraten! Ein großes Glück für ihn, denn
er musste nicht das Schicksal der meisten Wehrmachtsoldaten erleiden, die von den westlichen Alliierten größtenteils in
den sogenannten Rheinwiesenlagern auf dem linksseitigen
Flussufer inhaftiert wurden, die dort von April bis Septem-
ber 1945 existierten. Die Ernährung und die hygienischen
Verhältnisse in diesen eingezäunten, verschlammten Rheinwiesenlagern, auf denen die Gefangenen anfangs mangels
Baracken in offenen Erdlöchern lebten, waren katastrophal.
Erst im Juni gab es ausreichende Essensportionen und die
Lager erhielten Latrinen, Küchen und Krankenreviere. Dreck,

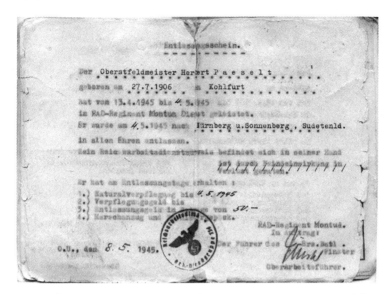

Die Entlassung meines Vaters aus dem RAD Regiment Mantua erfolgte am 4.5.1945.

Nässe, Unterernährung und unhygienische Umstände öffneten der Entstehung und Verbreitung von Krankheiten Tür und Tor. Nach mehreren Wochen wurden diejenigen aus den Lagern entlassen, die politisch unverdächtig erschienen. Auch bestimmte Berufsgruppen, die für den deutschen Wiederaufbau wichtig waren, kamen frei.

Auf dem abenteuerlichen Heimweg von den Alpen entledigte mein Vater sich noch bei Zirndorf, etwa 10 Kilometer vor seinem Ziel, seines goldenen Parteiabzeichens. Unsere späteren Hamsterfahrten führten uns mehrere Male an dieser Stelle vorbei, aber er hat das Abzeichen trotz intensiver Suche nicht wiederfinden können.

Mein Vater war also körperlich unversehrt und ohne Lagerhaft aus dem Krieg nach Hause zurückgekehrt und meldete sich am 15.5.1945 in Fürth beim städtischen Ernährungsamt, um Lebensmittelkarten zu erhalten. Dort wurde er sofort als ehemaliger Parteiangehöriger zu Aufräumarbeiten bei der Stadt verpflichtet. Aber er war „zu Hause", jedoch ohne Nachricht von der Familie.

Teil II
Meine Spurensuche in der Heimat

Das Wunder des heimatlichen Hauses besteht nicht darin,
dass es uns schützt und wärmt,
es besteht auch nicht im Stolz des Besitzes.
Seinen Wert erhält es dadurch,
dass es in langer Zeit einen Vorrat
von Beglückung aufspeichert,
dass es tief im Herzen die dunkle Masse sammelt,
aus der wie Quellen die Tränen entspringen.
(Antoine de Saint Exupéry: Wind, Sand und Sterne)

Es stimmt mich nachdenklich, dass ich über Schlesien von
meiner Heimat spreche. Wenn ich die Jahre, die ich dort verbrachte, zusammenzähle, so komme ich auf etwa sechs. Mit
Bewusstsein erlebt habe ich davon höchstens vier bis fünf
Jahre. Mein Heim war in jener Zeit die Wohnung meiner Großeltern und nicht die meiner Eltern. Und doch haben sich das
Gefühl der Geborgenheit, des gut Aufgehobenseins und be-
glückende Erlebnisse tief in meine Erinnerung eingegraben.
Ich denke, es spielt für mein Heimatbewusstsein auch eine
bedeutsame Rolle, dass die Eltern, die Großeltern, ja Generationen der Vorfahren in Niederschlesien gelebt haben. Diese
historischen Wurzeln aufzuspüren, ist mir immer wieder ein
Bedürfnis.

Reise 1985

Erinnerungsblitz in Krakau

Eine sehr gute Gelegenheit, den Blick wieder einmal zurück-
zuwerfen, bietet sich im Frühjahr 1985: Ich darf meinen Mann
auf einer Vortragsreise durch die „Volksrepublik Polen" begleiten. In einem der westlichen Mitglieder des sowjetischen
Satellitensystems deuten sich gravierende Umwälzungen an,
ausgelöst durch die unabhängige Danziger Gewerkschaft So-
lidarność. Im letzten Herbst, Oktober 1984, wurde die Sym-
bolfigur des Widerstandes gegen das damalige kommunistische Regime in Polen, der katholische Priester Popiełuszko
auf der Fahrt von Bromberg nach Thorn niedergeschlagen,
entführt und dann ermordet. Wir werden von Kollegen meines Mannes auf derselben Strecke zu einem Vortrag in Thorn
im Auto begleitet. Sie machen uns auf das Kreuz und die Blumen am Straßenrand aufmerksam, passieren aber schnell den
Unglücksort. Zu den weiteren Stationen dieser Reise sind wir
nur mit der Bahn unterwegs. Posen, Bromberg und Thorn
sind die ersten Städte. Es folgen Warschau, Krakau, Kattowitz und Breslau. Alle Orte sind für mich Neuland. Begegnungen mit Polen beschränken sich auf wissenschaftliche
Kollegen meines Mannes. Da ältere polnische Historiker in
der Regel ausgezeichnet Deutsch sprechen, stellt die Verständigung keinerlei Problem dar. Ich staune bei allen wissenschaftlichen Veranstaltungen über die offene und unvoreingenommene Diskussionsbereitschaft. Wir erleben die schon
fast beschämende polnische Gastfreundschaft. In den Städten spürt man die Einbindung in den mitteleuropäischen
Kulturkreis. Aber alle diese Orte haben keinen direkten Bezug zu meiner Lebensgeschichte, auch nicht zu weiteren Fa-
milienkreisen.

Deshalb möchte ich einzelne Erlebnisse von dieser Reise
herausgreifen, die unmittelbar oder mittelbar meine Kindheit berühren. Nur ein Ort, zu dem wir einen Abstecher von
Kattowitz aus machen, bildet eine Ausnahme: Auschwitz mit

Birkenau. Obwohl ich weiß, was mich dort erwartet, befällt mich das Grauen von Neuem, als die Spuren der unmenschlichen Geschehnisse am Tatort selbst so unmittelbar und ohne Abstand auf mich wirken. Der Bahnsteig der Endstation der Transporte ist eine Gedenkstätte für die im Konzentrationslager zu Tausenden Ermordeten. Das Unfassbare kann ich nicht in Worten ausdrücken. Ich lege ein paar Blumen an der Rampe nieder.

Der Aufenthalt in Krakau bringt unerwartet einen Bezug zu meiner Kindheit. Seit unserer ersten Reise in den Siebzigerjahren haben wir Briefkontakt mit der freundlichen alten Lembergerin gehalten, die in Jauer in „meinem" Kinderzimmer logiert. Ihre Freundin, des Deutschen mächtig, übersetzt und schreibt die Post. Zu jedem Weihnachtsfest schicken wir ein Überraschungspäckchen mit Esswaren und Dingen, die in Polen schwerlich oder nur gegen Devisen zu erhalten sind. Als Frau P. von unseren Reiseplänen erfährt, besteht sie darauf, dass wir zwei ihrer Kinder, die in Krakau leben, kennenlernen. Wir erhalten deren Adressen und sie bereitet den Kontakt vor. Und so kommt es, dass zum vereinbarten Termin am vereinbarten Ort – vor der Marienkirche am berühmten Ryneck in Krakau – mit dem vereinbarten Erkennungsmerkmal in der Hand -- einer Rose – uns ein freundlicher Herr unseres Alters begrüßt, der Sohn von Frau P.. Wir kommen in den Genuss einer kleinen persönlichen Führung durch die Marienkirche und über den Marktplatz mit den berühmten Tuchhallen. Wir genießen zwei Tage polnische Gastfreundschaft in seiner Familie in einem Dorf nahe Krakau. Staunend betrachten wir die Villa, die die Eheleute in jahrelanger, meist eigenhändiger Arbeit erbaut haben. Manches Baumaterial oder Teile, die in Polen knapp oder gar nicht zu haben sind, hat der tüchtige Geschäftsmann auf seinen Reisen im westlichen Ausland organisiert. Auch das ist im sozialistischen Polen möglich: Das Haus steht auf einem mehrere Hektar großen Grundstück, das, mit Kirschbäumen bepflanzt, als landwirtschaftlich wichtig eingestuft, der Vorschrift über die Begrenzung der Größe von Privatbesitz Genüge tut. Es ist Ostern und wir nehmen an einem katholischen Gottesdienst teil. Kinder lassen ihre Osterkörbchen vom Priester weihen.

Es ist ein hübscher Brauch.

Nach den Feiertagen ist neben den dienstlichen Verpflichtungen meines Mannes noch Zeit, auf eigene Faust die schöne Stadt Krakau zu besichtigen und an einer Führung durch die ehemalige Königsburg, den Wawel, teilzunehmen. Es ist die letzte deutsche Führung an diesem Tag für eine Besuchergruppe aus der DDR, der wir uns anschließen. Wir werden in die Gruft der polnischen Könige geführt, wo unter anderen August der Starke von Sachsen als polnischer König seine letzte Ruhestätte fand. Am Ende der Grabkammer befindet sich der Sarkophag des polnischen Marschalls und ersten Staatsoberhauptes nach dem Ersten Weltkrieg, Piłsudski. Frage eines DDR-Besuchers auf Sächsisch: „Warum liecht denn der Piłsudski hier, der war doch keen Kenich nich?" Antwort des polnischen Führers: „Weil er die Rote Armee besiegt hat." Betretenes Schweigen der sozialistischen Brüder. Solche geschichtlichen Fakten wie der sowjetisch-polnische Krieg von 1920/21 wurden in der DDR natürlich verschwiegen, sie anzusprechen verletzte ein Tabu.

Auch der Innenhof der Burg ist zur Besichtigung freigegeben. Plötzlich fällt mein Blick auf eine Treppe mit einem wunderschönen Renaissancegeländer: „Die Treppe bin ich schon einmal hochgestiegen. Hier muss ich früher schon einmal gewesen sein!", sage ich zu meinem Mann. Bei der Suche nach einer Erklärung für diesen Erinnerungsblitz versuche ich, mich noch einmal in das Jahr 1943 zurückzuversetzen. Damals war ich mit meiner Mutter zu Besuch in Tarnopol bei meinem Vater. Die Reise führte über Krakau. Diese Stadt war im Zweiten Weltkrieg Verwaltungssitz des Generalgouvernements Polen und gleichzeitig der Amtssitz des Generalarbeitsführers Hinkel, also des Vorgesetzten meines Vaters. Bei seinem Aufenthalt konnte Vater also dienstliche Verpflichtungen mit privaten Interessen verbinden. Wahrscheinlich hat er uns in Krakau am Bahnhof abgeholt und meiner Mutter und mir die Königsburg mit dem schönen Renaissance-Arkadenhof gezeigt. Selbstverständlich gehörten für mich auch Prinzen und Prinzessinnen zu einer Königsburg. In meiner Phantasie konnte ich mich auf einer hochherrschaftlichen Treppe in eine Prinzessin verwandeln. Vielleicht erinnerten

mich manche Details an die Schlossruine Dowspuda in Raczki zwei Jahre vorher, von der mein Vater Fotos gemacht hatte.

Phantasien in Zakopane

Von Krakau hat mein Vater nie gesprochen. Aber vom nur
fünfzig Kilometer entfernt in den Beskiden gelegenen Zakopane, seinem letzten Tätigkeitsort beim Baudienst in Polen
war gelegentlich die Rede. Einige Fotos aus dieser Zeit habe
ich dabei. Da ist es ein glücklicher Umstand, dass die Tochter
unserer polnischen Bekannten die Leiterin des ORBIS-Reise-
büros in Krakau ist. Ihr erzähle ich von meinem Wunsch, einen Abstecher nach Zakopane, das auch in der Volkrepublik
Polen Fremdenverkehrszentrum ist, zu machen. Sie besorgt
uns Fahrkarten und eine Unterkunft, die wir mit zum günstigen Schwarzmarktkurs umgetauschten Devisen bezahlen.
Am nächsten Morgen geht es also mit dem Bus in die Beski-
denmetropole. „Zakopane liegt so herrlich wie Garmisch-
Partenkirchen, rings von hohen Bergen umgeben!" So
schwärmte mein Vater bei unserem ersten gemeinsamen Fe-
rienaufenthalt nach dem Krieg in der bayerischen Touristen-
metropole am Fuße der Alpen. Je mehr wir uns jetzt mit dem
Bus unserem Ziel nähern, die Berge auftauchen und diese
buchstäblich immer höher wachsen, desto besser leuchtet mir
der Vergleich ein. Die höchsten Gipfel ragen – es ist April –
noch schneebedeckt über die erwachende Frühlingslandschaft.
Wir sind begeistert von dem Erholungsort, vor allem von der
Bauweise der Holzhäuser mit den steilen Schindeldächern,
den Dachgauben und Schnitzereien an den Giebeln. Das einheimische Bergvolk der Goralen (von polnisch Góra = Berg)
hat seine Häuser geschickt gegen die Naturkräfte gewapp-
net. Die Schneemassen im Winter mussten an den steilen
Dächern abgleiten und die Gefahr eines zu hohen Gewichtes
war damit gebannt.

Die Unterbringung in einem Hotel garni hat den Nachteil,
dass wir schon zum Frühstück nach auswärts müssen. Die
Bekannte hat dafür ein Heim für „Mutter und Kind" gebucht.
So lernen wir die Atmosphäre in einem sozialistisch verord-

Vater (links) mit seinem Burschen (rechts) in Zakopane 1944.

neten Ferienparadies kennen. Dort ist man über unser Erscheinen reichlich erstaunt. Natürlich haben wir am ersten Tag die zeitliche Regelung der Mahlzeiten nicht beachtet, sind zum Frühstück zu spät dran und müssen mit den Resten vorliebnehmen. Zu meinem Erstaunen erhalten wir Mehlsuppe. „Wie bei Oma und Opa in Schlesien!", stelle ich fest. Im weiteren Tagesverlauf versorgen wir uns selbst und gehen abends

Vater (auf dem Pferd) bei Zakopane / Frauen beim Aushub von Schüt-
zengräben (Sommer 1944).

gegen Devisen preiswert im vornehmsten Hotel am Ort essen.

Über den Aufgabenbereich meines Vaters in Zakopane kann
ich nur Vermutungen anstellen. Eines der Fotos aus dieser
Zeit zeigt ihn mit seinem Burschen (entsprach dem Offiziers-
gehilfen) vor einem großen Gebäude, das auch zu einem Sport-
zentrum gehören könnte. Die deutschen Besatzungsbehörden
erklärten schon 1940 Zakopane zum Erholungsgebiet für Deutsche. Sie organisierten Tatra-Bergsportfeste, wie aus einem
Sonderstempel der Post ersichtlich ist. Osterskiwettkämpfe
fanden auch schon seit 1940 jedes Jahr statt.

Auf einem zweiten Foto ist mein Vater als Reiter in RAD-
Uniform zu erkennen. Über eine Landkarte gebeugt, berät er
sich mit seinem Burschen, der sicher als Dolmetscher bei den
Bauern auf dem Feld eine Auskunft einholen soll. Vielleicht
musste er sich in der Gegend orientieren. Denn wenn er weiterhin zum Baudienst im GG abgestellt war, hatte er auch
hier die Arbeiten an Befestigungen und Unterständen für die
Wehrmacht zu organisieren und zu beaufsichtigen.

Ich kann auf dem Foto im Hintergrund Frauen mit Kopftüchern erkennen, die Gräben ausschachten. Vielleicht wurden hier wie in Ostpreußen und Schlesien Frauen, Mädchen und Schüler im Spätsommer und Herbst 1944 zu Schanzarbeiten verpflichtet, um Schützen- und Panzergräben zur Verteidigung gegen die anrückende Rote Armee auszuheben. Diese Mühen und Strapazen sollten sich letztlich als militärisch völlig sinnlos erweisen.

Oder war Vater gar zum „goralischen Heimatdienst" abgeordnet? Die Nationalsozialisten gestanden den in den Beskiden heimischen Goralen – wie auch den Ukrainern in Galizien – im Gegensatz zu den Polen Vorrechte zu. Der „Heimatdienst" fiel zwar unter die Arbeitspflicht, ähnelte aber mehr dem deutschen RAD. Die Beifügung Heimat sollte diesen Menschen suggerieren, dass sie zur Verbesserung der eigenen Infrastruktur beitrugen und nicht für die deutsche Besatzung arbeiteten. Die Rassenexperten, allen voran Heinrich Himmler – Reichsführer-SS, Chef der Deutschen Polizei, Reichskommissar für die Festigung des deutschen Volkstums und ab 1939 auch Reichsinnenminister – hielten das goralische Bergvolk sogar für eindeutschungsfähig und waren ihm gegenüber zu besonderen Zugeständnissen bereit. So wurde den Goralen die Möglichkeit eingeräumt, sich ihrem Volkstum entsprechend auf dem kulturellen Sektor und dem Gebiet des Schulwesens zu betätigen. Zum Teil waren sie auch hinsichtlich der Versorgung mit Lebensmitteln günstiger gestellt. [1]

Eine Wanderkarte ist nicht aufzutreiben. So verlasse ich mich auf eine Beschreibung im DDR-Polenführer und meinen Orientierungssinn und wir folgen bergaufwärts führenden Wanderwegen. Die Landschaft mit den bäuerlichen Anwesen hat ähnlichen Charakter wie die Schwarzwaldvorberge. Lilafarbene Almwiesen entpuppen sich als weite Krokusteppiche in der Frühlingssonne. Da erinnere ich mich an eine weitere Äußerung meines Vaters: „Wenn wir den Krieg gewonnen hätten, wären wir nach Zakopane gezogen, du hättest ein Pferd bekommen und reiten gelernt!" Mit diesen Worten hatte Vater in der Nachkriegszeit meinen Wunsch nach Reitunterricht entfacht. Erst im fortgeschrittenen Erwachsenenalter habe ich die Zeit und die finanziellen Mittel besessen, in den Pferdesattel zu steigen. Durch einen Unfall in der zehnten Reitstunde konnte ich das Hobby aber nicht weiter pflegen. Jetzt stelle ich mir vor, wie schön es gewesen wäre, hätte ich als Kind diese Sportart erlernen und manchmal mit meinem Vater zusammen ausüben und dazu noch auf dem Rücken des eigenen Pferdes diese herrliche Gegend durchqueren können!

Aber bei solchen Vorstellungen tauchen unausweichlich Fragen auf, die ich zu Lebzeiten meines Vaters nie an ihn gerichtet habe. Wie hätte bei einem siegreichen Ende dieses fürchterlichen Krieges unser Umfeld in Zakopane ausgesehen? Wir Deutschen wären ja als die Eroberer aufgetreten, als die schon im Kaiserreich beschworenen Herrenmenschen – ich wie mein Vater groß, blond und blauäugig. Unsere Familie hätte in einem bevorzugten Viertel gewohnt. Womöglich hätten wir uns ein Haus aussuchen können aus enteignetem polnischem oder jüdischem Besitz? Wir Kinder wären in einer deutschen Schule unterrichtet worden. Für polnische Kinder hatte das Nazi-Regime dagegen ein ganz anderes Programm aufgestellt, das einer Denkschrift Himmlers vom Mai 1940 zu entnehmen ist: „[...] Für die nichtdeutsche Bevölkerung des Ostens darf es keine höhere Schule geben als die vierklassige Volksschule. Das Ziel dieser Volksschule hat lediglich zu sein: Einfaches Rechnen bis höchstens 500, Schreiben des Namens, eine Lehre, dass es ein göttliches Gebot ist, den Deutschen gehorsam zu sein und ehrlich, fleißig und brav zu sein. Lesen halte ich nicht für erforderlich." [2]

Auf Antrag konnten polnische Eltern ihrem Kind eine höhere Schulbildung zukommen lassen unter den Bedingungen, dass es „rassisch tadellos ... ist ... und auf eine Schule in Deutschland kommt und für Dauer in Deutschland bleibt." Es gibt hinreichend belegte Fälle, wo eindeutschungsfähige Kinder ihren polnischen Eltern entzogen und von Deutschen adoptiert oder in deutschen Heimen erzogen wurden.

Die Vorstellungen des Generalgouverneurs Hans Frank hatten als Endziel bei der Schaffung von deutschem Lebensraum sogar die Räumung des Weichsellandes und Galiziens für die deutsche Besiedlung ins Auge gefasst: „Es ist selbstverständlich, dass die fremden Völker der Polen und Ukrainer im Laufe der Zeit aus diesem Gebiet entfernt werden." [3]

Wenn man solche rassistischen Vorstellungen liest, kann man sich nur fassungslos fragen, wie viele deutsche Verwaltungsbedienstete im Generalgouvernement nach den folgenden Verordnungen gehandelt hatten. Zumindest alle Höheren SS- und Polizeiführer waren damit befasst, deren Vorgesetzter Himmler war. Es gab in Zakopane außerdem eine Polizeischule und ein Gefängnis des Sicherheitsdienstes.

Wie hätte Vaters Arbeitsfeld ausgesehen? Ist ihm bewusst geworden, dass der „Baudienst" bzw. „Heimatdienst" mehr oder weniger kaschierte Zwangsarbeit darstellte? Das war ja doch Hitlers Programm: Verschiebung der Grenze bis an den Ural, Ausbeutung der eroberten Länder und Ausnutzung der Arbeitskraft der hier lebenden Menschen, ja sogar Vernichtung durch Arbeit. Auch hier in Zakopane hat es eine Fabrik mit jüdischen Zwangsarbeitern gegeben. Zwar war zu Vaters Zeit Zakopane schon „judenfrei". Er muss von den Massendeportationen aber erfahren haben; er verbrachte 1944 immerhin ein Dreivierteljahr in dieser Gegend. Ich frage mich, ob mein Vater die Häufung der KZ ausgerechnet im Generalgouvernement und die Funktion einiger Lager wie Birkenau als Todesfabriken wahrgenommen hat. Hatte er wirklich keine Kenntnis von der „Endlösung" der Juden? Einmal haben wir in der Nachkriegszeit darüber gesprochen, als über die „Auschwitzlüge" die ersten Veröffentlichungen erschienen und er erleichtert meinte, die wären der Beweis, dass sich vieles ganz anders abspielte, als in den Darstellungen der Alliierten und in der Presse zu lesen war. Von der Absicht der NS-Führung, Aussiedlungen der Juden nach Madagaskar oder Abschiebungen in den Osten oder sogar nach Sibirien vorzunehmen, habe er gehört. Aber von Gaskammern sei ihm nichts zu Ohren gekommen.

Zu dem Zeitpunkt, 1944, als mein Vater nach Zakopane abgeordnet wurde, glaubte er aber sicher nicht mehr an den Endsieg. Hatte er sich doch Ende 1942 schon skeptisch über den Fortgang des Krieges geäußert. Oder hoffte auch er noch auf die versprochenen Wunderwaffen?

Diese Gedanken passen so gar nicht zu der wunderschönen Frühlingslandschaft, die wir gerade oberhalb von Zakopane durchwandern und die mein Vater auf dem Rücken eines Pferdes durchquert hat. Ich lasse mich von meinem Mann aus meinen bedrückenden Visionen in die Wirklichkeit zurückholen und verscheuche die trüben Gedanken. Wir müssen in den Ort absteigen und in unserem Quartier unsere Koffer für die Abreise packen. Unsere nette Bekannte vom ORBIS-Büro hat den Nachtzug von Zakopane nach Breslau gebucht, wo mein Mann den nächsten Vortrag an der Universität halten soll.

Unsere Zeit in Breslau ist so bemessen, dass wir außer den dienstlichen Verpflichtungen gerade noch Muße für einen kleinen Stadtrundgang finden: An erster Stelle steht natürlich das Rathaus, dann folgen die Insel mit dem Dom und ein Spaziergang an der Oder entlang.

Einen letzten freien Tag vor unserer Rückreise haben wir für einen Abstecher nach Jauer verplant. Wir nehmen diesmal kein Taxi, sondern sind mit den Gepflogenheiten in Polen inzwischen so vertraut, dass wir selbst eine Fahrkarte lösen, um mit der Bahn die Strecke von etwa 50 Kilometern zurückzulegen.

Für den zweiten Besuch in meinem Heimatort bin ich gut vorbereitet. Ich habe mich mit der kulturgeschichtlichen Entwicklung des Ortes befasst und vor allem mit der interessanten Kirchengeschichte Schlesiens am Beispiel der Friedenskirche in Jauer vertraut gemacht. Im Zug kann ich mir meine Notizen noch einmal durchsehen.

Kleine Geschichte von Jauer/Schlesien

Der Ort meiner schönsten Kindheitserinnerungen, Jauer an der „Wütenden Neiße", war bis 1945 eine Kreisstadt im Regierungsbezirk Liegnitz in Niederschlesien. Als namensgebend für Schlesien wird der Fluss Ślęża (deutsch: Lohe) und der gleichlautende Berg (deutsch: Zobtenberg, erstmals 1108 „in monte Silencii") vermutet. Seine Etymologie weist wohl in die Zeit der indogermanischen Besiedlung zurück, wird aber gerne von Deutschen als „germanisch" (im 1./2. Jahrhundert:

Die Silinger), von Polen als „slawisch" (im 6. Jahrhundert)
gedeutet, ist also umstritten.

Die erste slawische Siedlung an der Stelle des späteren Jauer
hieß Jawor – wie heute wieder –, was Ahornbaum bedeutet,
und gehörte zum ursprünglichen Herrschaftsbereich der polnischen Piasten-Könige. Wahrscheinlich erfolgte die Stadt-
gründung von Jauer nach Magdeburger Recht im Jahr 1241.

Unmittelbar vorausgegangen war der Einfall mongolischer
Heere in Schlesien und die mit ihm verbundene Verwüstung
des Landes. Die massive Dezimierung der slawischen Bevölkerung auf ein Fünftel schuf die strukturellen Voraussetzungen zur Neubesiedlung aus dem „Heiligen Römischen Reich
deutscher Nation". Bereits Herzog Heinrich I. und seine
Mutter Hedwig von Andechs hatten zu Beginn des 13. Jahrhunderts deutsche Siedler nach Schlesien gerufen, um die wirtschaftliche Leistungskraft des Herzogtums zu fördern. Nach
der Verwüstung des Landes durch den Mongolensturm erfolgte
die von den schlesischen Piasten initiierte Deutsche Ostbe-
siedelung jedoch auf breiter Basis. Sogenannte Locatoren zogen durch deutsche Lande und warben mit günstigen Angeboten, Steuerbefreiung und -erleichterung. Die deutschen
Siedler gründeten mehr als 100 neue Städte und über
1200 Dörfer nach deutschem Recht, sowie viele Kirchen und
Hospitäler. Die Siedler stammten überwiegend aus dem ost-
fränkischen Sprachraum, aus der Gegend von Fulda in Hessen, aber auch aus Sachsen, dem östlichen Thüringen und
aus Niederösterreich. Der Dialekt der deutschen Schlesier
wurde daher zu einer Mundart, die thüringisch-obersächsi-
sche, fränkische und hessische Merkmale vereinte.

Jauer gehörte dann bis 1368 zum Herzogtum Schweidnitz-
Jauer, das unter der Herrschaft der Piasten, dem polnischen
Königsgeschlecht, stand. Durch Schenkung fiel es 1348 an das
Königreich Böhmen und 1526 in Erbfolge an die Habsburger.
In ganz Schlesien fasste die Reformation schnell Fuß, hielt
auch in Jauer Einzug und drückte ihr vor allem lutherisches
Gepräge auf. Die katholischen Habsburger duldeten zunächst
in Schlesien die Ausbreitung der protestantischen Lehre. Dann
aber setzte die Gegenreformation dem evangelischen Leben
ein Ende. Im Dreißigjährigen Krieg verwüsteten sowohl ka-

tholische als auch protestantische Truppen im Wechsel die Stadt, weshalb die Einwohnerzahl in Jauer am Ende des blutigen Religionskrieges nur noch 150 Seelen betrug. Da seit dem Augsburger Religionsfrieden „cuius regio, eius religio – wes der Fürst, des der Glaub" galt, wurden die evangelischen Kirchen in Schlesien von den Habsburgern rekatholisiert. Untertanen, die nicht der Konfession des Landesherrn folgen wollten, konnten aber in Begleitung ihrer Familie und unter Mitnahme ihres Eigentums auswandern. Die Untertanen hatten somit das Recht, einem erzwungenen Konfessionswechsel auszuweichen. Menschen lutherischen Glaubens in der Nähe der Landesgrenze nutzten zudem die Möglichkeit, sonntags hinüber zu den evangelischen Kirchen in Sachsen zu pilgern. Dort errichtete man deshalb zusätzlich Grenzbzw. Zufluchtskirchen, um den Andrang an Gläubigen auffangen zu können.

Im Westfälischen Frieden von Münster und Osnabrück 1648 garantierte schließlich die schwedische Schutzmacht mit König Gustav Adolf den Protestanten in den Fürstentümern Schweidnitz, Jauer und Glogau das Recht, drei Kirchen in den jeweiligen Hauptstädten zu errichten. Beim Bau waren allerdings Bedingungen zu erfüllen: Die Gotteshäuser mussten außerhalb der Stadtmauern erbaut werden – einen Kanonenschuss entfernt – und als Baumaterial durfte nur Holz Verwendung finden – damit sie einem schnellen Verfall preisgegeben waren. Außerdem waren keine Kirchtürme gestattet – damit unauffällig und ohne Glockengeläut. Um die Menge der Gläubigen, bis zu 6000 bei einem Gottesdienst, aus einem Einzugsgebiet von 80 Kilometern im Umkreis, aufnehmen zu können, waren diese Gotteshäuser als Saalkirchen mit barocker Ausstattung errichtet. Die *Friedenskirchen* in Schweidnitz/Swidnica und Jauer/Jawor sind die größten sakralen Fachwerkbauten in Europa, – die Kirche in Glogau (Głogów) wurde im Zweiten Weltkrieg zerstört – und sind heute als Weltkulturerbe deklariert.

Außer den Friedenskirchen wurden in Schlesien später noch die sogenannten *Gnadenkirchen* errichtet. Als Gnadenkirche werden sechs evangelische Kirchen in Schlesien bezeichnet, die am Ende des Großen Nordischen Krieges Anfang des

18. Jahrhunderts nach der Altranstädter Konvention von 1707 errichtet wurden. Der protestantische schwedische König Karl XII. und der habsburgische Kaiser Josephs I. kamen überein, in den von ihm als (katholischem) Landesherrn regierten schlesischen Landesteilen, den Protestanten ihre in der Gegenreformation enteigneten Kirchen zurückzugeben und die Errichtung von sechs zusätzlichen Gotteshäusern zu gestatten – von des Kaisers Gnaden. Drei dieser Kirchen möchte ich besonders erwähnen: die Gnadenkirche Hirschberg/Jelenia Góra habe ich auf mehreren Reisen besichtigt. Die Gnadenkirche Landeshut/Kamienna Góra liegt unweit meines Geburtsortes Pfaffendorf.

Die Gnadenkirchen in Hirschberg und Landeshut wurden als getreue Kopien der Stockholmer Katharinenkirche gebaut, was auch die Dankbarkeit der Bevölkerung gegenüber dem schwedischen König ausdrücken sollte. In Teschen/Cieszyn befindet sich die größte der sechs schlesischen Gnadenkirchen und die einzige in Oberschlesien. Sie besitzt 8.000 Plätze und war damals für 40.000 evangelische Gemeindemitglieder in Österreichisch-Schlesien und im Fürstentum Teschen zuständig. Heute ist sie die Mutterkirche der Evangelischen Christen in Polen.

Im 18. Jahrhundert geriet Jauer unter preußische Herrschaft, denn in den „Schlesischen Kriegen" 1740-1763 eroberte Friedrich der Große den größten Teil Schlesiens, das nun wiederum protestantische Prägung erhielt. Die Stadt Jauer entwickelte sich zu einem bedeutenden Handwerkerzentrum, besonders der Leinwandindustrie. Die preußische Verwaltungsreform bescherte Jauer 1816 sogar einen eigenen Kreis.

Unter den Nationalsozialisten wurde viel für den Sport getan. 1935 erhielt Jauer sogar ein Olympisches Schwimmbecken und 1936/1937 folgte die Anlage des Sportstadions im Stadtpark. 1939 hatte Jauer 13.662 Einwohner (75 % protestantisch, 25 % katholisch). Am Ende des Zweiten Weltkriegs kam Schlesien und damit Jauer unter polnische Verwaltung. 1989 wurden die ehemaligen deutschen Ostgebiete im Zwei-plus-Vier-Vertrag endgültig der Republik Polen zugehörig erklärt. Jawor ist heute Kreisstadt in der Woiwodschaft Schlesien, polnisch Woiwództwo Śląskie.

Die Friedenskirche Zum Heiligen Geist zu Jauer (seit 2001 Weltkultur-erbe)

Die Friedenskirche

In Jauer angekommen, bin ich ganz erstaunt, dass sich das Bahnhofsgebäude nicht verändert hat, es sieht aus, wie ich es von früher in Erinnerung behalten habe. Wir statten zunächst einmal unserer polnischen Bekannten einen Besuch ab. Als Treffpunkt hat die alte Dame diesmal die Wohnung ihrer Freundin vorgeschlagen, über die die schriftliche Korrespondenz in all den Jahren gelaufen ist und die jetzt als Dolmetscherin fungieren wird. Sie wohnt nicht weit vom Bahnhof entfernt. Wir haben natürlich viel von unserer bisherigen Reise zu erzählen und der alten Dame Grüße von Sohn und Tochter auszurichten. Wir bedanken uns für die Vermittlung dieser Bekanntschaften, die uns einen außerordentlich bereichernden Einblick in das Leben im heutigen Polen verschafft haben.

Die Freundin, etwas jünger und noch besser zu Fuß, begleitet uns anschließend zur Jauerschen Friedenskirche. Der Fachwerkbau wirkt von außen immer noch bescheiden. Aber wie schon bei meinem ersten Besuch vor etwa zehn Jahren

Barocker Innenraum der Friedenskirche Zum Heiligen Geist zu Jauer

bin ich überwältigt von seinem Innenraum. Er macht auf mich
den Eindruck eines riesigen Barock-Theaters, erscheint mir
wie ein monumentaler Bildersaal. Die Gemälde auf den einzelnen „Emporen" kennzeichneten ursprünglich festgelegte
Sitzplätze hochgestellter Gemeindemitglieder. Ich erkenne
Szenen aus der Bibel, aber auch Burgen, Schlösser und andere Herrschaftssitze. Auch die Burg Schweinhaus ist darunter, deren Name mich schon als Kind belustigt hat, deren
Bewohner „die Schweinichen" genannten wurden. Die Innun-
gen haben zu ihren Wappen Bibelsprüche gefügt, die auf das
jeweilige Handwerk abzielen. So beruft sich zum Beispiel die
Schneiderinnung auf Tobias 4,17: „Bedecke die Nackten mit
deinen Kleidern", und dazu passt das Bild, auf welchem den
Armen Kleider gereicht werden. Vervollständigt wird das
Ensemble noch durch einen Reim: Gott hat der Schneider
Zunft mit Ruhm und Ehr bedacht, Als er dem Adam selbst
das erste Kleid gemacht.

Jauer   An der kath. Kirche

∧   ∧   ∧

Engelsburg   *Altes Pfarrhaus Toiletten-*
    = Schulhaus   häuschen

Meine ersten Schuljahre

Nach der Besichtigung der Friedenskirche machen wir uns noch zu einem Spaziergang durch die Innenstadt auf. Auf Anhieb finde ich meinen Schulweg und das Schulgebäude der ersten beiden Schuljahre. Es liegt neben der Martinskirche und war früher das Pfarrhaus und scheint auch heute wieder seinem ursprünglichen Zweck zu dienen. Nur die „Plumpsklos" sind verschwunden, die wir als Kinder noch benutzt hatten.

Ob es mir gelingt, mich an meinen ersten Schultag im Herbst 1942 zu erinnern? Dass meine Mutter die Schultüte selbst gebastelt hat, weiß ich noch genau. Sie hatte sie aus einfachem steifem Papier ausgeschnitten und mit großen und kleinen Kreisen aus Buntpapier beklebt. Ich war etwas enttäuscht über den spärlichen Inhalt. Natürlich gehörten zu dem Ereignis der Tornister, die Schiefertafel mit Schwamm und Lappen und ein Kasten mit Griffeln. Auf dem Heimweg sehe ich mich noch mit den anderen ABC-Schützen mit dem Ranzen auf dem Rücken rennen und hüpfen, sodass Lappen und

Schwamm schlenkerten und regelrecht neben uns her tanz-
ten, wobei wir einen Heidenspaß hatten!
Unterrichtet wurden wir von Fräulein E. Sie hatte noch
eine Schwester und beide wohnten in demselben Beamtenhaus wie meine Großeltern in der Breslauerstraße. Häufig
luden diese Lehrerinnen die ganze Kinderschar aus der Hausgemeinschaft zu sich in die Wohnung ein und führten uns
Märchenschattenspiele vor. Diese beeindruckten mich so stark,
dass ich sie später in meiner eigenen Lehrtätigkeit gelegentlich in den Unterricht einbaute, mir Filme mit Märchen in
dieser Scherenschnitt-Technik bei der zuständigen Film- und
Bildstelle auslieh oder kleine Schattentheaterstücke mit den
Schülern selbst gestaltete.

Militärische Indoktrination in Fibel und Schulbuch

Ich habe rückblickend den Eindruck, dass die Schwestern E.
moderne Lehrerinnen waren, die vielleicht sogar nach reform-
pädagogischen Ansätzen unterrichteten. Es ging in ihrem
Unterricht kindgerecht zu, in den sie viele musische Elemente einbauten. Deshalb war ich eine begeisterte Schülerin, lernte begierig schnell Lesen und Schreiben. Es gab wohl auch
Freiraum für die Lehrer, den nationalsozialistischen Vorga-
ben teilweise auszuweichen oder den Unterrichtsstoff geschickt zu tarnen.
Aber an die Fibeln mussten sie sich notgedrungen halten.
Im Braunschweiger Schulbuchinstitut mit umfangreicher
Bibliothek habe ich nach Fibeln und Lesebüchern für den
Anfangsunterricht gesucht und die damals in Schlesien üblichen gefunden. Einige Texte spiegeln die nationalsozialistische Indoktrination wider. Bei neu zu erlernenden Buchstaben wurde z. B. möglichst ein Bezug zum Militär gesucht: F –
Fahne, G – Gewehr, H – Helm, T – Trommel, S – Soldaten.
Der nebenstehende Text stammt aus dem Lesebuch für das
2. Schuljahr. Beim Lesen des eingängigen rhythmischen Rei-
mes– tttttta tttttta klingt wie Gewehrknattern – habe ich
sofort die Melodie des Kinderliedes im Ohr: „Der muß haben

Der stramme Rekrut.

Die guten Kameraden liefen zum Bahnhof. Ulrichs Bruder kam in Urlaub. Kaum standen sie an der Sperre, da lief der Zug ein. Die Leute drängten hinaus. — Da ist er! rief Emil. — Nein, lachte Ulrich, Günter ist doch kein Flieger! Aber da, da kommt er!

Heil Hitler! riefen alle. Günter riß die Hacken zusammen und grüßte, als wäre Ulrich ein General. Stolz marschierten sie mit dem Soldaten durch die Stadt.

Zu Hause erzählte Günter, was für strammen Dienst so ein Rekrut hat. Vater schmunzelte. Er dachte an seine eigene Soldatenzeit. Ulrich verschwand. Auf einmal stand er wieder da und sang:

Wer will unter die Soldaten,
der muß haben ein Gewehr,
das muß er mit Pulver laden
und mit einer Kugel schwer.
Büblein, wirst du ein Rekrut,
merk dir dieses Liedlein gut!

70

Aus dem Lesebuch 2. Schuljahr mit der 1. Strophe des Liedes „Wer will unter die Soldaten" von Friedrich Güll (1846).

ein Gewehr, der muß haben ein Gewehr". Meine Urgroßväter werden es aber schon gesungen haben, denn ihm liegt ein Gedicht von Friedrich Güll von 1846 zugrunde, sodass es schon 1870/71 im deutsch-französischen und 1914–1918 im Ersten Weltkrieg erklungen ist. Also nicht erst bei Hitler wurde die Jugend darauf vorbereitet, sich begeistert als Kanonenfutter in den Krieg schicken zu lassen.

Eine erste Ahnung von den Schrecken des Krieges habe ich wahrscheinlich erst im Frühjahr 1944 bekommen:

Es gab in Jauer eine Unteroffiziersschule in der Gneisenau-

Tympanon an der Martinskirche in Jauer/Schlesien

Kaserne. Womöglich war darin in den Kriegsjahren das Lazarett untergebracht. Einmal bastelten wir in der Schule für
die Verwundeten. Aus festem Papier schnitten und falteten
wir ein Körbchen, das dann mit bunt gefärbten Eiern und
anderen Dingen gefüllt wurde. Unsere Geschenke brachten
wir zum Lazarett. Beim Transport von der Schule zur Kaserne in einem Leiterwagen waren aus meinem Körbchen einige
Präsente herausgefallen und vielleicht in einem anderen Korb
gelandet. Ich war ziemlich untröstlich, weil ich keinen Ersatz
finden und „meinem Soldaten" nur ein halb gefülltes Osterkörbchen übergeben konnte. Die meisten Verwundeten lagen
in ihren Betten, einige verschwanden fast hinter den weißen
Verbänden. Andere Soldaten humpelten uns mit Krücken
entgegen. Diese beklemmenden Bilder nahm ich mit nach
Hause, und die vertrugen sich nicht mit dem Hurra-Patrio-
tismus aus den Lesebuchtexten.

Grabplatte an der Kirchenwand der Martinskirche zu Jauer mit deutscher Inschrift.

St. Martin als Weggefährte

Die Martinskirche neben meiner Schule, an der wir vorbeigehen, weckt keine Erinnerungen, nur das Tympanon über dem Eingang mit der Darstellung des Heiligen Martin von Tours, wie er die eine Hälfte des Mantels dem Bettler übereicht. Die Skulptur gibt mir die Erklärung, warum mir die Martinslegende bekannt erschien, als ich ihr nach dem Krieg wiederbegegnete: In Fürth/Franken in der Gestalt des „Bulzemärtel" und später im Rheinland als Ritter auf dem Pferd bei den Martinsumzügen. Vielleicht haben wir im Unterricht etwas über das Stadtwappen erfahren und es sogar gemalt, denn das enthält auch die Szene aus der Legende und ist am Rathaus in Stein eingemeißelt. Sicher haben wir damals in der Schule nur den Kern der Legende erfahren: Martin war ein berittener Soldat, der an einem Wintertag einem frierenden Bettler begegnet. Weil er außer seinen Waffen und seinem Militärmantel nichts bei sich trug, teilte er seinen Mantel mit dem Schwert und verschenkte eine Hälfte.

Wir schlendern an der anderen Seite der Kirche vorbei. In alten Zeiten lag hier der Friedhof, von dem jetzt noch einige Grabplatten an der Kirchenwand angebracht sind, erfreulicherweise nicht nur die mit lateinischen, sondern auch die mit deutschen Inschriften.

Eine Grabplatte hatte es mir als Kind besonders angetan. Darauf wird eines verstorbenen Säuglings von fünf Monaten gedacht. Ich stellte mir das Kind in die Wand eingemauert vor. Oft stand ich davor und dachte an meine kleine Schwester, die als 7-Monatskind wenige Tage nach der Geburt gestorben war. Ich war damals fünf Jahre alt. Bei der Beerdigung war ich nicht dabei, aber meine Mutter nahm mich manchmal zur Grabpflege mit auf den Friedhof.

Andere Grabplatten sind in die hohe Mauer gegenüber eingelassen. Die ist der Rest einer ehemaligen Befestigung, der Engelsburg. Unheimlich wirkte auf uns Kinder eine dunkle Öffnung zu einem unterirdischen Gang, die ich jetzt aber nicht mehr finden kann. Die ältere Schwester einer Mitschülerin, die uns manchmal auf dem Schulweg begleitete, erzählte uns gruselige Geschichten und ergötzte sich wohl an unserer Angst: Totenköpfe sollten dort liegen und Menschenknochen. Natürlich habe ich diesen Gang nie betreten. Aber wenn ich alleine auf dem Schulweg war, machte ich immer wieder die Mutprobe und wählte den Weg an dieser Kirchenmauer entlang, aber dann im Dauerlauf, um möglichst schnell diesem unheimlichen Ort zu entfliehen.

Die Schulfreundinnen waren katholisch, was ich damals nicht wusste. Wenn wir an dem großen Kreuz am Eingang zum Kirchenbereich vorbeigingen, bekreuzigten sie sich. Das befremdete mich sehr. Neugierig geworden, ließ ich mir eines Tages die Erklärung für ihr Tun geben. Sie erzählten mir kurz die Geschichte von Jesus am Kreuz. Ich verstand zwar nicht alles, aber von da ab bekreuzigte ich mich auch, wenn mich niemand beobachtete. Eines Tages berichtete ich davon aber doch zu Hause und löste helle Aufregung aus. Meine Eltern und Großeltern waren als gute Nationalsozialisten zwischenzeitlich aus der Kirche ausgetreten. Unsere Papiere wiesen uns als „gottgläubig" aus. Der Begriff der Gottgläubigkeit stand für ein religiöses Bekenntnis aus der Zeit des „Dritten Reiches", das durch Erlass des Reichsinnenministeriums vom 26.11.1936, also nach meiner Geburt und Taufe, auf den Melde- und Personalbögen der Einwohnermeldeämter sowie in den Personalpapieren eingeführt wurde. Als gottgläubig galt, wer sich von den anerkannten Glaubensgemeinschaften abgewandt hatte, jedoch nicht glaubenslos war. Da ich aber nicht verstand, was evangelisch oder katholisch war, wir zu Hause nicht beteten, auch in keine Kirche gingen, konnte ich mir unter Gott nichts vorstellen. Ich spürte nur, dass meine nachgeahmten Gesten von meiner Familie missbilligt wurden und ich dieses Kreuzzeichen nicht mehr machen sollte. Ich hielt mich zukünftig an das, was man von mir erwartete, nämlich mit erhobenem rechtem Arm den deutschen Gruß „Heil Hitler" in der Schule und bei der Begegnung mit Lehrern und Erwachsenen allgemein anzuwenden.

Wir besuchen auf unserem Rundgang noch den Marktplatz. Der Laubenring und das Rathaus helfen mir, den Blick zurück auf meine Kindheit zu richten und das Bild zu vervollständigen.

Unsere Rundreise endet, wo sie vor drei Wochen begann, in Posen; von dort aus treten wir die Heimfahrt mit dem Zug an.

Reise 1994 (nach dem Reisebericht von Maria Noack)

Wieder in Rübezahls Reich

Wieder vergehen Jahre, bevor ich die nächste Reise auf den Spuren meiner Vergangenheit antreten kann. Familie, Beruf und Ortswechsel ließen keinen Spielraum. Inzwischen ist die DDR aufgelöst, die Wiedervereinigung hat stattgefunden, die Oder-Neiße-Grenze ist festgeschrieben, das kommunistische Regime im Osten zusammengebrochen. Polen ist eine parlamentarische Republik, Schlesien ein fester Bestandteil Polens.

Das neue Unterfangen aus einem ganz besonderen Anlass nimmt einen ganz besonderen Verlauf: Unsere nähere Verwandtschaft hat meiner Stiefmutter (von ihr wird später noch berichtet werden), in der Familie als Oma Maria tituliert, zum 80. Geburtstag eine Reise in ihre Heimat Schlesien geschenkt. Ich plane das Unternehmen, bin Reiseleitung und Chauffeurin. Und so begeben sich zwei Frauen in fortgeschrittenem Alter mit einem kleinen Ford Fiesta – in der Hoffnung, dass diese Marke keinen Anreiz zum Diebstahl bietet – auf Spurensuche. Die Ältere hat eine stärkere Verwurzelung in Schlesien als die Jüngere.

Die Anreise erfolgt diesmal über die Tschechoslowakei. Bei Waidhaus in der Oberpfalz überqueren wir die Grenze, steuern an Pilsen vorbei, lassen Prag links liegen und erreichen südwestlich von Hirschberg die tschechisch-polnische Grenzstation Harrachov (Harrachsdorf). Auf der Passhöhe sind wir beim Anblick abgestorbener Wälder erst einmal schockiert. Im deutsch-polnisch-tschechischen Dreiländereck existiert eine große Zahl mit Braunkohle betriebener Elektrizitätswerke. Schwefeldioxidemissionen und andere Luftschadstoffe sollen zwar seit der „Wende" stark reduziert worden sein, trotzdem konnte der Prozess des Waldsterbens, den ich bereits bei meiner ersten Reise in den Siebzigerjahren auf den Höhen des Isergebirges feststellte, noch nicht gestoppt werden. Weiter schlängelt sich die Europastraße 65 hinunter nach Schreiberhau (polnisch: Szklarska Poręba). Langsam queren wir diesen mit etwa 20 Kilometern längsten Ort in Schlesien, früher in Ober-, Mittel- und Unterschreiberhau unterteilt. Oma Maria erklärt mir, dass die Bahn zu ihrer Zeit sechs Haltepunkte neben dem eigentlichen Bahnhof besaß. Man sieht an den renovierten Gasthäusern und Hotels, dass die Polen Schreiberhau auch als Erholungs– und besonders Wintersportort schätzen.

Nach wenigen Kilometern haben wir unser Ziel erreicht. Diesmal erwartet uns ein Quartier besonderer Art: Wir logieren im Pfarrhaus der Kirche Wang in Krummhübel (Karpacz). Meine Stiefmutter hat zum protestantischen polnischen Pfarrer P. über den Sohn einer Freundin Kontakt aufnehmen können. Beide Männer engagieren sich im deutsch-polnischen Jugendaustausch.

Pfarrer P. selbst ist derzeit für ein paar Tage in Deutschland, aber seine Frau empfängt uns. Ein kleines Zimmer mit Dusche nimmt uns für vier Nächte auf. Frühstück machen wir uns selbst, auch das Abendbrot. Vom Sitzplatz am Tisch haben wir eine schöne Aussicht auf den Riesengebirgskamm.

Wir sind im Herzen von Rübezahls Reich einquartiert und der hält am Kirchenportal persönlich Wacht. Mit diesem Gotteshaus hat es eine besondere Bewandtnis: Die mittelalterliche norwegische Stabholzkirche aus Vang wurde 1841 vom preußischen König Friedrich Wilhelm IV. erworben, nach Krummhübel verfrachtet und hier wieder aufgebaut. Bei der Errichtung benutzte man keine Metallnägel. Die Kirche besteht komplett aus norwegischem Kiefernholz und ist reich mit Schnitzereien versehen. Von Beginn an wurden evangelische Gottesdienste abgehalten. Sogar noch nach Kriegsende bis zum Sommer 1946 nutzte sie eine deutsche evangelische Gemeinde für ihre Gottesdienste. Nach der Vertreibung der Deutschen bildete sich in Krummhübel eine kleine polnische evangelisch-lutherische Gemeinde, die seitdem in dieser Kirche ihr Zentrum hat. Ich erinnere mich, dass ich bei meiner ersten Heimatreise schon einmal mit meinem Mann hier vorbeigekommen bin. Nun haben wir viel Zeit, dieses Kleinod von Holzkirche zu besichtigen.

Wanderung zur Schneekoppe

Ich weiß, dass sich meine Stiefmutter schon lang wünschte, einmal auf der Schneekoppe gestanden zu haben, wozu sie in ihrer Jugend nie die Möglichkeit fand. Deshalb möchte ich ihr den Wunsch erfüllen. Einer 80-Jährigen kann ich die Fußwanderung nicht zumuten. Deshalb wollen wir von der tschechischen Seite aus die inzwischen angelegte Seilbahn bis zur Gipfelstation benutzen. Wir umrunden also mit unserem Auto den Gebirgsstock und wechseln von Polen nach Tschechien.

Nach einer Stunde erreichen wir auf der Südseite des Riesengebirges die Talstation in Pec pod Sněžkov (deutsch: Petzer). Es ist wie verhext! Rübezahl foppt uns. Er schickt einen so heftigen Seitenwind, dass die Seilbahn aus Sicherheitsgründen nur bis zur Mittelstation verkehren darf. Das ist uns die Sache nicht wert. Wir verzichten auf die Fahrt und versuchen unser Glück am nächsten Tag noch einmal von der polnischen Seite aus. Diesmal geht es wie vor zwanzig Jahren mit dem Sessellift bis zur Kleinen Koppe. Oma Maria überlässt mir letztlich den Gipfelaufstieg und wartet in der Baude, im sogenannten Schlesierhaus. Dort trifft sie schlesische Touristen und wird sofort in eine lebhafte Unterhaltung einbezogen. Ich mache mich alleine an den Aufstieg über den bequemen sogenannten Jubiläumsweg, der mir als Alternative zum steilen Zickzackweg empfohlen wurde.

Warm eingepackt stehe ich nach einer Stunde auf der Aussichtsplattform der 1602 Meter hohen Bergkuppe. Es ist windig und diesig. Aber trotzdem ist die Aussicht auf das Panorama imposant. An den schroffen Hängen sind noch Schneereste zu sehen. Und den Riesengrund bedeckt jetzt im Mai noch eine dicke Schneeschicht. Ich kann mir so richtig vorstellen, wie in der Eiszeit die Gletscher den Berg umklammert und die großen Kare, die Schneegruben, geformt haben. Auch die von Lawinen gepflügten Bahnen sind deutlich zu erkennen. Insgeheim freue ich mich, Rübezahl ein Schnippchen geschlagen zu haben, um auf den Gipfel zu gelangen. Aber ich bin dem alten Geist nach wie vor zugetan und versuche, mir die Geschichten über ihn zu vergegenwärtigen. Es tut mir ein wenig leid, dass seine Schneekoppe nicht mehr die alte (schlesisch: die ahle Gake = alte Gans) ist, wie sie bis 1945 die Wanderer empfing, und wie auch mein Vater sie in seinen Erzählungen beschrieben hat. Heute führt über den Gipfel die Grenze, die Polen und Tschechien trennt. Statt der zwei Bauden auf jeder Seite ist ein etwas futuristisch anmutendes Gebäude mit Restaurant und Wetterwarte entstanden. Ich wähle für den Abstieg dann doch den steilen, aber schnelleren Zickzackweg.

Oma Maria ist der Einstieg in den laufenden Sessellift talwärts zu hektisch und gefährlich. So kommt uns das Angebot von zwei älteren schlesischen Wanderern, uns zu begleiten, entgegen. Vom Schlesierhaus aus schaffen wir den Abstieg gemeinsam über Schneefelder, steinige Wege voller Schmelzwasser, vorbei am „Kleinen Teich" mit Pause und Imbiss in der Baude bis hinunter zur Kirche Wang – etwa 8 Kilometer. Die Schneekoppe macht ihrem Namen zu dieser Jahreszeit alle Ehre! Wir denken dabei an gemeinsame Wanderungen in den Alpen mit meinem jetzt schon vor über zwanzig Jahren verstorbenen Vater, der immer auf einer perfekten Ausrüstung für Gebirgswanderungen bestand. Wanderschuhwerk, warme Kleidung, Stöcke und Notproviant waren ein Muss. Seine Ratschläge haben wir auch bei diesem Ausflug beherzigt und sind froh darüber.

Bei Gerhart Hauptmann

Wie bei meiner ersten Schlesienreise steht auch jetzt ein Besuch in Agnetendorf auf dem Programm. Unsere Freude ist groß, als wir in das „Haus Wiesenstein" von Gerhart Hauptmann Einlass finden. Die renovierte Villa im Jugendstil ist heute ein Kinderheim. Eine Pflegerin führt uns durch die Eingangshalle mit den expressionistischen Wandgemälden. Wieder erinnere ich mich an Hauptmanns Drama „Hanneles Himmelfahrt", besonders plastisch angeregt durch das Bild „Ankunft eines Kindes im Himmel", dies auch im Zusammenhang mit dem Tod meiner zwei Geschwister im Kleinkindalter. Allerdings sagt mir die überladene Mystik dieses Raumes nicht zu. Inzwischen habe ich außer „Die Weber" auch „Die

Ratten" und „Fuhrmann Henschel" gelesen, alles sozialkriti-
sche Stücke. Mir fällt auch die Klassenlektüre „Bahnwärter
Thiel" ein, ein Reclam-Heftchen. Vollkommen unbekannt war
mir, dass Gerhart Hauptmann einen älteren Bruder Carl
Hauptmann besaß, der in Schreiberhau (1858–1921) lebte,
bevor er dort 1921 starb. Sein ehemaliges Wohnhaus, als
Museum eingerichtet, wird gerade renoviert und ist leider
geschlossen. Der Naturwissenschaftler und Philosoph war auf
seinem Gebiet ein Genie wie sein Bruder in der Poesie. Carl
Hauptmann hat Geschichten über den Berggeist in seinem
„Rübezahlbuch" niedergeschrieben, die ich in dieser Fassung
als Kind gelesen habe.

Hirschberg und Bad Warmbrunn möchte Oma Maria natürlich auch wiedersehen. Durch beide Orte unternehmen wir
einige kleine Spaziergänge und nutzen die Pausen für Mittagessen und Kaffeetrinken.

In den nächsten Tagen kann ich ihr dann noch meine Tauf-
kirche in Haselbach zeigen. Der Zufall schenkt uns die Begegnung mit einem polnischen Architekturstudenten. Zur Finanzierung seines Studiums arbeitet er zwischendurch in
Deutschland und spricht leidlich unsere Sprache. Mit seiner
Hilfe finden wir den Pfarrer, von dem wir den Schlüssel zur
Kirche bekommen. Der Student erklärt uns Geschichte und
Baustil und führt uns zum Taufstein. Die auf der ersten Schlesienreise entdeckten Grabplatten in der Friedhofsmauer mit
deutschen Inschriften sind unversehrt erhalten. Unerfreulich
ist nur, dass der Pfarrer nicht bereit ist, über den Verbleib der
Kirchenbücher Auskunft zu geben.

Die nächste Etappe führt uns in meinen Geburtsort Pfaffendorf. Ich zeige meiner Stiefmutter mein vermutliches Geburtshaus. Das Gebäude ist auch heute so heruntergekom-
men, wie mein Vater es vor sechzig Jahren beschrieben hat.
Niemand kann Deutsch, aber ein Junge radelt sogleich los
und kommt in Begleitung einer älteren Frau zurück. Sie lädt
uns spontan in ihr kleines Häuschen zu Kaffee und Kuchen
ein. Ihr Deutsch lernte sie als Magd – sie sagte nicht Zwangs-
arbeiterin – bei einem Bauern in der Gegend von Graudenz.
Aber Genaueres über mein Geburtshaus erfahre ich auch von
ihr nicht, da sie erst einige Jahre nach Kriegsende nach Sza-

rocin gekommen war. Sie erhält regelmäßig Besuch aus der Bundesrepublik von den früheren deutschen Besitzern des Bauernhauses, die immer mit dem Wohnwagen anreisen. Die will sie beim nächsten Aufenthalt daraufhin ansprechen.

An unserem letzten Tag im Riesengebirge bietet sich noch die Gelegenheit, mit Pfarrer P. zu sprechen. Er berichtet uns, dass seit der Wende der Austausch von polnischen und deutschen Jugendgruppen allmählich in Gang kommt und er gerade von einer solchen Begegnung mit Jugendlichen aus der Bundesrepublik zurückgekehrt ist.

Die Förstertochter in der Heimat

Die Heimat-Reise führt uns weiter über Schweidnitz, wo wir das Pendant zur Jauerschen Friedenskirche besichtigen. Ich stelle viele Gemeinsamkeiten fest. Schon die Fassade mit ihrem Fachwerk ist beeindruckend. Laut Liste des Weltkulturerbes der UNESCO gilt sie als die größte Fachwerkkirche Europas mit Platz für 7.500 Personen.

Von Schweidnitz geht es Richtung Breslau. Aus der Ebene taucht ein letztes Bergmassiv auf, der über 700 Meter hohe Zopten, auf Polnisch Slęża, von dem vermutlich das Wort Schlesien abgeleitet ist. Oma Maria erzählt von vielen Ausflügen von ihrem Schulort Breslau in dieses Bergmassiv mit einzigartiger Vegetation. Aber wir verzichten auf eine Wanderung, denn wir müssen heute noch unser nächstes Standquartier erreichen: Obernigk (Oborniki). Hier beziehen wir als einzige Gäste in einem Motel ein Zweibettzimmer mit WC und Dusche. Von Oberniki aus sind es am nächsten Tag nur 5 Kilometer bis zum Geburts- und Wohnort von Oma Maria: Riemberg, heute Roscisławice.

An der Hauptstraße halten wir direkt vor der kleinen, renovierten, jetzt katholischen Kirche. Oma Maria weiß noch von ihrem Schulunterricht, dass protestantische Siedler aus der Gegend von Liegnitz die Kirche im 16. Jahrhundert errichtet hatten. Das Gotteshaus war immer evangelisch, mit Ausnahme von etwa 50 Jahren zur Zeit der Gegenreformation. Im Altranstädter Frieden musste die katholische Kirche das Gotteshaus der evangelischen Gemeinde zurückgeben. Den

Maria Noack 1994 beim Besuch ihres Geburtsortes

kleinen Anbau identifizieren wir als Pfarrhaus. Auf unser
Klingeln hin öffnet die Haushälterin. Sie versteht unseren
Wunsch, die Kirche besichtigen zu wollen und öffnet uns die
Tür. Im Seitenschiff entdecken wir sogleich den alten Taufstein. Dort wurde meine Stiefmutter, obwohl protestantisch,
auf den Namen Maria getauft. Das achteckige Sandsteinbe-
cken steht auf einem quadratischen Schaft. Ringsum sind in
gotischen Bogennischen Brustbildnisse von Heiligen und Engeln eingehauen. Ich erkenne darunter die Heilige Hedwig,

die häufig mit dem Turm dargestellt wurde. Den Schaft verzieren vier männliche Gestalten, vielleicht stellen sie die vier Evangelisten dar. Ein kunstvoll geschmiedeter kupferner Deckel schließt das Wasserbecken.

Ich fotografiere den Taufstein von allen Seiten, als plötzlich der Priester im Kirchenschiff auftaucht. Die Haushälterin hat ihn über unseren Besuch informiert. Der ältere Herr ist hocherfreut und begrüßt uns überschwänglich auf Deutsch. Er zeigt uns alle Sehenswürdigkeiten seiner Kirche. Dann lässt er sich nicht davon abbringen, uns in das Pfarrhaus zu bitten. Die Haushälterin hat zwischenzeitlich einen reichhaltigen Imbiss vorbereitet, mit ausgiebig Wodka, den ich als Autofahrerin leider ablehnen muss. Der Priester erzählt uns von seiner Kindheit in Kattowitz in Oberschlesien. Er war noch auf die deutsche Grundschule gegangen, musste nach Kriegsende auf eine polnische Schule wechseln und besuchte später das Priesterseminar. Die katholische Kirche in Oberschlesien sah sich schon immer verpflichtet, ihre Geistlichen in zwei Sprachen auszubilden, um allen Gemeindemitgliedern die Möglichkeit zu geben, die Beichte in ihrer Muttersprache abzulegen. Der Pfarrer stammt aus einer der deutsch-polnischen Mischehen, die nach Kriegsende nicht von der Ausweisung betroffen waren.

Weil der Priester eine Maiandacht halten muss, verabschieden wir uns nach kurzer Zeit. Über unbefestigte Feld- und Waldwege erreichen wir Oma Marias Elternhaus, das Forsthaus „Vogtswalde". Wir sind angemeldet, nur der genaue Zeitpunkt unserer Ankunft stand noch nicht fest. Das Treffen hatte Marias jüngere Schwester arrangiert, die schon seit Jahren den Kontakt zur polnischen Forstfamilie pflegt. Sie hat uns ein ganzes Paket voller Geschenke mitgegeben. Janek, der Förster, lebt seit dem Tod seiner Frau vor einem Jahr allein in dem großen Haus. Er ist ganz aufgeregt vor Freude. Nach der Begrüßung in gebrochenem Deutsch führt er uns durch alle Räume. Selbst der Kachelofen im Wohnzimmer ist noch der alte. Vor allem das Dachstübchen lässt Marias Kindheit wieder lebendig werden: „Hier an der Wand hat mein Bett gestanden. Vor dem Fenster hatte ich eine alte Schulbank zum Erledigen der Hausaufgaben." Die Wirtschaftsgebäude existieren alle noch, sogar das Plumpsklo auf dem Hof, obwohl es schon zu Marias Zeiten ein modernes WC gab. Wir verabreden uns nochmals für den nächsten Tag. Janek möchte seine Schwägerin herbitten, damit sie uns ein Essen richtet. Auf der Rückfahrt zum Dorf begegnet uns wieder der Priester. Er ist enttäuscht, dass wir schon wieder in unser Quartier fahren, will uns aber am nächsten Tag im Forsthaus treffen. Natürlich hat er von unserem Kommen schon vorher gewusst, denn Janek und er sind Freunde.

Tatsächlich passen uns die zwei Männer am nächsten Morgen schon vor der Kirche an der Straße ab. Wir müssen erst im Pfarrhaus einen kleinen Imbiss einnehmen. Anschließend geht es gemeinsam ins Forsthaus. Dort haben Schwägerin und Schwager ein „Frühstück" vorbereitet: Brot, Wurst, Käse, Eier, süß-sauer eingelegte Pilze und natürlich – Wodka. Ich kenne die Gastfreundschaft der Polen schon von anderen Reisen. Zur Verdauung ist der Wodka bei den fetthaltigen Mahlzeiten regelrecht lebensnotwendig.

Anschließend begleiten uns die Männer bei einer zweistündigen Wanderung zu den Plätzen, die Maria von Kindheit an vertraut sind. Wir durchqueren ein Waldstück, das nach ihrer Schätzung noch ihr Vater pflanzen ließ. Sie zeigt mir Schlesiens größten Findling, den Römerstein, bei dem die Schutzpatronin Schlesiens, die Heilige Hedwig, auf ihren Reisen das Pferd gewechselt haben soll. Maria weiß die Legende von einem weiteren Stein, dem Hedwigstein, zu erzählen: Die Heilige habe auf dem Weg zum 30 Kilometer entfernten Kloster Leubus auf diesem Stein für ihren kleinen Sohn den Brei gekocht. Drei Löcher bezeichnen die Stelle, wo der Dreifuß stand, der den Topf oder Tiegel hielt. Außerdem meint man den Abdruck eines Knies, einer Ferse sowie eines Kinderfüßchens zu erkennen. Wir kommen am „Schloss", einem ehemaligen Kinderheim, vorbei, das jetzt Behinderten ein Zuhause bietet. Ich bin etwas besorgt, ob die 80-jährige Oma Maria den Rückweg schafft. Meine Bedenken sind unbegründet. Nach einer weiteren Mahlzeit unternehmen wir zu viert noch eine Rundfahrt im Auto des Försters bis an die Oder. Maria ist enttäuscht, weil der Fluss, die Lebensader Schlesiens, wegen des niedrigen Wasserstandes etwas mickrig wirkt. Aber am

Ufer liegt die Fähre: „Ganz wie zu meinen Zeiten!" Wir beide
beschließen, sie auf unserer Rückfahrt in den nächsten Tagen zu benutzen. Wir sehen kaum Menschen auf den Dorfstraßen. Der Pfarrer erklärt, die Leute seien aus dem Lem-
berger Raum hierher umgesiedelt worden. „Polnische Wirtschaft!", murmelt er vor sich hin. Ich stutze und meine, mich
verhört zu haben. Ich hätte diese Worte als Gast nie in den
Mund genommen. Aber bei ihm kommt offenbar das ober-
schlesische Selbstverständnis gegenüber den Ost-Polen zum
Ausdruck.

Der Gesamteindruck von der Landwirtschaft sei bis auf
wenige brachliegende Äcker nicht viel anders als zu ihrer Zeit,
meint Maria. Wir beobachten einen Bauern, der wie früher
hinter dem von einem Ackergaul gezogenen Handpflug her
schreitet. Pferd und Wagen prägen überhaupt das Treiben
auf den Dorfstraßen. Einen Traktor haben wir in dieser ländlichen Region noch nicht gesehen. Da wird offensichtlich, dass
Polen nach dem Zweiten Weltkrieg, wo immer es ging, die von
der Sowjetunion oktroyierte Kollektivierung boykottiert hat
und rund 80 % der landwirtschaftlichen Fläche in privater
Hand beließ. Die kommunistische Regierung pumpte riesige
Summen aus dem Staatshaushalt in den Ausbau von wenigen
Staatsgütern. Die Bauern bewirtschafteten Kleinsthöfe, bekamen kaum finanzielle Unterstützung, weshalb eine Moder-
nisierung der Betriebe ausblieb. Meist hatten die Landwirte
sich noch einen Nebenerwerb zugelegt, um überleben zu können. Jetzt, nach der Wende, schafft die polnische Landwirtschaft den Anschluss an das westeuropäische Niveau nur
mühsam.

Heilige Hedwig, Schutzpatronin Schlesiens

Da Oma Maria eine Ruhepause einlegen möchte, nutze ich
den nächsten Tag zu einem Ausflug alleine mit dem Auto nach
Trzebnica/Trebnitz zur Begräbniskirche der Heiligen Hedwig.
Ich möchte mein Bild von Schlesien vervollkommnen, und
dazu gehören für mich neben geschichtlichen Fakten auch die
Legenden. Außerdem faszinieren mich die Lebensgeschich-
ten starker Frauen aus dem Mittelalter: Die Heilige Hedwig

Marmornes Hochgrab der Hl. Hedwig in der Klosterkirche von Trebnitz

wurde 1174 in Andechs/Bayern geboren. Sie gehörte zum Geschlecht der Meranier. Nach ihrer Erziehung im Benediktinerinnenkloster Kitzingen a. Main verheiratete man sie mit zwölf Jahren mit Heinrich I., dem Sohn des Herzogs Boleslaus I. von Schlesien aus dem Geschlecht der Piasten. Polen wurde somit für sie neue Heimat und Wirkungsstätte als Herzogin von Schlesien. Herzog Heinrich I. stiftete 1202 auf Bitten seiner Gemahlin Hedwig das Zisterzienserinnenkloster Trebnitz, das mit Nonnen aus Bamberg besiedelt wurde. Hedwig wird bezeichnenderweise oft mit einer Kirche dargestellt, da sie weitere Klöster errichten ließ. Ihr Leben war geprägt von tiefer Religiosität und ihr Lebenswerk von einem karitativen und sozialen Wirken für Arme, Kranke und Waisen. Sie kleidete sich oft in ein Büßergewand und wird selten mit einer Krone dargestellt. Nach dem Tod ihres Gemahls übernahm der älteste Sohn Heinrich II, der Fromme, das Herzogtum. Ihm werden wir auf unserer Reise noch begegnen. Nach dessen Tod zog sich Hedwig in das Kloster zu den Zisterzienserinnen in Trebnitz zurück. Dort starb sie 1243 und wurde bereits 1267 durch Papst Klemens IV. heiliggesprochen. Hedwig setzte sich für ein friedliches Zusammenleben und die Verständigung von Deutschen und Polen in ihrer schlesischen Heimat ein. Sie war gebürtige Deutsche, soll aber Polnisch gelernt haben, um sich mit ihren Untergebenen verständigen zu können. Deshalb wird sie von beiden Völkern gleichermaßen verehrt und kann als Heilige der Völkerversöhnung angesehen werden, Hedwig, die Brückenbauerin zwischen Polen und Deutschen.

Tags darauf bin ich die einzige Touristin in der Klosterkirche von Trebnitz. Da ich keine Informationen auf Deutsch finde, lasse ich das sakrale Gebäude selbst auf mich wirken. Der romanische Bau ist sparsam im barocken Stil ausgeschmückt. Unübersehbar ist das marmorne Hochgrab der Hedwig in einer Seitenkapelle. In Lebensgröße liegt die Heilige als Marmorgestalt unter einem Baldachin. Sie wirkt wie eine schöne, junge Frau und nicht wie die Siebzigjährige, als die sie gestorben ist. Sie wird auch nicht als die vom Schicksal und Leid Gezeichnete dargestellt, obwohl sie, bis auf eines, ihre Kinder und ihren Mann überlebte.

Mädchen aus „besserem Hause"

In den nächsten Tagen lerne ich Breslau aus dem Blickwinkel des Schulmädchens Maria in der Weimarer Zeit kennen. Nach den vier Jahren Volksschule wären die tägliche Fahrradtour von Riemberg zum Bahnhof in Obernigk, von dort die Fahrt zur Hauptstadt und noch einmal der Fußweg vom Bahnhof zur Schule zu anstrengend für eine Zehnjährige gewesen. Die Lösung des Problems brachte für ein Jahr eine Hauslehrerin. Anschließend fand Maria für zwei Jahre Aufnahme bei Verwandten in Berlin-Zehlendorf, die ihr den geregelten Besuch eines Lyzeums ermöglichten. Später setzte sie die Schulausbildung in Breslau fort, allerdings nur im Sommer vom Elternhaus in Riemberg aus. Im Winter kam Maria in Breslau in „Pension" zu zwei älteren Damen. Lyzeum und Höhere Handelsschule waren für damalige Zeiten eine vorzugsweise und exzellente Ausbildung für ein junges Mädchen. Das konnten sich nur finanziell gut gestellte Familien leisten. Kinder vom Land hatten ohne Schulbusverbindung wie heute kaum Aussicht auf Höhere Schulbildung. Oma Maria hat ihren Schulweg noch genau im Kopf, doch Haus und Wohnung der Pensionsdamen kann sie nicht finden. Womöglich sind sie den Kriegswirren zum Opfer gefallen. Breslau hat bei Kriegsende durch Bombenangriffe und Artilleriebeschuss beträchtliche Schäden erlitten. Die Polen haben zwar große Teile der alten Bausubstanz restauriert. Doch auch viele Neubauten veränderten das Stadtbild. Das Rathaus erstrahlt in altem Glanz. Im Rathauskeller essen wir zu Mittag. Danach besichtigen wir die Insel mit dem Dom, der uns mit seinen beinahe 100 Meter hohen Türmen als Wahrzeichen der Stadt schon von Weitem begrüßt. Bei meiner letzten Reise war der Wiederaufbau nach der verheerenden Zerstörung am Kriegsende noch nicht abgeschlossen und die Türme ohne Spitzen wirkten seltsam amputiert. Eine Bootsfahrt auf der Oder bildet Höhepunkt und Abschluss des Programms, auch im Geburtstagsgeschenk von der Familie für Oma Maria enthalten.

Kinderspiele in früheren Zeiten

Bei der Fortsetzung unserer Rundreise durch Schlesien spiele ich wieder die Fremdenführerin. Ich zeige meiner Stiefmutter wichtige Plätze in meinem Kindheitsparadies Jauer. Von Breslau kommend, steuern wir als Erstes das Beamtenhaus mit der ehemaligen Wohnung der Großeltern an, denn es liegt ja unmittelbar an der Ulica Wrozławska, der Breslauerstraße. Da die polnische Bekannte von unseren ersten Reisen zunächst aus der ehemaligen großelterlichen Wohnung verzogen und später verstorben ist, habe ich nicht mehr den Mut, wegen einer Besichtigung die jetzigen Mieter zu stören. Wir parken unser Auto am Straßenrand. Auf der Vorderseite des Gebäudekomplexes ist das alte Schild mit der Hausnummer 29 a immer noch am Eingang angebracht und ich kann die Wohnung mit dem Balkon zeigen. Wir umrunden den Häuserblock und ich versuche, die zur Hofseite liegenden Zimmer zu identifizieren. Das ist ein schwieriges Unterfangen, denn die Bewohner haben vieles umgebaut. Den Dachboden, auf dem wir früher die Wäsche trockneten, hat man an manchen Stellen mit Gauben versehen, sodass die Räume dahinter zu Wohnzwecken genutzt werden können. Manche Nordbalkone sind zu Wintergärten umgestaltet. Aber schließlich bin ich mir doch sicher, welche Fenster und welcher Balkon zur großelterlichen Wohnung gehörten. Für mich war der Nordbalkon als Kind äußerst wichtig. Zur Hofseite gelegen, war er der Beobachtungsposten über alle Geschehnisse auf dem Innenhof. So konnte ich wahrnehmen, wenn die Spielkameraden nach der Mittagspause allmählich eintrudelten. Oder ich ließ mich blicken, um mich dann zu unseren gemeinsamen Spielen rufen zu lassen. Oma Maria wird durch meine Erzählungen auch an ihre Kindheit erinnert, denn manche Spiele gleichen sich. Und so rufen wir uns viele Erlebnisse wieder ins Bewusstsein und stellen trotz des Altersunterschiedes Gemeinsamkeiten in unserer Kindheit fest. Vor allem, dass wir wenige Spielsachen besaßen und uns trotzdem nie langweilten. Ich beschreibe Oma Maria den weiten Blick ins Land, der vom Balkon aus bei klarer Sicht zwei Kirchtürme freigibt, obwohl etwa 10 Kilometer Luftlinie bis zur Kirche des ehemaligen Benediktinerklosters von Wahlstatt dazwischenliegen, einem der wichtigsten Monumente in der schlesischen Geschichte. Wir beschließen, auf unserer Weiterfahrt diesen Ort aufzusuchen und uns noch einmal von der Historie Schlesiens einholen zu lassen.

Wo jetzt Autos parken und zum Teil Rasen eingesät ist, war ein herrliches Gelände für uns Kinder. Meist trafen wir uns zu gemeinsamen Spielen oder verteilten uns auf Gruppen. Am beliebtesten waren alle Ballspiele wie Ballschule, Halli-Hallo und Treibjagd. Dann gab es Hüpfspiele mit Schwungseil, ‚Himmel und Hölle', bei dem die Kästchen des Spiels in den festen Erdboden gut eingeritzt werden konnten. Dieser feste Sand eignete sich auch besonders für das Aufzeichnen der Laufgänge für das ‚Hexenspiel'. Bei diesem von mir besonders geliebten Laufspiel wurden auf dem Hof Hexen-Gänge (parallele Linien) aufgezeichnet, woran sich alle Kinder beteiligten. Die ausgeloste Hexe – die auch männlich sein durfte – hatte ihr Haus auf der Bank vor dem Bunkereingang. Von dort wurde sie durch Neckrufe der frechen Kinder herausgelockt, die sie zu fangen versuchte. Natürlich ga-

Ich und Cousine Hannelore (stehend), unten links Cousin Dieter und Spielgefährten in Jauer auf der Spielwiese beim Beamtenhaus.

ben sich alle Mühe, vor der Hexe zu fliehen, durften aber nur die aufgezeichneten Gänge benutzen. Die Schwierigkeit bestand darin, dass vor Beginn des Spiels der Hexe einige Minuten zugestanden wurden, um die Laufgänge zu verändern, beispielsweise durch ‚Sackgassen' oder andere eingezeichnete Hindernisse, wobei die Mitspieler nicht zuschauen durften. Das Spannende war nun, der Hexe zu entwischen, ohne in den ‚Fluss' zu fallen oder in einer ‚Sackgasse' zu landen. Bei solch einem Fehler schied man sofort bis zum Ende des Spieles aus. So war es der Hexe nach und nach möglich, die Kinder zu fangen und in ihr Haus zu bringen. Wer als Letzter übrig blieb, durfte das nächste Mal Hexe oder Hexer sein. Bei ihren häufigen Besuchen wurden meine fast gleichaltrige Cousine und ihr zwei Jahre jüngerer Bruder sofort integriert.

Ich besaß eine Puppe, der ich den Namen Gerda nach einer meiner Cousinen in Görlitz gegeben hatte. Einmal wünschte ich mir einen Puppenwagen, so einen, der einem richtigen Kinderwagen ähnlich sah. Aber ich bekam nur einen einfachen Holzpuppenwagen mit roten Rädern. Ich fühle noch heute meine damalige Enttäuschung und mein Bemühen, sie mir nicht anmerken zu lassen. Aber da meine Cousine Hannelore den gleichen Holzpuppenwagen bekommen hatte, konnten wir als Zwillingsgespann doch stolz durch die Gegend ziehen. Eines Tages schnappte sich ein großer Lümmel, der „Krusche Gerhard" aus dem Seitenflügel des Beamtenhauses eines der Gefährte und hängte es in einen Ast der mächtigen Kastanie auf dem Hof. Natürlich gab es großes Geschrei und Rufe nach unserem Opa! Der erschien auch ziemlich schnell, drohte schon von Weitem mit seinem Spazierstock und rief: „Warte nur, du Bürschel!" Damit schlug er den Bösewicht in die Flucht und musste das Spielzeug selbst aus dem Baum angeln.

Ähnlich ging es mir mit dem Wunsch nach einem Wipproller: Ich bekam nur einen einfachen Tretroller. In den letzten Kriegsjahren waren Luxusartikel mit Metallverarbeitung überhaupt nicht mehr zu bekommen.

Aber ich erinnere mich auch an einen Wunsch, der mir tatsächlich erfüllt wurde: Ich erhielt Stelzen, allerdings selbst gezimmerte, die schwer zu handhaben waren. Deshalb gelang es mir nicht sofort, das Gleichgewicht zu halten. Es gab Tränen, blutige Knie sowie blaue Flecken bei einigen Stürzen. Trotzdem übte ich so lange, bis ich mit den klobigen Gestellen umgehen und wenigstens kurze Strecken laufen konnte.

Es drängt sich noch eine andere Erinnerung in mein Bewusstsein. Kaum brachte der Frühling die ersten warmen Tage, bettelten wir Kinder, wieder Kniestrümpfe tragen zu dürfen. Nach dem langen Winter sehnten wir uns danach, das Leibchen mit den Gummistrippen, den Strapsgürtel, an dem die Wollstrümpfe befestigt waren, auszuziehen. Oft hieß es: „Es ist noch zu kalt. Du holst dir einen Schnupfen." Wenn wir dann aber doch die Erlaubnis erhielten, holten wir Murmeln, Reifen und Kreisel nach draußen. Das war kein Brummkreisel aus Metall zum Aufziehen, sondern ein kleiner Holzkegel mit Rillen. Dazu gehörte ein Stock mit einer festen Schnur. Hatte man die Schnur vollständig in die Rillen des

Kreisels gewickelt, kam der schwierigste Teil: In einer Hand den Kreisel, in der anderen den Stock, zog man beide Dinge mit einem Ruck auseinander, sodass der Kreisel mit schneller Drehbewegung auf den Boden hüpfte. Und nun musste man ihn mit kleinen Peitschenhieben weiter antreiben und in Schwung halten. Das war gar nicht so einfach! Hatte man erst mal den Trick raus, machte es riesigen Spaß, wenn die bunten Dinger über den Asphalt hüpften.

Meine wichtigsten Spielkameraden waren die Kinder von Opas Kollegen, Sieglinde, Helma und Gunhild – alle mit germanischen Namen –, ein, zwei Jahre jünger oder älter. Ganz besonders aufregend waren die Geburtstagsfeiern bei L.s mit Kuchen und Saft und den beliebten Knallbonbons. Woher wohl Frau L. die immer zauberte? Oder hat sie die Überraschungsgaben selbst gebastelt? Das dürfte nicht einfach gewesen sein, denn es mussten ja Zündplättchen zum Knallen eingebaut werden.

Ich erfreue mich an den Erinnerungen, die ich mit diesem Ort verbinde. Zunächst aber besichtige ich mit Oma Maria noch den Ring mit dem Rathaus. Hier befindet sich im Keller ein Restaurant, wo wir freundlich bewirtet werden. Mein Großvater traf sich dort immer mit den alten Herren seiner Skatrunde. Seit der letzten Reise hat das Stadtbild durch Renovierungen sich sehr zum Positiven gewandelt. Unter den „Lauben", wie die überbauten Gehwege am Ring heißen, sind mehr Geschäfte eröffnet und die Auslagen sind reichhaltiger als vor zehn Jahren. Ich halte Ausschau nach etwas Typischem und entdecke in einer Fleischerei die von mir so begehrten Knackwürstchen, die Jauerschen Würste. Ich kaufe ein Paar, nehme sie wie früher einfach in die Hand und beiße kräftig hinein, dass es so richtig knackt. „Katsch ni asu!", schimpfte meine Omi dann. Aber das Geräusch war für mich ja gerade der Spaß an der Sache! Dass aber die „Jauerschen Würstchen" eine besondere Delikatesse sind, erfuhr ich erst viele Jahre später. Die Polen sind auch auf den Geschmack gekommen.

Obwohl ich als Kind, soweit ich mich erinnere, nie in der Friedenskirche gewesen bin, habe ich bei jedem Besuch in Jauer das Bedürfnis, die Atmosphäre in diesem einzigartigen Gotteshaus wieder zu erleben. Mittlerweile kann ich schon selbst die Führung durch das Kulturdenkmal übernehmen. Beim Erklären fallen mir jedes Mal weitere Schönheiten ins Auge. Oma Maria ist auch von der Farbenpracht und Fülle der Bilder überwältigt.

Die Schlacht auf der Wahlstatt 1241

Anschließend geht es weiter in Richtung Liegnitz (Legnica). Bald tauchen die Kirchtürme von Wahlstatt (Legnickie Pole) am Horizont auf und weisen uns den Weg auch ohne Karte. Der Ort hat gleich zwei Sehenswürdigkeiten aufzuweisen: das ehemalige Benediktinerkloster mit Klosterkirche und die alte Dorfkirche mit dem Museum. Hier wird uns in Wort und Bild die tragische und blutgetränkte Geschichte dieses Fleckchens Erde bewusst gemacht. Monumentale Fresken an den Wänden lassen uns das Getümmel auf einem Schlachtfeld so richtig nachempfinden, einer Schlacht, die für das Abendland eine schicksalhafte Wende bringen sollte. Und wir begegnen auch der Heiligen Hedwig wieder:

Im 13. Jahrhundert machte sich der Enkel von Dschingis Khan mit der „Goldenen Horde", einem Heer von 100.000 Mann von der Mongolei aus auf den Weg nach Westen. Er nahm Russlands damalige Hauptstadt Kiew ein. Polens Hauptstadt Krakau wurde erobert. Bei seinem Weiterzug stellte sich ein vereinigtes deutsch-polnisches Ritterheer unter Führung des schlesischen Herzogs Heinrich II., dem Frommen, Hedwigs Sohn, den Mongolen bei Liegnitz entgegen. Das war mit seinen nur rund 4000 Kämpfern den Tataren unterlegen. Die Ritter fanden fast alle den Tod auf dem Schlachtfeld. Heinrich fiel und die Feinde trugen seinen Kopf auf einer Lanze als Trophäe davon. Wie durch ein Wunder drangen die Mongolen trotz ihres Sieges nicht weiter nach Westen vor. Vermutlich wurden die mongolischen Anführer abgerufen, um einen neuen Herrscher zu wählen, weil der Großkhan zu dem Zeitpunkt im Sterben lag und die Erbfolge zu klären war. Durch diesen Umstand wurde Westeuropa 1241 vor dem Mongolenansturm bewahrt.

Hedwig, die vor den Feinden fliehen konnte, fand auf dem Schlachtfeld den kopflosen Leichnam ihres Sohnes und ließ ihn in Breslau in der Vinzenskirche beisetzen.

Heinrichs Mutter und seine Frau, die Herzogin Anna von Böhmen, veranlassten an der Fundstelle zum Andenken an den gefallenen Helden die Errichtung einer Kirche, mit deren Pflege sie böhmische Benediktiner-Mönche betrauten. Nach Zerstörungen und Wiederaufbau im Laufe der Jahrhunderte dient die Kirche heute als Museum.

Der Gebäudekomplex des Klosters in seiner heutigen Form entstand erst im 18. Jahrhundert. Die Kirche besichtigen wir, denn sie gilt mit ihrer Innenausgestaltung als Perle des schlesischen Barock. Es sind die Kirchtürme mit den vergoldeten Herzogskronen auf den Barockhelmen, die ich in Jauer vom Balkon des Beamtenhauses aus bei schönem Wetter in der Sonne funkeln sehen konnte. Den um das Kloster entstandenen Ort benannte man nach dem althochdeutschen Wort für Schlachtfeld >walstat> Wahlstatt. Ich erzähle Oma Maria, dass ich mich später im Geschichtsunterricht mit der Jahreszahl 1241 etwas hervortun konnte, weil ich noch in Jauer in Heimatkunde im 3. Schuljahr von der Schlacht gehört hatte.

Hier finde ich auch einen Ansatzpunkt für Deutsche und Polen, sich der gemeinsamen Vergangenheit zu besinnen und in der Schlacht auf der Wahlstatt einen Baustein für eine gemeinsame deutsch-polnische Erinnerungskultur zu sehen.

Unsere Zeit ist begrenzt, denn wir wollen als nächstes Quartier ein vertrautes Dach über dem Kopf haben, das uns bei einem Vetter in der Nähe von Görlitz auf der bundesrepublikanischen Seite erwartet. Zusammen mit ihm unternehmen wir von dort aus noch eine Rundfahrt zu den Orten, die für meinen Vater in seiner Kindheit und Jugend bestimmend waren und auch in meinem Leben besondere Spuren hinterlassen haben: Kohlfurt und Moys. Oma Maria und ich erzählen uns auf dem Weg dorthin wechselseitig, was wir über die Familie Paeselt wissen und ergänzen uns. Mein Vater hat mit meiner Stiefmutter zwar nie eine Reise in die DDR nach Görlitz unternommen, geschweige denn in die schlesischen Heimatorte, aber zu Verwandten im Westen und in Westberlin wurden die Kontakte gepflegt. Die hat Oma Maria auch noch nach Vaters Tod 1974 beibehalten und dadurch einiges über die Familiengeschichte erfahren.

Meine Großeltern Paeselt

Mein Großvater Hermann Paeselt wurde am 02.02.1879 in Tschirne (ab 1937 mit deutschem Namen Tonhain, heute polnisch Czernica) bei Bunzlau (Bolesłaviec) geboren und ist dort und später ganz in der Nähe in Rotwasser (Czerwona Woda) an der Neiße aufgewachsen. Von seinen wenigen Schilderungen aus seiner Jugend in der kinderreichen Familie ist mir ein Ausspruch besonders in Erinnerung geblieben: „Bei uns gab es jeden Tag etwas anderes zu essen. Den einen Tag gab es Quark und Kartoffeln, den nächsten Kartoffeln und Quark. Dann wieder Quark und Kartoffeln, am kommenden Tag Kartoffeln und Quark. Wir wurden alle groß und stark. Und wir waren derer fünfe." Ich selbst esse heute noch sehr gerne Kartoffeln und Quark, dazu allerdings Butter, eine Prise Salz und Schnittlauch. Diese Essgewohnheit habe ich von meinem Großvater Paeselt angenommen. Er lernte nach dem Besuch der Volksschule Fleischer – in Schlesien heißt es nie Metzger – und legte nach drei Jahren Lehre in Naumburg a. Queis (Novogrodiec) die Gesellenprüfung ab. Wie damals üblich, begab er sich auf Wanderschaft. Magdeburg, Mecklenburg, Hennersdorf b. Lauban, Cottbus und Berlin waren seine Stationen, bis er nach fünf Jahren in der Fleischerei meiner Großmutter in Kohlfurt (Węgliniec) eine feste Anstellung fand. Dort hat er später den Meisterbrief erworben.

Standesämter wurden flächendeckend, erst am 1. Januar 1875 unter Bismarck eingeführt. Bis dahin hatten die Kirchen standesamtliche Funktionen. Familienstammbücher sind eine der jüngsten Quellen der Familiengeschichten aus dem Dritten Reich. Aus dem Zwang zum Ariernachweis machten viele ein genealogisches Hobby. So konnte ein Stiefonkel die Linie seiner Berliner Mutter und damit meiner Großmutter bis ins 17. Jahrhundert ins Hannoversche zurückverfolgen: Margarete Paeselt, geb. Bartels, geb. am 27.01.1873, war in einer gutbetuchten Zigarrenmacherfamilie in der deutschen Hauptstadt aufgewachsen. Sie lernte neben der Schule auch Klavierspielen wie fast alle Mädchen aus „besseren Familien". Nach dem Schulabschluss blieb sie im elterlichen Geschäft, machte sich beim Verkauf und in der Buchhaltung

Großeltern Hermann Paeselt und Margarete Paeselt geb. Bartels, verw. Berger (Foto etwa 1905).

nützlich. Eines Tages, sie war noch ein sehr junges Mädchen, kam ein junger Herr in den Laden, der Zigarren kaufte. Es kam wohl zu einem sehr anregenden Gespräch zwischen den jungen Leuten. Dieser Besuch wiederholte sich des Öfteren. Doch dann blieb der Kavalier auf einmal weg. Erst Jahre später tauchte er plötzlich wieder auf, jetzt war er Witwer mit zwei kleinen Kindern. Er hatte sich an das junge, kecke Mädchen in Berlin erinnert. Und siehe da, ihn erwartete eine junge Dame, dazu noch unvermählt. Er hielt um ihre Hand an, es wurde geheiratet und meine Großmutter ging mit ihrem Mann nach Kohlfurt, wo sie eine Fleischerei führten. Ein Junge namens Rudolf wurde geboren.

Nach einigen Jahren starb der Mann meiner Großmutter. Da lebte und arbeitete mein Großvater schon mehrere Jahre als Geselle in ihrem Haus. Nach einiger Zeit dachte mein Großvater: „Meine Meesterin sieht gar nich übel aus." Und meine Großmutter hat sicher überlegt: „Etwas Besseres kann mir nicht passieren, als dass ich den tüchtigen Gesellen als Mann bekomme, der die Fleischerei weiterführen kann." Und so wurde geheiratet. Und bald kam wieder ein Junge auf die Welt: Herbert, mein Vater. So waren in dieser Patchwork-Familie vier Kinder aus drei unterschiedlichen Ehen. Der älteste Junge Karl (*1893) aus der ersten Ehe ist schon im Ersten Weltkrieg gefallen. Das Mädchen habe ich später als Tante Annchen (*1892) kennengelernt, den Jungen Rudolf (*1896) aus der zweiten Ehe als Onkel Rudel.

In Kohlfurt finden wir die einstige Fleischerei der Großeltern auf Anhieb, denn sie liegt direkt am Bahnhof und wird auch jetzt noch als solche mit Verkaufsraum genutzt. Die Wohnung lag im ersten Stock. Mein Vater verbrachte hier seine Kindheit und Jugend. Für mich aber hat nur der Bahnhof Kohlfurt eine Bedeutung als Wendepunkt im Schicksalsjahr 1945 gewonnen. Davon erzähle ich später.

Nach Moys, Zgorcelec, dem früheren Görlitzer Stadtteil auf dem rechten Neißeufer, komme ich jetzt das zweite Mal nach Kriegsende. Ich habe Sorge, nach zwanzig Jahren könnte sich vieles verändert haben. Und meine Befürchtungen werden bestätigt. Das anderthalbgeschossige Häuschen meiner Großeltern, in den Siebzigerjahren noch in altem Zustand, ist jetzt mit einem weiteren Stockwerk versehen. Man kann zwar den alten Umriss noch erahnen, da der Verputz noch fehlt. Aber so erweckt das Gebäude bei mir keinerlei Emotionen. Der polnische Besitzer hat das Haus ganz als sein Eigentum vereinnahmt. Da auf dem Gartengrundstück auch eine Baustelle angelegt ist, nehme ich innerlich Abschied von diesem Ort.

Eine letzte Übernachtung bei meinem Vetter und seiner Frau in einem Dorf bei Görlitz ermöglicht uns noch etwas Erholung für die bevorstehende Rückfahrt am nächsten Tag,

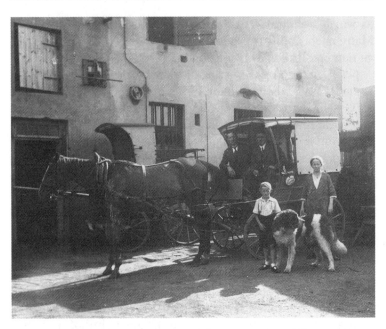

*Im Hof der Fleischerei meiner Großeltern Paeselt, Kohlfurt 1912. Von
links nach rechts: Opa Paeselt, sein Bruder Gustav, mein Vater mit dem
Bernhardiner Cäsar, Oma Paeselt.*

und ich kann Oma Maria unterwegs noch viele Kindheitser-
lebnisse in Görlitz und Umgebung erzählen:

Das Haus in Moys

Meine Großeltern hatten das Unternehmen in Kohlfurt nach
der Weltwirtschaftskrise verpachtet und das Haus in Görlitz-
Moys als Alterssitz erworben.

Ich beschreibe Oma Maria das Haus mit zwei Mietwohnun-
gen im Erdgeschoss, bestehend aus Wohnküche und Stube
links und rechts das gleiche Ensemble noch einmal. Zusätzlich wurde im Krieg noch eine weitere Familie im 1. Stock in
zwei Räumen einquartiert. Die Ansprüche an die Wohnver-
hältnisse waren demnach mehr als bescheiden, denn meine
Großeltern lebten auch im ersten Stock: ein Wohnzimmer in

der Mitte, daran angrenzend schon unter den Dachschrägen eine Schlafkammer auf der einen sowie die Küche auf der anderen Seite. Nur das Zimmer meines Vaters war noch zusätzlich über dem Hauseingang ausgebaut worden. Es diente später als Gästezimmer, auch für meine Mutter und mich. An ein richtiges Bad kann ich mich gar nicht erinnern, wir wuschen uns wohl in der Küche. Die Toilette für die ganze Hausgemeinschaft befand sich auf halber Treppe. Nachts hatte ich Angst, dorthin zu gehen, deshalb bekam ich immer ein Nachttöpfchen unters Bett geschoben. Im Wohnzimmer imponierte mir das Klavier meiner Großmutter. Sie spielte mir auf mein Bitten hin meist Berliner Schnulzen: „Was machst du mit dem Knie, lieber Hans?" und „Hermann heest er, Hermann heest er", wobei ich mich vor Lachen kaum halten konnte, denn Opa hieß ja Hermann.

Vor dem Klavier lag das weiße Fell eines riesigen Bernhardiners. Der Kopf war ausgestopft und die Glasaugen schauten einen richtig treuherzig an. Ich hatte jedenfalls keine Angst und streichelte ihn oft. Dabei ließ ich mir immer wieder die Geschichte erzählen, wie „Cäsar" meinen Vater als Baby gehütet hatte, das war noch in der Kohlfurter Fleischerei:

Die Großeltern arbeiteten im Schlachthaus bzw. im Laden und die älteren Geschwister besuchten die Schule oder waren schon aus dem Haus. Der Kinderwagen mit Klein Herbert stand in der großen Wohnküche der Fleischerei und davor lag der Bernhardiner. Eines Tages kam ein Händler und wollte Ware abholen. Meine Großmutter war beschäftigt, bat ihn, etwas zu warten und schickte ihn in die Küche, wo er sich an den Tisch setzte. Nach einer Weile war immer noch niemand erschienen, aber er verspürte ein Bedürfnis. Der Mann erhob sich vom Stuhl, jedoch ein drohendes Knurren ließ ihn erstarren und er nahm vorsichtig wieder Platz. Erst jetzt entdeckte er das riesige Tier, das sich wieder friedlich zusammengerollt hatte. Nach einigen Minuten wiederholte sich das Spiel. Wenn der Mann sich erhob, stand auch „Cäsar" auf, ließ ihn nicht aus den Augen und knurrte. Der Mann musste sich wieder setzen. Es mag ziemlich lange gedauert haben, bis meine Großmutter den Geschäftsmann

Im Moyser Garten gab es für mich als Vierjährige schon kleine Aufträge: Blumengießen (1940).

erlöste, der inzwischen buchstäblich „die Hosen voll" hatte.

Ich war mit meiner Mutter zu allen Jahreszeiten bei den Großeltern Paeselt zu Besuch. Besonders liebte ich im Sommer den großen Garten mit Obstbäumen, Beerensträuchern und viel Gemüse, den mein Opa bewirtschaftete. Auch Hühner und Kaninchen wurden gehalten. Die Großeltern waren fast Selbstversorger. Ich half schon bald mit großem Eifer beim

Die Gartenarbeit mit Opa zusammen machte mir viel Freude (1944).

Gießen und Unkrautjäten. Großvater erklärte mir die Nutzpflanzen und lehrte mich, sie von den Unkräutern zu unterscheiden. Meine Liebe zum Gärtnern wurde auch von ihm entfacht.

Meine Großmutter war eine tüchtige Geschäftsfrau und wusste das Geld zusammenzuhalten. Aber nicht nur im Laden, auch im sonstigen Leben war sie sparsam. Backte sie Kuchen, dann durfte ich die Zutaten in die Schüssel schütten und rühren. Wenn sie aber den Teig auf das Blech gab, dann kratzte sie so lange die Schüssel aus, bis nicht das kleinste Restchen zurückblieb. Ich schaute mit begehrlichen Blicken zu und hätte doch so gerne etwas zu schlecken gehabt! Mein Großvater nahm sich immer viel Zeit für mich, spielte mit mir „Mühle", „Dame" oder das Kartenspiel „Sechsundsechzig".

Schöne und erschreckende Seiten von Görlitz

Besonders freute ich mich immer auf die Ausflüge, die wir mit den Großeltern unternahmen. Auf der westlichen Neißeseite liegt der Hausberg von Görlitz, die Landeskrone. Von Moys bis zum Ortsteil Klein-Biesnitz fuhr schon damals eine Straßenbahn, die Fahrt damit war für mich immer ein Erlebnis. Von der Endstation wanderten wir dann auf den 420 Meter hohen ehemaligen Vulkan, der für die Görlitzer Bevölkerung ein beliebtes Ausflugsziel war, denn auf dem Gipfel erwartete die Besucher eine zum Gasthaus ausgebaute Burg. Großvater trank immer ein Landskron-Bier und ich bekam ein Malzbier (ohne Alkohol). Außerdem erlebte man einen einmaligen Panoramablick von 360 Grad auf die Stadt und die Landschaft. Das Iser- und Riesengebirge, sogar die Schneekoppe konnte man bei ganz klarer Sicht in 70 Kilometer Entfernung erkennen.

Mein Großvater zeigte mir die vielen Basaltfelsen und erzählte mir, dass vor langer, langer Zeit, vor Millionen von Jahren, die Erde an dieser Stelle Feuer gespuckt hätte. Die feurige Lava sei dann erkaltet und hätte so schöne Säulen gebildet. „Es ist wie mit den Eisblumen am Fenster. Wenn das Wasser ganz kalt wird, wenn es gefriert, siehst du schöne Sterne", erklärte er mir das Phänomen. Wir mussten in den ungeheizten Schlafzimmern im Winter am Morgen immer „Löcher" in die Scheibe hauchen.

Ganz in der Nähe südlich der Landeskrone liegt das Dörfchen Kunnerwitz. Hier lebte der Stiefbruder meines Vaters, Onkel Rudel, mit seiner Familie. Die vier Kinder Inge (meine Patentante), Ingo, Gudrun und Gerda waren viel älter als ich. Gerda war mit fünf Jahren Altersunterschied für mich gerade noch ein Ansprechpartner. Trotzdem liebte ich die Besuche in dem Schul- und Wohnhaus. Das Schulhaus hatte außer zwei großen Schulsälen viele Zimmer und eine Wohnküche für die Großfamilie, in der meine Tante Else mit energischer Hand die Regie führte. Auch den großen Schulgarten bewirtschaftete sie, wobei alle Kinder mithelfen mussten. Meinen Onkel habe ich in voller Montur als Imker vor meinem inneren Auge. Die Imkerei war seine große Leidenschaft neben den Obstbaumkulturen. Beides hing ja auch eng voneinander ab.

Mein Onkel war so ein richtiger Dorfschullehrer einer einklassigen Schule, der auch für die sportliche Ertüchtigung der Jugend sorgte. Ich erinnere mich an die letzten Sommerferien 1944, als er die Dorfkinder für ein Sportfest trainierte. Alle Altersstufen waren vertreten und ich durfte mich daruntermischen. Zum ersten Mal probierte ich Weitsprung in eine Grube und Hochsprung über ein Seil.

Mit diesen Ferien endete die Zeit, in der das Kriegsgeschehen für mich als Kind noch keine offensichtlichen Auswirkungen gezeigt hatte.

Ich habe mich daher jetzt mit „Görlitz unter dem Nationalsozialismus" beschäftigt: 1939 wurde auf dem Jäckelsberg in Görlitz-Moys, heute Zgorzelec-Ujazd, aus dem ehemaligen Durchgangslager (Dulag) das Lager für kriegsgefangene Unteroffiziere und Schützen gebildet. Schon zu diesem Zeitpunkt waren im Lager mehr als 10.000 Kriegsgefangene. Die ca. 120.000 Kriegsgefangenen, die während des Zweiten Weltkrieges im Lager gefangen waren, kamen u. a. aus Frankreich, Polen, Jugoslawien, Belgien, USA, Sowjetunion, Italien und England. Im Stadtgebiet von Görlitz gab es noch mehrere, dem STALAG VIII A untergeordnete Kriegsgefangenenlager. Die Inhaftierten waren gezwungen, in Industriebetrieben und auf umliegenden Bauernhöfen zu arbeiten. Am 01. September 1941 war das Lager mit 47.328 Gefangenen belegt. Eine große Anzahl Kriegsgefangener wurde vom Lagerpersonal bestialisch ermordet oder ist an den Folgen von Krankheiten und Hunger gestorben. Heute erinnern ein Gedenkstein und mehrere Informationstafeln an das Kriegsgefangenenlager STALAG VIII A. In dessen Nähe befindet sich ein Friedhof mit den Gräbern der im Lager umgekommenen sowjetischen Soldaten.

Der französische Komponist Oliver Messiaen, der 1940 zum französischen Militärdienst einberufen wurde, vollendete im STALAG VIII A als Kriegsgefangener das „Quartett auf das Ende der Zeit" („Quatuor pour la fin du temps") und führte es mithilfe von Jean Le Bouaire (Violine), Henri Akoka (Klarinette), Etienne Pasquier (Cello) und ihm selbst am Klavier am 15. Januar 1941 zum ersten Mal auf (nur diese Instrumente konnten aufgetrieben werden sowie Instrumentalisten mit den entsprechenden Fähigkeiten, sie zu spielen).

Erst jetzt erfuhr ich etwas über Leben und Werk des französischen Komponisten Messiaen. Das Lager befand sich wenige hundert Meter Luftlinie vom Haus der Großeltern entfernt, am Jäckelsberg. Der Spazierweg, der im Sommer am Rande des Geländes entlangführte, verwandelte sich im Winter in eine herrliche Rodelbahn, die ich in den Winterferien mit Opa zusammen aufsuchte. Ich habe das Lager aber nie wahrgenommen. Ich finde es unfassbar und bin bestürzt, dass in und um Görlitz und Moys so viele Menschen unter schrecklichen Bedingungen leben mussten und ihr Leben gelassen haben. Und meine Eltern und Großeltern, auch Onkel und Tante haben „nichts davon gewusst" oder einfach geschwiegen. Wenn man eine Deutschlandkarte zur Hand nimmt und die Vielzahl der Orte mit Gefangenenlagern und Konzentrationslagern betrachtet, dann möchte man keinem Erwachsenen der Kriegsgeneration abnehmen, dass die Verbrechen des Nazi-Regimes von ihnen unbemerkt geblieben sein sollen. Die meisten Menschen haben es als normal empfunden, dass im Krieg Gefangene gemacht wurden. Über die Größenordnung der Gefangenen (5 Millionen allein russische!) hatte wohl wirklich kaum jemand eine genaue Vorstellung.

Reise 2007

Erinnerungen im Schwimmbad

Wieder ist gut ein Jahrzehnt vergangen. Inzwischen haben mein Mann und ich zwar mehrere Reisen privater und dienstlicher Art nach Polen unternommen, sie führten jedoch alle in den Norden unserer Nachbarrepublik. Danzig, Marienburg, die Tucheler Heide, das Kaschubenland lernten wir kennen, besuchten mehrmals Posen, Bromberg und Warschau. Diesmal steht ebenfalls eine Tagung in der Hauptstadt im Deutschen Historischen Institut auf dem Programm. Bei dieser Reise soll unser Auto für mehr Beweglichkeit sorgen und Zeit wollen wir uns auch lassen! Mein Mann und ich sind schließlich im „Ruhestand".

Allmählich hat zudem in meinem Kopf der Plan Gestalt angenommen, die Erinnerungen an meine Kindheit in Schlesien und an die Flucht aus meiner Heimat auf dem Papier festzuhalten. So möchte ich noch einige weiße Flecken mit Bildern und Farben füllen. Ich bereite mich gut vor, nehme mir alle wichtigen Familienfotos zum Vergleich mit. Ich denke, dass mir Vaters alte Radfahrkarte von Niederschlesien als auch eine aktuelle polnische Karte der Województwo Śląskie gute Dienste leisten können. Die Route plane ich genau, verzichte aber bewusst auf Hotelvorbestellungen, um zeitlich nicht an feste Termine gebunden zu sein, sondern Spielraum für spontane Unternehmungen zu haben. Ich vertraue darauf, dass Anfang September nur wenige Touristen unterwegs und die Hotels nicht ausgebucht sind. Außerdem stellen die Campingplätze in Polen in der Regel kleine Häuschen oder andere feste Unterkünfte, eine Art Motel, zur Verfügung. Damit machten wir in den letzten zehn Jahren gute Erfahrungen.

Auf der Hinreise über Posen treten in dieser Hinsicht keinerlei Probleme auf und in Warschau ist sowieso für unsere Unterkunft gesorgt.

Nach drei Tagen in Warschau heißt auf der Rückfahrt das

erste Etappenziel Jauer. Auf dem Stadtplan finden wir sofort
das einzige Hotel: geschlossen. Es wird schon dämmrig. Wir
fragen nach einer anderen Unterkunft. Da ist keine besondere Auswahl, gibt man uns zu verstehen. Nach der polnischen
Beschreibung mit links, geradeaus, rechts geraten wir an den
Stadtrand und wir landen – im Schwimmbad, besser gesagt
auf dem Gelände des Schwimmbads mit dem Gebäude für die
Wohnung des Bademeisters. Als einzige Gäste können wir uns
eines der drei Gästezimmer aussuchen. Eigentlich gibt es außer Frühstück keine Verpflegung, aber die freundliche, das
Schwimmbad bewirtschaftende Familie bereitet uns aus Brat-
kartoffeln und Würstchen ein Abendessen zu und lädt uns an
den Familientisch ein.

Am nächsten Morgen blicke ich aus dem Fenster und we-
cke meinen Mann mit den Worten: „Hier bin ich früher schon
einmal gewesen! Das große Schwimmbecken gab es schon zu
meiner Zeit. Ich sehe vor mir noch den Bademeister mit einem zappelnden Wesen an der Angel. Ich sollte auch auf diese
Weise schwimmen lernen, aber ich wehrte mich, wie ein ge-
fangener Fisch gehalten zu werden." Und deshalb wurde damals nichts aus meinem Schwimmkurs.

Mein Mann erkennt das Schwimmbadgebäude als typisch
nationalsozialistischen Bau. Und wirklich, auf Nachfragen
erfahren wir, dass es 1935 errichtet wurde mit einem Olym-
piabecken auf dem Gelände. Im ganzen Land wurden damals
Sportstätten gefördert, um jungen Menschen Trainingsmög-
lichkeiten für die Sommerspiele der XI. Olympiade, ausgetragen 1936 in Berlin, zu bieten. Man setzte in einigen Orten
auch den Reichsarbeitsdienst für diese Bauarbeiten ein, wie
ich später nachgelesen habe.

Nach dem zufälligen Erfolgserlebnis „Schwimmbad" setzen wir die Spurensuche im Stadtkern zu Fuß fort. Bald stehen wir auf dem Ring. Ich habe mich gut informiert und kann
meinem Mann das typische Bild eines schlesischen Markt-
platzes genau erklären: rechteckige Anlage, das Rathaus in
der Mitte, das nach einem Brand 1896/97 im Stil der Neu-
Renaissance wieder aufgebaut wurde. Lediglich der gotische
Rathausturm aus dem 16. Jahrhundert, mit der Turmhaube
aus dem 17. Jahrhundert, blieb erhalten. Der Ring ist um-

Gedenktafel für die Romanautorin und Dichterin Henriette Hanke in Jauer am Ring in deutscher und polnischer Sprache.

säumt von kleinteiliger Bebauung aus der Barock- und Renaissancezeit, in deren Erdgeschoss Laubengänge integriert sind. Sie entstanden nach dem Stadtbrand im letzten Drittel des 18. Jahrhunderts. Ein Teil der ursprünglichen Ringbebauung wurde 1945 zerstört. Die nachempfundenen Betonbögen bei der Neubebauung mit dem Versuch, den Charakter des Rings auf der Nord- und Ostseite zu erhalten, überzeugen nicht. Aber einige der alten Häuser sind restauriert, so das Haus zum Bienenkorb, das mir auch früher schon besonders gut gefiel.

An manchen Häusern sind Gedenktafeln in polnischer und

deutscher Sprache angebracht, so zum Beispiel für Johann
Christian Günther, der in einem dieser Häuser eine Zeitlang
gewohnt hatte. Es ist ein merkwürdiger Zufall, denn diesen
bekannten schlesischen Barockdichter hatte mein Mann ausgerechnet zum Gegenstand seiner mündlichen Doktorprüfung.
So erhalte ich einen kostenlosen Vortrag an authentischem
Ort. Auch an eine Romanautorin und Dichterin Henriette
Hanke wird erinnert, in Jauer geboren und gestorben (1785–
1862). Sie ist uns beiden kein Begriff und wir nehmen uns
vor, zu Hause nach Literatur von ihr in der Bibliothek zu suchen. Wir freuen uns, dass offenbar in Jauer seit einigen Jahren eine gemeinsame polnisch-deutsche Erinnerungskultur
entstanden ist. [3]

Ballett: Die Puppenfee

Mit dem Rathaus bildet das Stadttheater einen Komplex in
der Mitte des Rings. Die Eingangstüren stehen offen und sofort zieht es mich magisch in den Theatersaal. Ich lasse mich
auf einem Zuschauersessel nieder und schon spult sich wie
ein Film auf der Bühne mein schönstes Kindheitserlebnis ab:
Der Vorhang ist offen und ich sehe ein sieben- oder achtjähri-
ges Mädchen von der rechten Seite zu Walzermusik herein-
tanzen, in den Armen eine Puppe ...
    Aber jetzt erzähle ich die Geschichte der Reihe nach:
    Ich muss in der zweiten Klasse gewesen sein, als ich über
Freundinnen von der Ballettschule am Jauerschen Stadttheater erfuhr. Ich drängte meine Mutter, mich auch dort anzu-
melden und wurde aufgenommen. Sehr schnell lernte ich
Spagat, Handstand und Radschlagen. Die fünf wichtigen ‚Positionen' der Fußstellungen kann ich noch heute. Wir übten
sie mit der Hand auf der Stange an der Wand. Es bereitete
mir einen Heidenspaß, mich nach Musik zu bewegen. Dort
lernten wir auch Walzer tanzen. Allerdings übten wir Anfän-
ger noch nicht mit Spitzenschuhen mit abgeflachten, verstärk-
ten Kappen. Wir Kleinen hatten einfache Schläppchen. Ob
die richtigen Ballettschuhe während des Krieges Seltenheits-
wert besaßen oder unsere Füße erst kräftiger werden sollten,
weiß ich nicht mehr. Jedenfalls beneidete ich die älteren Mäd-

Plakat zur Aufführung der Puppenfee von Josef Bayer. Ich durfte die Rolle eines betrübten Puppenmütterchens spielen.

chen, die schon wie ausgebildete Ballerinen trainierten. Im Herbst hieß es für unser Ensemble, ein richtiges Ballettstück einzustudieren: Die Puppenfee von Josef Bayer (1852–1913), einem Zeitgenossen von Johann Strauss (1825–1899), dem ‚Walzerkönig', die sich gegenseitig in ihrem Schaffen beeinflusst haben.

Die Geschichte des Einakters, das Libretto, machte mir Freude: Nach dem Öffnen des Vorhangs sieht man den Spielwarenhändler und Puppenmacher bei der Arbeit. Er ist gerade dabei, ein weiteres Exemplar für seine große Sammlung der verschiedensten Puppenarten zu schaffen. Die meisten Puppen haben einen mechanischen Antrieb und können sogar tanzen. Währenddessen befreit der Lehrling des Künstlers andere Puppen vom Staub, damit sie dem Auge wieder einen erfreulicheren Anblick bieten. Plötzlich betritt der Briefträger den Raum und rempelt eine Puppe an. Diese beginnt sofort zu tanzen. Nachdem der Postbote wieder gegangen ist, betritt ein trauriges Mädchen mit einer arg lädierten Puppe den Laden. Der Puppenmacher sorgt dafür, dass das Spielzeug wieder in seinem alten Glanz erstrahlt und das Kind wieder lächeln kann. Die nächsten Besucher sind ein derber Bauer mit Frau und Tochter. Die drei verhalten sich ziemlich ungeschickt, wobei eine große Puppe umfällt. So geht dem Meister nie die Arbeit aus. Der Puppenhändler genießt einen vortrefflichen Ruf weit über seine Heimat hinaus. Dies zeigt sich auch daran, dass sogar ein englischer Lord, seine Gattin und drei Kinder den Weg zu ihm gefunden haben. Ihr Wunsch ist es, eine Puppe zu besitzen, die tanzen kann. Voller Stolz will der Meister den Engländern eine Puppe vorführen, von der er glaubt, sie sei ihm besonders gut gelungen. Zu seiner Enttäuschung versagt das Spielzeug jedoch vollkommen. Aber was soll's? Der Laden hat ja noch genügend andere Puppen zu bieten, die jetzt nacheinander vorgeführt werden: Puppen in der Kleidung ganz unterschiedlicher Völker, die Tänze aus ihren „Heimatländern" Österreich, Spanien, China und Japan vortragen. Den Abschluss bildet die Puppenfee, die nach der Musik von Johann Strauss einen Walzer tanzt. Das Ehepaar aus England ist begeistert und gibt eine Bestellung auf. Inzwischen ist es Abend geworden. Der Puppenmacher schließt seinen Laden und geht nach Hause.

Um Mitternacht beginnt in dem Puppenladen das eigentliche Vergnügen: Alle Puppen werden Punkt 12 Uhr lebendig. Sie vollführen akrobatische Tänze, scherzen, spielen und machen Musik. Im Mittelpunkt des Geschehens aber steht die Puppenfee, die von allen Puppen als ihre Königin angesehen und der gehuldigt wird. Ein bisschen Trauer mischt sich ein, denn die Puppenfee wird sie verlassen und nach England reisen. Aber der Meister wird schon dafür sorgen, dass eine neue

Fee das Licht der Welt erblickt. Der Morgen graut und beim Hahnenschrei umringen alle noch einmal ihre Königin, und dann geht es zurück in die Puppenschachteln.

An die größeren Mädchen, die auch schon den Spitzentanz beherrschten, wurden natürlich die Hauptrollen vergeben. Die anderen Kinder stellten die verschiedensten Puppen im Laden dar, meist nur als Statisten. Aber die Rolle des traurigen Mädchens mit der lädierten Puppe war noch unbesetzt. Die Vergabe hing davon ab, ob man einen Walzer tanzen konnte. Der Probetanz gelang mir so gut, dass ich ausgewählt wurde. In einer Falte des Vorhangs wartend, musste ich während der Aufführung bei einem bestimmten Takt mit meiner Puppe auf der Bühne erscheinen, pantomimisch dem Meister mein Anliegen, das Spielzeug zu reparieren, vortragen. Ich hatte mich bei ihm zu bedanken und sollte glücklich wieder aus dem Puppenladen verschwinden. Alle Bewegungen wurden getanzt und die Gefühle von mir mit Pantomimen ausgedrückt.

Während der Weihnachtszeit standen mehrere Vorstellungen auf dem Programm. Zur Premiere hatten natürlich meine Mutter und meine Großeltern Freikarten erhalten. Am Ende der gelungenen Vorstellung hob und senkte sich der Vorhang und nach den Hauptdarstellern durften auch die Nebenrollen – eben auch ich als betrübtes Puppenmütterchen – auf der Bühne erscheinen. Das Verneigen hatten wir wie richtige Schauspieler viele Male geübt. Zum Schluss erschien das gesamte Ensemble auf der Bühne und es wurden Blumen verteilt, die die Angehörigen gestiftet hatten. Ich wusste, dass ich ein kleines Blumentöpfchen erhalten sollte. Aus irgendeinem Grunde fanden mich die Angestellten des Theaters nicht sofort. Bei jeder Öffnung des Vorhangs und der Verneigung der Mitwirkenden wurde mein Gesicht länger, bis ich schließlich in Tränen ausbrach. Erst als sich der Vorhang das letzte Mal öffnete, bekam ich doch noch die Belohnung überreicht und lächelte erleichtert, wenn auch mit nassen Wangen.

Ich sehe noch heute die von jungen Mädchen dargestellten tanzenden Puppen auf der Bühne vor mir! Nein, heute sind es die Dekorateure, die gerade die Kulisse für eine Theatervorführung richten. Mein Blick wandert zur Decke des in der Weimarer Zeit im Neo-Renaissancestil modernisierten Gebäu-

Die Mädchenschule, in die wir umquartiert wurden, war ursprünglich das Bernhardinerkloster.

des, das recht herrschaftlich wirkt. 1933 war die Bühne zum „Niederschlesischen Landestheater" erhoben worden und leistet wohl auch jetzt der polnischen kulturellen Szene gute Dienste.

Bei der weiteren Spurensuche in der Heimatstadt meiner Mutter denke ich an das letzte Kriegsjahr. Als Drittklässler quartierte man uns Schüler aus der provisorischen Unterkunft im Pfarrhaus der Martinskirche in die eigentliche Mädchenschule um. Auf dem Schulweg dorthin musste ich den „Ring" überqueren und am Rathaus vorbei in eine Seitenstraße einbiegen. Instinktiv wähle ich jetzt beim Theater eine schmale

Straße Richtung Süden und wir gelangen genau an den Ort, der mir vorschwebte. Ich stelle fest, dass das Schulgebäude von damals ein Anbau an eine Kirche mit barockem Giebel ist, nach dem Stadtplan das ehemalige Bernhardiner-Kloster. Häufig waren früher Schulen kirchliche Einrichtungen. Sogar die das Grundstück begrenzende Mauer steht noch. Sie schloss unseren Schulhof ab. Ich sehe uns Kinder in unseren Pausen bei dem Spiel „Ochs am Berg" mit unserem Pausenbrot in der Hand zu dem „Ochs" – einer Mitschülerin an der Mauer mit dem Rücken uns zugewandt – hinrennen. Dreht sie sich aber plötzlich um, dann stoppen wir mitten im Lauf. Alle bemühen sich, still zu stehen, egal in welcher Position. Wer es nicht schafft und noch mitten in der Bewegung ist, wird gnadenlos zur Startlinie zurückgeschickt. Und wieder ertönt der Ruf „Ochs am Berg". Wie glücklich bin ich, wenn ich einmal mit dem Handschlag „eins, zwei, drei!" die Mauer als Erste erreiche und jetzt selbst das Spiel dirigieren kann!

Ab Beginn des 3. Schuljahrs unterrichtete uns eine andere Klassenlehrerin. Ich war immer sehr gut im Rechnen, und deshalb hatte ich bei ihr einen Stein im Brett. Sie wandte eine Methode der Leistungsprüfung an, die mich immer wieder als „Rechenkönigin" bestätigte: Die ganze Klasse musste sich aufstellen, und zwar immer zu zweit. Dann gab die Lehrerin den beiden ersten Schülerinnen eine Rechenaufgabe, und wer als Erste die richtige Lösung wusste, durfte sich wieder hinten anstellen. Die andere hatte sich zu setzen. So ging die Probe immer weiter, bis zum Schluss die Beste übrig war. Mir war es unangenehm, dass ich meist bis zum Schluss im Rennen blieb. Und da ich nie gerne im Mittelpunkt stehen wollte, aber auf der anderen Seite doch auch Anerkennung brauchte, focht ich einen ständigen Kampf mit mir aus, auch mal zugunsten einer Mitschülerin auf den ersten Platz zu verzichten, indem ich nicht gleich mit der Lösung herausplatzte.

Unterricht bei Großvater

Das Schulamt hatte Großvater, obwohl schon im Ruhestand, wieder für den Schuldienst eingesetzt, da viele Lehrer zur

Wehrmacht eingezogen oder schon an der Front gefallen waren. Er unterrichtete in der Knabenvolksschule, einem repräsentativen Backsteinbau in der nächsten Straße um die Ecke. So ergab es sich auch, dass er eines Tages bei uns Vertretungsunterricht übernehmen musste. Das war ein Erlebnis, das ich nie vergessen habe, obwohl es für mich nicht besonders rühmlich ausging. Die Neuigkeit erfuhr ich schon am Vortag. Vielleicht hatte Opa mich auch nach dem Stand im Rechnen oder Lesen gefragt. Natürlich war ich sehr aufgeregt: „Mein Opa hält bei uns Unterricht!" Ich wollte beweisen, dass ich in der Schule gut bin. Erwartungsvoll sah ich dem kommenden Tag entgegen. Opa wählte eine Lesestunde und das Lesestück hieß:

Die Frau und der Weizen

Es waren einmal drei Tierlein, eine Ente, eine Ziege und eine Katze. Die wohnten in einem kleinen Häuschen, und ihre Frau war ein altes Waldweiblein. Das bekam einmal eine Handvoll Weizenkörner geschenkt.

„Die lege ich in den Boden, damit sie wachsen", sagte das Weiblein, „wer will mir helfen?" – „Wir nicht", sagten die Ente, die Ziege und die Katze. Da tat sie es allein. Der Weizen wurde hoch und reif. „Nun will ich den Weizen schneiden", sagte das Weiblein, „wer will mir helfen?" – „Wir nicht", sagten die Ente, die Ziege und die Katze. Da tat sie es allein. „Nun muss ich den Weizen dreschen", sagte das Weiblein, „wer will mir helfen?" – „Wir nicht", sagten die Ente, die Ziege und die Katze. Da tat sie es allein. „Nun trage ich die Körner in die Mühle und lasse Mehl mahlen", sagte das Weiblein, „wer will mir helfen?" – „Wir nicht", sagten die Ente, die Ziege und die Katze. Da tat sie es allein.

„Nun wird Brot gebacken", sagte das Weiblein, „wer will mir helfen?" – „Wir nicht", sagten die Ente, die Ziege und die Katze. Da tat sie es allein.

„Nun will ich das Brot essen", sagte das Weiblein, „wer will mir helfen?" – „Wir essen mit", sagten die Ente, die Ziege und die Katze.

„Nein, nein, nein", sagte das Weiblein, „ich esse es allein! Wer nicht arbeitet, soll auch nicht essen."

Nach mehrmaligem Vorlesen des Textes, sollten wir Schüler den Inhalt des Lesestücks mündlich nacherzählen. Dabei rief Opa mich auf, mindestens zweimal. Aber jedes Mal, wenn er fragte: „Und was wollte das Weiblein jetzt tun?", da war ich mit meinen Gedanken nicht beim folgenden Abschnitt, sondern beim übernächsten – vor lauter Aufregung! Ich schämte und ärgerte mich furchtbar über meine voreiligen und unüberlegten Antworten.

Ausgerechnet bei der Lektüre über das Ende der Weimarer Republik und den Beginn des NS-Regimes stieß ich auf den letzten Satz des Lesestücks mit demselben Wortlaut: „Wer nicht arbeitet, soll auch nicht essen." Verwendet hat ihn einer der Protagonisten des nationalsozialistischen Arbeitsdienstes der ersten Stunde, Wilhelm Decker. Wilhelm Decker avancierte nach 1933 zum Generalarbeitsführer. Er schrieb der Arbeit die wichtigste Funktion in der Erziehung der Jugend zu, in der gemeinsamen Arbeit für Deutschland, im Arbeitsdienst: „Egal ob Student, Bauernsohn, Arbeiter oder Professorenkind, sie sollen Seit an Seite mit der Hände Arbeit für das Gemeinwohl Wichtiges leisten". Und dieses Gedankengut, übertragen auf den RAD, vertrat auch mein Vater. [4]

Mein erster Schwarm

Meine Mutter wurde wegen des Lehrermangels in den Schuldienst berufen, ohne eine spezielle pädagogische Ausbildung genossen zu haben. Allgemeine Grundzüge über Kindererziehung hatte sie aber bei ihrer Ausbildung zur Hausschwester mitbekommen. Das Schreiben vom Schulrat ist datiert auf den 3. April 1943. Sie erhielt einen Lehrauftrag an der Knabenvolksschule in Jauer und unterrichtete meinen Jahrgang. Oft hatten wir zur selben Zeit Unterrichtsbeginn oder -ende. Wenn ich früher Schulschluss hatte, durfte ich mich bei ihr im Unterricht in die letzte Bank setzen und zuhören. Und da entdeckte ich meinen ersten Schwarm: dunkle Haare, braune Augen! Den Vornamen des Jungen habe ich vergessen, mit Familiennamen hieß er Seché. Ich fand den Nachnamen so lustig, denn im schlesischen Dialekt bedeutet das Wort „Seche" Urin, also „sechen" gleich Wasser lassen. (Weitere Beispiele schlesischer Mundart, an die ich mich erinnere: Brinkel = Krümel, kascheln = auf dem Eis rutschen, katschen = schmatzen, kokeln = mit Feuer spielen, labern = faseln, nerrsch = verrückt, Tippla = Kochtopf, Tunke = Soße) Ich denke, meine Mutter hat die richtige Aussprache mit Betonung auf der zweiten Silbe verwendet. Sie und auch meine Tante Erna hatten in der Höheren Schule Französisch als Fremdsprache.

Diesem Seché widmete ich meine ganze Aufmerksamkeit. Er war Klassenbester, konnte am schnellsten rechnen und hatte die schönste Schrift. Wenn Mutti Diktathefte mit nach Hause brachte, war ich ganz begierig, in seinem Heft sofort nachzuschauen, ob er wieder 0 Fehler hatte. Ganz sorgfältig durfte ich dann bei der Note die 1 eintragen. Ich nutzte jede Gelegenheit, mit in Muttis Unterricht zu gehen, hatte nur Augen für den Jungen und glaubte zu bemerken, dass er auch immer wieder zu mir schaute. Natürlich, weil ich die Tochter der Lehrerin war!

Tiefflieger und Luftschutzübungen

Während des Unterrichts führten wir ab und zu Luftschutzübungen durch. Uns wurde eingeschärft, dass wir uns vor den Tieffliegern in Sicherheit bringen müssten. In unserem Klassenzimmer standen Zweierbänke, vielleicht auch eine Zweier- und eine Viererreihe hintereinander. In jedem Schulmuseum findet man heute diese alten Schulmöbel.

An einer Längsseite des Klassenzimmers befanden sich die Fenster. Auf den plötzlichen Ruf der Lehrerin „Tiefflieger" mussten wir alle aus den Bänken springen, unsere Schulranzen vom Haken an der Seite der Schulbank reißen und den Kopf damit schützen. Die Fensterreihe hatte sich an die Wand unter die Fenster zu kauern, die Schüler der beiden anderen Bankreihen hockten sich neben ihre Bänke auf der von der Fensterfront abgewandten Seite. Wenn die Piloten mit ihren Bordwaffen im Tiefflug auf die Häuserfronten zielten, seien wir in dieser Stellung vor ihren Schusswaffen geschützt, wurde uns beigebracht. In kindlicher Verkennung der Gefahrensituation machte uns Schulkindern dieses Versteckspiel Spaß.

Zum Glück haben wir nie den Ernstfall erlebt.

Ab und zu wurde in der ganzen Stadt ein Probealarm durchgeführt. Wie im Ernstfall ertönten die Sirenen mit dem durchdringenden auf- und absteigenden Heulton, der durch Mark und Bein ging. Wir mussten ganz schnell unsere Schulsachen packen und geordnet, aber zügig das Schulhaus verlassen und nach Hause gehen. Wer einen langen Schulweg hatte, sollte bei Klassenkameraden den Luftschutzkeller aufsuchen. Man beruhigte uns: Vom Alarm bis zum Erscheinen der Fliegerverbände würde genügend Zeit vergehen, um sich in Sicherheit zu bringen.

Ich kann mich an eine Filmvorführung in der Schule erinnern – vielleicht waren es Ausschnitte aus einer Wochenschau – mit einem erfolgreichen Piloten. Maschinengewehre ratterten, ein Flugzeug ging in Flammen auf und trudelte brennend zu Boden. Das machte mir Angst. Bis Herbst 1944 blieb Schlesien vom Luftkriegsgeschehen verschont. Erst als das Problem der ausreichenden Treibstoffkapazität für Langstreckenflüge gelöst war, wurden die Städte im Osten bedroht. So genoss Schlesien auf längere Zeit den Ruf, der „Luftschutzkeller der Nation" zu sein. Viele Menschen aus dem Westen Deutschlands suchten hier eine sichere Bleibe oder Zuflucht, weil sie ausgebombt waren. Der Wohnraum wurde begrenzt und demgemäß beschlagnahmten die Behörden für überzählig befundene Zimmer und wiesen sie den Bombengeschädigten zu.

Um in der Dunkelheit den Flugverbänden das Auffinden von Zielen zu erschweren, musste an allen Fenstern eine Verdunklung angebracht werden, schwarze Rollos, die jeden Abend heruntergezogen wurden, bevor das Licht eingeschaltet wurde. Die „Luftschutzwarte", besonders ausgebildete Bewohner des Beamtenhauses, achteten genau auf die Einhaltung der Vorschrift. Es kann sogar sein, dass mein Großvater bei uns im Block diese Aufgabe übernommen hatte. Erst im letzten Kriegswinter wurden wir von Fliegeralarm in der Nacht aufgeschreckt.

In unseren Häusern gehörte zu jeder Wohnung ein Wirtschaftskeller. Während des Krieges wurden einige in Luftschutzkeller umgebaut, wobei es sich um die Verstärkung von Deckenbalken, um Mauerdurchbrüche zur Schaffung von

Notausgängen und die sogenannte „Schwerentflammbarma-
chung", also den Ausbau allen brennbaren Materials handelte. Man baute Filteranlagen ein und versah jeden mit einer
feuerfesten Stahltür. Ein Gemeinschaftsluftschutzkeller besaß mit Bestuhlung und Etagenbetten Platz für alle Bewohner des Blocks. Ich hatte mein Köfferchen, meinen „Luft-
schutzkoffer" mit einigen Spielsachen, im Kinderzimmer immer neben meinem Bett stehen und natürlich meine Lieb-
lingspuppe Gerda. Rüttelte mich meine Mutter in der Nacht
bei Fliegeralarm wach, schlüpfte ich in den bereit gelegten
warmen Trainingsanzug, zog den Mantel über und im Eiltempo ging's die Treppen in den Keller hinunter. „Schnell,
schnell, ich hör sie schon brummen!", rief meine Oma immer
ängstlich. Gleichzeitig hasteten acht Familien das Treppenhaus hinunter. Im Luftschutzkeller durften wir Kinder uns
auf die Betten kuscheln. Ich saß aber lieber bei meiner Mutter auf dem Schoß. Da fühlte ich mich geborgen. Mein Opa
ging manchmal nach oben und erzählte, dass er „unsere
Flak"(**Flug**ab**wehrk**anonen) und die Bombenexplosionen bei
Breslau gehört und die „Weihnachtsbäume" am Himmel gesehen habe. Das waren an Fallschirmen langsam zu Boden
sinkende weiße, rote und grüne Leuchtkörper, mit denen vor-
ausfliegende Flugzeuge die Zielgebiete für die Bomber mar-
kierten. Gegen Ende des Krieges waren nach meinen jetzigen
Kenntnissen einige wenige Alarme wegen russischer Bomber
ausgelöst worden. Wenn die Sirenen Entwarnung – einen
gleichmäßigen Ton – gaben, durften wir wieder in die Wohnungen hinauf und erleichtert in den Betten die Nachtruhe
fortsetzen.

An Gespräche über den Krieg kann ich mich gar nicht erinnern. Auch die Rundfunkmeldungen haben mich nicht interessiert und sie haben auch keinerlei Erinnerungsspuren hinterlassen. Unter uns Kindern kursierte aber ein Spottvers, der
wohl die Gefahr von Fliegerangriffen verharmlosen sollte:
„Chamberlain, du altes Schwein,
fliegst mit dem Pisspott übern Rhein.
Fliegst bis an das Deutsche Eck
schießt die Flak den Pisspott weg,
Chamberlain, der liegt im Dreck."

Arthur Neville Chamberlain (1869–1940) war von 1937 bis 1940 Premierminister des Vereinigten Königreichs Großbritannien. Am 3. September 1939, zwei Tage nach dem Angriff Hitlers auf Polen, erklärte die Regierung Chamberlain Deutschland den Krieg.

Als eine der Luftschutzmaßnahmen wurde in unserer Straße ein Löschwasserbehälter ausgehoben. Ein ca. 10 x 20 Meter großes Becken sollte eine Reserve an Wasser aufnehmen, um nach einem Angriff mit Brandbomben für Löscharbeiten zur Verfügung zu stehen. Die Baumaßnahmen im letzten Jahr kamen aber nie über den Aushub des Erdreiches hinaus. Im letzten Winter dienten die Erdhügel und das gefrorene Regenwasser uns Kindern als Kaschelbahnen. „Kascheln" bedeutet im schlesischen Dialekt schlittern oder rutschen. Ich finde die Lautmalerei des Wortes besonders treffend. In der heutigen Zeit würde die Jugend die Anlage zum Skaten benutzen. Wir bekamen damals wegen der Sparmaßnahmen nicht einmal Schlittschuhe, hatten beim Kascheln aber bestimmt ebenso viel Spaß. Entweder ging es einen Hügel hinunter oder wir nahmen im flachen Gelände Anlauf und wetteiferten, wer die längste Strecke auf der Eisbahn schaffte. Natürlich waren Stürze inbegriffen. Allerdings bekamen wir auch Ermahnungen zu hören: „Eure Schuhsohlen werden bald durchgerutscht sein! Wer weiß, ob der Schuster noch Material zum Besohlen hat!"

Biedermeier und Chaiselongue

Zurück zur Besichtigung Jauers: Von meiner Schule gehen wir in westlicher Richtung zum ehemaligen Piastenschloss. Es hatte Jahrzehnte als Zucht- und Irrenhaus gedient und machte einen ungepflegten Eindruck.

Wir folgen der Straße, die in einem kleinen Bogen zur Südostseite des Ringes zurückführt. Wenige Schritte weiter steht die nächste Kirche mit einem schönen Lisenengiebel. Laut Stadtplan handelt es sich um das ehemalige Franziskanerkloster mit Marienkirche. Der typische Bau in Backsteingotik, im Krieg zerstört, inzwischen aber wieder aufgebaut, beherbergt zu meinem freudigen Erstaunen das Heimatmuse-

Die „gute Stube" im Heimatmuseum, dem ehemaligen Franziskaner-kloster in Jauer.

um. Das will ich natürlich besichtigen. Eine Sammlung von alten Madonnen mit Kind ist für mich schon ein Genuss. Bemalte Bauernmöbel und viele Gegenstände des Alltags zeigen, dass der Schlesier seine Vorfahren im fränkischen oder hessischen Raum hatte. Die Motive ähneln sich. Plötzlich bleibe ich wie angewurzelt stehen: Ich fühle mich versetzt in die „gute Stube" der Großeltern! Beim Vergleich mit den Fotos von früher stellt sich zwar heraus, dass die Muster der Stilmöbel verschieden sind, aber aus derselben Werkstatt könnten sie schon stammen!

Als nächsten Erinnerungsort suchen wir wieder das Beamtenhaus in der Breslauerstraße auf. Wir bleiben eine ganze Weile im Auto sitzen, und ich gehe in Gedanken durch die Räume. Ich erzähle meinem Mann, wie sich das Leben bei den Großeltern abgespielt hat.

Alle Wohnungen im Beamtenhaus waren ähnlich geschnit-

Silberhochzeit meiner Großeltern 1932 in der „guten Stube": Gertrud Heckelt geb. Krause 1885-1945 und Karl Heckelt 1876-1955

ten. Meine Großeltern hatten eine Vierzimmerwohnung. Von der Wohnungstür aus betrat man den großen Flur, die erste Tür rechts führte in die besagte „gute Stube". Der nächste Raum war das Wohnzimmer der Großeltern mit einem grünen Kachelofen. Überhaupt wurden alle Räume mit Kachelöfen geheizt, aber genau kann ich mich nur an den im Wohnzimmer erinnern. Das quaderförmige grüne Gebilde besaß außer der Feuerungstür unten noch ein kleines Gittertürchen im oberen Teil, das zu einem Wärme- bzw. Bratfach führte. Es muss zumindest so heiß geworden sein, dass meine Groß-

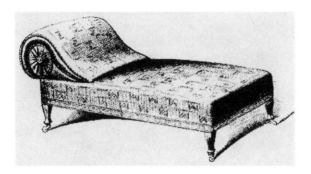

Die Chaiselongue

mutter nicht nur das Essen darin warm hielt, sondern auch Bratäpfel schmorte. Das war natürlich immer etwas Besonderes. In der Weihnachtszeit verbreiteten die Früchte ihren herrlichen Duft in der ganzen Wohnung. Neben dem Ofen stand die Chaiselongue, wir sagten fälschlich „das Schäselong". Der Begriff Chaiselongue kommt ja aus dem Französischen und bedeutet „langer Stuhl". Das niedrige, gepolsterte Möbelstück bietet einer Person in Liegeposition Platz. Es schließt die Lücke zwischen Sessel und Couch. Unsere Chaiselongue besaß ein verstellbares Kopfteil. Ich liebte es, darauf in eine Decke gekuschelt zu lesen oder im Winter mich auszustrecken und die kalten Füße am Kachelofen aufzuwärmen.

Neben der Chaiselongue stand ein großer Bücherschrank. Es war mir strengstens verboten, darin zu stöbern und mir Bücher herauszuholen. Wie ich vermute, sollte ich nicht in dem dicken Bilderlexikon blättern, wobei ich womöglich die nackten Gestalten eines Mannes und einer Frau entdeckt hätte, die dazu noch aufklappbar waren und ihr Inneres zeigten! Solch ein unverständliches Verbot hat mich natürlich erst recht gereizt, in die geheime Zone einzudringen.

Gegenüber, in einer Nische auf einem Regal, hatte der sogenannte „Volksempfänger" seinen Platz. Das war ein einfaches Radiogerät, damals für 76 Reichsmark erhältlich, was im Dritten Reich jeder Familie ermöglichen sollte, Rundfunk

Der Volksempfänger wurde im Volksmund „Goebbel-Schnauze" genannt.

zu hören, um für die nationalsozialistische Propaganda erreichbar zu sein. Weil er auf Geheiß von Joseph Goebbels entwickelt wurde, nannte der Volksmund ihn „Goebbels-Schnauze". Die Erwachsenen hörten jeden Abend Nachrichten. An Kindersendungen kann ich mich nicht erinnern, obwohl es diese damals auch schon gab.

An der Nordseite der Wohnung lagen das Schlafzimmer der Großeltern, ein Abstellraum, die „Rumpelkammer" genannt, der Zugang zum zur Hofseite gelegenen Nordbalkon, das Bad und die Küche. Die Rumpelkammer hatte auch nur ein kleines Fenster, sollte als Schlafkammer für eine Hausangestellte dienen, die es aber bei den Großeltern nicht gab. Hier stapelten sich Kisten und Kasten, in denen man herumkramen und herrliche Schätze für Kinder zutage fördern konnte: alte Kleider und Hüte von den Großeltern und auch Kinderkleider von unseren Müttern. Meine Cousine Hannelore und ich vergnügten uns stundenlang damit, uns zu verwandeln, manchmal in Märchenfiguren, manchmal in Gespenster, um den jüngeren Bruder bzw. Vetter zu erschrecken. Der ärgerte sich immer sehr, wenn „die Mädchen" sich im Kämmerchen einschlossen und geheimnisvolle Dinge trieben.

Wir zwei Mädchen stöberten in alten Zeitschriften und entdeckten eines Tages die Werbung von Dr. Oetker. Sie animierte uns, die Gutscheine für Rezepte auszuschneiden, sie in Kuverts zu stecken und an die Firma Dr. Oetker in Bielefeld zu schicken. Als Absender gaben wir im Wechsel unsere beiden Namen an. Das geschah ganz ohne Wissen der Erwachsenen. Zu ihrer großen Überraschung brachte der Briefträger dann nach und nach Post, die an uns gerichtet war, die kleine Hefte mit Backrezepten enthielten. Das war das erste Mal, dass ich Post erhielt. Natürlich drängten wir darauf, dass Dr. Oetkers Backpulver gekauft wurde. Ab und zu, vor allem vor Weihnachten, durften wir dann mit Omi und unseren Müttern Plätzchen oder Kuchen backen. Mit Feuereifer durchforsteten wir alle Zeitschriften, derer wir habhaft werden konnten, nach weiteren Gutscheinen.

Mein Lieblingsbuch

Ich liebte den Nordbalkon besonders im Sommer, wenn die Sonne frühmorgens im Nordosten aufging und mit ihren wärmenden Strahlen den sonst eher ungemütlichen Platz in eine angenehme Leseecke verwandelte. In der Ferne glitzerten dann manchmal goldene Türme, die sicher zu einem Schloss gehören mussten. Das bildete ich mir natürlich ein. „Das sind doch die Kirchtürme von Wahlstatt", belehrten mich die Erwachsenen.

Ich erinnere mich noch genau an meinen siebten Geburts-

Buchcover meines ersten Kinderbuches „Klein Ingrid beim Rätselmann"

tag, an dem ich in früher Morgenstunde mein neuestes Buch auf diesem Balkon zu lesen begann. Dessen Titel enthielt nämlich meinen Vornamen: Klein Ingrid beim Rätselmann. Die Geschichte handelt von einem kleinen Mädchen, das seiner kranken Mutter helfen will. Mit einem Blumenstrauß hofft es, ihr eine Freude zu bereiten und sie darüber wieder gesund werden zu lassen. Aber der Frühling hat seinen Einzug noch nicht gehalten und alle Frühlingsblumen schlafen fest unter der Erde. Ein Zwergenmännlein bietet dem traurigen Kind seine Hilfe an, aber es muss zuerst Rätsel lösen, um die Blumen aus ihrem Winterschlaf zu wecken. Das Mädchen errät die Namen und der Rätselmann lockt mit seiner Zauberflöte die Blumenelfen hervor, die dann dem Kind Blütenknospen in das Körbchen legen: Vergissmeinnicht, Maiglöckchen, Dotterblume, Himmelschlüssel und Wiesenschaumkraut.

Es war mir sehr wichtig, dieses Buch wieder in Händen zu halten, denn mein Interesse an Botanik erfuhr dadurch den entscheidenden Impuls. Alle Nachforschungen in Bibliotheken und Antiquariaten in den letzten Jahren blieben zunächst erfolglos. Erst kurz vor Drucklegung meines Buches konnte ich antiquarisch ein Exemplar erwerben. Allerdings irritierte mich zuerst die Gestaltung des Einbandes. Während das Bild bei mir das Ja-das-ist-es-Erlebnis auslöste, konnte ich mich an die Sytterlinschrift des Titels nicht erinnern. Ich weiß genau, dass ich als Erstlese- und Schreibschrift mit der Gemischt-Antiqua und der lateinischen Ausgangsschrift begonnen hatte und am Ende des ersten Schuljahrs schon sicher lesen konnte. Ich fand dann in der Fachliteratur die Bestätigung, dass 1942 die Umstellung stattgefunden hatte. Der Text der Geschichte selbst ist in Fraktur ausgedruckt, so wie am unteren Rand die Angaben über Verlag und Erscheinungsort. Diese Schrift mag mir wohl keine großen Schwierigkeiten bereitet haben. Ich konnte zudem meine Mutter fragen, die mit der alten Schrift groß geworden war.

Es war jedenfalls ein beglückendes Gefühl, nach mehr als siebzig Jahren, mein erstes Kinderbuch noch einmal lesen zu können.

Kohlenklau und Schulsparen

Bei meinem gedanklichen Rundgang durch die Wohnung gelange ich jetzt zum Badezimmer: Wir hatten damals neben Toilette und Waschbecken eine große Badewanne, die nicht eingebaut war, sondern auf eisernen Füßen stand. Dazu ge-

Die Figur des „Kohlenklau" prangte auf vielen Plakaten.

hörte ein großer Badeofen, eine dicke weiße Metallsäule, unten mit einem Feuertürchen versehen. Der große Badetag war immer der Samstag und für mich ein besonderer Spaß! Da fing Opa schon mittags, im Winter sogar am Morgen, an, den Ofen zu heizen, damit es schön warm wurde im Raum und heißes Wasser vorhanden war. Ich badete natürlich als Erste in der Familie und bettelte immer um jeden heißen Tropfen, damit ich mich so richtig in den Fluten aalen konnte. Ich war aus dem Wasser kaum wieder herauszukriegen. Aber die Erwachsenen wollten ja auch noch warmes Wasser haben, des-

Das Schulsparbuch (Außenseite) hat die Kriegswirren überdauert...

halb mussten ständig Holz und Kohle nachgelegt werden. Andererseits sollte mit dem Heizmaterial gespart werden. „Der Kohlenklau geht um!", hieß es, wenn ich immer wieder heißes Wasser nachfließen ließ.

Auch in der Schule wurde die Propagandaaktion zur Einsparung von Brennstoffen durchgeführt. Die Lehrer trichterten uns ein, was der Kohlenklau alles bedeutete: Wenn es durch eine offen stehende Tür zieht, ist er zugange. Wenn im ungenutzten Zimmer das Licht brennt oder das Radio ständig spielt, schnüffelt er herum. Überall, wo wertvolle Kohle, Strom und Gas vergeudet werden, hat er seine Hand im Spiel. – Im Grunde ganz aktuell zum Thema Energiesparen und Umweltschutz! – Nur war das Treiben des Kohlenklaus – womit damals unser Fehlverhalten gemeint war – „wehrkraftzersetzend", weil es der Rüstung und damit der Kriegführung Hitlers und der Wehrmacht schadete.

Nicht nur beim Energieverbrauch sollte gespart werden: Das Schulsparen wurde eingeführt. Schülerinnen und Schü-

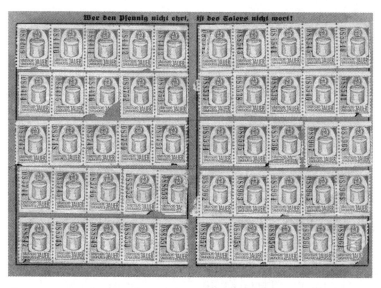

(Innenseite mit Sparmarken) ... *bis zur Währungsreform 1948.*

ler konnten Marken zu 10 Pf, 25 Pf, 50 Pf oder 1 RM erhalten. Das Geld kassierte unsere Lehrerin und die Marken klebten wir Kinder in ein Heftchen. Wenn die Sparkarte voll war, erhielten wir von der Sparkasse ein Sparbuch oder der Wertbetrag wurde in dem bereits vorhandenen Sparbuch gutgeschrieben. Die Sinnsprüche auf dem Sparbuch prägten sich gut ein: „Wer den Pfennig nicht ehrt, ist des Talers nicht wert!" Und: „Spare in der Zeit, so hast du in der Not."

Was wir natürlich nicht ahnten: Das Schulsparen schöpfte Kaufkraft ab, die größer war als das Warenangebot, und es diente der Rüstungsfinanzierung.

Omas Küche im doppelten Sinn

Aber wieder zurück zur Wohnung: In der großen Wohnküche kochten die Mütter auf einem Kohleherd, der gleichzeitig den Raum heizte. Das „Schiff", ein eingelassenes metallenes Gefäß mit Wasser, wurde durch das Feuer ebenfalls erhitzt; so

hatte man stets warmes Wasser zur Verfügung. In der Mitte
stand der Küchentisch, den man ausziehen konnte, aber nicht,
um ihn zu verlängern, sondern weil sich darin zwei Spülschüs-
seln befanden. Einen identischen Spültisch besaßen wir auch
in der Fürther Wohnung. Den übernahm ich Ende der Fünfzigerjahre in meine erste eigene Wohnung. Fließendes Wasser mit einem Ausguss war aber zusätzlich vorhanden. Vorräte wurden in der kleinen Speisekammer aufbewahrt, die sogar mit einem Eisfach zum Kühlen leicht verderblicher Lebensmittel ausgestattet war. Der Eismann lieferte mit seinem
Pferdefuhrwerk einmal die Woche einen Block Natureis ins
Haus und kündigte sich mit einer Glocke schon von Weitem
an. Leider war uns das Schlecken untersagt. Trotzdem sti-
bitzte ich ab und zu ein Stückchen, denn wenn es auch nach
nichts schmeckte, hinterließ es doch ein prickelndes Gefühl
auf der Zunge. Das Verbot hatte sicher seinen Sinn wegen des
nicht ganz keimfreien Zustandes des Naturproduktes. In der
Küche wurde immer gefrühstückt. Omi kochte morgens gewöhnlich Mehlsuppe mit Milch. Dazu dünstete sie das Mehl
in Butter, löschte mit Wasser ab, rührte dann noch Milch hinein und würzte die Suppe mit einer Prise Salz ab. Wenn
schließlich noch ein kleines Butterflöckchen in der Mitte
schwamm, war ich restlos zufrieden. Gegen Kriegsende bestand die Zugabe, wenn Fett überhaupt zu haben war, aus
einem Stückchen Margarine oder Butterschmalz. Deren Geruch und Geschmack mochte ich überhaupt nicht und verzichtete lieber darauf. Die Fettzuteilung war im Krieg rationiert, und wir mussten beim Einkaufen immer die Lebensmittelkarten dabeihaben. Der Kaufmann schnitt die entsprechenden nach Fett, Zucker, Mehl usw. getrennten Marken ab,
klebte sie auf große Bogen und sammelte sie, um dafür wieder Nahrungsmittel für die Kunden besorgen zu können. Bei
Brot und Fleisch wurde das ebenso gehandhabt.

Sonntags gab es etwas Besonderes zum Frühstück: Die
Küchentür hatte im oberen Teil eine Glasscheibe, wie ein Fenster. Wenn Opa beim Bäcker Brötchen oder Hörnchen erstanden hatte, ließ er diese hinter dem Fenster wie Kasperpuppen
hin und her tanzen. „Guten Morgen, ihr lieben Kinder, wart
ihr auch alle brav?" „Ja!", schrien dann meine Cousine und

mein Cousin, die häufig zu Besuch waren, und ich wie aus einem Munde. Manchmal führte Opa ein richtiges Kaspertheater auf, was natürlich von uns Kindern mit lautem Hallo aufgenommen wurde. Anschließend verspeisten wir die Kasper-Hörnchen mit besonderem Appetit. An einige typische Gerichte kann ich mich auch noch erinnern: Ich mochte Omis Gemüsesuppe mit den so schön knackenden „Jauerschen Würstchen". Salat wurde bei uns immer süß, mit Zucker, angerichtet. Manchmal gab es ihn auch mit Grieben. Am besten schmeckte mir aber Griebenschmalz auf frischem Brot. Meine Mutter konnte besonders leckere „Buchteln", zubereiten. Die Herkunft des Wortes (tschechisch buchta) verrät die Nähe Schlesiens zur tschechischen Grenze und zur gemeinsamen Geschichte der Zugehörigkeit zu Österreich im 17./18. Jahrhundert. Für die Buchteln formte Mutter Hefeteig zu Klößen und garte diese in einem Tuch über Wasserdampf. Am liebsten aß ich sie mit in Butter gerösteten Semmelbröseln, und dazu gab es Blaubeerkompott. Für den Sonntag backte Omi Streuselkuchen oder schlesischen „Mohkucha". Bei einem „Achtundachtziger"-Kuchen musste man den Mund weit aufsperren. Gegen Kriegsende wurde daraus ein „Fünfundfünfziger", weil wir weniger Fettzuteilung erhielten und die Schicht mit Streuseln immer dünner ausfiel. Denn für diese brauchte man viel Butter!

Alltags-kulturelle Reminiszenzen: Waschtag und Hausschneiderin

Das Alltagsleben verlief in vielen Bereichen für die Frauen ganz anders als heute. In dem großen Mietshaus in Jauer mit vielen Parteien bekam z. B. jede Familie ihren Waschtag zugeteilt. Dann standen Omi, Mutti und Tante – wenn sie zu Besuch war – früher als gewöhnlich auf. Wenn ich dann später nach ihnen im Waschkeller schaute und vorsichtig die Tür einen Spalt öffnete, fand ich sie in Nebelschwaden eingehüllt. „Zeigt her eure Füße, zeigt her eure Schuh, und sehet den fleißigen Waschfrauen zu!" Das Lied hatte ich in der Schule gelernt, gab es jetzt zum Besten und führte die Bewegungen

dazu aus: Jemand rührte mit einem großen Holzstab die ko-
chenden Wäschestücke im großen Kessel um: „Sie rühren,
sie rühren, sie rühren den ganzen Tag", setzte ich mein Lied
fort. Hatte die Wäsche eine Weile gekocht, wurde sie mit dem
Stock herausgefischt und in die Bütten gefüllt. Über das
Waschbrett gerubbelt oder mit dem Stampfer durchgewalkt,
verlor die Wäsche den Schmutz genau so gut wie heute durch
das Wälzen in der Waschmaschine, nur dass ein enormer Einsatz an Körperkraft notwendig war. „Sie reiben, sie spülen,
sie wringen den ganzen Tag!" Die Frauen ließen sich nach
solch einem Waschtag am Abend erschöpft in den Sessel fallen. Helfen durfte ich kaum. „Finger weg! Du verbrühst dich
nur an dem heißen Wasser!", hieß es ständig. Höchstens beim
Spülen durfte ich mal den Stampfer zur Hand nehmen, diesen Besenstiel mit Metallkubus, durch dessen Löcher beim
Stampfen Wasser gepresst wurde. Das gab so ein lustiges gur-
gelndes Geräusch.

Die Wäsche war immer schon am Vortag eingeweicht worden. Als Waschmittel kannten wir damals schon Persil von
der Firma Henkel, die in Deutschland das Monopol besaß. In
Zeitschriften und an Häuserwänden prangte an vielen Stellen als Reklame die Persildame. Ich fand, dass meine Mutti
auch auf solch ein Schild gepasst hätte. Sie sah ebenso jung
und hübsch aus – eine „deutsche Frau" nach des Führers
Vorstellung, mit 1,68m allerdings nicht allzu groß mit blon-
dem, onduliertem Haar zum Knoten gefasst – und trug schi-
cke Kleider und Hüte.

Jedenfalls malte die Mischung aus Mode und Werbung ein
Bild der Harmonie und Normalität, die im krassen Gegensatz
zum Kriegsalltag stand, verkörpert durch den Kohlenklau und
die „Feind hört mit"-Plakate. Eine Scheinidylle, die über die
schreckliche Wirklichkeit der Gefallenen, Vermissten und
Verwundeten hinwegtäuschen sollte.

Beim Aufhängen der Wäsche auf dem Dachboden durfte
ich die einzelnen Wäschestücke anreichen, damit Omi und
Mutti sich nicht so oft bücken mussten.

Wenn man beim Waschtag im Sommer Glück mit dem Wetter hatte, kam die Wäsche noch auf die "Bleiche". Das war die
große Wiese hinter dem Hof, auf der die nassen hellen Stücke

ausgebreitet wurden, damit die Sonnenstrahlen die Flecken ‚bleichen' konnten, und die mit der Zeit leicht unansehnlich werdende Weißwäsche verlor ihre Grautöne. Heute gibt es dafür die ‚Weißmacher', ein chemisches Mittel. Die Wäsche durfte dabei nicht trocknen, sie musste immer wieder angefeuchtet werden. Ich holte mein Gießkännchen, füllte es immer wieder am Wasserhahn und spritzte das köstliche Nass über die ausgebreiteten Wäschestücke. Wenn ich bei warmem Sommerwetter dazu noch meinen Badeanzug anziehen durfte, war das Vergnügen komplett. Die Wäsche musste nach dieser Prozedur nochmals gespült, ausgewrungen und dann an den dafür vorgesehenen Wäscheleinen im Freien aufgehängt und getrocknet werden.

Die Bett- und Tischwäsche wurde nach dem Trocknen noch gemangelt. Das kistenartige Ungetüm von Wäschemangel stand in einem gesonderten Raum. Ich hatte mächtig Respekt davor, konnte ich doch nicht einmal das Rad mit der Mechanik bedienen. Die Tischdecken und Bettlaken wurden um Rollen gewickelt, über die dann der schwere Behälter hin und her walkte und so die Wäsche glättete.

Für das Plätten der anderen Wäsche- und Kleidungsstücke wie z. B. Hemden benutzte man in unserer Familie schon ein modernes elektrisches Bügeleisen. Ich kann mich nicht erinnern, dass uralte Modelle, wie sie heute in Museen und auf Flohmärkten zu finden sind, mit glühenden Kohlestücken gefüllt, in unserem Haushalt benutzt wurden.

Heute ein Relikt der Vergangenheit, kam damals zweimal im Jahr die Hausschneiderin. Sie erhielt ihren Platz im Wohnzimmer am Fenster an einer damals üblichen Nähmaschine, Modell Vorkriegszeit, mit Tretantrieb. Der Mangel an Textilien war spürbar. Die Uniformmanufaktur ließ mit der Kleiderkarte grüßen. Von uns Kindern wurden die Kleider vom Vorjahr anprobiert und eventuell verlängert, denn jedes neue Stück hatte einen breiten Saum, den man nach Bedarf herauslassen konnte. Röcke hatten meist Träger, die sich verlängern ließen. Und so wuchsen Kleider mit uns Kindern und begleiteten uns mehrere Jahre. Aber es gab auch gelegentlich ein neues Kleid. Meist blieb die Schneiderin mehrere Tage, denn auch die Erwachsenen wollten neu ausstaffiert werden.

In den Kriegszeiten wurde fast nur umgeändert. Neue Stoffe erhielt man, natürlich stark begrenzt und zugeteilt, auf Kleiderkarte.

Mein Mann und ich verlassen in Gedanken die Wohnung der Großeltern, umrunden bei einem kleinen Spaziergang den Gebäudekomplex des Beamtenhauses. Bei meiner Beschreibung der Wohnung bestätigt er mir, dass diese respektablen Gebäude, die Beamtenhäuser, wie es sie vergleichbar auch im Westen gab, die Manifestation des preußischen Staates durch seine Beamten darstellte. Anschließend laufen wir durch das Gelände der ehemaligen Schrebergärten. Auch heute werden noch einige Gärten genutzt. Früher stand mancher Mietpartei des Beamtenhauses ein kleines Stück Land zu, teils mit einer Gartenlaube und einem Geräteschuppen versehen.

Auch meine Großeltern bewirtschafteten ein solches Stück Erde. Und wenn Opa gärtnerte, war ich immer mit dabei. Soweit ich zurückdenken kann, hatte ich dort ein Beet für mich. Ich säte am liebsten Radieschen, weil sie schnell wuchsen und ich die Früchte meiner „Arbeit" bald ernten konnte. Auch probierte ich aus, Mohrrüben zu ziehen. Es gab ein paar Obstbäume und dann vor allem Gemüsebeete. Mit frischem Gemüse und Obst konnten wir uns teilweise selbst versorgen. An Blumen liebte ich besonders die gelben Schlafmützchen am Zaun, eine Mohnart, die man heute als „Kalifornischen Mohn" erhält. An Ostern bot der Garten bei schönem Wetter die herrlichsten Verstecke für Eier. Ich erinnere mich an ein Nest im Geäst eines Fliederbaums mit einer besonderen Süßigkeit, einem Marzipan-Ei, das ich hoch oben entdeckte und nach einer kleinen Kletterpartie erbeutete. Diese Kostbarkeit sparte ich mir lange Zeit auf. Eines Tages aber war sie verschwunden. Wer sie sich einverleibt hatte, habe ich nie herausgefunden. Jedenfalls war ich sehr wütend und traurig und vergoss Tränen über den Verlust dieser so seltenen Nascherei.

Das KZ Groß-Rosen

Das Gartengebiet war früher von vielen geradlinigen Wegen durchkreuzt und eignete sich herrlich für Fangspiele. Auf dem

KZ Groß Rosen bei Jauer, Modell und Eingangstor (Fotos 2007)

breiten Mittelweg lernte ich das Radfahren. Zwar nicht auf dem eigenen Fahrrad, doch unter der großen Kinderschar fand sich gelegentlich ein stolzer Besitzer eines Fahrrades, der uns seines großzügig auslieh. Abgeschlossen wurde das Gelände von einem großen, tagsüber offen stehenden Tor, durch das wir das Schrebergartengelände verlassen konnten. Dahinter reizte uns die kleine unbefestigte Straße, die unmittelbar am Bahngelände entlangführte und in gleichmäßigen Abständen durch Granitsteine begrenzt wurde. Auf die quaderförmigen uns etwa bis zum Bauch reichenden Säulen zu klettern, erforderte schon einige Geschicklichkeit. Aber wir halfen uns gegenseitig und warteten stehend auf vorbeifahrende Züge, um den Reisenden zuzuwinken oder die Waggons der langen Güterzüge zu zählen. Was diese Steine am Straßenrand berichten konnten, davon hatten wir Kinder keine Ahnung. Heute begrenzen Absperrungen das Gartengelände. Ringsum sehen wir kleine Industrie- oder Handwerksbetriebe. Wir kehren zu unserem Auto zurück und wollen noch ein wenig die Umgebung von Jauer erkunden. Beim genaueren Studium der polnischen Landkarte mache ich jedoch eine bedrückende Entdeckung in der unmittelbaren Nähe von Jauer. Ein Zeichen in der Legende deutet auf eine besondere „Sehenswürdigkeit" hin. Auch ein Museum ist eingezeichnet. Etwas ungläubig vergleiche ich die Stelle mit einer deutschen Karte und finde den Namen: Groß-Rosen. Handelt es sich etwa um das gleichnamige KZ? Dass dieser Ort nur fünf Kilometer von

Jauer entfernt liegt, ist mir nie bewusst gewesen. Ich frage mich, ob an uns Kindern, Güterzüge zählend, nicht manchmal eingepferchte Menschen vorbeifuhren, einem schrecklichen Schicksal entgegen! Es kostet mich eine ziemliche Überwindung, aber schließlich nehmen wir uns die Zeit, das KZ Groß-Rosen zu besichtigen. Ich möchte berichten können: Ja, so war es und diese Unmenschlichkeit haben Deutsche veranlasst und durchgeführt.

Seit alten Zeiten wurde in der Gegend Jauer/Striegau Granit in großen Steinbrüchen abgebaut und fand vielfältige Verwendung z. B. als Pflastersteinbelag oder Begrenzung für Straßen. Die Produktion in den Steinbrüchen folgte den Auf- und Abwärtsbewegungen der allgemeinen wirtschaftlichen Entwicklung. Ab 1935 kam infolge der zunehmenden Errichtung von Monumentalbauten des NS-Regimes – auch beim Bau des Olympiastadions in Berlin – vermehrt Granit zum Einsatz. Die SS versuchte frühzeitig, ihren Einfluss auf alle Lebensbereiche auszudehnen und beispielsweise ein eigenes Wirtschaftsimperium zu errichten. Diesem Bemühen entsprach auch 1940 der Kauf des in der Nähe von Jauer gelegenen Steinbruchs bei Groß-Rosen. Die von ihr so benannte „Deutschen Erd- und Steinwerke GmbH" (DESt) diente insbesondere als Lieferant des schwarz-grauen schlesischen Granits für Hitlers Bauprojekte. Ich habe das bereits im Zusammenhang mit dem Reichsparteitagsgelände von Nürnberg erwähnt.

Gleichzeitig entstand in Groß-Rosen eines der größten Konzentrationslager (KZ) mit 125.000 Häftlingen, von denen ein Drittel die Torturen nicht überlebte. 50.000 Häftlinge waren Juden, die hier Opfer der „Vernichtung durch Arbeit" wurden.

Groß-Rosen war zunächst als Arbeitslager, Teil des Nebenlagersystems von Sachsenhausen, geplant. Man errichtete es auf dem nahe des Ortes Groß-Rosen (Rogoźnica) gelegenen „Kuhberg", direkt neben dem bestehenden Steinbruchbetrieb, in welchem die Häftlinge eingesetzt wurden.

Ein Modell zeigt die frühere Gestalt des Lagers. Außerhalb des Lagertors waren die Wachmannschaft und die Kommandantur untergebracht. In der Mitte befand sich das Stammlager, dahinter das 1944 entstandene sogenannte „Auschwitz-

Lager".
Zunächst nur provisorisch aus zwei Häftlingsbaracken und Umzäunung bestehend, wurde das Lager in mehreren Etappen ausgebaut und vergrößert. 1941, ein knappes Jahr nach der Gründung, erhielt Groß-Rosen den Status eines selbstständigen Konzentrationslagers. Bei den Bauarbeiten wurden Häftlinge in lagereigenen Bautrupps sowie zivile Arbeiter verschiedener Firmen beschäftigt. 1942 begann der Bau eines Krematoriums. 1944 wurde das sogenannte Kommando „Wetterstelle" von Dachau nach Groß-Rosen verlegt. Hinter dieser Bezeichnung verbarg sich eine Forschungsstelle für Hochfrequenztechnik, in der Häftlinge mit entsprechenden Fachkenntnissen arbeiten mussten. Die Beschäftigten der „Wetterstelle" lebten und arbeiteten separiert von den übrigen Gefangenen und verhältnismäßig privilegiert.

Das Netz der Nebenlager von Groß-Rosen entstand erst spät. Viele der Lager wurden erst 1944 errichtet, so der Lagerkomplex „Riese" im Eulengebirge mit zwölf Unterlagern. Hier war der Bau von unterirdischen Fertigungsstätten und einem neuen Führerhauptquartier geplant. Die Außenlager von Groß-Rosen, unter ihnen viele Frauenlager, befanden sich größtenteils in Schlesien und im „Sudetengau". In diesen vor Luftangriffen noch relativ sicheren Gebieten wurden die Häftlinge meist in der Rüstungsindustrie eingesetzt. Von den Nebenlagern existieren heute wenige sichtbare Spuren, da es sich oftmals nicht um Lager im eigentlichen Sinne handelte, die Inhaftierten stattdessen beispielsweise in stillgelegten Fabrikhallen oder ähnlichen Gebäuden untergebracht waren. Die Existenz mancher dieser Nebenlager lässt sich nicht zweifelsfrei nachweisen, ihre Gesamtzahl wird auf rund 100 geschätzt. Das wohl bekannteste Außenlager von Groß-Rosen war Brünnlitz. Hier gelang es dem durch den Film von Steven Spielberg bekannt gewordenen Unternehmer Oskar Schindler, die von ihm geschützten Juden in Sicherheit zu bringen.

In sechzig Nachkriegsjahren habe ich viel über Konzentrationslager gehört und auch einige auf Reisen besichtigt. Dachau, Buchenwald, Sachsenhausen und natürlich Auschwitz und andere Ortsnamen sind mir geläufig. Den Namen Groß-Ro-

sen habe ich auch schon im Zusammenhang mit der Juden-
vernichtung gehört, konnte ihn aber geografisch nicht genau
einordnen. Erst mit dem jetzigen Besuch in der schlesischen
Heimat ist mir bewusst, dass ich ganz in der Nähe eines dieser Orte des Grauens aufgewachsen bin. Nach dem Krieg fiel
in meiner Familie nie ein Wort über dieses Konzentrationslager. Die dortigen Geschehnisse können der älteren Generation nicht entgangen sein, aber man hat geschwiegen. Die nächste Bahnstation, nur fünf Kilometer von Jauer entfernt, war
nämlich die Ausladestation für das Lager. Von dort hatten die
Häftlinge noch einen Fußmarsch von zwei Kilometern zurückzulegen, mitten durch den kleinen Ort Groß Rosen.

Von der Existenz der Juden in Jauer hatte ich als Kind nie
etwas gehört. Die Statistik jedoch weist einige wenige Menschen jüdischen Glaubens nach, deren Anzahl sich aber schon
von 1933 bis 1939 von 72 auf 17 stark reduziert hatte. Die
Geschichte der Stadt Jauer zur Zeit der Reformation kannte
bereits ein Judenpogrom. Als 1554 der Wanderprediger Ca-
pistrano auf seinem Wege nach Breslau in Jauer auftauchte
und hier die Bevölkerung zum Hass gegen die Juden ansta-
chelte, wurden bei einem Pogrom 17 jüdische Bewohner auf
dem Scheiterhaufen verbrannt; wenige Jahre später wurden
alle übrigen Juden aus dem Städtchen vertrieben. Die Synagoge – schon 1346 nachgewiesen – wurde daraufhin in eine
christliche Kapelle (St. Adalbert-Kapelle) umgewandelt. Sie
ist mir bei der jetzigen Stadtbesichtigung aufgefallen. 1938
existierte demnach in Jauer keine Synagoge, die der Zerstö-
rungswut der Nationalsozialisten hätte zum Opfer fallen können. Zum Besuch einer Synagoge mussten die Gläubigen bis
nach Liegnitz fahren. Ein kleiner jüdischer Friedhof in Jauer,
Mitte des 19. Jahrhunderts angelegt, hat die NS-Zeit und den
Krieg unversehrt überdauert.

Großeltern Heckelt – meine Vorfahren in Kesselsdorf

Unsere Spurensuche soll uns jetzt noch in die Orte der Herkunft meiner Großeltern mütterlicherseits führen: Bunzlau

und Kesselsdorf. Es geht von Jauer aus in nördlicher Richtung bis zur Autobahn und dann weiter nach Westen bis Bunzlau. Unterwegs berichte ich meinem Mann, was ich an Einzelheiten über die Familiengeschichte mütterlicherseits in Erfahrung bringen konnte: Mein Großvater Karl Heckelt stammte aus einer schlesischen Töpferfamilie, die ursprünglich in Ober Peilau bei Reichenbach (heute: Piława Górna, 5 Kilometer südl.) beheimatet war, dann aber nach Bunzlau (Bolesławiece) übersiedelte, wo mein Urgroßvater sich als Töpfermeister selbstständig machte. Bunzlau war damals und ist auch heute noch d i e Töpferstadt Niederschlesiens. Ganz bekannt ist das typische Pfauenmuster auf der Keramik, von der wir auch einige Stücke besitzen, beispielsweise die Käseglocke, die als Frau gestaltet ist, oder die große Vase. Typisch schlesische Produkte sind die großen Tassen („Tippel") und kleinere henkellose Töpfe („Krausen"), zum Beispiel für Honig oder Marmelade. Allerdings haben wir diese Keramik in Hörgrenzhausen im Westerwald erstanden, wohin das Schicksal einige Bunzlauer Töpferfamilien nach dem Krieg verschlagen hat. Mein Großvater ergriff nicht den Beruf seines Vaters, sondern man schickte ihn auf das Lehrerseminar in Bunzlau.

In Bunzlau empfängt uns sogleich ein Wahrzeichen der Töpferkunst: eine Verzierung mit dem Pfauenmuster auf einem Holzwagen. Ich habe aber keinerlei Anhaltspunkte, wo meine Urgroßeltern gewohnt haben könnten, ob sie eine eigene Manufakturwerkstatt besaßen oder mein Urgroßvater in einer Fabrik oder in einem Handwerksbetrieb gearbeitet hat und angestellt war. Der Rundgang durch die Stadt mit dem Rathaus inmitten des Rings, mit dem großen Marktplatz, gesäumt von Bürgerhäusern mit Arkaden, lässt einen Vergleich mit Jauer zu. Typisch schlesisches Kleinstadtflair mit Atmosphäre!

Von Bunzlau geht es über eine Nebenstraße in südlicher Richtung nach Kesselsdorf (Kotliska) im Kreis Löwenberg (Lwówek Śląski). Hier erhielt mein Großvater 1900 seine erste Stelle als Schulmeister. Bei einem Spaziergang durch den Ort entdecke ich bald ein Gebäude, das dem Baustil nach ein Schulhaus gewesen sein könnte. Am Gartenzaun nebenan

Das alte Schulhaus in Kesselsdorf, in dem Großvater unterrichtete, steht noch. (Foto 2007)

lehnt eine ältere Frau, die uns freundlich zulacht. Daraufhin fasse ich mir ein Herz und begrüße sie einfach auf Deutsch mit „guten Tag ". Sie antwortet mir sogleich in gebrochenem Deutsch. Ich mache ihr deutlich, dass ich das Schulhaus des Dorfes suche. Da weist sie auf das große alte Gebäude, vor dem wir stehen. Ich erzähle von meinem Großvater, der darin vor über 100 Jahren unterrichtete. Und von meiner Großmutter und deren Familie im Kretscham. Von der Polin erfahre ich wiederum ihre Geschichte: Sie war als kleines Kind mit ihrer Mutter nach dem Überfall und der Besetzung durch deutsche Truppen verschleppt worden. Die Mutter musste auf einem Bauernhof im Westen Deutschlands Zwangsarbeit leisten. Nach dem Krieg kamen sie nach Kesselsdorf. Ihre eigene Tochter sei jetzt aber nach Deutschland gegangen und in Hamburg verheiratet. So kreuzen sich manchmal die Wege!

Das kleine, typisch niederschlesische Straßendorf besaß

In der Region Breslau renommiertes Gasthaus der Urgroßeltern Krause. Foto um 1900.

außer einer katholischen und einer evangelischen Kirche natürlich auch eincn Kretscham, ein Gasthaus. Ende des 19. Jahrhunderts wirtschafteten darin fünf alleinstehende junge Frauen der Familie Krause. Denn als das jüngste Kind fünf Jahre alt war, wurden die Schwestern Vollwaisen. Die älteren Mädchen mussten den jüngeren Geschwistern Vater und Mutter ersetzen und die Gastwirtschaft mit allem Drum und Dran weiterführen. Als Junggeselle erhielt mein Großvater seinen Mittagstisch im Kretscham. Auf die Jüngste, auf Gertrud Krause, hatte er als junger Lehrer ein Auge geworfen, und sie wurden ein Paar. Mit der Beförderung zum Konrektor 1903 zogen sie nach Jauer. Das Ehepaar bekam zwei Töchter, Erna (geb. 1910) und Anneliese (geb. 1914), meine Tante und meine Mutter.

Das herrschaftliche Gasthaus in Kesselsdorf war durch Kriegseinwirkungen nur wenig beschädigt, fiel beim Einmarsch der Russen nicht einmal der Zerstörung zum Opfer, sondern wurde von den aus dem Osten angesiedelten Polen vermutlich nach dem Krieg als „Steinbruch" für Baumaterial neuer kleinerer Bauernhäuser verwendet. Diese Annahme, glaube ich, hat sich bestätigt.

Bei unserem Rundgang kommen wir an die Stelle, an der nach der Beschreibung meiner Verwandten einmal das Gasthaus gestanden haben soll. Jetzt sind an der Kreuzung nur Grünflächen. Aber kleine Bauernhäuser in der Nähe erwecken den Eindruck, als wären sie erst nach dem Krieg unter Umständen aus Abrissmaterial neu erbaut worden. Vielleicht stammte es von dem Gasthaus meiner Urgroßeltern.

Wir entdecken noch ein Kriegerdenkmal für die Gefallenen des Ersten Weltkrieges mit deutschen Inschriften. Dreimal taucht der Name Krause auf. Ob diese Menschen Verwandte meiner Großmutter waren?

Familienname „Paeselt" slawischen (böhmischen) Ursprungs?

Unsere Spurensuche geht ganz in der Nähe weiter, denn auch mein Großvater Paeselt stammt aus dem Kreis Bunzlau. Die liebliche, leicht hügelige Landschaft geht über in einen topfebenen Landstrich. Wir sind nach Norden gefahren und erreichen den kleinen Ort Czerna, auf Deutsch Tschirne, was den Nationalsozialisten zu slawisch klang, weshalb sie ihn in Tonhain eindeutschten. Dass im Bunzlau-Naumburger Becken Ton abgebaut wird, sieht man auch an den Ziegelsteinhäusern, die das Ortsbild prägen. Ein Laden bietet Bunzlauer Keramik an, die nicht nur in der Kreisstadt selbst, sondern in der ganzen Umgebung gefertigt wird. Beiderseits des gleichnamigen Flusses Tschirne verlaufen zwei Straßen, die wie Adern dem Ort mit den großen Grundstücken, aber meist ärmlichen Häusern ihre Struktur aufdrücken. Die nicht gerade betuchten Bewohner haben trotzdem ihren Gefallenen im Ersten Weltkrieg ein richtiges Mausoleum errichtet. Unter den vielen, natürlich deutschen Namen entdecke ich auch einen Landsturmmann Ernst Päselt, geboren 1887 gefallen 1916, bei Verdun. Sicher ein Verwandter der Familie meines

Großvaters väterlicherseits. Der wurde nämlich hier geboren – in eine ärmliche Welt voll Entbehrungen und viel Arbeit. Dessen Vater Gottlieb, geboren 1848, schrieb sich Päselt, während man den Nachnamen meines Großvaters beim Eintrag in den Wehrpass in Paeselt änderte.

In einem Ortsfamilienbuch für Tschirne fand ich später eine Pauline Paeselt, geboren 1874, und ihren Vater August Paeselt, geboren 1844, ohne den Verwandtschaftsgrad zu meiner Familie in Erfahrung bringen zu können. Mit Christian Pesselt und seiner Tochter Maria Rosine, geboren 1776, ist wieder eine andere, noch ältere Schreibweise in Tschirne vertreten.

Der Familienname Paeselt taucht mit seinen Nebenformen, z. B. Patzelt, Petzold u. a., in Schlesien häufig auf und ist wahrscheinlich slawischen Ursprungs. Die vermutete Ableitung von der slawischen Kurzform Pess (Peter) scheint mir einleuchtend. Dass viele Namensendungen auf -lt (ld) von dem deutschen Wort Leut(e) her erklärt werden können, zeigt wieder einmal die Verschmelzung von deutscher und polnischer bzw. böhmischer Bevölkerung im schlesischen Raum. [5]

Mit einem Historiker als Ehemann bietet es sich zum Schluss unserer Reise an, die Geschichte Schlesiens kurz zusammenzufassen. Anstoß geben allein schon die in Schlesien häufig auftretenden Ortsnamen auf der deutschen Landkarte mit den Suffixen -itz und -ow, denen wir bei unseren vielen Reisen im ehemaligen Osten Deutschlands begegnet sind, die auf eine ursprünglich slawische Besiedlung hinweisen.

Das Land östlich der Elbe war nach der Völkerwanderung vom 8. bis ins 13. Jahrhundert vorwiegend von Slawen besiedelt, die in dieser Zeit die Namensgebung prägten. Karl der Große dehnte das Frankenreich allmählich nach Osten aus. Unter den Ottonen setzte sich die Osterweiterung durch Besiedlung und Missionierung fort. In Ostpreußen waren es die Kreuzritter, die das Land urbar machten und mit Burgen festigten. Die polnischen Könige, die Piasten, riefen Siedler vorwiegend aus Sachsen, Hessen und Bayern ins Land. Es gab also damals schon Migrationsbewegungen. In den folgenden Jahrhunderten war das heutige Schlesien ein Spielball der umliegenden Herrschaftsbereiche von Polen angefangen, dann

Böhmen, Habsburg Österreich und Preußen in den verschiedensten Konstellationen und mit blutigen Kriegen. Der
schlimmste von ihnen war der Dreißigjährige Krieg. Ab 1871
gehörte es wie Preußen zum Deutschen Kaiserrreich. Durch
die beiden Weltkriege sind dann die Grenzen wieder verschoben, so dass nur ein kleiner Teil Schlesiens zur Bundesrepublik gehört, jetzt zum Land Sachsen.

Zwischenzeitlich versucht die europäische Idee, den Natio-
nen ihr tradiertes kulturelles Eigenleben zu bewahren, das
egoistische Nationalstaatsdenken aber im europäischen Ge-
meinschaftsbewusstsein aufgehen zu lassen. Bestehende Grenzen müssen respektiert werden. Dennoch ist Freizügigkeit
angesagt, indem allen Menschen innerhalb der EU zugestanden wird, dort zu leben, wo sie sich zu Hause fühlen oder sich
verwirklichen möchten.

So beenden wir diese Spurensuche durch Schlesien mit einer Reihe neuer Erfahrungen und Erkenntnisse.

Teil III
Das Schicksalsjahr 1945

„Mahnen soll diese Stätte,
die Gewalt zu verdammen,
dem Hass zu entsagen,
der Versöhnung zu dienen
und den Frieden in Freiheit zu wahren."

Inschrift auf dem Gedenkstein für das Flüchtlingslager
Moschendorf bei Hof/Saale

Letzte Weihnacht in der Heimat

Im Juni 1944 waren die Westalliierten an der Atlantikküste gelandet und im August an der Mittelmeerküste. In den folgenden Monaten hatten sie Frankreich befreit. Gegen Ende des Jahres stand die Front noch in etwa am Westwall. Immer noch galt Schlesien als der sicherste Raum Deutschlands, obwohl die Rote Armee sich nach ihrer Sommeroffensive von Osten her den Reichsgrenzen bedrohlich näherte.

Vom 12. bis 15. Januar 1945 griffen die sowjetischen Truppen von der Memel bis zur oberen Weichsel an. Die russische Front rückte mit unterschiedlichem Tempo voran, da die deutsche Wehrmacht erbitterten Widerstand leistete und mit Volkssturm und Hitlerjungen ein letztes Aufgebot dem Gegner entgegenwarf. Am 17. Januar floh der Generalgouverneur Hans Frank aus Krakau, das zwei Tage später von der Roten Armee besetzt wurde. Noch am selben Tag löste im gut 60 Kilometer entfernten KZ Auschwitz der Lagerarzt Josef Mengele seine Versuchsstation an Zwillingen, Zwergwüchsigen und Krüppeln auf und brachte das gewonnene „Material" ins KZ Groß-Rosen. Zum gleichen Zeitpunkt begann auch die Verlegung der Häftlinge aus den Haupt- und Nebenlagern Auschwitz unter scharfer Bewachung der SS in andere KZs Richtung Westen. In Groß-Rosen kamen von ursprünglich 800 Häftlingen nach einem 300 Kilometer langen Todesmarsch noch 200 im Zustand völliger Erschöpfung an. Von dort trieb die SS die Lagerinsassen Ende Januar/Anfang Februar weiter nach Westen. Auschwitz wurde am 27. Januar, Groß-Rosen am 16. Februar aufgelöst. Diese menschlichen Tragödien ereigneten sich nur wenige Kilometer entfernt von Jauer, unserer Heimstatt bis Ende Januar, wo dann auch der Leidensweg unserer Familie begann.

Weil die Front im Westen immer näher rückte, hatte meine Tante mit den drei Kindern Hannelore und Dieter (8 und 6 Jahre) und dem Säugling Heidi (8 Monate) im Winter 1944/45 in Jauer Zuflucht gesucht bei den Großeltern, statt wie früher zu Besuch zu kommen. Das Weihnachtsfest 1944 wurde noch gemeinsam in aller Ruhe begangen. Opa stellte den mit viel Lametta behängten Baum wie alle Jahre im Wohnzimmer auf, dem einzigen Raum, der gut heizbar war. Nachdem der Weihnachtsmann – und nicht das Christkind – geläutet hatte, stürmten wir Kinder hinein und freuten uns an den Sternspeiern, die Opa irgendwo aufgetrieben hatte. An den Gabentisch der letzten Weihnachten in Schlesien kann ich mich nicht mehr erinnern. Die folgenden sich überstürzenden Ereignisse sollten viele schöne Erlebnisse überdecken. Wir sangen aus vollem Halse: „O Tannenbaum, wie grün sind deine Blätter". Meine Lieblingslieder waren „Hohe Nacht der klaren Sterne" und „Es ist für uns eine Zeit angekommenen":

Als Kind schon liebte ich es, den Sternenhimmel zu betrachten; von den beiden Balkonen der großelterlichen Wohnung sah man ihn bei klarem Wetter im Winter besonders gut. Von einem kleinen Kind und von der Mutter ist in dem Lied die Rede. Mit dem Singen dieses Textes verband ich das Hin- und Herwiegen eines Kleinkindes, weil die Melodie diese Bewegungen vorgibt. Ich freute mich an diesem Weihnachtsfest schon auf die Geburt eines Geschwisterchens. Meine Mutter war im 7. Monat schwanger, strickte und häkelte und sprach von dem bevorstehenden Ereignis. Die fertigen Babysachen stapelten sich im alten Stubenwagen, in dem schon ich gelegen haben soll. Am liebsten wollte ich die Babywäsche meiner Puppe Gerda anprobieren, aber sie sollte sauber gewaschen und gebügelt bleiben.

Das Weihnachtslied von Hans Baumann (1936) sollte „Stille Nacht, Heilige Nacht" ersetzen.

Es ist für uns eine Zeit angekommen,
sie bringt uns eine große Freud
Übers schneebeglänzte Feld
||: wandern wir :|| durch die weite, weiße Welt.

Es schlafen Bächlein und Seen unterm Eise
es träumt der Wald einen tiefen Traum.
durch den Schnee, der leise fällt
||: wandern wir :|| durch die weite, weiße Welt.

Vom hohen Himmel ein leuchtendes Schweigen
erfüllt die Herzen mit Seligkeit.
unterm sternbeglänzten Zelt
| |: wandern wir :| | durch die weite, weiße Welt.

Ich kann mich an das Fest 1944 nur als weiße Weihnachten
erinnern – so wie jedes Jahr in Schlesien. Wir unternahmen
zwar keine großen Schneewanderungen, aber Zug- und Pferdeschlittenfahrten durch weite „schneebeglänzte" Felder wie
im zweiten Liedtext hatte ich vor allem in Polen, im Generalgouvernement, bei unseren Besuchen an Vaters Dienstorten
erlebt. Deshalb tauchte beim Singen des Liedes in meiner
Vorstellungswelt immer eine idyllische Winterlandschaft auf.
Dass dieses Weihnachtslied eine nationalsozialistische Um-
dichtung 1939 durch den Komponisten und Musiklehrer Paul
Hermann (1904-1970) erfahren hatte, wurde mir erst lange
nach dem „Zusammenbruch des Reiches" bewusst, als ich zu
dieser Melodie einen anderen Text entdeckte. Das ursprünglich schweizerische Sternsingerlied wurde zum ersten Mal
1903 schriftlich festgehalten und hat einen ausgesprochen
christlichen Text:
Es ist für uns eine Zeit angekommen,
Sie bringt uns eine große Gnad.
Unser Heiland Jesu Christ,
der für uns, der für uns gestorben ist.

„Hohe Nacht der klaren Sterne" dagegen wurde 1938 sogar ganz gezielt für die Sonnwendfeier von Hans Baumann in
Text und Melodie verfasst. Die NS-Ideologie ist darin so geschickt verpackt, dass man sich leicht mit dem Inhalt des Liedes identifizieren konnte und noch kann. Nach 1945 tauchte
das Lied in verschiedenen Sammlungen auf. Mir begegnete es
im Liederbuch „Der fröhliche Gesell" wieder, in dem auch das
Morgenlied „Und die Morgenfrühe, das ist unsere Zeit" sowie
das Frühlingslied „Es geht eine helle Flöte" zu finden sind.
Schon wegen der frischen, aufmunternden Melodien habe ich
auch die letztgenannten Lieder gerne gesungen.
    Hans Baumann hat seine Texte aus den Strömungen sei-
ner Zeit im beginnenden 20. Jahrhundert heraus geschaffen,

aus der Gegenbewegung zur Industrialisierung durch Hinwendung zu Naturerfahrung und Naturmystik. Über die Wandervogelbewegung bzw. die bündische Jugend trat Baumann im Zuge der Gleichschaltung 1933 der Hitlerjugend bei, für die er in den folgenden Jahren die meisten Lieder textete und komponierte. In das Liedgut vom RAD, der SA und der Wehrmacht fanden vor allem seine Marschlieder Eingang. Sein 1932 verfasstes Lied „Es zittern die morschen Knochen" mit dem umstrittenen Vers: Heute, d a h ö r t – oder – g e h ö r t uns Deutschland und morgen die ganze Welt" wurde sogar zum *Pflichtlied des Reichsarbeitsdienstes.* Erst 1993 setzte das Landgericht Hannover dieses Lied auf die Liste der verbotenen nationalsozialistischen Symbole und Texte.

Erste Flüchtlingstrecks

Bis Anfang 1945 verspürten wir in Niederschlesien kaum unmittelbare Kriegseinwirkungen. Die ersten Wochen des letzten Kriegsjahres bescherten uns einen besonders kalten Winter mit Temperaturen von 15 bis 20 Grad unter null, starkem Schneefall und eisigem Wind. Die Familie hatte beschlossen, meine Tante mit den drei Kindern nicht nach Hause nach St. Goarshausen, zurückzuschicken, wo die Gefahr britisch-amerikanischer Bomben- und Tieffliegerangriffe ständig drohte. In Jauer genossen wir drei größeren Kinder mit den Freunden aus der Nachbarschaft noch so richtig die Weihnachtsferien. Zum Schlittenfahren war allerdings nur ein kleiner Hügel in erreichbarer Nähe, unter dem für Bewohner des Beamtenhauses bestimmten, nicht besonders stabilen und deshalb nie benutzten Luftschutzbunker in einiger Entfernung des Wohnblocks. Die Kürze der Fahrstrecke glichen wir mit „Kunstfahren" aus: „Wer kann rückwärtsfahren? Wer kommt kniend runter? Auch auf dem Bauch?" Zudem erfreuten sich die auf den zugefrorenen Pfützen angelegten Kaschelbahnen großen Zulaufs.

Ab Mitte Januar änderte sich die Lage. Die ersten Flüchtlingstrecks trafen in Jauer ein, die vor dem Großangriff der Roten Armee auf Schlesien flohen. Sie kamen die Breslauerstraße entlang, das Haupteinfallstor von Osten her. Pferdeschlitten, Planwagen oder Kutschen, hoch beladen mit Hausrat und Nahrungsmitteln, dazwischen hockend Alte und Kinder, quälten sich in einem fast gespenstischen Zug auf der schneeglatten Fahrbahn voran. Manche Flüchtlinge schoben voll bepackte Fahrräder oder zogen Schlitten hinter sich her. Wieder andere schleppten sich mühselig zu Fuß mit einem Rucksack oder Handkoffern vorwärts. Ängstlich, aber auch neugierig, betrachteten wir den seltsamen, nicht enden wollenden Wurm. Viele der Ankömmlinge machten an dem großen Beamtenhaus erst einmal halt. Bald erschienen einzelne Bewohner in den Hauseingängen und versorgten die Erschöpften mit heißen Getränken. Da stürmten wir Kinder hoch zu unserer Familie und wollten ebenfalls helfen. Muggefugg (oder Muckefuck) wurde gekocht, ein dünner Kaffee aus einer Getreide-Zichorie-Mischung, und etwas Milch dazugegeben. Mit Kannen und Tassen beladen, stiegen wir zu den Flüchtlingen hinunter und fanden dankbare Abnehmer. Wie ich später erfuhr, kamen die ersten Trecks, manchmal ganze Dorfgemeinschaften, von Oberschlesien her zuerst aus der Gegend von Oppeln und Gleiwitz, dann von Breslau. Die schlesische Hauptstadt war zur Festung erklärt worden, worüber die Bevölkerung viel zu spät in Kenntnis gesetzt wurde.

Die Flüchtlinge erzählten von dem Elend und den beschwerlichen und schrecklichen Erlebnissen der letzten Tage. Überall hörten wir die gleiche Geschichte: Es war bei Strafe verboten, rechtzeitig aufzubrechen. Der Räumungsbefehl von Kreisleitung, Ortsgruppenleitern und Bauernführern kam meist sehr kurzfristig, bevor diese sich als erste davonmachten, derweil ihre Familien bereits heimlich nach Westen in Sicherheit gebracht worden waren. Den Menschen blieb kaum Zeit, das Nötigste einzupacken und mitzunehmen. Manche konnten beim Aufbruch bereits den Kanonendonner der Front hören. Bald waren die Züge nach Westen überfüllt oder es wurden schließlich keine mehr bereitgestellt. Wer ein Fuhrwerk besaß, war noch gut dran. Aber vielen blieb nur der Fußmarsch als Ausweg, beladen mit dem Gepäck, auf das man nicht verzichten wollte. Ein Nachtlager erhielten die ersten Flüchtlinge meist noch in Schulen, Turnhallen, Kirchen, Kinos und anderen öffentlichen Gebäuden, wenn sie nicht gerade Freundc oder Verwandte am Übernachtungsort antrafen. Oft aber mussten die Menschen auf dem Boden in Hausfluren übernachten und waren froh, wenn sie bei dem unbarmherzigen Wetter wenigstens ein Dach über dem Kopf hatten.

Uns beschlich merkwürdigerweise erst jetzt die Ahnung, dass uns selbst Ähnliches bevorstehen könnte. Ich kann mich nicht entsinnen – und Kinder haben ein sensibles Gespür dafür –, dass eine entsprechende Unruhe in der Familie geherrscht hätte. Womöglich vertraute man den im Volksempfänger zu hörenden Visionen von Propagandaminister Goebbels über den bevorstehenden Einsatz einer neuen Wunderwaffe und einer entscheidenden Wende des Krieges zu Deutschlands Gunsten. In der Tat war dem Atomphysiker und späteren Nobelpreisträger Otto Hahn und seinen Mitarbeitern die Atomspaltung gelungen. Man arbeitete daran, Atomsprengkörper mit V1- und V2-Raketen zu koppeln. Die Marschflugkörper V1 (Abkürzung für Vergeltungswaffe 1, Vergeltung für die Bombenangriffe der Alliierten auf deutsche Städte) erreichten seit Sommer 1944 bereits London mit konventionellen Sprengsätzen. Die V2 kam ab Ende Januar 1945 nur vereinzelt zum Einsatz. Die Produktion der neuen Waffen fand unter Einsatz von Zwangsarbeitern und KZ-Häftlingen in riesigen unterirdischen, stillgelegten Stollen im Harz statt. Dabei starben mehr Menschen an Hunger und Krankheiten als durch die Bombardierungen in England und Belgien.

Hastiger Aufbruch

Die Nachrichten über das Vorrücken der Roten Armee und das Anwachsen des Flüchtlingsstroms wurden immer bedrohlicher und überstürzten sich. Nun fassten meine Mutter, meine Tante und die Großeltern verzweifelt den Entschluss, nach einer Möglichkeit zu suchen, rechtzeitig die Stadt verlassen zu können. Für meine Mutter genügte die Kennkarte mit dem Eintrag der Adresse unseres eigentlichen Wohnsitzes in Fürth, um eine Reisegenehmigung zu erhalten. Meiner Großmutter wurde mit Datum 28. Januar 1945 ein Durchlassschein als Begleitperson der Tochter und eines Kindes, Ingrid, nach Fürth ausgestellt.

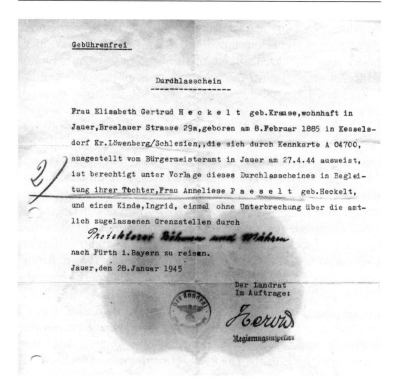

Ohne eine Erlaubnis durfte niemand den Heimatort verlassen.

Die andere Hälfte der Familie musste erst noch ausharren.
So beschloss man, sich zu trennen. Meine Großmutter, meine
Mutter und ich ergatterten eine Mitfahrgelegenheit auf einem Lastwagen, der uns nach Westen, zunächst einmal nach
Görlitz zu den Großeltern väterlicherseits, bringen sollte. Wir
zogen möglichst viele Kleidungsstücke übereinander an und
einige Sachen stopfte ich in meinen Schultornister. Großvater hatte unsere Koffer und Decken mit dem Handwagen zum
Sammelpunkt auf dem Bahnhofsvorplatz gebracht. Hier wartete schon eine kleine Gruppe Menschen auf den organisierten Transport. Wir kletterten auf einen offenen Laster mit
Holzgasantrieb (Holzvergaser) und hockten, eingehüllt in
Decken, mit anderen Flüchtlingen auf dem Gepäck.

Auf einem Lastwagen mit Holzantrieb legten wir den ersten Teil der Flucht von Jauer nach Görlitz zurück.

So ähnlich wie auf dem Foto dürfte das Vehikel ausgesehen haben. Der Kessel für die Holzvergasung anstelle von Dieselkraftstoff oder Benzin ist hinter dem Führerhaus zu erkennen. Die Straßen waren verstopft mit Fuhrwerken und Menschen zu Fuß, von denen etliche flehentliche Gesten der Mitnahme zu uns Privilegierten auf den Wagen schickten. Aber auf der Ladefläche war nicht mehr der geringste Platz vorhanden. Zwischendurch musste der Fahrer für Nachschub an Holz für die Feuerung sorgen. Wie lange wir auf dem tuckernden Gefährt für die Strecke von 100 Kilometern gebraucht haben, weiß ich nicht mehr. Wir wurden jedenfalls von meinen Großeltern väterlicherseits in Görlitz-Moys bereits längst erwartet, die meine Mutter wohl per Telegramm benachrichtigt hatte.

Die sich überstürzenden Ereignisse der folgenden Wochen und Monate hielt der Pfarrer der dortigen katholischen Kirchengemeinde fest: Es ist „das erschütternde Tagebuch des katholischen Priesters Franz Scholz, der in Görlitz an der Neiße Kriegsende, Flucht und Vertreibung erlebt und sich über alle Grausamkeit und Verzweiflung hinweg für die Aussöhnung zwischen Deutschen und Polen eingesetzt hat", heißt es im Klappentext seines inzwischen veröffentlichten Tagebuchs. [1] Seine Notizen präzisieren meine Erinnerungen. Beim Vergleich mit unseren Dokumenten und Familienereignissen konnte ich dadurch manches Geschehen aufs Datum genau festlegen:

„[…] Der Kriegslärm ist in Hörweite, wir schätzen Lauban (21 km), Penzig (16 km). Das überfüllte Görlitz erwartet stündlich den Räumungsbefehl. […] Das Los der werdenden Mütter, der Frauen mit Säuglingen ist entsetzlich", schreibt er am 15.2.1945.

Eingeleitete Geburt

Zwei Wochen nach unserer Ankunft in Moys erhielt meine Mutter einen Untersuchungstermin in einer kleinen Frauenklinik in Görlitz und wurde gleich dabehalten. Da die Front sich jetzt Görlitz bedrohlich näherte, war die Evakuierung der Bevölkerung in Kürze zu erwarten. Um kein Risiko bei einer bevorstehenden Reise einzugehen, entschloss sich der Arzt, bei meiner Mutter die Geburt einzuleiten. Am 15. Februar kam mein Bruder Olaf Rainer zur Welt. „Ein prächtiger Junge von 8 Pfund", erzählte ich altklug allen Leuten! Und ich schloss dieses kleine Wesen sogleich ins Herz. Hatte ich mir doch sehnlichst ein Geschwisterchen gewünscht, nachdem zwei Jahre zuvor die kleine Schwester nach der Geburt gestorben war.

Der Pfarrer notierte: *„Heute Morgen (6.25 Uhr) erhalte ich in der Sakristei die Nachricht, dass alle Frauen und Kinder aus der Oststadt auf dem Friedrichsplatz bereitstehen müssen. Um 9 Uhr finden sich auch Hunderte ein, aber kein Fahrzeug. Sie müssen zu Fuß über die Reichenberger Brücke nach Westen. An diesem Tag fahren noch zwei Züge. Cottbus und Dresden sind in den letzten Nächten unbarmherzig aus der Luft angegriffen worden. Die Bahnhöfe sind stark zerstört. So hofft man auf Wehrmachtautos. (16. 2.45) […] Am Vormittag überrascht uns der erste russische Tieffliegerangriff, einige Tote. (18.2.45)"*.

Die russische Armee hatte am 17. Februar an einer Stelle die deutsche Verteidigungslinie durchbrochen und war bis wenige Kilometer vor Görlitz vorgestoßen, wurde aber von den deutschen Truppen noch einmal bis Lauban zurückgedrängt. In dieser prekären Lage ordneten die Görlitzer Behörden offiziell die Evakuierung am 18. Februar an. Auch uns erreichte der Befehl drei Tage nach der Geburt meines Bruders.

Evakuierung

Meine Oma und ich schliefen in Moys und leisteten tagsüber meiner Mutter und dem Baby im Krankenhaus in Görlitz Gesellschaft. Da hieß es plötzlich: Die ganze Klinik wird heute noch evakuiert. Alle unsere Sachen mussten erst von dem Stadtteil auf der anderen Neißeseite herbeigeschafft werden. Oma machte sich teils mit der Straßenbahn, teils zu Fuß auf den Weg. Ich blieb bei meiner Mutter, die natürlich von der Geburt noch sehr geschwächt war. Kurze Zeit später kamen bereits Lastwagen mit Plane – Wehrmachtautos –, um uns aufzunehmen. Patienten und Angehörige hasteten auf die Straße hinunter, um einen guten Platz zu ergattern. Mutti wollte aber nicht ohne ihre Mutter und die Koffer einsteigen. Und so warteten wir verzweifelt auf Omas Rückkehr mit Kinderwagen und Gepäck. Der Klinikleiter und die letzten Patienten wurden schon ungeduldig, die meisten waren bis auf einen Lastwagen schon abgefahren. Nur einer wartete noch startbereit. Im letzten Augenblick kam Oma in Begleitung von Großvater mit dem von Verwandten geliehenen Kinderwagen und Gepäck angekeucht. Beides musste auf die Ladefläche gehievt werden. Das war ein schwieriges Unterfangen, denn es gab kaum noch Platz zum Stehen, geschweige denn Sitzmöglichkeiten auf den Seitenbänken. Mit Mühe und unter Murren der anderen Leute erreichten wir, dass ein Stuhl für meine Mutter aufgestellt wurde, wo sie sich wenigstens mit dem Neugeborenen auf dem Arm niederlassen konnte. Großvater blieb zurück und winkte uns nach. Für uns begann eine zugige Fahrt durch die kalte Winterlandschaft. Ich konnte nichts sehen und war zwischen den anderen Leidens-

gefährten eingequetscht. Auf der holprigen Landstraße ging
es bis nach Reichenberg (Liberec), etwa 60 Kilometer nach
Süden. Hier stand für Flüchtlinge ein Zug bereit, der uns
weiter nach Westen transportierte. Unterwegs wurden wir
vom Roten Kreuz betreut und verpflegt. Der nächste größere
Halt war Komotau (Chomutov). Leider mussten wir dort meine
Mutter wegen starker Nachblutungen mit dem Säugling in
einem Krankenhaus zurücklassen. Großmutter und ich hatten uns aber an den in unseren neuen Evakuierungspapieren
vorgeschriebenen Zielort zu begeben. Mit dem Zug oder einem anderen Fahrzeug transportierte man uns weiter. Jedenfalls landeten wir in Sonnenberg (nicht zu verwechseln mit
dem thüringischen Sonneberg; heute Výsluní), einem kleinen
Ort nur 9 Kilometer von der heutigen deutsch-tschechischen
Grenze entfernt. Wir waren in den sogenannten Sudetengau
evakuiert worden.

Meine Cousine Hannelore dokumentierte ebenfalls die
Flucht mit ihrer Mutter und den beiden Geschwistern aus
Jauer:

*„Als Ihr – Oma, Tante Anneliese und Du [gemeint sind meine
Mutter und ich] – nach Görlitz abgefahren wart, blieben Opa,
meine Mutter und wir drei Kinder in Jauer zurück.*

*Eines Nachts – der 11. oder 12. Februar – kam eine Freun-
din meiner Mutter, weckte uns aus dem Schlaf und beschwor
Mutti, ihre drei Kinder zu packen und eiligst zum Bahnhof zu
laufen. Dort stehe der letzte Zug in den Westen bereit. In 2 bis
3 Stunden führe er los. In zwei Tagen seien die Russen da.*

*Opa begleitete uns mit dem Nötigsten, was wir packen konn-
ten, zum Bahnhof. Er wollte noch abwarten und zunächst bleiben. Ihm fiel der Abschied unendlich schwer. Unser Zug fuhr
über Görlitz Richtung Dresden, blieb auf offener Strecke stehen. Dresden brannte [Luftangriff vom 12./13. Februar 1945].
Auf Umwegen ging es dann weiter bis zur Endstation Bad
Königswart [Kreis Marienbad im Sudetenland]. Dort fand uns
der Opa, der den Verlauf des Zuges in Erfahrung gebracht
hatte, und blieb bei uns, um Mutti mit ihren drei Kindern zu
helfen. Opa hatte sich einen Tag später von Jauer aus mit
seinem Leiterwägelchen, auf dem er seinen Koffer transpor-*

tierte, auf den Weg gemacht. Er hatte Glück, dass das Gebiet südwestlich von Jauer Richtung Gebirge nicht von Kampfhandlungen betroffen war. So konnte er unbeeinträchtigt bis ins damalige Sudetenland gelangen."

Als Flüchtlinge im Sudetengau

In dem nach dem Ersten Weltkrieg entstandenen selbstständigen tschechoslowakischen Staat bildeten die Tschechen und Slowaken nicht die Gesamtbevölkerung – etwa ein Drittel gehörte anderen Nationalitäten an. Der Vielvölkerstaat umfasste nach einer Volkszählung 1921 mit 8,761 Mio. Tschechen und Slowaken auch 3,1 Mio. Deutsche (23 %), die damit zahlenmäßig die Anzahl der Slowaken überstiegen, sowie große Minderheiten von Magyaren, Russen, Ukrainern, Juden und Polen.

Da das Sudetenland (siehe Karte) mehrheitlich deutsch besiedelt war, musste es laut „Münchner Abkommen" vom 30.9.1938 aufgrund der Option der nahezu ausschließlich deutschstämmigen Bevölkerung unter Berufung auf das nationale Selbstbestimmungsrecht an das nationalsozialistische Deutschland abgetreten werden. Mit dem politischen „Fähnleinführer" Konrad Henlein als Gauleiter der NSDAP sowie als Reichsstatthalter, gleichzeitig Regierungsvertreter an der Spitze, fungierte es als Reichsgau Sudetenland. Die Tschechen wurden in die restliche Tschechoslowakei umgesiedelt. Deren Besitz eigneten sich sowohl der deutsche Staat als auch viele deutsche Privatleute an, nachdem Entschädigungen an die Tschechen erfolgt waren. Allerdings zahlten die Deutschen den bisherigen Eigentümern nur den Minimalwert des zwangsweise zurückgelassenen Vermögens. Die Gauhauptstadt wurde Reichenberg. Hitler gab sich aber mit dem Erreichten nicht zufrieden und marschierte gegen jedes Völkerrecht in die Rest-Tschechoslowakei ein, die von da ab als Protektorat Böhmen und Mähren deklariert wurde (März 1939). Damit war das Münchner Abkommen, das die Expansion des Dritten Reiches eindämmen sollte, in seiner Intention und völkerrechtlich aufgehoben. [2]

Am 1. März erhielten wir den Status als Flüchtlinge und

deshalb einen Flüchtlingsausweis. In Sonnenberg wies man uns zwei Zimmer im Obergeschoss eines zweistöckigen Privathauses zu. Zum Glück wurde meine Mutter nach einigen Tagen aus dem Krankenhaus in Komotau entlassen und kam mit dem Baby nach. Nun waren wir wenigstens zu viert und fühlten uns zunächst in Sicherheit vor dem Kriegsgeschehen. Im Ort herrschte tiefer Frieden. Kein Militär weit und breit!

Sonnenberg liegt auf dem Plateau des Erzgebirges in 750 Meter Höhe und war Ende Februar 1945 tief verschneit. Dem Baby und mir stand Milch zu, die wir aber auf einem Bauernhof außerhalb des Kernortes holen mussten. Das übernahmen Oma und ich und wir stapften täglich durch den hohen Schnee, denn Wege und Straßen wurden nicht geräumt. Das machte mir riesigen Spaß. An manchen Tagen aber konnten wir den beschriebenen Weg kaum finden, vor allem bei Schneetreiben und Nebel. Nach einigen Wochen setzte die Schneeschmelze ein.

Ich erinnere mich, dass ich eines Tages wie immer vorneweg lief. Plötzlich gab der Schnee unter mir nach und ich steckte bis zum Bauch in einem Loch. Oma kam mir zu Hilfe, aber der Schnee brach weiter ein. Mit aller Kraft fasste Oma meine beiden Hände, bis es ihr gelang, mich auf festeren Untergrund zu ziehen. Dann hörten wir es glucksen und blubbern und merkten, dass wir am Rande eines Bachbettes standen, das sich wochenlang unter einer Schneewehe verborgen hatte. An dieser Stelle konnten wir das Gewässer nicht mehr überqueren und mussten umkehren. Zum Milchholen machten wir jetzt einen größeren Umweg, den Dorfbewohner uns empfohlen hatten.

Meine Mutter musste nach Beendigung des Mutterschaftsurlaubs Schuldienst in Sonnenberg übernehmen; auch ich war schon in die dortige Schule aufgenommen. Mehrere Jahrgänge wurden zusammengefasst und jedes Kind erhielt einen Platz dort, wo es dem Unterricht folgen konnte. Eine Zeichenstunde ist mir in Erinnerung geblieben, in der wir ein Bild mit Bergen malen sollten. Während die anderen Kinder diese mit einfachen Wellenlinien darstellten, bemühte ich mich, schon etwas Perspektive in die Landschaft zu bringen.

Wir unternahmen auch Unterrichtsgänge in die nähere

Umgebung. Ich war richtig glücklich, weil der Frühling den Wiesen das erste Grün entlockte. Aber der Krieg stöberte uns auch in dieser vermeintlichen Idylle auf. Meine Lehrerin brachte uns das Verhalten bei Tieffliegergefahr bei. Auf ein Kommando mussten wir uns in einen Graben, neben einen Zaun oder hinter einen Busch werfen, mit dem Gesicht nach unten. Bei einer Übung entdeckte ich die ersten Veilchen und begann ein Sträußchen für Mutti und Oma zu pflücken. Allerdings durchkreuzte ich die pädagogischen Absichten der Lehrkraft, weil ich „den Ernst der Lage nicht begriff!" Die Front rückte immer näher, und die westlichen Alliierten flogen jetzt Angriffe auf sämtliche deutsche Gebiete. Auch über unser Dorf jagten sie hinweg. Eine Attraktion war für uns Kinder ein abgestürzter Tiefflieger, dessen Trümmer und das Schicksal des Piloten mehrere Tage unsere Phantasie beflügelten. Bei unseren Streifzügen in die Umgebung machte das Sammeln von Staniolfäden Spaß, die von Flugzeugen abgeworfen wurden, um das Radarsystem der Flugabwehr auszuschalten. Ähnlich wie Lametta sehen sie aus, dachte ich und hatte die Absicht, sie für den Baum am nächsten Weihnachtsfest aufzuheben.

Spielkameraden fand ich in Sonnenberg nicht. Am liebsten fuhr ich meinen kleinen Bruder im Kinderwagen spazieren. Der große Anger, um den sich die Häuser gruppierten, eignete sich dafür besonders gut, vor allem bei schönem Wetter. Dort stand eine große Kirche, für die ich mich aber damals nicht interessierte. In einer Ortsbeschreibung habe ich jetzt gefunden, dass sie wegen ihrer Ausmaße als der „Dom des Erzgebirges" bezeichnete wurde. Damals hatte der Ort über 1000 fast ausschließlich deutsche Einwohner und besaß sogar Stadtrecht.

Kriegsende in Sonnenberg

An Gespräche von Mutti und Oma über den Verlauf des Krieges und Hitlers „Heldentod" kann ich mich nicht erinnern. Es muss Ende April gewesen sein, als es plötzlich hieß: *„Die Amerikaner sind da!"* Vom Fenster aus sah ich zum ersten Mal Jeeps als speziellen Typ eines US-Militärfahrzeugs. Da

kein deutsches Militär im Ort lag, verlief die Besetzung ganz
ruhig. Es dauerte nicht lange, da kamen zuerst die Kinder
aus den Häusern und liefen zu den G.I.s. Als ich merkte, dass
diese Geschenke verteilten, hielt mich nichts mehr zurück
und ich musste mit dabei sein. Ein „Neger" winkte mich zu
seinem Fahrzeug. Weil ich mich nur zögernd näherte, lockte
er mich mit einer Tafel Schokolade, rief mir etwas zu, was ich
natürlich nicht verstand. Aber seine Geste war unmissver-
ständlich, und so schickte ich mich an, die lange vermisste
Süßigkeit aufzufangen. Diese „Feinde" konnten also gar nicht
so schlimm sein, wie uns immer erzählt worden war. Und dann
war ich sogar einem „Neger" begegnet! „Es ging spazieren
vor dem Tor ein kohlpechrabenschwarzer Mohr" hatte ich im
Struwwelpeterbuch gelesen, das ich auswendig kannte. „Was
kann denn dieser Mohr dafür, dass er so weiß nicht ist wie
ihr?" heißt es weiter. Und nun begegnete ich leibhaftig solch
einem Fremdling. Und „mein erster Neger" beschenkte mich
sogar mit Süßigkeiten!

Heute bin ich davon überzeugt, dass die Zensur des NS-
Regimes dieses Sympathie für Farbige weckende Kinderbuch
übersehen haben musste. Man denke an Hitlers geringschät-
zige Worte vom „vernegerten Frankreich". Die Kolonialmacht
hatte nach dem Ersten Weltkrieg schwarze Soldaten vor allem aus Marokko als Besatzungstruppen eingesetzt, um die
deutsche Bevölkerung zu brüskieren. Nach dem Krieg stellte
für mich das Buch „Onkel Toms Hütte" eine Verbindung zu
dieser Begegnung in Sonnenberg her, sodass ich es mir immer
wieder zum Lesen in der Bücherei auslieh.

Zum großen Bedauern von uns Kindern blieben die Amerikaner nicht im Ort, sondern zogen sich zurück, wie ich heute
weiß, bis zu einer Linie Pilsen – Joachimstal, etwa 10 Kilometer westlich von uns. Dafür tauchten bald größere und kleinere Trupps von deutschen Soldaten auf, verdreckt und müde.
Manche schleppten sich mit blutigen Verbänden mühsam
humpelnd voran. Sie mussten an unserem Wohnhaus und dem
dazugehörigen Garten auf der Durchgangsstraße vorbeimar-
schieren. Da stellte ich fest, dass sie manchmal kleine Gegenstände über den Zaun warfen. Ich suchte die Wiese und die
Büsche danach ab und fand verschiedene Abzeichen und Ach-

selstücke von Uniformen, die ich eifrig in einer Schachtel sammelte. Als ich mit meiner Beute in der Wohnung erschien, waren Mutti und Oma entsetzt, nahmen mir meine „Schätze" ab und entsorgten sie. Die Erwachsenen befürchteten, bei einer Hausdurchsuchung Unannehmlichkeiten zu bekommen. Erst Jahre später wurde mir klar, dass die Soldaten sich ihrer Auszeichnungen und vor allem der Rangabzeichen der Waffen-SS entledigt hatten, um in der Gefangenschaft nicht noch zusätzlichen Repressalien ausgesetzt zu sein. Im Übrigen wollten die deutschen Truppen nach Möglichkeit in amerikanische und nicht in russische Gefangenschaft geraten und drängten, wie mühsam auch immer, nach Westen.

Eines Tages hieß es: „Der Krieg ist aus!" Das war also am 8. Mai 1945. Kein Militär weit und breit! Wir hatten das unwahrscheinliche Glück, uns bei der Kapitulation in einem kleinen „unbesetzten Gebiet" des westlichen Sudetengaues aufzuhalten. So mussten wir keine Ausschreitungen russischer Okkupationstruppen über uns ergehen lassen.

Das „unbesetzte Gebiet"

Fast nirgends kam es im westlichen Sudetengebiet zu schweren Kämpfen, da alle Voraussetzungen für eine erfolgreiche und sinnvolle Verteidigung des Landes fehlten. Die Zivilbevölkerung erlitt zwar auch hier durch Tiefflieger und Bombenangriffe der Alliierten Verluste. In den von US-Soldaten besetzten Gebieten kam es aber nicht zu Plünderungen, systematischen Vergewaltigungen und sonstigen Drangsalierungen der Zivilbevölkerung.

Während der letzten Tage des Zweiten Weltkriegs im Frühjahr 1945 und bei der bedingungslosen Kapitulation der Wehrmacht am 8. Mai befanden sich ein kleiner Teil des westlichen Sudetenlandes und in Sachsen zwei Landkreise, Schwarzenberg im Erzgebirge –unmittelbar an den Sudetengau nördlich von Sonnenberg angrenzend – und Stollberg, für sechs Wochen unbesetzt. Weder amerikanische noch sowjetische Truppen okkupierten das Gebiet. Zur Begründung gibt es mehrere Theorien oder besser gesagt Spekulationen: Eine Version besagt, dass nach Absprache der Amerikaner mit den

Sowjets die jeweiligen Truppenverbände bis zum Flüsschen *Mulde* vorrücken sollten. Da es jedoch drei *Mulden* gibt (die Zwickauer *Mulde* und die Freiberger *Mulde* vereinigen sich zur *Mulde*), sei es zu einem geografischen Missverständnis gekommen. [3] Eine weitere Erklärung liefern die Amerikaner: Sie sollen Großadmiral Dönitz – in Hitlers politischem Testament vom 29. April 1945 zu dessen Nachfolger als Reichspräsident und als Oberbefehlshaber der Wehrmacht bestellt – zugesichert haben, das betroffene Gebiet unbesetzt zu lassen, um den deutschen Truppen in Böhmen eine Rückzugsmöglichkeit zu bieten, sich in amerikanische, statt in russische Gefangenschaft zu begeben. In Muldenberg im Vogtland hatte die US-Armee ein großes Auffanglager eingerichtet, wo bis Mitte Mai allein 200 Generäle die Waffen niederlegten. So verstand ich im Nachhinein auch, warum in Sonnenberg deutsche Wehrmachttruppen durchzogen.

Dem glücklichen Umstand der Abgeschiedenheit im Erzgebirge und im Grenzgebiet zu den unbesetzten Landkreisen Schwarzenberg und Stollberg in Sachsen verdankten die Bewohner in Sonnenberg, dass sie bis zum Kriegsende und unmittelbar danach von Besatzungstruppen unbehelligt blieben. Die geschilderte „Stippvisite" der Amerikaner mit Rückzug nach Westen passt zu dem Bild der vereinbarten Trennlinie zwischen den Besatzungszonen der Westalliierten einerseits und der Sowjetmacht andererseits.

Zunächst war das Gebiet zwischen den beiden Quellflüssen der Mulde eine Art Niemandsland. In den 21 Städten und Dörfern bildeten sich antifaschistische Aktionsausschüsse, die sich ausschließlich um die Versorgung der Bevölkerung mit Lebensmitteln und um die Aufrechterhaltung von Sicherheit und Ordnung in den mit Flüchtlingen, Zwangsarbeitern und Wehrmachtsoldaten überfüllten Sprengel bemühten.

Die Ausnahmesituation des für sechs Wochen unbesetzten Gebietes gab Anlass für Spekulationen und Legendenbildung. Die Phantasie suchte auf literarischem Gebiet Ausdrucksmöglichkeiten. Der Schriftsteller Stefan Heym idealisierte in seinem 1984 erstmals erschienenen Roman „*Schwarzenberg*" das mikrokosmische Modell eines von Moskau freien Sozialismus. Dagegen zeichnete Volker Braun zwanzig Jahre später in sei-

ner historischen Erzählung „*Das unbesetzte Gebiet*" das Beispiel eines realisierbaren, von kommunistischen Machthabern
letztlich verhinderten Sozialismus.

Tschechische Ausschreitungen

Im Protektorat Böhmen und Mähren übernahmen tschechische Aufständische jedoch noch kurz vor Kriegsende die lokale Gewalt während des sogenannten „Prager Aufstandes".
Dort waren die deutsche Bevölkerung und die aus Ostdeutschland Evakuierten den Vergeltungsaktionen der Tschechen
ausgeliefert. In die östlich von Sonnenberg nur 10 Kilometer
entfernte Kreisstadt Komotau marschierten am 9. Mai 1945
mit der Roten Armee Teile der an der sowjetischen Seite kämpfenden sogenannten tschechischen Svoboda-Armee und zugleich tschechische Revolutionsgarden ein. Angehörige dieser Garde folgten dem Aufruf des tschechischen Chefs der
Exilregierung Beneš, der am 12. Mai 1945 in Brünn gesagt
hatte, dass „wir das deutsche Problem in der Republik definitiv ausräumen müssen". Was er darunter verstand, formulierte er vier Tage später auf dem Altstädter Ring in Prag:
dass „es nötig sein wird, vor allem kompromisslos die Deutschen in den tschechischen Ländern und die Ungarn in der
Slowakei zu eliminieren". [4]

Die expansionistische Politik des NS-Regimes hatte in den
sieben Kriegsjahren Millionen Opfer in den Ländern Ost- und
Ostmitteleuropas und in der Tschechoslowakei gefordert. Jetzt
entluden sich die aufgestauten Aggressionen der jahrelang
unterdrückten Menschen gegenüber der deutschen Zivilbevölkerung. Das Pendel der Gewalt schlug nach der anderen
Seite aus: Hass und Zerstörung waren die Antwort auf die
unter der nationalsozialistischen Herrschaft begangenen Gewaltverbrechen. Willkürliche Übergriffe, Morde, Hinrichtungen, Vergewaltigungen, Enteignungen, Demütigungen und
Repressalien trafen nun viele Deutsche, auch Frauen, Alte
und Kinder, mit ganzer Härte, auch wenn sie sich nichts hatten zuschulden kommen lassen. Es genügte, deutsch zu sein,
um Vergeltungsopfer zu werden.

Um die Täter vor späterer gerichtlicher Verfolgung zu schüt-

zen, beschloss die provisorische tschechoslowakische Nationalversammlung am 8. Mai 1946 ein Straffreiheitsgesetz für
im „Freiheitskampf" zwischen 30. September 1938 und 28. Oktober 1945 begangene Straftaten durch Tschechen und Slowaken gegenüber der deutschen Zivilbevölkerung, die sogenannten Beneš-Dekrete.

Die provisorische Regierung des wieder erstehenden Staates Tschechoslowakei ordnete im größten Teil Böhmens die
sofortige Vertreibung der Deutschen an. Mit diesen „wilden
Vertreibungen" wollten die neuen Machthaber Fakten schaffen – noch v o r den anstehenden offiziellen Grenzverhandlungen der Alliierten später in Potsdam. Die amerikanischen
Militärverwaltungen in den besetzten Gebieten waren daran
interessiert, nach Beendigung der Kampfhandlungen vor allem die Flüchtlinge schnell zurück in ihre Heimatgebiete zu
transportieren, in unserem Falle also nach Schlesien. Noch
galt das Abkommen von Jalta, nach dem die Besetzung
Deutschlands innerhalb der Grenzen von 1937 zu erfolgen
habe und Schlesien demnach zur sowjetischen Besatzungszone zu rechnen war. [5]

Doch ganz ohne Gewalt, wie wir hofften, verlief das Kriegsende im westlichen Sudetenland dann doch nicht. An einem
der nächsten Tage wurde ich zum Bäcker geschickt, um Brot
einzukaufen, was fast täglich meine Aufgabe war. Dort fand
ich niemanden im Laden, aber im Zimmer nebenan drängte
sich in einer Ecke eine Gruppe verängstigter und verzweifelter Menschen: die Bäckersfrau, ihre weinenden Kinder und
Nachbarn. Fremde, bewaffnete Männer liefen durch das Haus.
Einer herrschte mich an, ich hätte hier nichts zu suchen. Die
Angst der Menschen übertrug sich auf mich und ich rannte,
so schnell ich konnte, nach Hause. Atemlos und schluchzend
berichtete ich Mutti und Oma von dem mir unbegreiflichen
Vorfall. Tage später erfuhren wir, dass bewaffnete tschechische Männer die Backstube und das ganze Haus nach dem
Bäcker durchsucht, ihn schließlich aus dem Kamin gezogen
und mitgeschleppt hatten. Die Familie war über sein Schicksal im Ungewissen geblieben. Mutti erfuhr, dass der Bäcker
ein Funktionär des NS-Regimes – vielleicht der Ortsgruppenleiter – gewesen war. Jetzt wurde er Opfer tschechischer Ra

chcakte, denen auch anderenorts die Deutschen vielfach ausgesetzt waren. Von weiteren Schikanen in Sonnenberg kam uns nichts zu Ohren, zumindest ich habe bis zu unserer Abreise nichts erfahren. Aber ich spürte Unruhe und Angst bei uns im Haus und bei den Nachbarn. In Komotau wäre russische Besatzung, wurde erzählt. Was sollte jetzt aus uns Flüchtlingen werden?

Eines Tages wurde die Nachricht verbreitet, dass wir Flüchtlinge das Sudetenland und damit Sonnenberg sofort verlassen müssten. Eigentlich waren wir erleichtert und ich fragte Mutti und Oma: „Fahren wir jetzt wieder nach Hause?" Sie hatten schon entschieden, sich den anderen Flüchtlingen, fast ausschließlich Frauen und Kinder, anzuschließen. Für sie stand gar kein anderes Ziel in Rede als zurück in die Heimat nach Schlesien. Keiner machte sich Gedanken über die möglicherweise vorzufindenden Zustände. Jeder hoffte, dass sich in einem unversehrten Heim die versprengten Familienmitglieder wieder zusammenfinden würden.

Unsere kleine Familie erhielt einen regulär auf den 21. Mai datierten Passierschein ohne Angabe des Ziels. Wir hätten auch in die Wohnung nach Fürth zurückkehren können. Die Unterschrift eines deutschen Beamten bzw. Bürgermeisters lässt die Vermutung aufkommen, dass die Verwaltung zu dem Zeitpunkt noch von Deutschen wahrgenommen wurde. Uns stand also ein erneuter Aufbruch aus unserem vorläufigen Asyl Sonnenberg bevor: Damit war zunächst einmal das Verlassen des Sudetengaues gemeint. Meine Mutter organisierte für die Rückreise zum Transport des Gepäcks einen zweiten Kinderwagen. Mit unseren beiden Fahrzeugen, eines mit meinem kleinen Bruder, das andere vollgestopft mit Koffern und Taschen, machten wir uns rechtzeitig vor dem in Aussicht gestellten Zeitpunkt der Abfahrt auf den Weg zum Bahnhof. Auf der kleinen Straße etwa 3 Kilometer durch den Wald formierte sich ein langer Zug von Heimkehrern. An die für die Menge der wartenden Menschen viel zu kleine Station kann ich mich noch gut erinnern. Wir lagerten wie viele andere mit dem Gepäck im Waldgelände neben den Gleisen. Während dieser Wartezeit wurden wir Zeugen einer grausamen Misshandlung. Tschechische Milizen suchten deutsche Männer, die sich unter die nur aus Frauen, Kindern und Alten bestehende Menschenmenge gemischt hatten. Sie entdeckten einen jungen Mann, rissen ihm den Tiroler Hut vom Kopf und trieben ihn mit Gewehrkolbenschlägen brutal vorwärts. Ich wollte schreien, aber meine Mutter hielt mir den Mund zu und drückte mich an ihre Brust: „Wirste woll stille sein!" Unter lautem Gebrüll entfernten sich die Tschechen mit dem Deutschen. Schüsse fielen und hallten im Wald wider. Ich erstickte fast unter den Tränen in Mutters Armen. Wir mussten verängstigt noch lange ausharren, bis der Zug eintraf und der Abtransport erfolgte.

Irrfahrt Richtung Schlesien

Der Zug, der endlich an dem kleinen Bahnhof Sonnenberg einfuhr, bestand nur aus Viehwaggons und offenen Güterwagen. Fast alle waren bereits überbelegt. Wir wurden in einen offenen Waggon zu vielen anderen Menschen gepfercht, samt den beiden Kinderwagen. Trotzdem spürten wir Erleichterung, dass wir mitgenommen wurden und das Warten ein Ende hatte. Nach meinem Empfinden dauerte die Fahrt Stunden. In Wirklichkeit legte der Zug nur eine Strecke von etwa 80 Kilometern zurück. Er musste sich durch viele Kurven langsam das Erzgebirge bis ins Vorland hinunterwinden. Es regnete zwischendurch. Auch wenn es schon ein warmer Mairegen war, versuchten wir, uns notdürftig vor der Nässe zu schützen. Sonst aber blieben wir unbehelligt, denn größtenteils rollte der Zug durch das oben beschriebene unbesetzte Gebiet Sachsens, wie ich Jahre später bei der Verfolgung der Bahnlinie auf der Landkarte feststellte.

Dieser erste Teil der Rückreise endete zunächst in der kleinen Stadt Flöha in Sachsen, 10 Kilometer östlich von Chemnitz. Da ich den Namen, der mich an Flöhe erinnerte, so lustig fand, habe ich ihn nicht vergessen. Aber der Aufenthalt war alles andere als lustig. Mit Hunderten von Flüchtlingen warteten wir auf dem Bahnhofsgelände auf den Weitertransport. Manche wollten in ihr Zuhause nach Westdeutschland in der Hoffnung, es trotz der vorausgegangenen Bombenangriffe und Kriegshandlungen unbeschädigt vorzufinden. Wohl

auch um sich vor der russischen Besatzung in Sicherheit zu
bringen, drängten viele Menschen in westliche Richtung.
Andere sehnten sich in ihre Heimat nach Osten zurück, ohne
zu ahnen, dass ihre Wohnstätten möglicherweise geplündert,
zerstört oder von fremden Menschen in Beschlag genommen
waren. Ehemalige KZ-Insassen und Zwangsarbeiter mischten sich unter die Rückkehrer. Nach den ständigen Reglementierungen durch die nationalsozialistischen Machthaber irrten die Menschen jetzt orientierungslos herum. Wohin sollten Oma und Mutti mit zwei Kindern? Wo mochte die andere
Hälfte der Familie sein: Opa und die Tante mit den drei Kindern? Haben die Männer, die Väter, das Kriegsende heil überstanden? Sind sie vielleicht sogar in Gefangenschaft geraten?
Warum Mutti sich nicht bemühte, gleich zu unserem eigenen
Wohnsitz, in unsere möblierte Wohnung in Fürth in die amerikanische Besatzungszone zu gelangen, ist mir bis heute völlig unverständlich. Womöglich wäre uns das bevorstehende
familiäre Leid erspart geblieben!

Die Räume im Bahnhofsgebäude waren überfüllt. Überall
hockten Menschen auf den Bahnsteigen, den Treppen und in
den Unterführungen. Ich weiß nur noch, dass wir mit unseren zwei Kinderwagen eingezwängt in der Menschenmenge
ausharrten. Das Brot, das wir mitgenommen hatten, war bald
aufgegessen. Rote-Kreuz-Schwestern waren mit der Unterstützung so vieler Hilfesuchender überfordert. Jedes Mal,
wenn ein Zug einfuhr, war er bereits besetzt. Trotzdem stürzten die Menschen dorthin und zwängten sich mühsam in die
Waggons, manche wählten den Einstieg übers Fenster. Andere nahmen auf den Puffern zwischen den Wagen Platz oder
kletterten auf das Dach. Regelrechte Menschentrauben hingen außen an den Waggons, standen auf den Trittbrettern
und klammerten sich an die Schaffnergriffe, wo in früheren
Zeiten der Kontrolleur während der Fahrt von einem zum
nächsten Abteil turnte. Mit unseren zwei Kinderwagen war
an kein Mitkommen zu denken.

Die Familie Berger von Vaters Stiefbruder war zufällig zur
gleichen Zeit ganz in unserer Nähe auch auf dem Rückweg in
ihren Heimatort Kunnerwitz bei Görlitz, nachdem sie Wochen
vorher mit dem Pferdefuhrwerk vor der Roten Armee geflohen

war. Meine Cousine Gerda, damals 14 Jahre alt, hat in ihrem Tagebuch ähnliche Erlebnisse aus derselben Zeit festgehalten: *„Die Halle des Bahnhofes [Chemnitz] war auch z. T. zerstört. Stundenlang hockten wir auf dem Bahnsteig herum. Es war nicht möglich, in den Zug nach Dresden hineinzukommen. Immerhin funktionierte der Zugverkehr schon wieder. Nach dem ganzen Chaos erstaunlich! Als der Zug nach Dresden einfuhr, starteten wir nicht einmal den Versuch, diesen zu besteigen. Die Menschen saßen auf den Wagendächern und standen auf den Trittbrettern. Zumal wir zwei Handwagen hatten, war ein Mitkommen unmöglich (17.5.1945)."*

Die Familie meines Stiefonkels kehrte zu Fuß nach Hause zurück.

Nach einer Nacht, die wir auf dem Bahnhof Flöha wartend zugebracht hatten, hieß es am nächsten Morgen, es werde ein Zug nach Schlesien bereitgestellt. Und tatsächlich kam eine Lok mit vielen sogar „moderneren" Abteilwaggons, bei denen nur zwei Abteile eine Einstiegstür auf jeder Längsseite besaßen. Alle Abteile waren durch einen Mittelgang verbunden. Wir ergatterten die Hälfte eines Fensterabteils für uns. Mit den Kinderwagen und Koffern verrammelten wir die eine Tür des angrenzenden Eingangsbereiches so, dass man dort nicht mehr ein- und aussteigen konnte. Das sollte uns vor unerwünschten Eindringlingen bewahren, wie sich später zeigen würde.

Und dann plötzlich ein Wiedersehen! In diesem heillosen Gewühle von Menschen trafen wir Nachbarn aus Jauer von dem großen Gutshof gegenüber dem Beamtenhaus. Es waren Großmutter, Mutter und Kind, ein Junge meines Alters. Dem hatte ich aber früher nie Beachtung geschenkt, weil er nicht zu unserer Beamtenhausclique gehörte und die Knabenschule besuchte. Diese Leute hatten die zwei Bänke am Fenster auf der anderen Seite des Ganges belegt. In dieser etwas größeren Gemeinschaft ließen sich die Ereignisse und Probleme der kommenden Tage etwas leichter bewältigen. Denn auf einer Strecke, für die heute ein Zug wenige Stunden benötigt, waren wir tagelang unterwegs. Es mögen drei, vier, aber auch mehr Tage gewesen sein. Denn zwischendurch ging immer wieder die Kohle für die Lok aus, manchmal wurde sie ganz abgezogen. Der Lokomotivführer konnte auch nicht die kürzeste

Strecke wählen, denn viele Bahnhöfe waren verwüstet, Gleis-
anlagen zerstört, Brücken gesprengt, Bahnbetriebswerke von
Bomben in Schutt und Asche gelegt. Zusätzlich hatten die Besatzungsmächte die meisten noch einsatzfähigen Lokomotiven
und Wagen für ihre Zwecke beschlagnahmt. Der Lokführer
musste auf Sichtweite fahren und Umwege in Kauf nehmen.
In den beiden Abteilen richteten wir uns so gut wie möglich ein. Wir größeren Kinder schliefen in den Gepäcknetzen,
damit die Erwachsenen auf den Sitzbänken ruhen konnten.
Der Durchgang zur Toilette war mit Menschen und Gepäck
verstellt und kaum erreichbar. Wenn ich nachts einmal „musste", öffnete Mutti das Fenster und ich setzte mich auf den
Rand, damit ich mich „erleichtern" konnte, wobei sie mich
festhielt. Nachts fuhr der Zug nie. Es war aber zu gefährlich
auszusteigen, weil sich draußen russisches Militär herumtrieb.
Manchmal wurden bewusst Transportzüge mit Besatzungssoldaten neben unserem Zug abgestellt. Wie gesagt, bei uns
war eine Tür mit dem Gepäck verrammelt, vor der anderen
hatten wir eine kranke, unheimlich dicke Frau auf den Boden
gebettet, die zudem fürchterlich stank. Wenn die Tür geöffnet worden wäre, hätten die Eindringlinge sie beim Anblick
der Kranken sicher sofort wieder ins Schloss geknallt. Die
Angst der Erwachsenen übertrug sich auf uns Kinder, ohne
dass wir genau wussten, worum es da draußen ging und was
das Geschrei bedeutete. Erst als Erwachsene habe ich von
den Vergewaltigungen und anderen Misshandlungen von Frau-
en und Mädchen erfahren. Welches Glück unsere beiden Mütter und Großmütter in der damaligen Situation hatten, ist
mir erst da bewusst geworden.

Tagsüber, nachdem der Zug eine Weile gefahren war, hielt
er oft auf irgendeinem kleinen Bahnhof oder manchmal auf
freier Strecke. Es wurde dann die Parole ausgegeben, dass
eine gewisse Zeit bis zur Weiterfahrt blieb. Nun stiegen wir
Fahrgäste aus, hockten uns neben die Gleise und versuchten
auf provisorisch aus Steinen konstruierten Feuerstätten eine
Suppe zu kochen. Wasser bekamen wir dann von der großen
Wasserpumpe für die Lokomotive. Das fand ich sehr spannend, wenn aus dem riesigen Wasserhahn der Strahl heraus-
schoss, was natürlich nie ohne Spritzer auf Arme, Beine und

die Kleidung ausging. Ich drängte mich immer danach, die Aufgabe des Wasserträgers zu übernehmen.

Unsere Zugnachbarn waren vorsorglicher gewesen als wir und hatten einen Kochtopf dabei. Darin mussten wir, mangels anderer Gefäße, auch die Windeln meines Bruders auswaschen. Wir Kinder hatten für Feuerholz zu sorgen, das wir am Rand der Bahnstrecke auflasen. Bei der großen Anzahl von Passagieren war das ziemlich mühselig, denn jeder versuchte, dem anderen zuvorzukommen. Manchmal kletterten wir auch in die Keller verlassener Häuser der nächsten Ortschaften. Wenn wir Glück hatten, ergatterten wir Kohle. Zwei der Erwachsenen machten sich auf den Weg, um in den Dörfern etwas zum Essen zu organisieren, aber es war ja erst Mai und da gab es in den Gärten und auf den Feldern noch kein frisches Gemüse. Wir waren glücklich über ein paar alte Kartoffeln oder Rüben. Mein kleiner Gefährte und ich bettelten auf den Bauernhöfen um ein Stück Brot oder etwas Milch. Zu kaufen bekam man als Fremder in den Ortschaften nichts. Wir mussten bei unseren Streifzügen höllisch aufpassen, dass uns der lange gellende Pfiff der Lokomotive als Abfahrtssignal nicht entging.

Bei einem angekündigten längeren Aufenthalt waren der Nachbarjunge und ich wieder einmal unterwegs, um zu „organisieren". Bei unserer Rückkehr fanden wir den Zug nicht mehr an der Stelle vor, an der wir ihn verlassen hatten. Schreiend liefen wir, immer wieder stolpernd, auf den Schwellen der Gleisanlage in die Richtung, in der wir den Zug vermuteten. Zum Glück war er aber nur ein paar hundert Meter weitergefahren und hinter einer Kurve und einem Waldstück verschwunden. Als wir ihn endlich erreicht hatten, warf ich mich atemlos und schluchzend in Mutters Arme, die Mühe hatte, mich zu beruhigen.

Noch konnte meine Mutter den kleinen Bruder stillen. Eines Tages, als der Zug wieder auf freier Strecke hielt, hastete eine Mutter mit einem Baby schreiend an den Waggons entlang: „Ein Arzt! Ein Arzt! Ist ein Arzt im Zug?" Zum Glück gab sich einer der wenigen alten Männer aus dem Transport als solcher zu erkennen. Ob er der Mutter und ihrem Baby helfen konnte, habe ich nicht erfahren. Aber von da an sorgte ich mich ständig um meinen kleinen drei Monate alten Bruder. Ich befürchtete, er könnte krank werden oder ihm könnte sonst etwas zustoßen.

Schlesien wird polnisch

Wie viele Tage wir für die Strecke von etwa 200 Kilometer – mit den Umwegen waren es sicher viel mehr – benötigten, kann ich nicht mehr rekonstruieren. Eines Tages hielt der Zug auf einem größeren Bahnhof. Es gab einen längeren Aufenthalt und ein aufgeregter Wortwechsel war unter den Menschen auf dem Bahnsteig zu hören. Meine Mutter kurbelte neugierig das Fenster herunter: „Wir sind ja in Kohlfurt (heute Węgliniec)! Hier ist ja dein Vati geboren! Und deine Großeltern besaßen früher hier ihre Fleischerei!" Wahrscheinlich hatte der Zug die Neiße auf einer notdürftig reparierten Brücke überquert und wir waren schon in Schlesien östlich von Görlitz.

Da ein längerer Halt zu erwarten war, stiegen wir aus, um vielleicht Informationen zu erhalten. Dabei erfuhr Mutter von dem Gerücht: Schlesien wird bis an die Neiße polnisch. Nun war guter Rat teuer. Sollte man dem unglaublichen Gerede trauen? Unsere Mitreisenden aus Jauer und die meisten anderen Flüchtlinge wollten trotz der Vorstellung, unter polnischem Regiment leben zu müssen, unbedingt in ihre Heimat zurückkehren – in dem Glauben, die meist versprengten Familienangehörigen anzutreffen. Mutti schlug vor, zunächst, wie schon im Februar, bei den Großeltern in Görlitz-Moys ein Unterkommen zu suchen – in der Hoffnung, dass sie das Kriegsende heil überstanden hatten. Nur zwanzig Kilometer trennten uns von ihnen.

Dass die Besetzung durch Polen nicht nur ein Gerücht war, wurde uns direkt vor Augen geführt: Auf dem gegenüberliegenden Gleis des Bahnsteigs fuhr ein Güterzug ein, aber in die entgegengesetzte, in Richtung Görlitz: ein Transport mit Ostpolen, was ich erst Jahrzehnte später verifizierte. Überhaupt wussten wir über die politischen Rahmenbedingungen unseres damaligen Schicksals nichts: Noch während des Zweiten Weltkriegs hatten die drei alliierten Mächte, Großbritannien, die USA und die Sowjetunion, über eine Neuordnung und Machtverteilung der Einflusssphären in Europa beraten. Sie fanden ein Vorbild für ihre geplante Neuordnung im zwei Jahrzehnte zuvor am Ende des griechisch-türkischen Konfliktes geschlossenen Friedensvertrag von Lausanne im Jahr 1922. Demzufolge wurde auf dem Balkan ein Bevölkerungsaustausch teils freiwillig, teils mit Zwangscharakter durch die Alliierten vorgenommen, um ethnisch und religiös homogene Nationalstaaten zu sichern. Auch die Nationalsozialisten hatten großangelegte Aus- und Umsiedlungen durchgeführt. Sie hatten Südtiroler ins Reich und nach Luxemburg oder Polen aus dem Posener Gebiet und Pomerellen ins Generalgouvernement verbracht. So wurde der Zweite Weltkrieg eine Zeit der erzwungenen Völkerwanderung im Rahmen der totalitären und ethnischen Flurbereinigung. Wie Schachfiguren wurden Bevölkerungsgruppen in Ostmitteleuropa und Osteuropa verschoben. [6]

Die Alliierten trafen sich zu Konferenzen in Teheran 1943 und in Jalta auf der Halbinsel Krim im Frühjahr 1945. Einigkeit erzielte man über eine bedingungslose Kapitulation, die Entnazifizierung der Bevölkerung sowie über die Entmilitarisierung Deutschlands.

Polens Ostgrenze wurde festgelegt. Ostpolen, etwa ein Drittel des Staatsgebietes, war von vielen Ethnien besiedelt und deshalb eine konfliktgeladene Region in Osteuropa. Durch eine neue Grenzziehung erhoffte man sich eine Befriedung des Gebietes. Eine Umsiedlung der Polen aus den ehemaligen Ostgebieten in frei zu machende Regionen Ostdeutschlands sollte Beruhigung bringen. Mit dieser ethnischen Säuberung auf Kosten Deutschlands ging einerseits ein seit Ende des Ersten Weltkriegs gehegter polnischer Wunsch nach einem ethnisch homogenen Nationalstaat in Erfüllung. Andererseits musste Polen diese Konzession mit einer östlichen Gebietsabtretung zugunsten der UdSSR honorieren.

Nicht festgelegt war der genaue Verlauf der Westgrenze Polens, was einer weiteren Konferenz nach der Kapitulation Deutschlands vorbehalten blieb. Aber Stalin sicherte schon im Juli 1944 dem Lubliner Komitee (benannt nach dem provisorischen Regierungssitz Lublin in dem schon befreiten Teil

Polens) die Gebiete bis an die Oder und Neiße zu. Von einem kleineren, entmilitarisierten, schwachen Deutschland sollte keine Kriegsgefahr mehr ausgehen. Die Sowjetunion annektierte die polnischen Ostgebiete und gliederte sich die Baltischen Staaten, die bis zum Ersten Weltkrieg russische Provinzen waren, wieder ein.

Doch im Frühjahr 1945, noch v o r der bedingungslosen Kapitulation der Wehrmacht, war ein Teil der vor der Front geflüchteten oder von dieser überrollten Deutschen in die Heimat zurückgekehrt. Sofort nach der Kapitulation setzte die Rückflut in großem Maße ein. Zudem waren die Westalliierten bemüht, die Flüchtlinge so schnell wie möglich wieder nach Schlesien und in die anderen deutschen Ostgebiete zurückzutransportieren, weil sie mit Versorgungsschwierigkeiten konfrontiert wurden. Die Heimkehrer indes fanden eine in den Kriegswirren zerstörte Infra- und Bevölkerungsstruktur vor. Der Anteil an Frauen, Kindern und Alten stieg überproportional an. Durch die im Krieg gefallenen und in Kriegsgefangenschaft geratenen Männer entstanden Lücken, woraus sich das Problem mangelnder Arbeitskräfte ergab.

Gleichzeitig veranlasste das polnische staatliche Repatriierungsamt PUR durch Anwerbung oder Zwang die polnische Bevölkerung aus den Ostgebieten, vor allem aus den früheren Wojewodschaften Lemberg, Tarnopol, Stanislau und Wolhynien, ihre Heimat zu verlassen und wies ihnen entsprechende Unterkünfte vor allem in Niederschlesien zu. [7]

Meine Erinnerungen an die dem Kriegsende folgenden drei Monate konnte ich wieder mit den Aufzeichnungen des schon erwähnten deutschen katholischen Pfarrers Franz Scholz vergleichen, die sie weitgehend bestätigten. Dieser Priester hat Deutsche wie Polen – Kriegsgefangene und Zwangsarbeiter – schon im Krieg in Görlitz-Moys seelsorgerisch betreut, weil er neben der deutschen auch der polnischen Sprache mächtig war. Das schob ihm die Rolle des Vermittlers zwischen den Polen und Deutschen zu und bot ihm in vielen Situationen die Chance, seinen Landsleuten zu helfen.

„Also bewahrheitet sich doch das hartnäckige Gerücht: Polen besetzt die rechte Neißeseite", schreibt er am 25.5.1945.

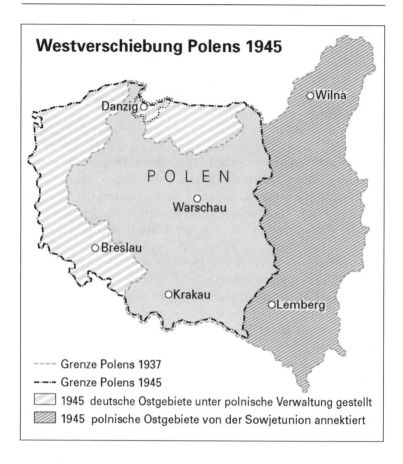

Westverschiebung Polens 1945

- - - - Grenze Polens 1937
- · - · - Grenze Polens 1945
1945 deutsche Ostgebiete unter polnische Verwaltung gestellt
1945 polnische Ostgebiete von der Sowjetunion annektiert

Die deutschen Ostgebiete wurden unter polnische Verwaltung gestellt.
Erst mit dem deutsch-polnischen Grenzvertrag vom 14. 11. 1990 legten
die Bundesrepublik Deutschland und die Republik Polen die Oder-Nei-
ße-Linie als endgültige Grenze fest.

Dieses Datum könnte nach unserer Odyssee vom Sudetengau auch der Tag der Ankunft in Kohlfurt gewesen sein, an
dem wir mit diesem Gerücht konfrontiert wurden und den
Beschluss zur Umkehr nach Görlitz fassten. Mutti erkundigte sich, wie wir dorthin gelangen könnten. Da hieß es, dass
der gerade einlaufende Zug nach Görlitz weiterführe, aber

leider schon mit Polen besetzt sei.

Der lange Güterzug kam mit quietschenden Bremsen zum Stehen. Nach und nach wurden die großen, schweren Türen der Waggons entriegelt. Müde und ausgemergelte Menschen stiegen vorsichtig aus oder setzten sich mit baumelnden Beinen an den Ausgang, um frische Luft zu schnappen. Ich sehe mich noch weinend den Zug entlanglaufen und bei jedem Waggon die Menschen fragen: „Ist bei euch noch Platz für zwei Frauen und zwei Kinder?" Die Polen schauten meist verständnislos, und falls sie begriffen, worum es ging, konnten sie ja nur bedauernd mit den Schultern zucken, denn es war ja wirklich kein Platz vorhanden. Die Güterwaggons waren mit Hausrat und Menschen bis in den hintersten Winkel vollgepfercht. Mutti und Oma schoben die beiden Kinderwagen den Bahnsteig entlang. Schließlich erreichten wir die Lokomotive. Und welch ein Glück: Lokomotivführer und Heizer waren Deutsche, zumindest verstanden und sprachen sie Deutsch. Sie hatten Mitleid mit uns und boten uns den Platz auf dem Kohlentender der Lokomotive an.

Ein breites Brett wurde organisiert und quer über die Kohleladung gelegt. Beide Kinderwagen, den einen mit meinem kleinen Bruder und den zweiten mit den Koffern, hievten die Männer beherzt hinauf. Mutti saß auf der einen Seite des Brettes und umklammerte den Wagen mit dem Säugling, Oma auf der anderen Seite sorgte dafür, dass der zweite Wagen mit dem Gepäck nicht abstürzte. Denn jedes Mal, wenn der Heizer Kohle schaufelte, rutschte etwas Kohle nach und das Brett geriet gefährlich ins Wanken. Ich hockte mich zu Heizer und Lokomotivführer in den Führerstand, denn dort herrschte in der kühlen Frühlingsnacht eine angenehme Wärme. Für mich war es ein echtes Abenteuer! Ich erinnerte mich an die Winterferien in Tarnopol im Jahr zuvor, als ich oft auf der Drehscheibe vor der Lokomotivhalle fahren durfte. Jetzt aber erlebte ich unmittelbar, wie das fauchende und qualmende Ungetüm in Gang gesetzt wurde. Wenn der Heizer die Klappe zum Heizkessel öffnete, konnte ich in den glühenden Feuerrachen schauen. Dabei fiel mir die Hexe aus dem Märchen von Hänsel und Gretel ein, die in einen brennenden Feuerofen gestoßen wurde. Ich durfte sogar selbst ein paar Kohlen in das glühende Loch hineinschaufeln, aber das war für ein kleines Mädchen doch recht beschwerlich.

Es dauerte nicht lange, da hatten sich rings um den Tender in ihrer Not noch andere Menschen geklammert, die Richtung Westen wollten, vor allem einige Männer, die der Gefangennahme entgehen wollten. Und obwohl Kohlfurt und Görlitz nur 20 Kilometer voneinander entfernt waren, stand uns wieder eine stundenlange Irrfahrt durch die Nacht bevor. Die schöne Brücke an der direkten Verbindung, der Viadukt über die Neiße, war ja gesprengt, und der Lokführer steuerte sicher auf den Übergang zu, den wir am selben Tag schon einmal überquert hatten. Später erfuhr ich auch, dass aller Güter- und Personenverkehr weiter nördlich bei Forst über eine erhalten gebliebene Eisenbahnbrücke rollen musste.

Der Zug war fast die halbe Nacht unterwegs, hielt wieder des Öfteren und erreichte den Hauptbahnhof Görlitz erst im Morgengrauen, noch zur von der Besatzungsmacht verordneten Sperrstunde. Alle Mitfahrer hatten schreckliche Angst vor den Polen, deren Zugfahrt ebenfalls hier endete. So riet der Lokführer, uns zunächst auf dem Bahnsteig im Wartehäuschen zu verschanzen. Dort verbarrikadierten wir mit dem Gepäck von innen Türen und Fenster und harrten aus, bis es hell wurde und die Sperrstunde aufgehoben war. Langsam trauten sich einige Personen der deutschen Gruppe nach draußen. Meine Mutter fasste schließlich auch Mut und ging los, um meinen Großvater zu suchen, von dem sie wusste, dass er vor unserer Evakuierung in der Fleischerei Haupt in der Landskronstraße in der Nähe des Bahnhofs gearbeitet hatte. Und tatsächlich: Nach kurzer Wartezeit tauchte sie mit ihm auf. Das war ein freudiges Wiedersehen! Dann hieß es, den Weg durch die Stadt zu Fuß zurückzulegen, mit dem Säugling und dem Gepäck in den beiden Kinderwagen, um eine passierbare Brücke zu erreichen. In Höhe der Reichenbacher Brücke hatten die sowjetischen Soldaten eine Pontonbrücke errichtet. Über dieses wackelige Nadelöhr drängten sich mit uns Menschen, die von Ost nach West oder von West nach Ost wanderten. Viele Flüchtlinge aus Schlesien wollten zurück in ihre Heimat, denn sie hatten noch nichts von dem Unheil gehört, das sich über ihren Köpfen zusammenbraute. Wir gelangten mit unserem Passierschein an vielen Militärposten vorbei bis Moys und konnten meine andere Großmutter wohl-behalten umarmen. An Erzählungen, wie die beiden alten Leute das Kriegsende heil in ihrem Haus überstanden hat-ten, kann ich mich nicht mehr erinnern.

Unter russischer und polnischer Knute

Unser Aufenthaltsort war jetzt wieder östlich der Neiße. Wir waren immerhin sechs Familienmitglieder, die sich in der ers-ten Zeit nach Kriegsende unter der russischen Besatzungs-macht gegenseitig beistehen konnten. Wir erhielten Lebens-mittelkarten; ob und wie viel es damit zum Lebenserhalt zu kaufen gab, weiß ich nicht mehr. Aber wir hatten ein (eige-nes) Dach über dem Kopf.

Im Görlitzer Tagebuch von Scholz wird die Situation dras-tischer geschildert:

„Draußen ziehen immer stärkere Elendshaufen in ihre Hei-mat in Richtung Osten zurück. Sie bitten bei uns um Suppe, Brot. Bis Görlitz war das Land, wenn man von Westen kam, in etwa bewohnt und wenig zerstört. Wer wird ihnen jetzt wei-ter östlich beistehen, wo der Krieg alles vernichtet hat? Die ersten von Osten ankommenden Polen berichten uns, dass Görlitz die erste vom Krieg nicht zerstörte Stadt sei; weiter östlich läge fast alles in Trümmern, jedenfalls Brieg, Breslau, Liegnitz, Bunzlau, Lauban."

Nur vage Erinnerungen an die folgenden Tage tauchen vor meinem geistigen Auge auf: Meine Mutter und die beiden Großmütter mussten in einer Großküche der Russen Hilfsar-beiten leisten und Berge von Kartoffeln für das Essen der Besatzer schälen. Das hatte den Vorteil, dass sie Abfälle für uns mitbrachten. Aus Großvaters Garten war noch Einge-machtes der letzten Ernte im Keller oder an geheimen Stel-len versteckt. Großvater machte sich jeden Tag auf, um in der Fleischerei in Görlitz zu arbeiten, sicher für die Besatzer. Die Fleischwaren wurden von den Russen requiriert, nur weni-ges geriet in die Hände von deutschen Käufern. Aber er konnte zumindest Reste mitnehmen. So kam unsere Familie über die ersten Wochen ohne allzu große Hungergefühle hinweg.

Eines Tages sprach sich in der Nachbarschaft herum, dass auf der großen Wiese bei der Kirche die Russen eine Feldküche aufgebaut hätten und Kindern Essen austeilten. Ich bekam einen Napf in die Hand gedrückt und machte mich bangen Herzens auf, um mich am Ende der langen Reihe von Kindern anzustellen. Ob man uns Milchbrei oder vielleicht Borschtsch aus den großen Kesseln schöpfte, ist mir entfallen. Jedenfalls stopfte ich mir mit Heißhunger den Magen voll, bis ich so richtig satt war. Die Russen hatten Freude daran zuzuschauen, wie es uns schmeckte. Und schließlich durften wir sogar unsere Essgefäße gefüllt mit nach Hause nehmen. Der freundliche Umgang mit uns Kindern vermittelte mir den Eindruck, dass unsere Besatzer gar keine so schlimmen Menschen sein konnten. Jeden Tag wartete ich ungeduldig auf die Mittagsstunde, um an der „Kinderspeisung" teilzunehmen. Auch der geistliche Chronist hat die Situation festgehalten:

„Besonderer Sorge bedürfen die Familien mit Säuglingen und Kleinkindern, die in Deutsch-Görlitz [West] fast mit Sicherheit dem Hunger preisgegeben sind, weil es dort keine Milch gibt. Sämtliches Vieh, das nach der Razzia der SS verblieben war, ist ja von den Russen abgetrieben worden. Die russischen Soldaten in Görlitz-Ost geben nun den Kindern etwas Milch und Suppe. Die durch die Kinder besorgte Russensuppe erhält uns nun alle für viele Tage."

In der Nacht vom 31.Mai zum 1. Juni sperrten die Russen die Grenze. Opa war aber trotzdem viel unterwegs. Eines Tages kehrte er nicht nach Hause zurück. Stunden angstvollen Wartens vergingen, bis er endlich auftauchte; es kann auch schon der nächste Morgen gewesen sein. Vielleicht hatte er sich mühsam alleine nach Hause geschleppt oder mitleidige Menschen hatten ihn gebracht. Opa war am ganzen Körper blutig und war noch nach Tagen voller grüner und blauer Flecken. Was eigentlich geschehen war, erfuhren wir nie genau. Jemand musste ihn angezeigt haben, dass er in der NSDAP gewesen war. Ob Deutsche oder Russen ihn so übel zugerichtet hatten, das hat Opa nicht erzählt. Nun war mein Bild von den netten Russen zerstört, denn ich schob den Feinden Opas

Verletzungen in die Schuhe.

In diese Zeit fiel mein 9. Geburtstag. Wird es überhaupt ein Geburtstagsgeschenk geben?, fragte ich mich im Stillen. Als ich meine Mutter im Wohnzimmer hantieren hörte, konnte ich meine Neugier nicht mehr zügeln und spähte durchs Schlüsselloch. Etwas Rotes stand auf dem Tisch, ich konnte aber nichts Genaues erkennen. Als ich schließlich hereingerufen wurde, prangte auf dem Tisch neben neun Kerzen und einem Kuchen ein Strauß Rotdorn. Im ersten Augenblick war ich enttäuscht, da ich keine anderen Geschenke entdecken konnte. Dann aber freute ich mich doch, weil meine Mutti mir einige Blütenäste meiner Lieblingsbäume besorgt hatte. Rotdorn sind kleinere Bäume, die auch in Jauer an der Breslauerstraße standen. Auf meinen späteren Reisen in Polen fand ich sie auffallend häufig. Auch in Mitteldeutschland sind sie als Straßenbegrenzung üblicher als im Westen. Und sie stehen Ende Mai/Anfang Juni in voller Blüte, gerade wie ein Gruß zu meinem Geburtstag!

Die „wilden Austreibungen" aus Görlitz-Ost

Aus der Chronik von Görlitz habe ich die offizielle Darstellung für die Schließung der Grenze erfahren: Nach der Befreiung vom NS-Regime, zählte Görlitz zur sowjetischen Besatzungszone. Viele Menschen aus dem Sudetenland oder aus Schlesien suchten Zuflucht in der Stadt oder waren auf der Durchreise zurück in die Heimat. Am 10. Mai 1945 berief der sowjetische Stadtkommandant Gardeoberst Nesterow einen Magistrat unter Oberbürgermeister Alfred Fehler, um die Zivilverwaltung aufrechtzuerhalten. Da Görlitz den Menschenmassen nicht gewachsen war, brach eine Hungersnot aus. Hungertyphus war die Folge, an welchem das frisch eingesetzte Stadtoberhaupt bereits am 13. August starb.

Am 1. Juni wurden fünf Divisionen der neuen polnischen Armee an die Oder und an die Görlitzer Neiße beordert. In Görlitz-Ost, von da ab Zgorzelec, wurde eine polnische Verwaltung eingesetzt. Die Ersatzbrücke für die von der Wehrmacht am letzten Tag gesprengten Neißeübergänge durfte von Deutschen nicht mehr passiert werden. Der „Eiserne Vorhang" ging herunter. Die Rückkehr für Deutsche nach Schlesien oder Pommern war verboten. Wer es trotzdem wagte, landete in den Folterkellern im Osten von Görlitz. Fast fünf Millionen Deutsche lebten noch jenseits der Oder-Neiße-Linie, jetzt unter polnischer Verwaltung. Nun drohte ihnen die Vertreibung. Denn die polnischen Kommunisten mussten ihren Landsleuten in diesem völlig zerstörten und im Osten vom Genossen Stalin amputierten Land etwas bieten: Häuser und Boden der Deutschen – und die Vision eines homogenen Nationalstaats, den fast alle Polen sich wünschten. In der neuen kommunistischen Regierung verkündete Władysław Gomułka als Minister für die „wiedergewonnenen Gebiete": „Wir müssen die Deutschen hinauswerfen, da alle Länder auf nationalen, nicht multinationalen Grundlagen errichtet sind." Eigentlich sollte erst im Juli auf der Potsdamer Konferenz der Siegermächte über das zukünftige Schicksal des besiegten Deutschland entschieden werden. Noch war nicht restlos geklärt, wo genau die neue Grenze zwischen Polen und Deutschland verlaufen würde. Doch die polnische Regierung hatte, von Stalin dazu ermuntert, das Gesetz des Handelns längst übernommen. Schon rollten aus den einstigen Ostprovinzen Polens, die an die Sowjetunion fielen, in offenen Viehwaggons eineinhalb Millionen Landsleute heran, darunter   150 000 Juden, die gerade dem Holocaust entronnen waren. Für ihre Häuser und Höfe hatte man ihnen gleichwertigen Ersatz versprochen; sie sollten nun in Schlesien oder Pommern siedeln. Doch da waren immer noch die Deutschen.

Eines Tages wurde heftig an unsere Haustür geklopft und plötzlich stand ein Pole mit einer Kalaschnikow im Hausflur und schrie: „Raus aus der Haus, aber dalli, dalli!" Entsetzt starrten wir ihn an und konnten uns vor Schreck gar nicht rühren. „In zehn Minuten raus aus der Haus!", brüllte er wieder. Meine Mutter fasste sich als Erste, holte meinen kleinen Bruder und hielt ihn an ihre Brust: „Kind hat Hunger, muss erst trinken", brachte sie hervor. „Gut, halbe Stunde!" Dazu ließ er sich erweichen und verschwand. Aufgeregt beratschlagten alle, was zu tun sei, was eingepackt wird und was an Transportmitteln zur Verfügung stand. Mein Großvater holte einen kleinen hölzernen Handwagen und ansonsten kamen nur die beiden Kinderwagen infrage. Da hieß es wieder, unsere wenigen Habseligkeiten einpacken. Meine Mutter kam auf die Idee, schnell zum Bäcker nebenan zu laufen, um noch Brot zu holen. Sie nahm mich mit, damit ich ihr helfen konnte, die ergatterten Waren zu tragen. Der Bäcker war aber schon längst aus seinem Haus verjagt und wieder empfing uns ein Pole: „Frau, was du suchen?" „Brot", rief meine Mutter verzweifelt. „Brot nicht da, hier Mehl!", und damit schleppte er einen Sack Mehl herbei. Ich musste schnell den Kinderwagen holen, dahinein wurde der Sack gehievt. Dieser Sack Mehl war unser Lebensretter! Andere Menschen erfuhren gar kein Mitleid, wie Pastor Scholz notierte: *„Als ich früh, kurz nach 7 Uhr, vom Altar in die Sakristei komme, werde ich von vielen bleichen Gesichtern erwartet: ‚Herr Pfarrer, helfen Sie uns, wir müssen in zehn Minuten die Wohnung verlassen.' [...] alles in Aufruhr. Vor den Haustüren stehen Kommandos der (polnischen) Miliz, sie rufen die Bewohner, die erst vom Schlaf erwachen, notdürftig bekleidet auf die Straße, halten sie dort fest, gestatten nicht mehr, dass jemand in seine Wohnung zurückkehrt 21.6"*. Und dann reihten wir uns mit zwei Kinderwagen – wieder einen mit Gepäck und einen mit dem Säugling auf dem Mehlsack –, mit dem Leiterwagen und vielen anderen Menschen in einem schier endlosen Zug zur Neißebrücke Richtung Görlitz-West ein. In Blickweite des Flussübergangs merkten wir, dass manche Vertriebene durchsucht wurden. Wir konnten nicht erkennen, was die Polen von der wenigen zusammengerafften Habe beschlagnahmten. Opa wies mich an, auf unseren beladenen Bollerwagen aufzusteigen, bettete mich auf die Decken und ich mimte ein erschöpftes, schlafendes Kind. Mir klopfte das Herz bis zum Hals vor Angst und Aufregung. Doch die Soldaten waren im Augenblick unseres Passierens abgelenkt und schauten weder in die Kinderwagen noch in den Handwagen mit mir. Außer Sichtweite der Kontrollstelle erlöste mich Opa aus meiner beklemmenden Lage und ich hüpfte erleichtert von dem Gefährt.

„Draußen ziehen indes die Kolonnen aus den Nachbardörfern dahin. Arm und verzweifelt, aus Hermsdorf, Gruna und Moys. Unaufhaltsam bewegt sich jetzt der Zug des Elends.

Tausende werden in das verhungerte, überfüllte Görlitz-West hineingepresst. Der Russe lässt es mit eisigem Schweigen geschehen. Gleichzeitig wälzt sich nach Görlitz ein Strom aus dem Westen. Noch weiß ja niemand, was hier in Görlitz an der Neiße geschieht. Es gibt keine Presse, keinen deutschen Rundfunk, keine Information. [...] Görlitz-West kann diese sich ohne Unterlass nach der Stadt wälzenden Massen nicht aufnehmen und verkraften. Außer einem provisorischen Magistrat gibt es keine handlungsfähige Landesregierung. 21.6."
So lauten die Aufzeichnungen von Pastor Scholz.

Als Vertriebene in Görlitz-West

Meine Großeltern hatten in ihrem Leben immer hart gearbeitet, sich wenig gegönnt und das ersparte Geld an Menschen verliehen, die wohl von Banken und Sparkassen keinen Kredit erhalten hätten. Solch einen Schuldner suchten sie in Görlitz auf und baten um Unterkunft für uns alle. Es war ein typisches Großstadthaus in der Konsulstraße Nr. 30, in dem wir aufgenommen wurden. Meine Großeltern bekamen ein Zimmer mit Kochgelegenheit im Hinterhofhaus, meine Mutter, meine Großmutter mütterlicherseits und wir zwei Kinder eine Wohnung im Haupthaus, zwei Zimmer und Küche. Die bisherigen Mieter waren gegen Kriegsende vor der näher rückenden Front geflohen oder hatten aus irgendeinem anderen Grund ihr Heim verlassen. Die Möbel und vieles andere waren zurückgeblieben, sodass wir von daher alles Notwendige für einen Haushalt vorfanden. Aber die Versorgung mit Lebensmitteln war katastrophal, wie auch der katholische Priester Scholz notierte:

„Drüben im deutschen Stadtteil sei die Hungerkatastrophe noch entsetzlicher. In Görlitz-Ost ist in den Kellern doch noch manches, wenigstens an Kartoffeln, zu holen, was die Russen noch nicht mitgenommen hatten. 29.6."

Ob es wieder Lebensmittelmarken gab, weiß ich nicht mehr. Die russischen Besatzungsmächte versorgten erst ihre eigenen Truppen. Die eingesetzte deutsche Verwaltung versuchte mühsam, eine funktionierende Infrastruktur aufzubauen, um die Einheimischen und Tausende von Flüchtlingen mit

Nahrungsmitteln zu versorgen. Aber die Bauern hatten im letzten Kriegsjahr ihre Felder nicht mehr richtig bestellen können: Die Männer waren an der Front, und die Frauen konnten mit gelegentlich zugeteilten Kriegsgefangenen als Hilfskräften die Feldarbeit kaum bewältigen. Wo erst gar nicht gesät worden war, gab es auch nichts zu ernten. Die Kriegsmaschinerie war im Osten wie eine Walze über das Land gerollt und hatte die bestellten Felder zerstört. Für Görlitz stand das östliche Hinterland gar nicht mehr zur Verfügung. Außerdem fehlten Transportmöglichkeiten für Lebensmittel. Wir hatten wenigstens unseren Sack Mehl! Wenn meine Mutter mit etwas Mehl zum Bäcker ging, bekam sie für einen Teil Brot, den anderen Teil behielt er für sich. Jeden Tag gab es bei uns Mehlsuppe wie in Jauer, aber jetzt nur mit Wasser und es schwamm auch kein Butterflöckchen darin wie zu Hause. Trotz vieler vergeblicher Versuche lief Mutti Tag für Tag auf den Marktplatz oder zu Geschäften und reihte sich in die Menschenschlangen ein. Was für eine Freude, wenn sie gelegentlich ein paar Kartoffeln oder Mohrrüben ergattert hatte. Wir brieten sie ohne Fett in Scheiben auf der Herdplatte, was einen unangenehmen brenzligen Geruch verbreitete.

In Kunnerwitz bei Görlitz lebte die Familie meines Onkels, des Stiefbruders meines Vaters, der in dem kleinen Ort Volksschullehrer gewesen war. Die Straßenbahn fuhr zwar, aber von der Endhaltestelle aus war es immer noch ein langer Fußweg bis zu den Verwandten. Wir hofften auf etwas Gemüse oder Obst aus dem großen Schulgarten, die Kirschen waren doch schon reif. Aber das Schulhaus war überfüllt mit unzähligen Flüchtlingen neben der Lehrerfamilie mit vier Kindern. Meine älteste Cousine und Patentante Inge hatte selbst schon ein einjähriges Mädchen. Außerdem war die Familie in den letzten Kriegswochen auf der Flucht vor der Front wochenlang unterwegs gewesen und hatte den Garten nicht bestellen können. Da sie selbst Mühe hatten, die vielen Mäuler zu stopfen, konnten sie uns nicht helfen. Meine Cousine Gerda schrieb dazu in ihrem Tagebuch:

„Zeitweise wohnten in dem kleinen Schulhaus über 60 Personen. Auch vor unseren Zimmern im oberen Stock lagen in der sog. Diele zehn Flüchtlinge. Alle kochten bei uns in der

Küche. Viel gab es ohnehin nicht zu kochen, meistens Bratkar-
toffeln ohne Fett auf dem Eisentiegel. Das stank fürchterlich.
Die Schlesier warteten darauf, dass sie nach Hause durften,
doch vergebens. So kam es, dass im Juni 1945 in unserem
Dorf, das normalerweise 250 Einwohner hatte, etwa 2000 Men-
schen lebten. Die Scheunen waren alle voll belegt."

Mein Onkel war als Nazi festgenommen worden und die
Angehörigen blieben zunächst in Ungewissheit über seinen
Aufenthalt. Er war sehr lange in Bautzen inhaftiert und hatte viel an psychischer und physischer Folter erlitten. Vielleicht
nahmen die neuen Behörden an, dass er in Verbrechen verwickelt war, die in Kunnerwitz während des Dritten Reiches
verübt wurden. Während des Krieges, ab 1942, gab es in Kunnerwitz ein Außenkommando des KZs Groß-Rosen, in dem
25 Häftlinge in der Landwirtschaft arbeiten mussten. In der
Nachkriegszeit fand die Görlitzer Kriminalpolizei 1947 in einer alten Sandgrube (am Sandweg) drei Leichen von ehemaligen Häftlingen. Ob man meinen Onkel damit in Verbindung
bringen wollte?

Als dann später in der Umgebung der Stadt einige Getrei-
defelder abgeerntet wurden, machten wir uns auf den Weg
zum Stoppeln, so nannten wir das Ährenlesen. Aber es war
sehr weit von der Innenstadt bis zu den Feldern und andere
Leute waren uns immer schon zuvorgekommen. Bei dem
mühsamen Bücken nach den vereinzelten Ähren dachte ich
zurück an die sorglose Zeit der früheren Besuche bei meinen
Großeltern und bei Onkel und Tante, als ich auf diesen Feldern Verstecken in den Getreidepuppen gespielt hatte. Später lasen wir auch Kartoffeln auf, von Bauern übersehene
vereinzelte Knollen.

Mir knurrte ständig der Magen vor Hunger und ich machte mich auf die Suche nach etwas Essbarem. Mit einem Jungen aus dem Haus streunte ich durch die Stadt. Einige Stra-
ßenzüge von unserem Haus entfernt hatten russische Besatzer ihre Familien einquartiert. Das ganze Viertel war mit einem Bretterzaun umgeben und der Zugang für Deutsche verboten. In einer Nebenstraße befanden sich beschlagnahmte
Häuser. Es könnten ehemalige russische Zwangsarbeiter darin untergebracht gewesen sein, jedenfalls wohnten dort Aus-

Wo wir jetzt zum Stoppeln gingen, spielte ich früher Verstecken in den Getreidepuppen (bei Kunnerwitz 1942).

länder. Eines Tages blieben wir, von Essensgeruch angelockt, vor einer Haustür stehen. Plötzlich wurde von einer mitleidigen Seele aus dem dunklen Flur durch die Tür für jeden eine Scheibe Brot gereicht: ein Weißbrot mit Butter und Honig! Hastig verschlang ich die ersten Bissen, dann aber rannte ich zu unserem Haus zurück und gab Mutti und Omi den Rest, das war dann für jede gerade noch ein Bissen. Mich quälte noch lange mein schlechtes Gewissen, weil ich nicht ehrlich geteilt hatte. Bis heute habe ich diesen Vorfall nicht vergessen.

Immer wieder versuchte ich mit meinem Spielkameraden bei demselben Haus unser Glück, manchmal mit Erfolg. Eines Tages trat aus der Haustür ein Mann und sprach uns in gebrochenem Deutsch mit starkem Akzent an. Er wollte wissen, wo wir wohnten, und ließ sich das Haus zeigen. Meine Mutter war sehr erstaunt, als ich mit dem Fremden auftauchte. Dieser fing ein Gespräch an, mit Händen und Füßen und zeigte immer auf uns – er hielt den Spielgefährten wohl für

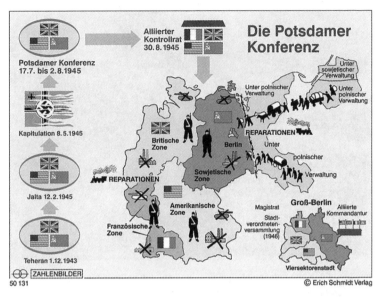

Die Potsdamer Konferenz regelte die endgültige Grenzziehung zwischen den alliierten Besatzungszonen und den polnisch verwalteten deutschen Ostgebieten.

meinen Bruder. Nur einige Worte waren verständlich: „Schöne Kinder, blonde Haare, Frau keine Kinder, Kinder mitnehmen, gut leben, viel essen" …, aus denen meine Mutter sich zusammenreimte: Er wollte uns mitnehmen, weil er und seine Frau keine Kinder hatten. Entsetzt lehnte meine Mutter sein Angebot ab und der Fremde zog sich enttäuscht zurück. Aus Sorge um mich verbot sie mir von da an, mich dem Stadtviertel der Besatzer zu nähern.

Zwei schmerzliche Verluste

Meine Mutter hatte schon bald nach der Ausweisung aus Moys den Wunsch geäußert, zurück nach Fürth zu gehen. Von meinem Vater war seit Monaten keine Nachricht eingetroffen. Natürlich hoffte sie, dass er die letzten Kriegsmonate und das -ende heil überstanden hatte und sie ihn dort treffen konnte. Inzwischen wusste sie, dass die Stadt zur amerikanischen

Zone gehörte. Mit der Wohnortangabe Fürth in der Kennkarte sollte sich diese Absicht verwirklichen lassen. Sie stellte einen Antrag auf Reisegenehmigung für zwei Erwachsene, also für sich, die Großmutter und uns zwei Kinder. Immer wieder ging sie zum Rathaus. Als sie nach Wochen endlich die Papiere in der Hand hatte, war es zu spät. Zu spät für meine Großmutter und für mein kleines Brüderchen.

Meine Oma hatte aufgrund der kargen und ungesunden Ernährung die Ruhr – oder war es vielleicht Hungertyphus? – bekommen, eine Darmerkrankung, die bei ihrem geschwächten Zustand nach wenigen Tagen zum Tod führte. Als Mutti merkte, dass es Oma sehr schlecht ging, sagte sie zu mir: „Bleib bei Großmuttel, ich lauf schnell den Arzt holen!" Da stand ich nun alleine voller Angst wie angewurzelt an der Schlafzimmertür und starrte auf das stöhnende, bleiche Gesicht von Oma. Ich traute mich nicht, aus dem Zimmer zu laufen, aber auch nicht, mich zu Oma ans Bett zu setzen. Wahrscheinlich spürte ich, dass mit ihr etwas Unwiderrufliches geschah. Sie war schon tot, als Mutti mit dem Arzt eintraf. Zwei Wochen später wäre sie 60 Jahre alt geworden. Ich habe noch das Bild von der Unmenge an Särgen in der Nikolaikirche vor Augen, in der Oma aufgebahrt wurde. Ein Wunder, dass es überhaupt noch Särge gab! Im „Görlitzer Tagebuch" wird schon im Februar von Sargkisten gesprochen. Vermutlich fand ein Gemeinschaftsgottesdienst mit allen Angehörigen statt, jedenfalls standen viele schwarz gekleidete, trauernde Menschen zwischen den Särgen. Auf einem Plattenwagen wurden gleich mehrere Särge bis zur Begräbnisstätte gebracht, wo die Beerdigungen in „Serie" vonstattengingen.

Ob meine Mutter über die Beschlüsse der Potsdamer Konferenz, die inzwischen stattgefunden hatte, Informationen erhalten hatte, weiß ich nicht. Sie wartete weiter auf einen Passagierschein und versuchte nun, für uns Kinder alleine zu sorgen. Den Säugling stillte sie immer noch und dachte, das wäre die beste Möglichkeit, ihn zu ernähren. Auch ich wurde bis etwa zum 9. Monat gestillt, wie meine Mutter mir einmal erzählte. Und ich war als Kleinkind ein richtiges Pummelchen mit Pausbacken. Um alles richtig zu machen, hatte sie möglicherweise den damals üblichen Erziehungsratgeber befolgt: „Nur wenn du dein Kind stillst, erfüllst du deine Pflicht als Mutter" und „auch eine rassische Pflicht". Diese Sätze stammen aus dem Buch „Die Deutsche Mutter" von Johanna Haarer von 1934. Sie lehnte sich mit ihren Prinzipien eng an die Ideologie des Nationalsozialismus an, war seit 1937 Mitglied der NSDAP und zeitweise „Gausachbearbeiterin für rassenpolitische Fragen" der NS-Frauenschaft in München gewesen. Das Buch erschien bis in die 1980er-Jahre unter dem veränderten Titel „Die Mutter und ihr erstes Kind", das ich mir als junge Mutter auch besorgt hatte. Inhaltlich war an Haarers Erziehungsstil zu Ordnung, Sauberkeit und Pünktlichkeit nicht viel geändert worden. Ich habe zunächst versucht, mich bei der Erziehung meiner Kinder danach zu richten. Aber ich gab den Versuch bald auf, weil ich das Hungergeschrei eines Säuglings bis zur festgesetzten Uhrzeit nicht lange ertragen konnte. Auch die Sauberkeit bei einem Kleinkind dadurch zu erzwingen, dass man es ständig aufs Töpfchen setzte, empfand ich als Zumutung. Jetzt erkenne ich aber klar die Motive dieser selbst ernannten Expertin. [8]

Damals in der Hungerzeit versiegte bei meiner Mutter plötzlich die Milch, weil sie selbst kaum das Nötigste zu essen bekam. Verzweifelt versuchte sie, irgendeinen Brei für das Kind zu kochen, dessen kleiner Körper aber die ungewohnte Nahrung verweigerte. Der kleine Junge schrie und weinte erst vor Hunger, dann aber wurde er still und stiller. Und so mussten wir zusehen, wie der kleine Olaf immer schwächer wurde und am 15. August für immer einschlief, genau an dem Tag, als er ein halbes Jahr alt geworden war. In eine kleine weiße Kiste – vielleicht war es auch nur ein Karton – betteten wir den ausgemergelten Körper und fuhren ihn im Kinderwagen zur Kirche. Diesmal sprach ein Pfarrer meiner Mutter und mir in einem kleinen separaten Raum, mag sein, es war die Sakristei, Trost zu. Er erzählte etwas von Gott im Himmel, der das Kind zu sich geholt habe. Ich wollte mich aber nicht trösten lassen, ich war wütend auf den Mann in Schwarz. Ganz in der Nähe von Omi, auf einem Feld mit lauter kleinen Gräbern, wurde auch ihr Enkelkind Olaf beigesetzt. [9]

Passierschein von Ost- nach Westdeutschland (Rückseite englisch)

Reise nach Bayern in die amerikanische Zone

Als wir nach dem Tod von Großmutter und meinem Bruder endlich die ersehnten, schon seit Wochen beantragten Reisedokumente in der Hand hielten, fasste Mutti sofort den Entschluss, nach Bayern an den eigentlichen Wohnort in Fürth aufzubrechen. Gemäß Antrag war die Reiseerlaubnis für zwei Erwachsene, zwei Kinder und zwei Kinderwagen ausgestellt, einmal in Russisch, dann in Deutsch und auf der Rückseite in Englisch. Es hieß ja, von der sowjetisch besetzten Zone in die amerikanische überzuwechseln. Datiert war der Reisepass auf den 22.8.1945. Wir bekamen noch Lebensmittelkarten und ich wurde in der Schule abgemeldet. An einen Schulbesuch in Görlitz kann ich mich heute überhaupt nicht mehr erinnern.

Diesmal nur mit einem Kinderwagen und weniger Gepäck – ohne den Säugling, ohne die Großmutter – machten Mutti und ich uns auf den Weg nach Bayern. „Vielleicht wartet Vati schon in unserer Wohnung in Fürth auf uns", tröstete mich Mutti und machte mir Hoffnung.

Auf dieser Reise sahen wir uns ähnlichen Schwierigkeiten gegenüber wie drei Monate zuvor bei der Rückkehr aus dem Sudetenland nach Schlesien. Die Züge waren überfüllt, fuhren nicht nach Plan. Die Fahrt endete oft unvermittelt, weil Brücken gesprengt oder die Bahngleise durch Bombenangriffe zerstört waren. Da hieß es für uns Passagiere manchmal, zu Fuß über Behelfsbrücken zu laufen. Es ging also nur sehr langsam voran. Den Kinderwagen mussten wir mit gebrochener Achse irgendwo stehen lassen. Unterwegs übernachteten wir manchmal auf einem Bahnhof, ein anderes Mal in einem Luftschutzbunker, der zweckentfremdet gute Dienste leistete. Wir waren über das durch den militärisch sinnlosen Luftangriff völlig zerstörte, von flüchtenden Menschen überfüllte Dresden gekommen. Da fast alle größeren Orte, die wir passierten, zerbombt waren, habe ich mir den Namen der Stadt damals nicht gemerkt. Erst aus einem späteren Brief erfuhr ich, dass es in Dresden war, wo sich uns beiden eine Frau anschloss, die bis dahin alleine unterwegs gewesen war. Ihr Reiseziel lag ganz in der Nähe von Nürnberg, also bot es sich an, die vor uns liegende Strecke gemeinsam zurückzulegen. Darüber war Mutti sehr froh, denn nun konnte man sich gegenseitig helfen. Wie notwendig das war, sollte sich bald herausstellen.

Auf der letzten Etappe des abenteuerlichen Unternehmens näherten wir uns auf einem Lastwagen der thüringisch/bayerischen Grenze und damit der Grenze zwischen sowjetischer und amerikanischer Besatzungszone. Die Straßen waren mehrmals mit Schlagbäumen abgesperrt und russische Soldaten kontrollierten die Papiere und durchsuchten das Gepäck, um vorhandene Wertgegenstände an sich zu nehmen.

Schließlich ging es nur noch zu Fuß weiter. Überall saßen Menschengruppen am Straßenrand und warteten auf die Erlaubnis, die Grenze passieren zu dürfen.

Unsere Begleiterin besaß keinen Passierschein. Wir beratschlagten, wobei Mutti auf die Idee kam, sie solle sich als die in unseren nicht mit Passbildern versehenen Reisepapieren aufgeführte Großmutter ausgeben. Durch die mangelhafte Ernährung sahen die ausgemergelten Menschen alle ziemlich gleich faltig und abgehärmt aus, jedenfalls ließ sich das Alter kaum einschätzen und verwandtschaftliche Ähnlichkeiten waren nicht zu erkennen. Der Trick gelang, und wir wanderten zu dritt weiter, von traurigen und enttäuschten Blicken derer verfolgt, die am Schlagbaum zurückbleiben mussten, weil sie keine Papiere vorweisen und die Kontrolleure nicht bestechen konnten, da man ihnen zuvor schon alle Wertsachen abgenommen hatte.

Unterwegs waren wir ständig von Hunger geplagt. Glücklicherweise entdeckte ich am Wegesrand Hagebutten an den dornigen Sträuchern. Die kannte ich gut von dem Kinderlied „Ein Männlein steht im Walde", an dessen Schluss gesprochen wird: „Das Männlein dort auf einem Bein mit seinem roten Mäntelein und seinem schwarzen Käppelein, kann nur die Hagebutte sein." Und dass diese Früchte essbar waren, wusste ich aus meinem geliebten Kinderbuch mit den Blumenrätseln. Welches Kind weiß heute schon, dass die Frucht der Heckenrose die Hagebutte ist! Wir hungrigen Wanderer pflückten diese roten Früchte, kratzten die Kerne heraus und verzehrten das Fruchtfleisch, das immer süßer schmeckte, je länger man es kaute. So konnten wir den schlimmsten Hunger etwas stillen. Mutti ermunterte mich immerzu zum Durchhalten: „Jetzt kann es nicht mehr weit bis zur amerikanischen Zone sein."

Als wir den letzten Schlagbaum erreicht hatten, ließen uns die Russen trotz aller Papiere nicht weiter: „Njet!", schleuderten sie uns immer wieder entgegen. In ihrer Not entschloss sich unsere Begleiterin zu einem Bestechungsmanöver: Sie holte eine in den Saum ihres Mantels eingenähte Armbanduhr hervor und zeigte sie verstohlen einem Wachsoldaten. Der ging schließlich auf den Handel ein: Uhr gegen Passiererlaub-

nis – und ließ das gute Stück in seiner Hosentasche verschwinden. Er bedeutete uns, bis zum Einbruch der Dunkelheit zu
warten. Und so lagerten wir am Waldrand. Bange Stunden
vergingen. Würde der Russe zu seinem Wort stehen? „Mutti,
erzähl mir von Rübezahl! Der hat doch armen Frauen und
Kindern auch immer geholfen!" In Flüstersprache tuschelte
Mutti neben meinem Ohr. Ich schlief in ihren Armen ein. Plötzlich weckte sie mich, weil aus der Finsternis schemenhaft eine
Gestalt aufgetaucht war, die rief: „Komm mit!" Handkoffer
und Rucksäcke mit den nötigsten Sachen packend, stolperten
wir mit klopfenden Herzen hinter dem Soldaten her, bangend,
er könne uns in eine Falle locken. Wenn wir auf einen Ast
traten und ein knackendes Geräusch verursachten, zischte er
uns an und ermahnte uns, leise zu sein. Schüsse hallten hin
und wieder durch die unheimliche Nacht. Der Fußmarsch kam
mir unendlich lang vor! Schließlich erreichten wir eine Straße und unser Führer zeigte in eine Richtung: „Lauf!" Der
Russe hatte sein Wort gehalten und mit uns sogar noch den
amerikanischen Wachposten umgangen.

Im Westen angekommen

Die breite Schneise im Wald war in der sternklaren Nacht gut
zu erkennen und wir hasteten vorwärts, so schnell es unser
Gepäck zuließ. Wir waren eine, vielleicht auch zwei Stunden
unterwegs, bis endlich die spärliche Beleuchtung einer Ort-
schaft auftauchte. Irgendein Mensch auf der Straße gab auf
unsere bange Frage die erlösende Antwort: „Ihr seid in der
amerikanischen Zone." Dann führte er uns zu einem niedrigen Gebäude mit großem Saal, der mir zunächst wie ein Klassenraum vorkam. Mit der Taschenlampe voran wies uns der
Fremde den Weg zwischen den auf dem Boden schlafenden
Menschen hindurch bis zu ein paar leeren Matratzen. Todmüde ließen wir uns darauf nieder und schliefen in unseren
Kleidern ein. Am nächsten Tag erkannten wir, dass wir in
einem Lager übernachtet hatten, das aus den gleichen genormten Baracken bestand, in denen der Reichsarbeitsdienst untergebracht gewesen war. Bei meinen Recherchen über die
geografische Lage unseres damaligen Zufluchtsortes ist mir

klar geworden, dass wir im Flüchtlings- und Durchgangslager Hof-Moschendorf gelandet waren. Ein Ausweispapier mit Datum 4.9.1945 bestätigt die Ankunft im „German Refugee and Evacuee Camp Hof". Jahrzehnte später habe ich erfahren, dass dieses Lager ursprünglich als KZ errichtet worden war.

Ein Denkmal an der Wunsiedler Straße in Hof erinnert mit folgender Inschrift an das ehemalige Lager: „Das Grenzdurchgangs- und Massenlager Moschendorf war hier 1945–1957 Tor zur Freiheit für Hunderttausende Deutsche, Kriegsgefangene, Zivilgefangene und Vertriebene des Zweiten Weltkrieges, die aus den Weiten des Ostens kamen."

Da unsere Papiere Fürth als Wohnsitz auswiesen, durften wir nur eine Nacht bleiben. Am nächsten Morgen fühlte sich Mutti nicht wohl. Sie konnte ihr Frühstück gar nicht bei sich behalten. Ständig suchte sie die Toilette auf. Trotzdem riss sie sich zusammen, um mit mir und unserer Zufallsbekannten weiterzulaufen. Bis zur Stadt Hof war es nicht weit. Vielleicht hat uns auch ein Lastwagen mitgenommen. Jedenfalls begleitete die umsichtige Weggefährtin uns in das nächste Krankenhaus. Mutti wurde sofort aufgenommen, weil ihr Zustand sich verschlimmert hatte. Ich fand mit Kindern anderer Patienten Unterkunft auf dem riesigen Dachboden des Krankenhauses, der mit Betten, Tischen und Stühlen provisorisch ausgestattet war.

Ich durfte in der nächsten Zeit Mutti nicht besuchen. Es wurde mir erklärt, sie habe eine schwere und ansteckende Krankheit und ich müsste viel Geduld aufbringen, bis sie wieder ganz gesund sein würde. Da ich erst kürzlich am Beispiel meiner Großmutter erfahren hatte, dass eine schwere Krankheit zum Tod führen konnte, erfüllte mich ständig die Angst um das Leben meiner Mutter, und niemand war da, mich zu trösten und zu beruhigen.

Woche um Woche verging und die Tage und vor allem Nächte wurden kühler. Wir Patientenkinder verbrachten den Tag größtenteils im Bett, weil der Dachraum nicht zu heizen war. In Ermangelung von genügend Betten steckten immer zwei oder drei Kinder im wahrsten Sinn des Wortes „unter einer Decke", auch nachts. Ich kann mich weder an Spaziergänge

*Das Flüchtlingskrankenhaus war 1945 in der Neustädter Schule Hof/
Saale untergebracht (Patientenkinder im Dachgeschoss).*

durch die Stadt, noch an Aufenthalte im Freien erinnern.
Papier und Malstifte waren wohl in den ersten Wirren der
Nachkriegszeit auch nicht vorhanden oder zumindest Man-
gelware. Die Betreuer hatten aber Kinderbücher aufgetrieben und wir waren mit Lesestoff versorgt. Das war für mich
als Leseratte gerade das Richtige, um mich abzulenken: Lesen, lesen und lesen und alle Probleme und Ängste für eine
Weile verdrängen!

Das Wiedersehen

Wie schon geschildert, war mein Vater körperlich unversehrt
und ohne Lagerhaft aus dem Krieg nach Fürth zurückgekehrt.
Er meldete sich bei der örtlichen Behörde sofort an, wurde
als ehemaliger Parteiangehöriger zu Aufräumarbeiten bei der

Stadt verpflichtet und sicherte sich aber so seinen Unterhalt, weil ihm damit auch Lebensmittelkarten zustanden. In den ersten Monaten blieb mein Vater ohne Nachricht von der Familie. Die letzten Lebenszeichen von uns stammten aus Sonnenberg im Sudetenland. Den Ort hatte er neben Fürth auch auf seinem Entlassungsschein als Ziel angegeben. Sicher erfuhr er aber sehr bald, dass das Sudetenland, obwohl zunächst teilweise von den Amerikanern eingenommen, wieder der Tschechoslowakei und somit auch dem russischen Einflussbereich zugeschlagen wurde. Es hatte sich zudem herumgesprochen, dass die Deutschen aus dem ehemaligen Sudetengau und aus der späteren Tschechoslowakei ausgewiesen wurden. So fragte er sich ständig, ob die Familie wieder nach Schlesien zurückgekehrt oder an einen anderen Ort evakuiert worden war. Oder tauchte sie bald in Fürth auf? Zunächst funktionierten weder Post noch Bahn, geschweige denn Telefon. So konnte er nur abwarten und hoffen, dass wir – Mutti mit uns zwei Kindern – uns irgendwann meldeten oder auftauchten.

Es ist ein Wunder, dass in diesen wirren Zeiten, zumindest regional, die Postzustellung im Oktober schon wieder in Gang kam. Eines Tages brachte der Briefträger eine an meine Mutter adressierte Postkarte zu ihm nach Fürth. Der Absender war unsere Weggefährtin, die uns bis Hof begleitet hatte und die sich nach der Rückkehr in ihren Heimatort nach unserem Befinden erkundigte. Mein Vater konnte aus den weiteren Zeilen schließen, dass meine Mutter auf der Reise von Schlesien nach Bayern erkrankt und in Hof in ein Krankenhaus eingeliefert worden war. Auch nach mir fragte die Fremde. Mein Vater antwortete sofort, um weitere Einzelheiten über unseren Aufenthalt zu erfahren. Nach wenigen Tagen traf folgender ausführlicher Antwortbrief unserer Weggefährtin ein:

Pfofeld, 10.10.45
Sehr geehrter Herr Paeselt!
Ich erhielt heute Ihren Brief vom 5.10. und bin ganz überrascht, dass Ihre Frau noch nicht da ist. Ich muß annehmen, dass sie noch ernstlich krank geworden ist. Ich will aber hoffen, dass Sie Ihre Frau inzwischen gefunden haben und sie

gesund zu Hause ist.

Wenn ich nur geahnt hätte, dass Sie zu Hause sind, dann hätte ich Ingrid mit mir genommen und zu Ihnen gebracht und Sie hätten sicher Ihre Frau vielleicht in Hof holen können. Ihre Frau hat aber gar nicht damit gerechnet, daß Sie da sind. Falls Sie Ihre Frau nicht gefunden haben, was ich jedoch keinesfalls annehmen will, so schreibe ich Ihnen nähere Einzelheiten.

Auf der Fahrt nach Bayern lernte ich Ihre Frau in Dresden kennen und da wir beide in Nürnberg das gleiche Ziel hatten, fuhren wir zusammen. Näheres werden Sie ja durch Ihre Frau erfahren. Unterwegs wurde Ihre Frau krank, sie bekam Durchfall, der immer schlimmer wurde. In Hof war es dann so schlimm, dass Ihre Frau vor Schwäche nicht mehr weiter konnte und ich habe sie dann auf ihren Wunsch ins Krankenhaus gebracht. Es ist dies ein Hilfskrankenhaus für Flüchtlinge, welches in einer Schule untergebracht ist. Sie werden es leicht finden. Dies war am 5.9. und ich bin sehr beunruhigt, dass Ihre Gattin noch nicht daheim ist. Ich selbst konnte mich in Hof nicht länger aufhalten, da ich nach Erhalt meines Passierscheins keine Aufenthaltsgenehmigung mehr erhielt.

Aus den Erzählungen Ihrer Frau habe ich erfahren, dass Ihr Sohn und Ihre Schwiegermutter in Görlitz gestorben sind. Näheres weiß ich darüber auch nicht. Sachen hatte Ihre Frau noch und auch Geld. Sie werden verstehen, dass ich bei der Kürze unserer Bekanntschaft nicht näher unterrichtet bin.

Ich wünsche Ihnen von Herzen, dass Sie Ihre Frau und Tochter inzwischen gesund zu Hause haben und bitte Sie, mir bald Nachricht zu geben.

Bestens grüßend   *Friedel P.*

Mein Vater hatte diesen Antwortbrief unserer Zufallsbekanntschaft nicht erst abgewartet, sondern sich sofort nach Erhalt der ersten Postkarte zumeist mit Güterzügen auf den Weg nach Hof gemacht. Dort angekommen, hatte er sich von Krankenhaus zu Krankenhaus durchgefragt und uns letztlich aufgespürt. Eines Tages wurde ich an die Tür des „provi-

sorischen Kinderheims" auf dem Dachboden der Klinik gerufen und da stand ein ziemlich abgemagerter und verhärmter
alter Mann vor mir! Erst als ich ihn meinen Namen aussprechen hörte, erkannte ich meinen Vater. Da sprang ich an ihm
hoch, er nahm mich in seine Arme und ich brach in ein lautes
Schluchzen aus. Doch es waren Tränen der Erleichterung und
Aufregung. Hatte ich meinen Vater doch Monate nicht mehr
gesehen! Und jetzt wollte er mich abholen! Wenn auch nicht
in das Zuhause, welches ich mir vorstellte. Denn „mein Zuhause" war in den letzten Jahren Jauer gewesen. An Fürth,
das ich nur von Stippvisiten kannte, besaß ich nur Fetzen der
Erinnerung. Mutti durfte zu meiner großen Enttäuschung
noch nicht mitkommen, denn ihr Gesundheitszustand ließ den
Transport nicht zu. Ärztliche Bescheinigungen bestätigen
ihren Aufenthalt im Hilfskrankenhaus für Flüchtlinge in der
Neustädter Schule in Hof vom 5.9. bis 27.10. 1945.

Die Fahrt von Hof nach Fürth, die ich nun mit meinem
Vater alleine antrat, beendete die Schrecken der Flucht. Recht
anschaulich ist sie von mir in einem Brief an meine Mutter
beschrieben (siehe Seite 290/91).

Vereint in Fürth/Bay.

Zunächst einmal musste ich mich in der neuen Umgebung
zurechtfinden. Die Stadt Fürth und die Wohnung waren so
gut wie fremd für mich. Ich kannte außer meinem Vater keinen einzigen Menschen. Und den hatte ich seit Kriegsbeginn
nur sporadisch gesehen. Das Familienleben war in den Kriegsjahren auf wenige Ferienaufenthalte an seinen Dienstorten
und auf einige Heimaturlaube in Jauer beschränkt geblieben.
Ich musste mich also erst an das Zusammenleben mit ihm
gewöhnen, wie er umgekehrt auch. Weitere Wochen später
bei der Entlassung meiner Mutter aus dem Hofer Krankenhaus erfuhr mein Vater in einem vertraulichen Gespräch mit
dem behandelnden Arzt, dass sie an Hungertyphus erkrankt
war. Die aufgetretenen Fälle durften nicht publik werden, da
das Krankenhaus über keine Isolierstation verfügte und der
Verantwortliche keine Möglichkeit sah, Patienten mit infek-
tiösen Erkrankungen anderweitig versorgen zu lassen. Mei-

den 10.10.1945

Liebe Mutti!

Gestern um 2 Uhr sind wir in Fürt
angekommen. Wir sind früh um
½5 Uhr losgegangen, es war ein lan
ger Weg. ½6 ist dann das Auto
nach Bamberg gekommen. Wir
sind bald 4 Stunden gefahren
Es war ein schöne Gegend, der
ganze Wald so bunt gefärbt. Um
9 Uhr sind wir in Bamberg gewe
sen. Da waren wir in ein Gasthau
gegangen, und haben Tee getrun
ken. Dann haben wir uns Wür

Der Brief an meine Mutter, Seite 1

ne Mutter war knapp mit dem Leben davongekommen.

Ab Ende Oktober wohnten meine Eltern und ich vereint in
der Fürther Wohnung. Auch wenn wir uns wegen Zwangsein-
quartierung mit der Hälfte der Wohnung, mit zwei Zimmern,
Küche und Bad, begnügen mussten, traf uns nicht das schwe-

gekauf. Da sind wir schnell an
den Bahnhof gegangen. Da stand
ein Kohlenzug nach Fürth, wir
sind eingestiegen und waren um
2 Uhr in Fürth. Wie wir über Pegnitz
fuhren mußten wir langsam fahren,
weil die Brücke im ausbessern
war, da hatte ein Kohleminister 2
Zentner Kohle den Frauen die do
unten gingen hinutergeworfen.
als wir noch vor Fürth waren, hat
Vati meine Sach in den Rucksag gepackt
und in den Tornister Kohle. Da haben
wir uns gleich Feuer gemacht, Frau
Greindl hat uns gekochte Kartoffeln
gegeben. Die Hälfte haben wir zu Brat-
kartoffeln gemacht. In einen Gasthaus
habe ich 2 Schnitten gegessen. Abends
haben wir Kartofelsuppe gemacht
ich hab so viel gegessen, und in der Nacht

Der Brief an meine Mutter, Seite 2

re Los der meisten Flüchtlinge, in Lagern – oft ehemaligen
RAD-Lagern oder KZs,– Kasernen und anderen Notunter-
künften auf engstem Raum hausen zu müssen.

Das Weihnachtsfest konnten wir zusammen feiern. In der
Schule, in die ich nun gehen konnte, hatten die Klassenka-

meraden für die „armen Flüchtlinge und Vertriebenen" Kleider und Weihnachtsschmuck gesammelt. Ich brachte eine Schachtel mit Kugeln und Lametta mit nach Hause, sogar ein paar Kerzen waren dabei. Da machte sich Vater noch am Nachmittag des Weihnachtstages in die Stadt auf und suchte einen Verkaufsstand mit Weihnachtsbäumen. Er bekam sogar einen von den raren Exemplaren geschenkt. Aber festliche Stimmung wollte in unserer kleinen Familie nicht aufkommen. Die Erinnerung an den schmerzlichen Verlust der Großmutter und des kleinen Brüderchens bedrückte uns zu sehr.

Wenige Monate in Fürth vereint, mussten wir Mutti wieder ins Krankenhaus bringen, diesmal in eine psychiatrische Klinik. Die Erlebnisse auf der Flucht, die beiden Todesfälle und letztendlich die Typhuserkrankung und deren Behandlung mit starken Antibiotika hatten bei ihr schwere Depressionen ausgelöst. Sie weinte den ganzen Tag und ihr fehlte jeder Antrieb, unseren kleinen Haushalt in Ordnung zu halten und sich um Einkauf, Kochen usw. zu kümmern. Weil die damaligen Therapien noch sehr antiquiert waren – es wurden starke Medikamente und Elektroschocks eingesetzt –, verschlechterte sich ihr Zustand derart, dass sie schließlich zum Daueraufenthalt in das psychiatrische Klinikum in Nürnberg und dann in Ansbach aufgenommen werden musste.

Ich verbrachte also ab dem zehnten Lebensjahr die Kindheit allein mit meinem Vater. Er musste mit allem Unbill der Nachkriegszeit sowie der sogenannten Bewältigung seiner Vergangenheit, der beruflichen Neuorientierung und zudem mit den Problemen einer heranwachsenden Tochter ohne Unterstützung zurechtkommen.

Teil IV
Ein Jahrzehnt der Nachkriegszeit

Als „Flüchtling" in Fürth

Die Wohnung in der Nürnbergerstraße

Schon Anfang des 19. Jahrhunderts war die direkte Verbindung zwischen Nürnberg und Fürth die meistbefahrene Straße im Königreich Bayern – bis zur Stadtgrenze in Nürnberg Fürtherstraße und in Fürth Nürnbergerstraße genannt. Ende des 19./Anfang des 20. Jahrhunderts errichtete man an dieser Hauptverkehrsader zwischen den wachsenden Industriemetropolen viele Neubauten im Neobarock und Jugendstil. Die repräsentativen drei- bis vierstöckigen Mietshäuser – heute fast alle unter Denkmalschutz – besaßen im Erdgeschoss Geschäfte sowie in den Hinterhöfen Handelsunternehmen. Darunter befanden sich bei dem hohen Anteil an Juden unter der Fürther Bevölkerung auch viele jüdische Eigentümer und Mieter. Im Stadtarchiv sind für die Nürnbergerstraße sechzehn Geschäfte bzw. Firmen aufgelistet, die kurz nach Beginn der national-sozialistischen Herrschaft unter den Boykottaufruf am 1. April 1933 fielen: *„Deutsche! Wehrt Euch! Kauft nicht bei Juden!"* [1]

Unsere Wohnung im ersten Stock in der Nürnbergerstraße 88 teilten wir mit der Nürnberger Familie G., einem Ehepaar und dessen zwei Kindern, einem Jungen und einem Mädchen, die aber wesentlich älter als ich waren. In der Zeit unserer Abwesenheit während des Krieges hatte man die Bombengeschädigten als Untermieter eingewiesen. Die Wohnung bot an sich ausreichend Fläche für zwei Familien: eine Küche und zwei Zimmer für die eine Familie, die „kalte Küche", zwei Zimmer und ein riesiges Bad für uns. Die Toilette benutzten wir gemeinsam. Die Räume waren um einen großen Flur gruppiert, aber ungünstig zueinander gelegen. Die als Wohnzimmer dienenden Räume verband eine große Schiebetür, die, notdürftig mit Brettern zugenagelt, nur unzulänglich gegen Geräusche der Nachbarn abgedichtet war. Unser zweites Zimmer, ein langes, schmales Rechteck, „der Schlauch" genannt, erhielt nur zum Teil Licht durch zwei Fenster, die außerdem

Fürth, Nürnbergerstraße 88 (erbaut 1891) war ab 1939 unser Wohnsitz.
Der Pfeil deutet auf das Wohnzimmerfenster.

zum Hinterhof führten. Der war rings von hohen mehrstö-
ckigen Stadthäusern eingerahmt, die bis zu unserer Wohnung
im ersten Stockwerk kaum einen Sonnenstrahl fallen ließen.
Nur beim Höchststand zur Zeit des Sommeranfangs schaffte
es die Sonne, sich kurz in unseren Fenstern zu spiegeln.

Heute frage ich mich, warum mein Vater 1939 für eine drei-
köpfige Familie solch eine überdimensionale „Dienstwohnung"
zugewiesen bekommen hatte. In der Fürther Stadtchronik
wurde ich unter dem Datum vom 1. Dezember 1938 fündig:
„Viele, fast alle Judenhäuser gehen in christlichen Besitz über."
Durch die Verordnung über den Einsatz des jüdischen Vermögens vom 3. Dezember 1938 wurde den Juden auferlegt,
ihre Gewerbebetriebe zu verkaufen oder abzuwickeln, ihren
Grundbesitz zu veräußern und ihre Wertpapiere bei einer
Devisenbank zu hinterlegen. Zu den besonderen Nutznießern
zählte unter anderem der „Quelle"-Versandhausbesitzer Gustav Schickedanz. 75 Prozent seines Gesamtbesitzes stammten einer Klageschrift von 1949 zufolge aus ursprünglich jüdischem Besitz. Das Quelle-Versandhaus lag nur einen Stra-
ßenzug von unserem Haus entfernt und eröffnete 1949 wieder seine Tätigkeit.

Beim Studium der Stadtgeschichte von Fürth fand ich einen weiteren Hinweis, der auf unsere Wohnung zutreffen
könnte: „Aufgrund des Gesetzes über Mietverhältnisse mit
Juden vom 30. April 1939 mussten sie ihre Wohnungen in
„arischen Häusern" räumen." [2]

Die Israelitische Kultusgemeinde mietete daraufhin Wohnungen in den noch in jüdischem Besitz befindlichen Häusern der Altstadt an, in denen ab August 1939 zunächst 117 Juden aus geräumten Häusern unterkamen. Mit Kriegsbeginn
forcierte man die Räumungen. Die jüdischen Fürther mussten zunehmend in engsten Verhältnissen in sogenannten
„Judenhäusern" wohnen. Wie schon im Kapitel I erwähnt,
hatte mein Vater zum 1.7.1939 als Sachbearbeiter für Erziehung und Ausbildung Stammgruppe 281 (RAD) die Versetzung nach Fürth erhalten. Womöglich sind wir damals in eine
von Juden geräumte Wohnung eingezogen.

In den ersten Wochen, als sich meine Mutter noch in Hof
und später in Nürnberg im Krankenhaus aufhielt, war mir
unsere Untermieterin Frau G. ein wenig Mutterersatz. Die
Betreuung schloss das wöchentliche Bad mit ein. Das erfolgte
immer in der Küche der Familie in einer großen Waschbütte.
Um nicht allzu große Mengen warmes Wasser zu vergeuden,
mussten wir Kinder uns in derselben „Brühe" waschen, ich

war natürlich die letzte. Mir graute immer vor dieser Prozedur. Da in unserem Badezimmer die Feuerung im Ofen nicht
funktionierte, entschloss Vater sich bald zu Besuchen der öffentlichen Bade- und Waschanstalt in Fürth, wie sie in großen Städten seit der Mitte des 18. Jahrhunderts existierten.
Erst lange nach dem Krieg, mit dem vermehrten Einbau von
Bädern in den Wohnungen, wurden diese Einrichtungen geschlossen. Aber auch diese Badeanstalten ekelten mich immer an und ich sehnte mich zurück nach dem vergnüglichen
Planschen im Jauerschen Badezimmer.

Der „Schlauch" und vor allem die „kalte Küche", die ja einmal zum Aufbewahren von Speisen und Nahrungsmitteln
gedient hatte, besaßen keine Heizmöglichkeit, wenn man den
inzwischen aufgestellten Gasherd nicht zweckentfremdet dafür einsetzte. Das Backfach ließen wir offen stehen, sodass
die Wärme sich im Raum verteilen konnte. Auch beim Kochen waren die Flammen gleichzeitig eine kleine Wärmequel-
le. Das Gas der Stadtwerke stand zum Glück immer zur Verfügung.

Im Wohnzimmer befand sich ein riesiger Kachelofen, für
den das Heizmaterial nicht ausreichte. Deshalb hatte mein
Vater einen „Kanonenofen" aufgetrieben und neben dem Kachelofen installiert. Dieser auf kleine Füße montierte gusseis-
serne zylinderförmige Ofen mit Abzug für die Zimmerbehei-
zung war im 19. bis weit in das 20. Jahrhundert hinein ge-
bräuchlich. In diesem Zylinder befand sich der Feuerungsraum
für die Kohle mit dem Ascherost und dem Aschekasten darunter, die während des Brennvorgangs mit entsprechenden
Türen verschlossen wurden. Die zylindrische Form und die
daraus resultierende Ähnlichkeit mit einer Kanone gaben ihm
den Namen.

Dieses kleine Ungeheuer von Ofen wollte richtig bedient
werden. Legte man zu viel Brennmaterial nach, spuckte es zu
starke Hitze aus und das Ofenrohr glühte bedrohlich. Vergaß
man nachzulegen, saß man sehr schnell im Kalten. Ich lernte
aber bald, das Feuer anzuzünden und hatte für den Nachschub an Holz und Kohle, falls vorhanden, aus dem Keller zu
sorgen. Der große Gemeinschaftskeller war zu Beginn des
Krieges in einen Luftschutzraum umgebaut worden. Durch

Mein Arbeitsplatz. Zwischen Kachelofen und Stuhl steht der Kanonen-ofen (1950).

Mauerdurchbrüche sogar mit den Nachbarhäusern verbunden, konnte man im Notfall, etwa bei einem Bombentreffer, sich von einem Keller zum anderen retten. Heute noch besitzt das Haus dieses Relikt aus dem Zweiten Weltkrieg. Diese Luftschutzeinrichtung kann bei Stadtführungen besichtigt werden. Nach dem Krieg trennte man ihn mit Lattenverschlägen in einzelne Abteilungen für die Hausbewohner. Mir war es immer unheimlich, bei der spärlichen Beleuchtung dort hinunterzusteigen.

Das Wohnzimmer wurde durch die Beheizung mit dem Kanonenofen leidlich warm, sodass sich in der kalten Jahreszeit unser ganzes Leben dort abspielte. Mein Bett stand auch darin und Vater schlief auf dem Sofa. Mein Arbeitsplatz für die Hausaufgaben befand sich direkt neben dem eisernen Wärmespender. Auch kochten wir manchmal darauf unser Essen. Ich erinnere mich noch an eine heikle Situation: Mein Vater hatte Hefeteig „zum Gehen" in einer Schüssel auf einen Topf mit warmem Wasser auf den Kanonenofen gestellt. Weil ich nie ruhig auf dem Stuhl sitzen konnte und beim Er-

ledigen der Hausaufgaben immer hin und her schaukelte,
verlor ich manchmal die Balance. An dem Tag kippte ich gegen den Kanonenofen. Wassertopf, Schüssel und Hefeteig landeten auf dem Fußboden. Zum Glück war ich gerade allein in
der Wohnung. Vorsichtig hob ich den Teig wieder in die Schüssel, setzte alles wieder mit dem Wassertopf auf die Kochplat-
te und reinigte den Fußboden. Als Vater nach Hause kam,
war nichts mehr von dem Malheur zu sehen und der Teig war
von Neuem „gegangen". Erst als der Kuchen aufgegessen war
und gut geschmeckt hatte, beichtete ich mein Missgeschick.

Unser Wohnzimmer besaß nur ein Fenster nach Norden
und man blickte auf die Hauptverkehrsstraße zwischen Nürnberg und Fürth.

Manchmal schlief ich sehr schlecht, weil schwere Lastfahr-
zeuge das ganze Haus beben ließen. Im „Schlauch" zu schlafen, brachte nicht viel Besserung. Hier störte die Knochensä-
ge der Metzgerei im angrenzenden Hinterhof in aller Frühe
die Nachtruhe. Das einzig Interessante war, dass ich vom
Wohnzimmerfenster aus die Kreuzung Nürnberger-/Jakobi-
nenstraße beobachten konnte. Dort stand nämlich auf einem
Podest, natürlich ständig wechselnd, ein Schupo, ein Verkehrs-
schutzmann. Mir gefiel besonders ein junger Mann in seiner
schmucken Uniform, wie er mit der Kelle in der Hand den
Verkehr regelte. Autos und Fußgänger mussten sich nach seinen Zeichen richten. Ich überquerte oft an dieser Stelle die
Straße. Da freute ich mich, denn er nickte mir jedes Mal
freundlich zu. Zumindest hatte ich den Eindruck. Jahre später habe ich erfahren, dass ich nicht die Einzige war, die Gefallen an ihm gefunden hatte: Die Tochter unserer Untermieter heiratete ihn später sogar. Sie hatte ihn auch vom Fenster
ihres Zimmers beobachtet und von dort aus sogar einen besseren Blickwinkel.

Das Schlimmste an dieser Wohnung ohne Balkone war für
mich der Mangel an Sonnenlicht. Eines Tages im Sommer
wartete Vater mit einer Überraschung für mich auf. Mit ge-
heimnisvoller Mine lockte er mich durchs Treppenhaus bis
zum obersten Fenster: „Hier kannst du dir einen kleinen Blu-
mengarten anlegen!" Nach Rücksprache mit dem Hausbesitzer hatte er außen am Sims mit Blick auf die umliegenden

Dächer und nach Süden gelegen einen Blumenkasten angebracht. In diesen durfte ich die von unseren Spaziergängen
und Wanderungen mitgebrachten Blumen einpflanzen: Gän-
seblümchen, Veilchen, Glockenblumen und andere. Viel Zeit
verbrachte ich von da ab vor meinem „Gärtchen" und hegte
die wenigen Pflänzchen. Glücklich genoss ich zudem den Sonnenschein, der fast auf Dachbodenhöhe durch keine Haus-
wände abgeschottet wurde.

Das geräumige Treppenhaus musste von den Mietern in
Ordnung gehalten werden. Im Wechsel mit Familie G. hatten
wir Reinigungsdienst. Das war meine Aufgabe und er bot mir
die Möglichkeit, mir ein kleines Taschengeld zu verdienen.
Fünf Pfennig zahlte Vater fürs Kehren und zehn für das Wi-
schen einmal die Woche. Ab und zu musste die Holztreppe
gebohnert werden. Wie hoch dafür mein „Lohn" war, weiß
ich nicht mehr; vielleicht hat Vater das auch selbst erledigt.

Eine weitere Einnahmequelle erzielte ich durch das Sammeln von Zigarettenkippen, denn an Rauchwaren herrschte
Mangel und sie waren rationiert. Vater löste vom Ende der
gerauchten Zigarette die Papierreste und den Filter ab, wi-
ckelte die Tabakkrümel in frisches Zigarettenpapier ein und
erhielt so einen neuen „Glimmstängel". Fünf Pfennige brachte
mir jede Kippe ein. Es gab aber jede Menge Konkurrenten
beim Sammeln.

Als Spielkameraden hatte ich zuerst im Haus einen Jungen meines Alters, eher etwas jünger. Bertis Familie wohnte
als Hausbesitzer im Parterre. Wir hatten unsere Mietwoh-
nung darüber im ersten Stock. Unser Spielplatz, ein winziger
Hof, war rings von vier- bis fünfstöckigen Häusern umgeben,
vom Nachbarhof durch ein hohes Eisengitter getrennt. Wir
konnten mit Mühe den Spielplan für „Himmel und Hölle",
das beliebte Hüpfspiel, aufzeichnen, weil die Grundfläche so
klein war. Das Schwungseil zum Springen knüpften wir mit
einem Ende an einen Eisenstab, der damit einen dritten Spielgefährten zum Halten des Seils ersetzte. Bald hatte ich aber
Klassenkameradinnen aus der Nachbarschaft gefunden, mit
denen ich mich am Nachmittag verabredete.

Ein Bücherschrank erzählt

Den Krieg hatte das Gebäude unbeschadet überstanden und somit auch die Einrichtung unserer Wohnung. Aber wenige Tage nach Vaters Heimkehr hielt ein Lastwagen vor der Haustür. Ich erinnere mich nicht mehr, ob er von deutschen oder amerikanischen Behörden erzählte, die alle guten Möbel beschlagnahmten. Als ehemaliger Parteizugehöriger musste er außerdem wertvolle Gegenstände wie Radio, Uhren und Schmuck abliefern. Zu Vaters Bedauern schleppten sie als wichtigste Beute seinen geliebten Schreibtisch aus Eiche fort. Allerdings ergänzte er schmunzelnd seine Schilderung der Beschlagnahmung: *„Der zum Schreibtisch passende Bücherschrank war so schwer, dass er sich ohne fachgerechte Spediteure nicht vom Fleck bewegen ließ. Niemand kam auf die Idee, dass man ihn auseinandermontieren konnte."* So blieb Vater dieses Möbelstück bis zu seinem Tod erhalten.

Als Schülerin diente mir der Bücherschrank aus Eichenholz eines Tages als Thema für einen Hausaufsatz. Aufgabe war die Beschreibung eines Gegenstandes. Ich wählte die Überschrift: Unser Bücherschrank. In meiner Phantasie ließ ich ihn sein ganzes Leben erzählen, angefangen als kleine Eichel, dann als junge Pflanze und schließlich als Eichenbaum: Was er im Wald erlebte, wie die Holzfäller kamen, wie sein Holz in der Tischlerei bearbeitet und er letztendlich in unserer Wohnung aufgestellt wurde. Mit der Auflistung der Einzelteile, die Glasfront in der Mitte, geschlossene Türen an den Seiten und Schubladen im Unterteil versuchte ich der Aufgabenstellung gerecht zu werden. Ich ließ den Schrank erzählen, was sich alles in seinem Leib befand. Auch das Geheimfach, von dem ich wusste, blieb nicht unerwähnt. Er verriet aber nicht, wo und wie man es öffnen konnte. Ich kann mich an die Reaktion der Lehrerin nicht mehr erinnern, als ich ihr statt einer sachlichen Darstellung einen erlebnisreichen Bericht vorlegte.

Das Geheimnis von diesem Versteck gab ich natürlich nicht preis. Weil man erst die schweren Schubladen herausziehen und dann mit der Hand um die Ecke greifen musste, konnte ich mich selbst erst als Erwachsene mit der Erkundung des geheimen Aufbewahrungsortes befassen. Nach dem Tod meiner Stiefmutter ging das Erbstück in meinen Besitz über. Schweren Herzens musste ich mich bei unserem letzten Umzug von dem Bücherschrank trennen – aus Platzmangel im neuen Haus.

Die Leihbücherei im Haus

Wenn ich nach der Schule und der Erledigung der Hausaufgaben Zeit hatte, ging ich oft meiner Lieblingsbeschäftigung nach: Lesen! Im Erdgeschoss des Hauses mit Zugang von der Straße her gab es eine Leihbücherei, die ein Grieche betrieb, der gut Deutsch sprach, wenn auch mit starkem Akzent. Herr Karamanlis, ein freundlicher älterer Herr, ließ mich in seinen Schätzen stöbern. Neben Grimms Märchen fand ich auch die von Andersen und Hauff. Sämtliche vorhandenen Karl-May-Bände habe ich verschlungen. Die „Familie Pfäffling" von Agnes Sapper liebte ich, denn in dem Buch wird von einer intakten kinderreichen Familie, die ich natürlich so vermisste, erzählt. Eine ganze Weile beanspruchte die „Nesthäkchen"-Reihe von Else Ury meine Aufmerksamkeit. Diese Kinderbuchautorin, geboren 1877 in Berlin, war Jüdin und wurde 1943 im Konzentrationslager Auschwitz ermordet. Ihre Bücher standen im Dritten Reich auf dem Index, gehörten aber nach dem Krieg noch lange zur klassischen Mädchenliteratur. In den „Nesthäkchen"-Bänden ist das Leben eines Menschen von der Wiege bis zur Bahre (von 1900 ab etwa 80 Jahre) bis Mitte der Zwanzigerjahre in einen historischen Rahmen gebettet. Allerdings wurde der Erste Weltkrieg darin sehr stark verherrlicht; dann „blieb die Zeit stehen", denn die Autorin konnte beim Verfassen des Kinderromans die Entwicklung der Weimarer Zeit bis hin zu Hitlers Machtübernahme und zum Zweiten Weltkrieg nicht voraussehen. Natürlich lieh ich mir auch die „Trotzkopf"-Serie von Emmy Rhoden und „Heidi" von Johanna Spyri bei dem Griechen aus.

Schon ab dem 18. Jahrhundert hatte sich im Zuge der Aufklärung eine bestimmte Art des Mädchenbuches entwickelt: Moralische Schriften, Sitten- und Hauswirtschaftslehren. Diese Literatur sollte die Mädchen auf ihre naturgegebene

Bestimmung zur Mutter, zur Gattin und zur Vorsteherin des Hauswesens vorbereiten. Auch in den geschilderten Lebensläufen der Erbauungsliteratur wurde den Frauen diese dreifache Rolle zugewiesen. Und genau diese Überzeugung von der Aufgabe der Frau übernahmen die Nationalsozialisten. Mit dem Mutterkreuz, einer Stiftung Hitlers im Jahr 1938, erfuhren Frauen eine ab der Geburt ihres vierten Kindes gestufte besondere Ehrung – für eine verhinderte Emanzipation.

Die drei Bände „Die Höhlenkinder" von Sonnleitner faszinierten mich, weil zwei Kinder nach einer Naturkatastrophe auf sich alleine gestellt waren. Abgeschlossen in einem Hochtal durchlebten sie die Entwicklungsgeschichte der Menschheit von der Steinzeit über die Bronzezeit bis zur Eisenzeit im Eiltempo erst in einer Höhle, danach im Pfahlbau und schließlich im steinernen Haus.

Mein Vater besaß eine Sammlung Reclam-Heftchen mit allen nordischen Sagen und dem Nibelungenlied, die ich mit Begeisterung gelesen habe. Natürlich waren das sehr ideologiekonforme Werke zur Nazi-Zeit.

Zum Schmökern in all diesen Schätzen baute ich mir zuerst mit allen erreichbaren Kissen und der Federdecke ein Nest in meinem Bett. Wenn es zudem an Heizmaterial mangelte, hatte ich es auf diese Weise wenigstens angenehm warm und kuschelig. Manchmal schlief ich über meinen Büchern ein.

Letztes Volksschuljahr

Nach einem halben Jahr ohne oder mit nur unzulänglichem Unterricht besuchte ich ab Herbst 1945 altersgemäß die 4. Klasse der Volksschule. Das Schulgebäude – früher die jüdische Realschule, wie ich viel später erfuhr – befand sich in der Altstadt. Der berühmteste Schüler der israelitischen Realschule war der am 27. Mai 1923 in Fürth geborene und spätere amerikanische Außenminister Henry (Heinz Alfred) Kissinger. Da ihm nach 1933 nicht mehr erlaubt war, das Gymnasium zu besuchen, setzte er die Schulausbildung nach der Grundschule in der israelitischen Realschule fort. 1938 verließ er mit seiner Familie Deutschland, um in die USA zu emigrieren. Seit 1998 ist Henry Kissinger Ehrenbürger von Fürth.

Über die Juden in Fürth hatte ich während meiner dortigen Schulzeit bis 1951 keinerlei Kenntnisse erhalten. In das ehemalige Gebäude der jüdischen Realschule ging ich lediglich das halbe 4. Schuljahr 1945/46. Wir hatten eine autoritäre, strenge Lehrerin. Bei jedem kleinen Vergehen gab es Stockhiebe auf die Finger. Ich erinnere mich noch genau an meine erste und einzige körperliche Strafe in der Schule, die mich sehr demütigte: Diese Lehrerin hielt uns eines Tages wegen der ständigen Läuseplage bei uns Kindern einen großen Vortrag über die Reinhaltung des Körpers und die Pflege der Haare. Mehr zu mir selbst murmelte ich vor mich hin: „Vati hat mir gestern erst die Haare gewaschen."

„Wer hat da gequatscht?", schrie die Furie.

Da ich mein Selbstgespräch nicht für Gequatsche hielt, meldete ich mich natürlich nicht. Die ganze Klasse saß wie gebannt und niemand rührte sich.

Da kam sie durch den Gang und schaute mich mit durchdringendem Blick an: „Du warst es!" und dann: „Nach vorne und Hände ausstrecken!"

Obwohl mir die Knie weich wurden und zitterten, ging ich bis vor das Pult und erhielt mit dem Rohrstock Schläge auf die Handflächen. Der Schmerz machte mir kaum etwas aus. Aber vor der Klasse bestraft worden zu sein, verletzte mich tief. An eine Beschwerde wegen dieser Ungerechtigkeit war damals nicht zu denken.

In der 4. Klasse stand das Fach Handarbeit auf dem Stundenplan. Im ersten Nachkriegswinter lernten wir stricken und stellten ein Paar Fäustlinge her. Im Unterricht begannen wir zunächst mit dem Bündchen und als Hausarbeit sollten wir das entsprechende Teil für den zweiten Handschuh arbeiten. Ich hatte das Glück, dass meine Mutter zu dieser Zeit gerade aus dem Krankenhaus entlassen worden war. Sie konnte mir helfen, hatte sie doch in den vergangenen Jahren viele Kleidungsstücke gestrickt und im Stricken von Handschuhen große Fingerfertigkeit bewiesen. Argwöhnisch wurde dann in der Schule von der Lehrerin der gelungene Handschuh betrach-

tet. Ich log ohne mit der Wimper zu zucken und gab alles als
eigenes Werk aus. Ich hatte kein Vertrauen zu dieser Person.
Als in der Schule zu Weihnachten für die Flüchtlingskinder Geschenke gesammelt und verteilt wurden, empfand ich
das eher als demütigend, denn als freudige Überraschung. In
Fürth lebten nach dem Krieg nicht viele Flüchtlinge und Vertriebene. Die meisten hatte man isoliert in Zirndorf (Landkreis Fürth) in alten Kasernen untergebracht. In unserer eigenen Wohnung lebend, haben wir weniger unter Diskriminierung gelitten als viele Vertriebene in Lagern und gesonderten Unterkünften. Dennoch wurde ich als „Flüchtlings-
kind" betrachtet und empfand das als einen Makel.

Bundesvertriebenengesetz

Nach Kriegsende mussten plötzlich 14 Millionen Menschen
in Deutschland eine neue Bleibe finden, der überwiegende Teil
in den westlichen Besatzungszonen, nach 1949 in der Bundesrepublik. Diejenigen, die Flucht und Vertreibung überlebt
hatten, fühlten sich von ihren deutschen Landsleuten meist
nicht aufgenommen, sondern ausgegrenzt. Während die einen alles verloren hatten, sahen sich die anderen nun dem
gewaltigen Zustrom von „Fremden" ausgesetzt, mit denen sie
Wohnraum und die knappen Nahrungsmittel teilen sollten.
Erst Jahre später wurde deutlich, dass es ohne die Vertriebenen kein „Wirtschaftswunder" gegeben hätte. Sie stellten nach
den menschlichen Kriegsverlusten im Wesentlichen die Arbeitskräfte und kurbelten mit den Konsum an, da sie ja erst
mal vor dem Nichts standen.
Sie erhielten einen „Ausweis für Vertriebene und Flüchtlinge", der ihren Status dokumentierte. Die Feststellung des
Status als Flüchtling, Heimatvertriebene/r oder Sowjetzonen-
flüchtling erfolgte gemäß dem Bundesvertriebenengesetz. Die
Ausweise A und B waren für Vertriebene und Flüchtlinge aus
den deutschen Ostgebieten, Flüchtlinge aus der Sowjetzone
erhielten den Ausweis C. Der Ausweis A war für Personen,
die bereits vor 1938 in den deutschen Ostgebieten lebten, B
für diejenigen, die erst ab 1938 dorthin gezogen waren.
Ich war weder Flüchtling noch Vertriebene im eigentlichen

Sinn. Mein Vater hatte den dienstlichen Wohnsitz in Fürth
während des Krieges beibehalten. Da ich 1942 in Jauer einge-
schult wurde, muss ich spätestens zu dem Zeitpunkt polizei-
lich dorthin umgemeldet worden sein. Die Jahre in Schlesien
haben dazu geführt, dass ich mich mit dem Land meiner Eltern und Großeltern so verbunden fühlte, dass ich den Verlust des Ortes meiner Kindheit wie andere Vertriebene als
Verlust der Heimat empfand. Den Vertriebenenausweis B erhielt ich jedoch erst viele Jahre später, nachdem mein Mann
aufgrund seiner Kenntnis der rechtlichen Situation mir zur
Antragstellung geraten hatte. Von da an übernahm der Staat
laut geltendem Vertriebenengesetz einen Teil der finanziellen Verpflichtungen gegenüber meiner kranken Mutter, die
ich bis dahin zu erfüllen hatte.

Übrigens wurde dieser Vertriebenen- oder Flüchtlingssta-
tus auf die nach dem Krieg geborenen Kinder übertragen. Auch
der Anspruch auf Lastenausgleich leitete sich davon ab, wie
ich an anderer Stelle schildern werde.

Die zerbombte Stadt Nürnberg konnte keine Heimatlosen
mehr aufnehmen; sie fanden unter anderem in den ehemaligen Arbeitsdienstlagern im Landkreis Unterkunft. „Tante
Maria" – ab 1955 die zweite Frau meines Vaters, mit der ich
1994 auf Spurensuche in der Heimat war – lebte in solch einem Lager in Buchenbühl, heute ein Stadtteil von Nürnberg.
Dort war ich mit meinem Vater gelegentlich bei deren Eltern
eingeladen. Bis in die Fünfzigerjahre mussten sie in den primitiven, im Winter schwer heizbaren Holzbauten hausen. Aber
die Menschen waren froh, überhaupt ein Dach über dem Kopf
zu haben.

Lebensmittelkarten und Hamsterfahrten

Die Aufnahme, Unterbringung und Ernährung der Flüchtlinge und Vertriebenen stellten die vier Besatzungsmächte
sowie die deutschen Behörden vor große Probleme. Der Verlust der Agrargebiete im deutschen Osten und Transportpro-
bleme hatten dazu geführt, dass die ausreichende Ernährung
der Bevölkerung nicht mehr sichergestellt werden konnte. Die
über 2000 Kalorien, die im Kriegsjahr 1944 jedem Bürger

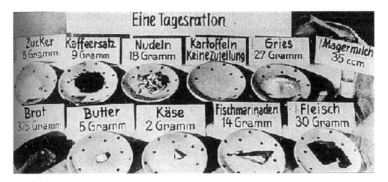

Eine Tagesration zugeteilter Lebensmittel, ca. 1300 kcal Kartoffeln, Gemüse und Obst gab es 1945 ohne Zuteilung je nach Vorrat zu kaufen.

durchschnittlich zur Verfügung standen, waren zu Kriegsende bis auf 1050 Kalorien geschrumpft. So stand der deutschen Bevölkerung auch nach der Kapitulation täglich nur eine begrenzte Menge an Lebensmitteln auf Lebensmittelkarten zur Verfügung, deren Gesamtnährwert in Kalorien angegeben wurde. Die Höhe der Rationen legten die Militärregierungen der einzelnen Besatzungszonen fest, und deshalb fielen sie unterschiedlich aus. Da ein körperlich Arbeitender einen höheren Nährstoffbedarf hatte als ein Kind, teilten die Besatzungsbehörden die Bevölkerung in verschiedene Kategorien ein (z. B. Schwerarbeiter, Arbeiter, Erwerbslose, Kinder). Deshalb bestimmte nach Kriegsende im besiegten und besetzten Deutschland der tägliche Kampf ums Überleben den Alltag der Bevölkerung. Die meisten Vorräte waren aufgebraucht; die Ernte im Herbst 1945 blieb hinter den Erwartungen zurück. So mussten die Lebensmittelzuteilungen laufend gekürzt werden, der Schwarzmarkt blühte.

Uns in der amerikanischen Besatzungszone ging es in dieser Beziehung noch am besten. Wir bekamen die höchste Kalorienzahl (1330) zugesprochen, dagegen mussten die Menschen in der SBZ mit 1083, in der britischen mit 1050 und in der französischen Zone mit nur 900 kcal pro Tag auskommen. 2800 kcal rechnet man heute im Schnitt für einen Erwachsenen. Während die Einheimischen, die das Glück hatten, nicht ausgebombt zu sein, noch Vorräte wie Eingemachtes in ihren

Kellern verwahrten und davon zehren konnten, waren Vater
und ich ganz auf die Lebensmittelkarten angewiesen. Diese
Rationen reichten aber nicht, um satt zu werden. [3]

In der ersten Nachkriegszeit richtete sich deshalb unsere
Hauptbeschäftigung auf den Überlebenskampf von einem auf
den anderen Tag. Meine Aufgabe bestand darin, mich jeden
Tag im Milchgeschäft schräg gegenüber in die Menschen-
schlange einzureihen, um den mir zustehenden Viertelliter
abzuholen. Anfangs erhielt ich meine Milchration, zunächst
bloß entrahmte Milch, nur über die Lebensmittelkarte, wenn
ich mich recht erinnere. Fett in Form von Butterschmalz und
dann sogar Butter, gab es immer nur auf den Kartenabschnitt
mit genauer Mengenangabe. Wie oft drängelten sich rück-
sichtslose Frauen vor. Da war ich dankbar, wenn eine Nach-
barin mich unter ihre Fittiche nahm: „Jetzt ist aber erst mal
das Mädel hier an der Reihe!"

Mein Vater hatte nur die Möglichkeit, sich vor oder nach
der Arbeitszeit um weitere Nahrungsmittel zu kümmern. In
den ersten Jahren traten immer wieder Versorgungsengpäs-
se auf und man bekam nicht alle Waren, auch nicht die auf
den Lebensmittelkarten, ebenso wenig die schon rationierten
Produkte.

So machten Vater und ich uns wie viele andere Menschen
vor allem am Sonntag auf den Weg zum „Hamstern". Wir fuhren mit dem Zug ein paar Stationen aufs Land hinaus und
wanderten, Vater mit einem Rucksack und ich mit meinem
Tornister auf dem Rücken, durch die Dörfer. Die bis in die
1960er-Jahre typischen Schulranzen ähnelten Tornistermo-
dellen des Militärs, wie diese im 19. Jahrhundert getragen
wurden. Ab Ende des 19. Jahrhunderts wurde die Bezeichnung Tornister auch für den auf dem Rücken getragenen und
aus Stoff und Leder gefertigten Schulranzen übernommen und
bis heute regional, früher auch in Schlesien, verwendet.

Die Bauern waren immer noch am besten dran, zumal es in
Bayern kaum Kämpfe gegeben hatte und die Bestellung der
Felder nicht beeinträchtigt war. Auch Plünderungen wie durch
die Rote Armee waren bei den amerikanischen Truppen kaum
vorgekommen. Unser Silberbesteck, Mutters Schmuck oder
andere Wertgegenstände zum Tausch gegen Nahrungsmittel

waren in Schlesien geblieben oder in Fürth nach dem Krieg beschlagnahmt worden. Und für Geld gab es nichts! Auf den Hamsterfahrten schickte mein Vater mich alleine vor, damit ich an die Türen klopfen sollte. Er baute wohl darauf, dass der Anblick des blassen, dünnen Kindes die Herzen der Bauersleute rühren würde. Manchmal hatte ich Glück. Doch ich war so schüchtern und ängstlich, dass ich oft kein Wort über die Lippen brachte, wenn mich die Leute ausfragten. Manchmal waren es ein paar Kartoffeln oder ein Kohlkopf, die sie mir schenkten. Besonders freuten wir uns über ein Ei oder ein Stück Speck. Wenn wir gar nichts ergattert hatten, suchten wir auf dem Heimweg nach Feldern, von denen wir heimlich eine Rübe oder einen Kohlkopf „mitgehen" ließen. Besonders entbehrungsreich waren Herbst und Winter 1946/ 1947.

Die Notgemeinschaft

Mein Vater hatte einen großen Bekanntenkreis aus der RAD-Zeit im Raum Nürnberg, da er die ganze Kriegszeit dem Gau Franken zugehörig und zeitweise dort tätig gewesen war. Manche Kameraden hatten den Krieg heil überstanden, wohnten noch im selben Ort oder ihr Aufenthalt wurde von ihm ausfindig gemacht. Wir suchten sie bei unseren Wochenendausflügen auf. Und dann gab es schon mal Kaffee und Kuchen oder Obst und Gemüse zum Mitnehmen. Ich erinnere mich an einen Besuch, bei dem mir Ziegenmilch vorgesetzt wurde. Mein Vater schaute mich mit hypnotisierenden Blicken an. Ich verstand seine Geste und tapfer schluckte ich das mir unbekannte Getränk mit dem penetranten Geruch herunter. Die Freunde wollten uns Gutes tun und luden uns zu wiederholten Besuchen ein. Mir blieb nichts anderes übrig als mitzufahren, wenn auch mit großem Widerwillen.

Die ehemaligen Angehörigen des RAD schlossen sich in Kameradschaftsgruppen zusammen. Mein Vater ging auch zu diesen Treffen. Listen mit Anschriften wurden erstellt, sodass nach und nach bekannte Namen auftauchten. Man half sich gegenseitig, kümmerte sich vor allem um Witwen und deren Kinder, denn viele RAD-Kameraden waren im Krieg gefallen oder vermisst. Personalunterlagen waren in manchen Fällen verloren gegangen und man gab sich gegenseitig Bestätigungen und eidesstattliche Erklärungen, um die Personalien wieder zu vervollständigen. Natürlich wurde auch die Erinnerung an das gemeinsam Erlebte wach gehalten, wobei die positiven Erlebnisse im Vordergrund standen. Man hielt sie auch in schriftlichen Berichten fest, die vervielfältigt in Umlauf gelangten. Von 1950 bis 1977 erschien mehrmals jährlich die Zeitschrift „Die Notgemeinschaft", das Mitteilungsblatt für den „Bund der Notgemeinschaften ehemaliger berufsmäßiger Arbeitsdienstangehöriger und ihrer Hinterbliebenen e.V." Einige Ausgaben habe ich in den Unterlagen meines Vaters entdeckt und auch daraus zitiert.

Topinambur und Auswanderungspläne

Bei unsern gelegentlichen Ausflügen zum Reichsparteitagsgelände in Nürnberg erzählte mir mein Vater von seiner Idee, auf den riesigen brachliegenden Flächen Topinambur anzupflanzen. Das sei eine Pflanze, die eine knollenartige essbare Wurzel mit ähnlichem Nährwert wie unsere Kartoffel habe, erklärte er mir. Damit könnten viele Menschen vor der Hungersnot bewahrt werden.

Das Ursprungsland von Topinambur war vermutlich Mexiko. Die Pflanze ist heute im zentralen und östlichen Nordamerika sowie in Mittelamerika verbreitet. Das Gemüse galt schon in vorkolumbianischer Zeit als Kulturpflanze der Indianer. Überlebende einer Hungersnot unter französischen Auswanderern in Kanada/Nordamerika schickten 1610 einige der unbekannten Knollen, die ihnen das Leben gerettet hatten, nach Europa. So kam sie auch 1612 nach Paris. Vor allem in Frankreich erfreute sich die süßliche Knolle auf dem Speisezettel besonderer Beliebtheit, bevor sie Mitte des 18. Jahrhunderts in Europa durch die ergiebigere Kartoffel verdrängt wurde. Mit nur noch geringer wirtschaftlicher Bedeutung wird sie heute in Südfrankreich, den Niederlanden und am Oberrhein angebaut und ist im Handel, besonders in Bioläden, erhältlich.

Vielleicht hatte mein Vater Topinambur während seines

Biologiestudiums oder bei seinen verschiedenen Frankreich-
aufenthalten kennengelernt. Wenn ich heute die herrlich gelb
blühenden Neophyten – das sind eingeschleppte oder ange-
siedelte Pflanze aus anderen Kontinenten – gelegentlich entdecke, bei uns als Blume im Garten oder auf Schutthalden,
muss ich immer an Vaters Nachkriegspläne denken. Seine Idee
hat sich buchstäblich im Sande der Nürnberger Gegend verlaufen.

Vielleicht hat Vater sich schon früher mit Auswanderungs-
plänen beschäftigt. In seinen Verteidigungsschreiben während
des Entnazifizierungsverfahrens ist davon schon für die 30er-
Jahre die Rede. Zu welchem Zeitpunkt er das erste Mal an
solch einen Ausweg aus der schwierigen wirtschaftlichen Lage
gedacht hatte, kann ich leider nicht mehr nachvollziehen.
Jedenfalls begann er eines Tages, mir von Südamerika vorzu-
schwärmen. Solche Zukunftspläne fielen bei mir zunächst auf
fruchtbaren Boden. Meine geografischen Kenntnisse von diesem Kontinent waren natürlich „Karl-May-eingefärbt". Dann
aber behielt der Gedanke an meine kranke Mutter die Oberhand: „Wir können doch Mutti nicht alleine zurücklassen."
Auch gegen die Möglichkeit, sie später nachzuholen, wehrte
ich mich. So blieb weiterhin unser Lebensmittelpunkt in
Fürth. Heute denke ich mir, dass Vater von alten Kameraden
über die Möglichkeiten einer Auswanderung erfahren hat. Wie
man inzwischen weiß, ist es sogar vielen NS-Größen, auch
den mit Verbrechen belasteten, gelungen, nach Südamerika,
vor allem nach Argentinien auszuwandern, um sich so der
Strafverfolgung zu entziehen.

Hilfsorganisationen und Schulspeisung

Die Besatzungsbehörden allein waren nach dem Krieg mit der
Versorgung der Bevölkerung, mit Not und Elend in Deutschland überfordert. So wurde von verschiedenen amerikanischen
Hilfsbehörden die Aktion der CARE-Pakete (Cooperative of
American Remittance to Europe = CARE) ins Leben gerufen.
[4] Ich kann mich noch dunkel an solch ein Paket erinnern,
weiß aber dessen vollständigen Inhalt nicht mehr. Ziemlich
sicher bin ich mir, dass ich dabei Corned Beef kennengelernt

und wahnsinnig gern gegessen habe, weil die Konserve zerkleinertes Fleisch enthielt. Denn in der Regel war ich ein Fleischverächter: „Das ist so ‚zerrig', das kann ich nicht zerkauen, das mag ich nicht!", mäkelte ich an den meisten Fleischgerichten herum. Ich muss meinen Vater manchmal zur Verzweiflung gebracht haben, denn er wusste sich erst nicht zu helfen, wie er mir die über die Lebensmittelkarten an sich schon geringen Fleischzuteilungen schmackhaft machen sollte. Schließlich überlistete er mich, indem er die Fleischstücke durch den Wolf drehte, um sie mir dann als Hackbällchen zu servieren. Auch eine improvisierte Art Fleischsauce bereitete er daraus zu.

Ein wahrer Segen war die Schulspeisung, ein amerikanisches Programm, durch das viele Kinder wenigstens einmal am Tag eine warme Mahlzeit erhielten.

Die „Richtlinien für die Durchführung der Schulspeisung in Bayern vom 17.4.1947" legten fest: „Zum empfangsberechtigten Personenkreis zählen alle schulpflichtigen Kinder im Alter von 6 bis 18 Jahren nach ärztlichem Gutachten. Kinder von Selbstversorgern sind nicht teilnahmeberechtigt." Beispielhaft ist ein Bericht im Internet: Eine ärztliche Untersuchung der etwa 500 Schüler der Volksschule I. erbrachte folgendes Ergebnis: Ein Fünftel ist dringend speisungsbedürftig, die anderen – bis auf 12 Schüler – sind speisungsbedürftig. Im Untersuchungsbericht heißt es weiter: „Der Gesamtzustand der Untersuchten zeigt ein durchschnittliches Untergewicht von etwa 15 bis 20 %."

Die Art und Zusammensetzung der Mahlzeiten waren genau vorgeschrieben: „An die empfangsberechtigten Kinder gelangt an 250 Tagen im Jahr eine Kost in Höhe von 350 Kalorien täglich zur Ausgabe. Die Mahlzeit ist unter Aufsicht der Schule einzunehmen. Sie wird an sechs Tagen in der Woche verabreicht ... und zwar auf folgender Grundlage: Zweimal ein Gericht auf Nährmittel-Milch-Basis, süß, zweimal auf Hülsenfrüchte-Basis mit Kartoffeln und Fett, einmal auf Nährmittel-Obst-Basis, süß, und einmal auf Nährmittel-Gemüse-Basis."

Bereits sechs Wochen nach der Einführung der Schulspeisung stellte die Schulleitung eine Gewichtszunahme bei den

Kindern fest. Obwohl die Kinder mit dem Essen durchweg zufrieden waren, stellten die Speisen geschmacklich scheinbar keine Leckerbissen dar, denn die „Kartoffelsuppen waren schlecht gewürzt" und die Gerstensuppen schmeckten „sehr roh". [5]

In Fürth erhielten wir ab 1947 diese Schulspeisung. Regelmäßig untersuchte uns ein Schularzt. Ich hatte immer Untergewicht, sah blass und schmal aus. Mehrmals kippte ich während des Unterrichts ohnmächtig aus der Bankreihe. Und als die Speisung später eingeschränkt wurde, war ich bis zum Schluss der Aktion unter den wenigen Begünstigten. Jedenfalls hatte ich noch bis Anfang der Fünfzigerjahre immer ein Blechgeschirr im Ranzen und musste daran erinnert werden, es täglich zu reinigen.

Ich war ein „Schlüsselkind"

Von dem Tag an, als meine Mutter ins Krankenhaus eingeliefert wurde, musste unser Zweipersonenhaushalt neu geordnet werden. Mein Vater konnte in seiner kurzen Mittagspause während der Arbeit nicht nach Hause kommen, um eine Mahlzeit vorzubereiten und mit seiner kleinen Tochter zusammen Mittag zu essen, geschweige denn mich zu betreuen. Ich besuchte ab Herbst 1946 die Mädchenoberrealschule. Der Schulweg dorthin war weiter als der zur Volksschule in der Altstadt und der Unterricht endete um ein Uhr. Wenn ich nach Hause kam, war mein Vater auf der Arbeit. Deshalb bekam ich je einen Schlüssel für Haustür, Wohnungseingang und für die drei zusammenhängenden, von uns bewohnten Räume. In der Küche stand das fertige Essen, meist nur ein Eintopf oder eine Suppe, die ich mir dann aufwärmte. Für die Zeit nach der Erledigung der Hausaufgaben verabredete ich mich meist schon in der Schule oder auf dem Heimweg mit einer Klassenkameradin bei ihr zu Hause oder auf einem der Spielplätze. Auch den Stadtpark in der Nähe suchten wir häufig auf.

Die Schlüssel baumelten an einer Schnur um meinen Hals. Die sollte ich niemals ablegen oder einfach in die Schultasche stecken, weil ich sie dabei leicht verlieren könnte. Eines Tages jedoch passierte das Unglück: Wir unternahmen einen Klassenausflug, der uns sogar einige Bahnstationen weit von Fürth wegführte. Als ich nach Hause zurückkehrte und die Haustür aufschließen wollte, waren die Schlüssel weg. Zwar ließen mich unsere Untermieter ein und ich konnte mich bei ihnen aufhalten, bis mein Vater nach Hause kam. Aber er reagierte sehr ärgerlich, schon allein deshalb, weil es zu der Zeit fast unmöglich war, neue Schlüssel anfertigen zu lassen. Es herrschte Mangel an jeglichem Material. Am darauf folgenden Sonntag war unser Ziel der Ort des Klassenausflugs. Wir liefen die ganze Wanderstrecke noch einmal ab, suchten die Rast- und Spielplätze ab: Nichts! Wo war ich bei der Schnitzeljagd entlanggelaufen oder -gekrochen? Es war ein sinnloses Unterfangen: Der Schlüssel tauchte nicht wieder auf. Wir fuhren unverrichteter Dinge wieder nach Hause. Auch die mehrmalige Nachfrage im Fundbüro der Bahn verlief ergebnislos. Wo mein Vater letztlich neue Schlüssel aufgetrieben hat bzw. wo er welche nachfertigen ließ, weiß ich nicht mehr. Ich nehme an, auf dem Schwarzmarkt, denn dort war die einzige Möglichkeit, wertvolle Gebrauchsgegenstände zu erwerben, meist aber nur im Tausch gegen andere nützliche Dinge.

Ein Schlüsselkind zu sein, hatte auch erhebliche Vorteile. Zwar war ich viel auf mich selbst gestellt, aber ich konnte mir meine Pflichten und meine Freizeit selbst einteilen. So liebte ich es, alleine auf die Kirchweih zu gehen, sobald in Fürth oder Nürnberg ein Platz eröffnet wurde. Zumindest bis zur Währungsreform reichte für solche Ausgaben unser Geld, denn es waren nur Pfennigbeträge, die man für die Vergnügungen auf der Kirchweih ausgeben musste. Karussells, Achterbahn und Schaukeln vertrug ich nicht gut, es wurde mir immer übel dabei, deshalb kamen sie für mich nicht infrage. Aber Geisterbahnfahren fand ich aufregend, wobei das Argument der Mutprobe ausschlaggebend war. Bei jeder wiederholten Fahrt wusste ich dann schon, hinter welcher Kurve ein Räuber, ein Gespenst oder ein Knochenmann auftauchte. Dann konnten mich schauderhafte Geräusche oder gruseliges Geheule nicht mehr erschrecken.

Bei der Seilbahn galt es, meine Höhenangst zu überwinden. Diese Einrichtung funktionierte ähnlich wie auf unseren heutigen Spielplätzen, wo man von einem erhöhten Platz aus ein dickes Seil ergreift, das an einer Rolle mit Schwung auf die andere Seite saust. Die Seilbahn, an die ich mich erinnere, hatte ihren Start auf einem mehrere Meter hohen Turm und man klammerte sich mit den Händen nur an einem Trapez fest, die Füße hatten keinen Halt. Allerdings schwebte man zur Sicherheit über einem Netz und sauste vom hohen zum niedrigeren Gerüst. Eines Tages erwischte ich eine schlecht geschmierte Rolle. Auf der Hälfte der Strecke blieb ich stecken und trotz der ruckartigen Schwünge mit dem Körper bewegte ich mich nur um ein paar Zentimeter vorwärts. Von unten begleitete eine Menschenmenge meine verzweifelten Versuche mit Gelächter und Gegröle. Außerdem hielt ich den ganzen Betrieb auf, ehe mich die Kraft verließ und ich ins Netz stürzte. Nun gab ich erst recht eine unglückliche Figur ab, denn es war auch nicht einfach, sich in dem schwankenden Netz vorwärtszubewegen. Schließlich hatte ich den gegenüberliegenden Turm erreicht und erntete sogar von einigen Leuten Beifall. Trotzdem unternahm ich keinen erneuten Versuch an diesem Schwebeseil.

Fürth besaß bis Mitte der 50er Jahre nur ein Flussbad in der Rednitz. [6] Gleich in einem der ersten Sommer nach dem Krieg lernte ich dort schwimmen. Da ich es in Jauer abgelehnt hatte, noch an der Angel Unterricht zu nehmen, wollte ich mir das Brustschwimmen alleine beibringen – möglichst ohne Zuschauer. Die Schwimmbewegungen hatte ich mir bei anderen Kindern oder Erwachsenen abgeschaut. Die Armbewegungen übte ich zuerst in brusttiefem Wasser, das ich umpflügte. Besonders geeignet zum Lernen erschienen mir die flachen Buhnen am Ufer, in denen ich mich am Holzgeländer festhalten und so die Beinbewegungen machen konnte. Und schließlich warf ich mich aufs Wasser, dehnte den Abstand zum Geländer nach und nach aus, schaltete erst einen Zug, dann zwei und dann immer mehr Schwimmzüge dazwischen, bis ich ohne rettende Stangen wieder mit den Beinen Grund finden konnte.

Am Abend verkündete ich dann meinem Vater stolz: „Ich habe heute schwimmen gelernt!"

„Bei wem?"

„Alleine!"
Bei der nächsten Gelegenheit begleitete er mich ins Bad,
um sich von meinen Schwimmkünsten zu überzeugen. Am
Ende sagte er anerkennend: „Du bist ja eine richtige Sports-
kanone!" Und ich war stolz wie Oskar.

Eine liebevolle Ersatzfamilie

In der allgemeinen Notlage begegneten meinem Vater und mir
immer wieder Menschen, die sich trotz ihrer eigenen schwierigen Situation ein Herz für ihre Nächsten bewahrt hatten.

In der Mädchenoberrealschule freundete ich mich mit der
Klassenkameradin Anneliese B. an. „Anti" stammte aus einer Familie mit vier Kindern, die in Berlin-Nikolassee gelebt
hatte. Der Vater war Ingenieur bei Siemens und hatte in einem Villenviertel ein Haus gebaut. Bei der zunehmenden
Gefahr von Bombenangriffen erließ die Regierung 1943 die
Verordnung, dass Mütter mit Kindern die Hauptstadt zu verlassen hätten. Die Mutter meiner Freundin erkrankte damals
an Lungen-TB und musste ein Sanatorium aufsuchen. Die
vier Geschwister wurden auf die Verwandtschaft und ein Internat verteilt. Nach Kriegsende holte der Vater die ganze
Familie in seine Heimat nach Franken. Dort bewohnte seine
Schwester alleine die elterliche Villa in einem Vorort von Fürth
und nahm die sechsköpfige Familie auf.

Einige Zeit beschränkte sich die Freundschaft zwischen
„Anti" und mir auf die Banknachbarschaft während der Schulzeit. Altersmäßig lagen wir nur drei Tage auseinander, hatten
gemeinsame Interessen in der Schule wie Mathematik, Na-
turwissenschaften und Sport. Dann aber verabredeten wir uns
zum Spielen am Nachmittag. Die Wohnung meiner Freundin
lag in einer ruhigen Wohngegend, umgeben von einem großen Obst- und Gemüsegarten. Alles erinnerte mich sogleich
an das Haus meiner Großeltern in Görlitz-Moys. Auf den Straßen im Viertel war kein Verkehr; der Besitz eines Autos war
jahrelang das Privileg nur weniger Deutscher. Die Fahrbahn
vor dem Haus eignete sich ideal zur Anlage eines Spielfeldes.
Völkerball war unsere beliebteste sportliche Freizeitbetäti-
gung. Eine Mannschaft hatten wir schon alleine mit den Ge-

schwistern meiner Freundin – zwei wenig ältere Schwestern und ein etwas jüngerer Bruder – schnell beisammen. Und aus dem Umkreis gesellten sich regelmäßig Nachbarkinder zu unseren sportlichen Spielen. Ganze Nachmittage konnten wir uns austoben und erlangten im Laufe der Jahre eine Fertigkeit im Völkerball, die uns in der Schule im Sportunterricht zugutekam. Meine Freundin und ich waren dann bei der Zusammenstellung einer Mannschaft bevorzugte Partner, weil wir durch das häufige Training besonderes Geschick im Umgang mit Bällen hatten, was Erfolg beim Wettkampf versprach.

Allerdings musste ich einen ziemlich langen Fußweg von unserer Wohnung in der Nürnbergerstraße zum Wohnhaus meiner Freundin zurücklegen. Für die Strecke brauchte ich etwa eine Dreiviertelstunde. So nahm ich eines Tages von Antis Mutter das Angebot dankbar an, gleich nach der Schule die Freundin nach Hause zu begleiten und mit der Familie zusammen zu Mittag zu essen. Anschließend erledigten wir die Hausaufgaben und verbrachten den Nachmittag gemeinsam. Nach einiger Zeit, als der Herbst die Tage kürzer werden ließ und ich nicht im Dunkeln nach Hause gehen sollte, durfte ich mit der Familie zu Abend essen und sogar bei ihr übernachten. Am nächsten Tag gingen Anti und ich gemeinsam zur Schule. Daraus wurde eine regelmäßige Einrichtung einmal wöchentlich an einem festgelegten Tag, auf den ich mich die ganze Woche über freute. Ich fühlte mich wohl in der Atmosphäre einer intakten, sehr christlichen Familie. Für die Hausfrau war es sicher nicht immer leicht, in den schwierigen Zeiten noch ein weiteres hungriges Mäulchen zu stopfen. Anfangs teilten meine Freundin und ich uns sogar das Bett, denn ein Gästezimmer existierte nicht. Erst als die Familie das Berliner Anwesen verkauft und der Tante auf dem großen Grundstück ein eigenes Häuschen erbaut hatte, erhielt jedes der Kinder ein eigenes Zimmer. Meine Freundin richtete mir dann auf einem Sofa in ihrem Zimmer ein eigenes Nachtlager ein.

Die Kinder in dieser Familie wurden angehalten, einen christlichen Jugendkreis zu besuchen, der einmal wöchentlich am späten Nachmittag stattfand. Auch ich wurde dazu eingeladen. Deshalb richtete ich meine Besuche nach diesem Termin aus.

Den Höhepunkt in der Familie bildete der Tag meiner Konfirmation, der Palmsonntag 1950. In meiner Klasse ließen sich viele Mitschülerinnen in dem Jahr konfirmieren. Mein Vater hatte keine Einwände gegen meinen Wunsch, auch zur Konfirmation zu gehen. Der Pfarrer erklärte mir auf meine Anfrage: „Du kannst ganz beruhigt sein. Es ist völlig belanglos, dass deine Eltern aus der Kirche ausgetreten sind. Mit deiner Konfirmation gibst du eine persönliche Bestätigung der Taufe ab, ein Ja zum christlichen Glauben. Sicher hast du in Latein schon gelernt, dass confirmare bestätigen heißt." Ein Jahr lang hatten wir einmal in der Woche in der Wohnung von Dekan Fürst Konfirmandenunterricht und wurden auch von ihm eingesegnet.

Da meine Freundin und ihr ein Jahr jüngerer Bruder im folgenden Jahr gemeinsam konfirmiert werden sollten, die etwas älteren Schwestern schon im Jahr davor die Einsegnung erfahren hatten, stand in dem laufenden Jahr in der Familie eigentlich kein Fest an. Antis Mutter machte allerdings den Vorschlag, mein Vater und ich sollten nach dem Gottesdienst als Gäste im Kreis ihrer Familie feiern. Sie richtete ein festliches Mittagessen. Auch Kaffee und Kuchen am Nachmittag fehlten nicht. Es wurde dem Anlass entsprechend ein sehr schöner Tag praktizierten Christentums.

Die Mädchenoberrealschule

Gegen Ende der 4. Volksschulklasse stand die Entscheidung zum Wechsel in eine weiterführende Schule an. Ich meldete mich zusammen mit einigen Klassenkameradinnen und wir bekamen Ort und Termin für die Aufnahmeprüfung genannt, die für alle Interessenten anscheinend nach dem Alphabet festgelegt wurden. Ich sehe mich in meiner Erinnerung zu einer mir unbekannten Schule laufen, einen benannten Klassenraum suchen, vor einem fremden Lehrer sitzen, ohne Freundin oder andere bekannte Gesichter, da andere Mitschülerinnen zu anderen Zeiten bestellt waren. Die Rechenprüfung und die Nacherzählung in Deutsch waren für mich kein Problem. Aber beim Diktat machte sich das Dreivierteljahr ohne geregelten Schulbesuch bemerkbar und ich war sehr aufgeregt und unsicher. Tagelang wartete ich auf das Ergebnis. Andere Schülerinnen hatten schon die Zusage für Gymnasium, Oberrealschule oder Realschule. Endlich erhielt ich den erlösenden Bescheid, dass ich in die Mädchenoberrealschule aufgenommen war, Klasse 1d (bzw. die Sexta); die Zählweise für die Schuljahre begann nach der Volksschule wieder von vorn. Heute entspräche das der 5. Klasse.

Zu meiner neuen Schule hatte ich nun einen längeren Weg als bisher zurückzulegen. Für einen Teil der Strecke konnte ich auch die Straßenbahn benutzen. Auch wenn es nur Pfennigbeträge waren, die man für eine Schülerfahrkarte ausgeben musste, gingen die Kosten doch von meinem Taschengeld ab. Denn mein Vater war der Meinung, der morgendliche Fußmarsch sei für eine Zehnjährige zumutbar und gesund.

Der Fußweg besaß den Vorzug, dass sich unterwegs die eine oder andere Klassenkameradin hinzugesellte und wir Neuigkeiten austauschen konnten. Außerdem musste ich dann nicht alleine eine Häuserfront passieren, die mit ihren leeren Fensterhöhlen und dunklen Kellerlöchern an die Bombardierungen im Krieg erinnerten und mir Angst einjagten.

In der Schule lernten wir, dass die erste Eisenbahn in Deutschland 1835 von Nürnberg nach Fürth fuhr. Damals führte die 6 Kilometer lange Strecke entlang der Chaussee vom Nürnberger „Plärrer" bis zur später sogenannten „Fürther Freiheit". Es war nicht weit von unserem Haus bis zur Stadtgrenze zwischen Fürth und Nürnberg, wo man noch heute das Eisenbahndenkmal mit dem Relief der ersten Lokomotive und den altertümlichen Waggons bestaunen kann. Die Ludwigseisenbahn – nach dem damaligen bayerischen König benannt – stellte ihren Betrieb 1922 ein und auf derselben Trasse wurde später die Straßenbahn von Nürnberg nach Fürth gebaut. Auf dem letzten Kilometer, der heutigen Hornschuchpromenade, verlief ein Stück meines Schulweges. Da stellte ich mir oft die Menschenmenge vor, die das Dampfross argwöhnisch beäugt hatte. Hatten doch sogar Ärzte davor gewarnt, mit dem Ungeheuer zu fahren, ja nur den rasenden Zug anzuschauen, sollte schon gefährlich sein. Von der hohen Geschwindigkeit – seinerzeit 30 km/h – bekämen die Passagiere und Zuschauer die Eisenbahnkrankheit. Der Qualm würde Mensch und Tier vergiften. Ein Pfarrer soll von der Kanzel über die Eisenbahn geschimpft haben: „Die Eisenbahn ist ein Teufelsding, sie kommt aus der Hölle und jeder, der mit ihr fährt, kommt ebenfalls in die Hölle hinein!" Da musste ich lachen und an meine aufregenden Bahnfahrten im Jahr 1945 denken, bei denen ich sogar eine Nacht auf einer Lokomotive verbracht hatte.

Soweit ich mich erinnere, musste beim Besuch der Oberrealschule Schulgeld entrichtet werden. Man konnte aber auf Antrag unter Berücksichtigung der sozialen Verhältnisse befreit werden. Davon machte mein Vater Gebrauch. Da ich wissbegierig war und mit Freude alle neuen Lerninhalte aufnahm, war es für mich kein Problem, die für die Freistellung erforderlichen schulischen Leistungen zu erbringen.

Schwierigkeiten bereitete zunächst das Besorgen der Schulbücher und des weiteren Arbeitsmaterials. Ich war sehr gespannt auf den Englischunterricht, mit dem in der ersten Klasse begonnen wurde. Die Besatzungsbehörden hatten den Druck neuer Schulbücher angeordnet, aber nicht in ausreichender Stückzahl. Schließlich konnte ich ein gebrauchtes Exemplar für 50 Pfennige ergattern, denn wir waren der zweite Nachkriegsjahrgang, der regulär in die Höhere Schule aufgenommen wurde. Papier war noch rar, die Qualität sehr schlecht. Auch bei den Heften mussten wir sparen.

Das Fächerangebot ist aus den Zeugnissen ersichtlich, es unterschied sich gegenüber dem der Kriegs- und Vorkriegszeit kaum. Schon in der Volksschule hatten wir Stricken und Häkeln gelernt. Dann in der Oberschule wurde der Lehrplan für Handarbeit erweitert bis hin zum Annähen von Knöpfen, Stopfen von Löchern in Strümpfen usw. Es ging um praktische Fertigkeiten für den hausfraulichen Alltag. Es gibt noch Fotos, auf denen ich mit selbst gestrickten Pullovern zu sehen bin. Auf Rundstricknadeln hergestellte Tischdeckchen waren ein beliebtes Geschenk für weibliche Familienangehörige. Ein Zusatzangebot, das ich wahrnahm und heute noch in den Grundzügen beherrsche, war die Stenografie (Kurzschrift) ab der Klasse 3 (heute 7. Klasse oder Quarta). In meiner Schul- und Studienzeit sollte mir das von großem Nutzen sein. Ganze Unterrichtsstunden und Vorlesungen habe ich mitgeschrieben, hinterher noch einmal durchgearbeitet und

in Reinschrift übertragen. Offensichtlich dienten diese Lern-
angebote der Mädchenoberrealschule als Vorbereitung für tra-
ditionelle Frauenberufe.

Als in der 4. (8.) Klasse die Fächer Physik und in der
5.(9.) Klasse Chemie im Lehrplan erschienen, mussten wir
stundenweise in die Jungenoberrealschule wechseln. Denn nur
die war mit einem Labor und physikalischen Geräten ausgestattet – sicher aus Vorkriegszeiten. An die Physikstunde, in
der mein Interesse für dieses Fach geweckt und der Lehrer
auf mich „unscheinbare Maus" aufmerksam wurde, kann ich
mich noch genau erinnern: Wir führten Versuche zum Thema Gefrieren und Schmelzen von verschiedenen Stoffen durch.
Der Lehrer versuchte, uns eine Vorstellung von den Begriffen
Kilokalorien und Energie zu geben. Dazu ließ er uns zuerst
Vermutungen über den Ausgang eines Versuches anstellen:
Ein Kilogramm Eis – Temperatur natürlich 0 Grad – wird mit
1 Liter siedendem (80 Grad heißem) Wasser übergossen. „Was
passiert?"

„Das Eis schmilzt", tönte es von allen Seiten.

„Welche Temperatur hat das Wasser hinterher?"

Die Antworten reichten von 10 bis 40 Grad. Aus einer Ta-
belle konnte ich entnehmen, dass 80 kcal (Kilokalorien) für
den Schmelzvorgang von Eis verbraucht würden. Also war
für mich klar, dass sich der Aggregatzustand von fest nach
flüssig veränderte, die Temperatur aber gleich blieb. Schüchtern meldete ich mich und wurde aufgerufen: „Null Grad",
sagte ich. Einen Augenblick stutzten alle. Der Lehrer hakte
aber gleich nach: „Erklär uns mal, wie du darauf gekommen
bist!" Ich war natürlich stolz und glücklich über meine richtige Antwort. Wenn ich mich in der folgenden Zeit wie so häufig nur zaghaft meldete, rief mich der Lehrer sofort auf, und
bei jeder richtigen Antwort wurde mein Selbstvertrauen ge-
stärkt. Am Ende des Schuljahres schlug sich das im Zeugnis
mit der Note 1 nieder.

Die Mädchenoberrealschule in Fürth besuchte ich von September 1946 bis Mai 1951, also fast bis zum Ende der 5. Klasse (Obertertia, heute 9. Klasse). Der Schulwechsel wird in einem späteren Kapitel beschrieben.

Unentgeltliche Klavierstunden

Klavierstunden bekam ich durch die Vermittlung einer Schulkameradin. Jedes Mal, wenn ich meine Freundin zu ihrem Klavierunterricht begleiten konnte, saß ich neben dem großen Flügel und nahm alles auf, was die Lehrerin erklärte. Am Ende der Stunde durfte ich auch einige Töne auf dem Klavier ausprobieren. Eines Tages fragte mich die alte Dame: „Möchtest du nicht auch das Klavierspielen lernen?" Und als ich ihr erklärte: „Eigentlich schon, aber wir haben kein Geld und zu Hause auch kein Klavier zum Üben", da machte sie den Vorschlag: „Du bekommst jede Woche eine halbe Stunde Unterricht umsonst und üben kannst du auf dem Klavier im Kämmerchen nebenan." Ich nahm das Angebot mit Freude an. Von da an machte ich mich jeden Tag nach Erledigung der Hausaufgaben auf den Weg zu meiner Klavierlehrerin. In der kleinen Kammer, die gerade Platz für ein Klavier und einen Hocker bot, übte ich eifrig die Tonleitern und machte die mir aufgetragenen Fingerübungen. Die Lehrerin unterrichtete mich nach der „Damm Klavierschule", die sie mir auch zur Verfügung stellte. Bald konnte ich den „Fröhlichen Landmann" von Robert Schumann vortragen und manche Stücke sogar vierhändig zusammen mit meiner Lehrerin spielen.

Im Winter war es aber ohne Heizung fast unmöglich, meine Fingerübungen durchzuführen, obwohl ich mir Stulpen, halbe Handschuhe mit einem Daumenloch, gestrickt hatte. Da kam mir die Ausweichmöglichkeit in die geheizte Gastwirtstube einer Familie Bucher gerade gelegen.

Dass meine Klavierlehrerin eine Halbjüdin war, erfuhr ich erst später, als ich ziemlich plötzlich in ein Internat ins Rheinland gewechselt hatte, ohne ihr für die freundliche und selbstlose Einweisung danken zu können. Als ich sie später besuchen wollte, war sie gestorben.

Zum Aufpäppeln in der Rhön

Mit Oberelsbach in der Rhön sollten mich nach dem Krieg weiterhin Aufenthalte verbinden. In dieser schwierigen Nachkriegszeit wusste mein Vater oft nicht, wie er mich, das klap-

perdürre, schnell in die Höhe schießende Wesen, satt kriegen
sollte. Aus diesem Grund entsann er sich der freundschaftli-
chen Beziehung zur Bauern- und Gastwirtfamilie S. in
Oberelsbach und bat sie um Hilfe.

Da erst erfuhren wir, dass der Familienvater im letzten
Kriegsjahr noch zur Wehrmacht eingezogen worden und in
Südfrankreich beim Einmarsch der Alliierten im Sommer 1944
gefallen war. Seine Frau sorgte für die zwei Töchter und ihren Schwiegervater, betrieb den Kolonialwarenladen weiter,
und nebenbei musste sie die kleine Landwirtschaft versorgen. Die dazugehörige Gaststätte hatte sie aufgegeben. Trotz
aller Lasten, die sie allein zu tragen hatte, war Frau S. bereit,
mich in den ersten Nachkriegsjahren in den Ferien zum „Auf-
päppeln" auf ihrem Bauernhof aufzunehmen.

Die Reise von unserem damaligen Wohnsitz Fürth bis nach
Oberelsbach erwies sich als ein ziemlich umständliches und
nicht ganz ungefährliches Unterfangen. Für die etwa 150 Kilometer musste ich die Bahn benutzen. Auf den Bahnhöfen
konnte ich mich an die Bahnhofsmission oder das Rote Kreuz
wenden. Züge fuhren in den ersten Nachkriegsjahren noch
unregelmäßig. Auf Fahrpläne, falls vorhanden, war kein Ver-
lass. Nach zweimaligem Umsteigen in Bamberg und Schwein-
furt erreichte ich Bad Neustadt an der Saale. Wenn ich Glück
hatte, fuhr von dort ein Bus bis zum Ziel. Oft aber musste ich
die Kleinbahn Richtung Bischofsheim nehmen. Die nächstgelegene Bahnstation von Oberelsbach war Wegfurt. Von dort
aus hieß es aber noch gut 6 Kilometer über Sondernau auf
der Landstraße zu tippeln. Manchmal steuerten andere Rei-
sende dasselbe Ziel an oder ich konnte mich ihnen wenigstens
bis Sondernau anschließen. Da lief nun so ein zehn- bis zwölf-
jähriges Mädchen gelegentlich mutterseelenallein, sogar noch
bis in die Dunkelheit hinein, mit Tornister und Köfferchen
durch die einsame Gegend. Ich hatte schreckliche Angst, vor
allem, wenn die Straße streckenweise durch den Wald führte.
Autos waren kaum unterwegs, Fuhrwerke nur wenige. Ich
kann mich jedenfalls nicht erinnern, dass ich einmal mitgenommen wurde. Kurz vor Oberelsbach steht die kleine Kapelle „Zu den Vierzehn Nothelfern". Wenn sie in der Dunkelheit auftauchte und danach die Lichter des Dorfes aufleuch-

teten, lag mein Ziel ganz nahe und ich atmete erleichtert auf. An viele schöne, ganz intensive Erlebnisse kann ich mich erinnern, wenn ich an den Bauernhof denke. Frau S. war eine resolute, aber herzliche Frau. Ich weiß nicht, ob ich ihr eine große Hilfe war, wenn ich anbot, im Stall mit anzupacken. Meine Versuche beim Melken wurden seitens der Kuh mit Tritten und Schwanzschlagen vereitelt. Aber als meine Gastmutter mich als Kaninchenmutter anstellte, war ich sehr erfolgreich. Einmal ging eine Häsin an einer Kolik zugrunde. Es galt, ihre acht noch blinden Jungen zu retten. Im Kolonialwarenladen entdeckte ich die kleinen Fläschchen mit Liebesperlen (gefärbte Zuckerperlen), eine der wenigen Süßigkeiten, die wir Kinder ähnlich wie Brausepulver schleckten. Die kleinen Gefäße besaßen einen richtigen Schnuller. Frau S. bereitete mir einen Milchschleim zu, der, in eines von diesen – natürlich geleerten – Fläschchen abgefüllt, sich vortrefflich als Muttermilchersatz eignete. Zwei große Körbe dienten zum Trennen der hungrigen von den satten Tierchen. Immer ein Junges auf dem Arm, ließ ich zunächst die Milch auf dessen Schnäuzchen tropfen, wo sie eifrig weggeschleckt wurde. Sehr schnell hatten die Tiere das Prinzip verstanden und nuckelten bald genüsslich an dem Schnuller. So wurde eines nach dem anderen abgefertigt und das zwei- bis dreimal am Tag. Später fütterte ich Salatblätter und Möhren zu. Soweit ich mich erinnere, sind alle Jungen durchgekommen und ich hatte meine helle Freude an den wuseligen Mümmelmännern. Zum Glück sind die Kaninchen alle erst dann geschlachtet worden und auf den Tisch gekommen, als ich wieder abgereist war.

Hühner und Enten gab es auf dem Bauernhof natürlich auch. Jeden Tag wurden die Eier aus dem Hühnerstall geholt. Die etwa drei Jahre ältere Tochter ging mit mir auf die Suche nach den versteckten Eiern. Ich erinnere mich, dass trotzdem eines Tages eine Henne stolz ihre Küken ausführte, die sie an einem geheimen Ort in der Scheune ausgebrütet hatte.

Das ganz große Erlebnis für mich aber war die Heuernte auf der Hochrhön. In einem Heimatbuch wurde sie wie folgt beschrieben:

„Im Tal ist die Heuernte schon längst eingebracht. Jetzt ist das würzige Gras auf den Matten der Hochrhön herangewachsen und die Rhönwiesen leuchten in einer herrlichen bunten Blütenpracht. Die vielen Kräuter erfüllen die Luft mit einem wohlriechenden Duft. Nun beginnt das Abmähen der Rhönwiesen.

Früh am Morgen, die Nacht geht erst in die Morgenröte über, das erste Licht des neuen Tages lässt die taunassen Gräser in Gold- und Silberfäden aufleuchten, der neue Tag ist noch frisch und kühl. Jetzt beginnen die Rhönmäher, mit Sense und Wetzstein ausgerüstet, mit dem Mähen. Bis spät in den Tag, nur durch kurze Pausen unterbrochen, werden die Sensen von den Männern weit ausholend mit großem Schwung durch das fallende Gras gezogen. Unbarmherzig brennt die kräftige Sonne auf den Höhenzügen der Rhön auf die in Schweiß gebadeten Leiber der Mäher und der Frauen, welche die dörrenden Gräser wenden.

Das Heu wird auf großen Heuwagen fachgerecht aufgeschichtet und die langen Wagenkolonnen ziehen zu Tal." [7]

Ähnlich dieser Beschreibung habe auch ich die Heuernte erlebt. Am Vortag wurde angekündigt, dass die Schnitter schon auf der Hochrhön seien. Wenn ich mich recht erinnere, übernachteten sie in Zelten, um im Morgengrauen mit ihrer Arbeit beginnen zu können. Die Bauernfamilie zog mit mir erst nach dem Frühstück los. Die Ochsen wurden vor den Heuwagen gespannt, Rechen, Heugabeln und Verpflegung aufgeladen. Aber nun hieß es, zu Fuß die sich etwa 6 Kilometer an den Berghängen hinschlängelnde Straße hinaufzuwandern. Viele andere Familien aus dem Dorf gesellten sich zu einer langen Karawane. Wenn die Straße zu steil wurde, mussten auch wir Kinder schieben, um den Zugtieren die Arbeit zu erleichtern. An unserem Ziel angekommen, verteilten sich die Familien auf den sich weit ausbreitenden Hochrhönmatten. Jede Frau und jedes Mädchen setzte sich ein Kopftuch auf, erhielt einen Rechen und es ging sofort ans Heuwenden, bis zum Mittag. Mit den Schnittern zusammen wurde die Mittagsmahlzeit eingenommen. Ich fand es herrlich aufregend, im Freien an einem schattigen Plätzchen zu picknicken. Zum ersten Mal in meinem Leben habe ich damals Schinkenspeckbrot gegessen und dazu köstliches Quellwasser getrunken. Nach dem Essen wurde das Wenden fortgesetzt, und schließlich musste das aromatisch duftende Heu erst zu langen Reihen, dann zu großen Haufen zusammengerecht werden. Langsam zog der Ochsenkarren von Heuhaufen zu Heuhaufen und die Männer stakten die Bündel mit Gabeln auf den Wagen. Immer höher wuchs der Heuberg, bis er schließlich mit dem Heubaum, einem dicken Balken, längs festgebunden und quer verschnürt wurde. Und nun kam für uns Kinder das Schönste vom Tag: Wir durften obendrauf, fest an den Heubaum geklammert, die Heimfahrt antreten. Denn nun ging es ja bergab und die Zugtiere hatten leichtes Spiel. Ganz ungefährlich war das am Anfang nicht, denn der Wagen schwankte zunächst bedenklich über die Wiesen, bis er die feste Straße unter den Rädern hatte. Auf dem Hof angekommen, wurde das Heu sogleich auf den Heuboden der Scheune geschafft. Später bedeutete es ein weiteres Vergnügen für uns Kinder, dort herumzuhüpfen. Auch zu Versteckspielen eignete sich der Heuboden vorzüglich. Und das Heu duftete so würzig nach Kräutern! Einmal hatte ich mein Versteck so gut gewählt, dass meine Spielgefährtin mich nicht finden konnte. Erst durch lautes Rufen zum Abendessen geweckt, merkte ich, dass ich in meinem kuscheligen Heubett eingeschlafen war.

An die Getreideernte kann ich mich nicht erinnern, wohl aber an den Dreschtag. Die Dreschmaschine wurde von der Dorfgemeinschaft gemeinsam genutzt, und jede Familie kam nach einem bestimmten Plan an die Reihe. Wenn das Ungetüm auf dem Hof stand und mit großem Getöse seine Arbeit verrichtete, waren für mich Lärm und Staub fast unerträglich. Für uns Kinder gab es kaum etwas Ungefährliches dabei zu tun. So konnte ich mich getrost zurückziehen.

Ich muss einmal in den Osterferien in Oberelsbach gewesen sein und einen verspäteten Wintereinbruch erlebt haben. Von den herrlich langen Schlittenfahrten habe ich lange geschwärmt. Als dann endlich der Frühling die Oberhand gewann, war ich mit vielen Dorfkindern zusammen am Elsbach Schneeglöckchen pflücken. Da mein Vater mir den Blick für die Schönheiten der Natur geöffnet hatte, fand ich Freude an Blumen und der vielfältigen Tierwelt.

Im Gedächtnis geblieben ist mir auch der selbst gemachte Käse von Frau S.. Die Milch wurde in einem großen Bottich gesammelt. Nach einigen Tagen war sie sauer, kam zum kurzen Erhitzen auf den Herd und die geronnene, körnige Substanz wurde, mit Salz und Kümmel gewürzt, in kleine Gefäße mit Löchern gefüllt. Nachdem keine Molke mehr heraustropfte, standen die Käsebecher in der Küche auf einem Bord, bis sie durchgereift waren. Zu frischem Brot schmeckte dieser Käse ausgezeichnet, auch wenn der Geruch sehr intensiv war. Dass das Brot selbst gebacken wurde, war für mich eine neue Erfahrung. Doch das Kneten des Teiges erforderte kräftige Frauen- oder Männerhände und ich konnte mich nicht nützlich machen. Aber beim Buttern im Fass hielt ich schon einige Minuten durch. Und die Buttermilch schmeckte ganz frisch am besten!

Die für mich so erholsamen und erlebnisreichen Ferienfahrten in die Rhön wurden von meinem Vater unterbunden, nachdem ich erzählt hatte, dass ich einmal bei der Hinreise auf der letzten Wegstrecke zu Fuß die Begleitung von einem jungen Mann gefunden hatte. Diese Situation, die ich in meiner Naivität und Unaufgeklärtheit eigentlich als Beruhigung empfand, wertete mein Vater als eine nicht zu verantwortende Gefährdung.

Die Entnazifizierung

Vater aus der Bahn geworfen!

Die überwiegende Mehrheit der Bevölkerung – mein Vater inbegriffen – empfand den Sieg der Alliierten nicht als Befreiung vom NS-Regime, sondern als nationale Katastrophe. So betrachtet, erfuhr sie eine demütigende Herrschaft der Besatzungsmächte. Es begann der alltägliche Kampf ums nackte Überleben, da ein Großteil der städtischen Wohnungen, der industriellen Produktionsstätten und der wirtschaftlichen Infrastruktur zerstört und viele Menschen durch den Zusammenbruch des Dritten Reiches beruflich aus der Bahn geworfen waren, wie mein Vater auch. Der Reichsarbeitsdienst existierte nicht mehr. Mein Vater versuchte auf allen möglichen Wegen, wieder auf die Beine zu kommen und sein „Tochtel" durchzubringen. Als „Nazi" war er die ersten Jahre nach Kriegsende, ab 25.6.1945, beim Hochbauamt in Fürth zu Transport-, Aufräumungs-, und Abbrucharbeiten zwangsverpflichtet. Da fiel so manches für uns verwertbare Stück ab. Mit leerem Tornister musste ich meinen Vater oft am späten Nachmittag auf der jeweiligen Arbeitsstelle abholen. Dort stopften wir meinen Schulranzen voll mit Holzstücken, die irgendwo herumlagen. Gelegentlich konnte mein Vater ein Brikett oder etwas Kohle auftreiben. Alle kleineren brennbaren Gegenstände trugen so zur Linderung der Kälte des ersten Nachkriegswinters bei. Eine regelrechte Versorgung mit Brennmaterial hat es meines Wissens zunächst nicht gegeben und sie fand erst im folgenden Winter statt. Die Gelegenheitsarbeiten, die mein Vater bei Gastwirt B. fand, besaßen den Vorteil, dass wir Essensreste mitnehmen durften. Für das Holzhacken gab uns der Wirt einiges an Brennmaterial als Lohn mit.

Das Gasthaus war das Stammlokal meines Vaters aus der Zeit seiner Tätigkeit im RAD Fürth ab 1939 gewesen. Zwischen ihm und den Wirtsleuten hatte sich ein freundschaftliches Verhältnis entwickelt, das bis in die Nachkriegszeit anhielt und sich auch auf mich übertrug.

Kriegsverbrecherprozesse

Wenn wir von Fürth mit der Straßenbahn nach Nürnberg fuhren, kamen wir am „Nürnberger Justizpalast" vorbei. Ich kann mich noch gut daran erinnern, dass mein Vater mich auf dieses Gebäude als eines der wenigen im Krieg nicht zerstörten Baukomplexe aufmerksam machte. Er versuchte, mir die Prozesse, die dort 1945/46 stattfanden, zu erklären – so gut er das für eine Zehnjährige bewerkstelligen konnte. Er sagte mir, dass dort die für den Krieg Verantwortlichen zur Rechenschaft gezogen würden. Mir jagte die Vorstellung, dass Menschen dort bestraft wurden, sogar mit dem Tod, Angst ein. Ich konnte damals die Vorgänge nicht einordnen. Ich nahm jedoch an, dass die Verurteilten all das Leid verursacht hatten, das unsere Familie im Krieg erfahren hatte und damit Schuld trugen am Tod meines Bruders und meiner Großmutter.

Mein Vater sprach aber nicht darüber, dass er mit dem einen oder anderen Kriegsverbrecher zu tun gehabt hatte. Als er ab 1939 in Fürth im Stab der RAD-Abteilung arbeitete, war er als Parteimitglied der NSDAP-Gruppe Fürth zugeteilt, die stark unter dem Einfluss des berüchtigten Gauleiters von Franken, Julius Streicher, stand, was ich schon an anderer Stelle erwähnt habe. Außerdem vermute ich, dass mein Vater sogar mit Hans Frank, dem Generalgouverneur in Krakau zusammengetroffen ist, als er in Tarnopol und Zakopane zum polnischen Baudienst abgeordnet war.

Mein Vater erzählte nie von seinen Erlebnissen im Krieg, geschweige denn von den Verbrechen, die er miterlebt hatte oder die ihm zu Ohren gekommen waren. Von den Judenpogromen und Konzentrationslagern, von Verbrechen gegen die Menschlichkeit erfuhr ich erst Jahre später im Schulunterricht und das zunächst nur bruchstückhaft.

Aber die Vergangenheit sollte meinen Vater mit dem Entnazifizierungsverfahren einholen. Ich habe mir erst bei der Recherche für meine Aufzeichnungen manch seltsames Verhalten meines Vaters erklären können.

Die Alliierten hatten eine Generalabrechnung mit den Nationalsozialisten vor. Die „Großen Drei" – U.S.A., Großbritannien und Sowjetunion – einigten sich nach der Kapitulation zunächst auf die sogenannten Hauptkriegsverbrecherprozesse in Nürnberg, in denen die führenden Repräsentanten des NS-Regimes für ihre Verbrechen gegen die Menschlichkeit und wegen Kriegsverbrechen zur Verantwortung gezogen wurden. Schon das Kommuniqué von Jalta kurz vor Kriegsende kündigte dieses Verfahren an:

„Es ist unser unbeugsamer Wille, den deutschen Militarismus und Nazismus zu vernichten und die Garantie dafür zu schaffen, dass Deutschland nie wieder in der Lage sein wird, den Weltfrieden zu brechen; [...] alle Kriegsverbrecher einer schnellen und gerechten Strafe zuzuführen; [...] die Nazi-Partei, die nazistischen Gesetze, Organisationen und Einrichtungen vom Erdboden zu tilgen; alle nazistischen und militärischen Einflüsse aus öffentlichen Einrichtungen, dem Kultur- und Wirtschaftsleben des deutschen Volkes zu entfernen.“ [8]

Von zwölf Todesurteilen wurden zehn am 16. Oktober 1946 in Nürnberg vollstreckt – darunter an Julius Streicher und Hans Frank. Die zu Haft Verurteilten verbüßten ab 1947 ihre Strafe im Berliner Kriegsverbrechergefängnis Spandau.

Im Anschluss an den Nürnberger Hauptkriegsverbrecherprozess gab es die sogenannten Nachfolgeprozesse. Angeklagt waren insgesamt 185 Personen: Ärzte und Juristen, Mitglieder von SS und Polizei, Industrielle und Manager, militärische Führer, Minister und hohe Regierungsvertreter. Von den Angeklagten wurden 35 freigesprochen, 24 zum Tode und 20 zu lebenslanger Haft verurteilt. Die restlichen erhielten Freiheitsstrafen zwischen 18 Monaten und 25 Jahren.

Der Nürnberger Gerichtshof hatte entschieden, dass mit Ausnahme der SS, die als verbrecherische Organisation eingestuft wurde, weder die NSDAP noch eine ihrer Untergliederungen oder staatliche Institutionen des Dritten Reiches entsprechend stigmatisiert wurden, nicht die SA, nicht der RAD, auch nicht die Wehrmacht.

Die Aufklärung der NS-Verbrechen erfolgte nach dem in einem Rechtsstaat gültigen Individualprinzip. Allerdings sollte nach dem Willen der Alliierten die gesamte deutsche Bevölkerung einen individuellen Entnazifizierungsprozess durchlaufen, der als Bestandteil der Demokratisierung und Entmilitarisierung und damit als Vorbedingung für die Rehabilitierung Deutschlands (auch Österreich war natürlich betroffen) gelten sollte – mit dem Ziel, die gesamte Gesellschaft, Kultur, Presse, Ökonomie, Jurisdiktion und Politik von den Einflüssen des Nationalsozialismus zu befreien. [9]

Entnazifizierungsverfahren der Alliierten

Schon im Sommer 1945 hatten die Regierungschefs der drei Großmächte in Potsdam im Rahmen einer zumindest von den Westalliierten angestrebten Demokratisierung Deutschlands die politische Absicht einer Entnazifizierung formuliert:

„Alle Mitglieder der nazistischen Partei [...] sind aus den öffentlichen und halböffentlichen Ämtern und den verantwortungsvollen Posten [...] zu entfernen. Diese Personen müssen durch Personen ersetzt werden, welche nach ihren politischen und moralischen Eigenschaften fähig erscheinen, an der Entwicklung wahrhaftig demokratischer Einrichtungen in Deutschland mitzuwirken". [10]

Das Gesetz Nr. 104 zur Befreiung von Nationalsozialismus und Militarismus vom 5. März 1946 regelte weitere Vorgehensweisen. Die Alliierten hatten allerdings schwierige Entscheidungen zu treffen. Galten nur Funktionäre oder alle Mitglieder der Partei und Helfer in der Beamtenschaft sowie dem Militär, ohne Mitgliedschaft in einer der NS-Organisationen zu sein, als Belastete? Wie sollte differenziert werden? Im Grunde war mehr oder weniger das ganze deutsche Volk in das NS-Regime involviert! Wer also sollte dann die Verwaltung aufrechterhalten, um ein Überleben in den Trümmern zu sichern? Wer sollte in den Schulen unterrichten, wo doch ca. 90 Prozent der Lehrer Mitglieder in NS-Organisationen gewesen waren? Wer konnte den „Spruchkammern" – das waren Laiengerichte – als Richter vorsitzen, wenn bei dem hohen Anteil von Parteigenossen unter den Juristen kaum unbelastete Vertreter ihres Standes zu finden waren? Die Alliierten waren sich über die Durchführung der Entnazifizierung nicht einig. Die USA entschieden sich für den schwersten Weg: die Einzelfalluntersuchung, was gültiger demokratischer Rechtsordnung entsprach und immer noch entspricht. Alle Erwachsenen erhielten Entnazifizierungsfragebögen. Die fast vollständige Mitgliederkartei der NSDAP war auf abenteuerliche Weise „gerettet" und ins Document Center gebracht worden. Zumindest die Angaben der Angeklagten hinsichtlich ihrer Parteikarriere ließen sich von den „Spruchkammern" somit überprüfen. Im Dritten Reich Verfolgte, Exilanten, Unbelastete oder schon Freigesprochene konnten den Angeklagten bei der Entlastung helfen. Diese Hilfe in Form einer schriftlichen Entlastung bezeichnete der Volksmund als „Persilschein"! [11]

Im Einzelnen sah das Verfahren eine Einteilung der Bevölkerung in fünf Kategorien vor:

1. Hauptschuldige
2. Belastete (Aktivisten, Militaristen und Nutznießer)
3. Minderbelastete (Bewährungsgruppe)
4. Mitläufer
5. Entlastete [12]

Die Durchführung der Entnazifizierung lag in der US-Zone bis zum Frühjahr 1946 ausschließlich in der Zuständigkeit der Militärregierung. Es stellte sich jedoch bald heraus, dass diese völlig überfordert war. Zumindest Engländer und Amerikaner einigten sich darauf, dass Deutsche nach gründlicher Durchleuchtung vom Sicherheitsdienst der US-Armee ihre eigenen Leute in die Spruchkammern entsenden, also eine Selbstentnazifizierung durchführen sollten.

Parteigenosse Herbert Paeselt

Wann mein Vater den Meldebogen zur Entnazifizierung erhielt, habe ich als Kind nicht registriert. Ich habe jetzt in seiner Dokumentensammlung beide Fragebögen entdeckt. Den Meldebogen für meine Mutter hat er ausgefüllt, aber wegen ihres Aufenthaltes im Krankenhaus nicht abgegeben. Seine eigenen Angaben existieren als Kopie in handschriftlicher Form. Beim Vergleich der beiden Formulare konnte ich Fragen und Antworten meines Vaters genau zuordnen. Ein Zwang zur Abgabe der Formulare bestand insofern, als davon die Zuteilung der Lebensmittelkarte abhing.

Mein Vater hat sich wie die meisten Deutschen nur als Mit-

MILITARY GOVERNMENT OF GERMANY
Fragebogen

	Ja oder nein	From von	To bis
41. NSDAP	Nein		
42. Allgemeine ⚡⚡	Nein		
43. Waffen-⚡⚡	Nein		
44. Sicherheitsdienst der ⚡⚡	Nein		
45. SA	Nein		
46. HJ einschl. BDM	Nein		
47. NSDStB	Nein		
48. NSDoB	Nein		
49. NS-Frauenschaft	Ja	Okt. 38	März 45
50. NSKK	Nein		
51. NSFK	Nein		
52. Reichsb. der deutschen Beamten	Nein		
53. DAF	Nein		
54. KdF	Nein		
55. NSV	Nein		
56. NS-Reichsb. deutscher Schwestern	Nein		
57. NSKOV	Nein		
58. NS-Bund Deutscher Technik	Nein		
59. NS-Ärztebund	Nein		
60. NS-Lehrerbund	Nein		
61. NS-Rechtswahrerbund	Nein		
62. Deutsches Frauenwerk	Ja	Okt. 36	Okt 38
63. Reichsbund deutscher Familie	Nein		
64. NS-Reichsbund für Leibesübungen	Nein		
65. NS-Altherrenbund	Nein		
66. Deutsche Studentenschaft	Nein		
67. Deutscher Gemeindetag	Nein		
68. NS-Reichskriegerbund	Nein		
69. Reichsdozentenschaft	Nein		
70. Reichskulturkammer	Nein		
71. Reichsschrifttumskammer	Nein		
72. Reichspressekammer	Nein		
73. Reichsrundfunkkammer	Nein		
74. Reichstheaterkammer	Nein		
75. Reichsmusikkammer	Nein		
76. Reichskammer der bildend. Künste	Nein		
77. Reichsfilmkammer	Nein		
78. Amerika-Institut	Nein		
79. Deutsche Akademie, München	Nein		
80. Deutsches Auslandsinstitut	Nein		
81. Deutsche Christen-Bewegung	Nein		
82. Deutsche Glaubensbewegung	Nein		
83. Deutscher Fichte-Bund	Nein		
84. Deutsche Jägerschaft	Nein		
85. Deutsches Rotes Kreuz	Nein		
86. Ibero-Amerikanisches Institut	Nein		
87. Institut zur Erforschung der Judenfrage	Nein		
88. Kameradschaft USA	Nein		
89. Osteuropäisches Institut	Nein		
90. Reichsarbeitsdienst (RAD)	Nein		
91. Reichskolonialbund	Nein		
92. Reichsluftschutzbund	Nein		
93. Staatsakademie für Rassen- und Gesundheitspflege	Nein		
94. Volksbund für das Deutschtum im Ausland (VDA)	Nein		
95. Werberat der Deutschen Wirtsch.	Nein		
Others (Specify) andere:			

Fragebogen zum Spruchkammerverfahren (Auszug) meiner Mutter. In den Spalten mussten außerdem Mitgliedsnummer, Amt bzw. Rang eingetragen werden. Die Auflistung der zahlreichen Organisationen verdeutlicht die Vielfalt der Verwobenheit der Deutschen mit dem Nationalsozialismus.

läufer gefühlt, als einer, der seine Pflicht an seinem Dienstplatz erfüllt, an keiner Schaltstelle wichtige Funktionen auszuführen hatte und sich selbst von den nationalsozialistischen Entscheidungsträgern betrogen und abgeschoben fühlte. Folgende Daten zeigen aber seine Verwobenheit mit der nationalsozialistischen Partei.

Zeit	Parteizugehörig-keit	Studium bzw. berufliche Tätigkeit
1926–1928		Studium Berlin (+1 Sem.Werkst.)
1.6.1928	Eintritt NSDStB Eintritt NSDAP Nr. 90 587	Studium SS 28 in Jena
1928–1931	Mitglied SA u. NSDStB Orts-gruppenkassierer	Studium ab WS 28/29 Halle (SS Werkstudent)
1932	Parteizugehörig-keit ruhte	Studium Halle (SS Werkstudent)
8.1.– 15.8.33	Parteizugehörig-keit ruhte	Volontär (Drogerie Hirschberg)
15.8.33	Wiedereintritt in die NSDAP	Eintritt als Führer-anwärter i. d. FAD Grunau Abtlg. 1/103
9.11.1933 10. Jahres-tag Putsch 1923	Erhalt goldenes Ehrenabzeichens der NSDAP, (Stiftung Hitlers)	RAD Gau X bis 1937
bis 1945	Mitglied der NSDAP	RAD Gau XXVIII

Ich fragte mich vor allem, welches wohl die Hintergründe für seinen verhältnismäßig frühen Eintritt in die NSDAP (1928) waren, die ihn zu einem – wenn auch kleinen – Räd-chen in diesem verbrecherischen System des NS-Regimes werden ließen? Wie wurden damals junge Menschen in den Bann des Nationalsozialismus gezogen? Es gibt genügend

Fachliteratur, die über die Weimarer Republik, die Universitäten und deren Studentenvertretungen informiert und aus der ich Hinweise entnommen habe. Erst nachdem ich das soziale und politische Umfeld in Familie, Schule und Studium auslotete, konnte ich Vaters Entwicklung in etwa nachzeichnen und versuchen, ihm gerecht werden.

Student in der Weimarer Republik

Geboren 1906, gehörte mein Vater zu den Jahrgängen, die als Kriegsjugendgeneration oder Nachkriegsgeneration bezeichnet werden. Da sie im ersten Jahrzehnt nach der Jahrhundertwende zur Welt kamen, verbrachten sie ihre Kindheit oder Jugend im Ersten Weltkrieg, das heißt oft ohne Vater, viele wurden zu Halbwaisen. In der Familie meines Vaters hatte man den Soldatentod seines älteren Stiefbruders zu beklagen. Ich fand Parallelen zu meiner Kindheit und Jugend mit dem Unterschied, dass mein Vater zu Beginn des Ersten Weltkrieges so alt war wie ich am Ende des Zweiten. Er hat also Kriegswirren und Nachkriegszeit wesentlich bewusster erlebt als ich. Die aufstrebende Handwerkerfamilie, aus der mein Vater stammte, neigte weder zu einer parteipolitischen Linie, noch hatte sie zu kirchlichen Institutionen engen Bezug. Mein Vater erhielt seine politische Sozialisation vor allem in den Anfangsjahren der Weimarer Republik, das heißt während seiner Schulzeit bis 1926 in Görlitz. Politisch prägend waren daher unter anderem die als überraschend empfundene militärische Niederlage, der als „Diktat" verstandene Friedensvertrag von Versailles, die Revolution, Freikorpskämpfe, politische Attentate, rechte Putschversuche, Inflation und Jugendarbeitslosigkeit. Ein Teil der damaligen Jugend fand in paramilitärischen Verbänden, in der bündischen Jugend oder wie mein Vater in der Wandervogelbewegung eine soziale Heimstatt.

Die Wirtschaft erholte sich zunächst von den Kriegsfolgen und der Depression, vor allem seit der Dawes-Plan vom 16. August 1924 in Kraft getreten war. Er milderte die Reparationszahlungen aus dem Versailler Friedensvertrag und ließ Auslandsanleihen ins Deutsche Reich fließen. Das Land erlebte eine Phase der Hochkonjunktur. Die Zahl der Arbeitslosen sank unter eine Million, die der Konkurse fiel um 50 Prozent gegenüber dem Vorjahr. Dass dieses wirtschaftliche Hoch nicht lange anhalten sollte, ahnte niemand. Nach den entbehrungsreichen Jahren wurde jeder Zweifel an der Dauerhaftigkeit des Aufschwungs schnell beiseite gewischt. Mein Vater erlebte nach dem Abitur die Jahre 1926/27, die „Goldenen Zwanziger", als Student in Berlin: In den Großstädten waren die Revuen mit ihrer zwanglosen Abfolge von Sketchen, Gesangs- und Tanznummern stets ausverkauft. Die Berliner Ballsaison glänzte wie nie zuvor. Kulturelles und gesellschaftliches Leben standen in voller Blüte. Die Reichshauptstadt Berlin wurde zur Welthauptstadt von Musik, Film und Theater. Aber mein Vater hatte kein Geld und keine Zeit, um ein Studentenleben wie die jungen Leute aus den gehobenen Gesellschaftsschichten zu führen. Das mag ihn als jungen Menschen vermutlich auch belastet haben. Als nicht dazugehörend wird er auf der Suche nach Seinesgleichen in der studentischen Gesellschaft gewesen sein.

Politisch vollzog sich 1927 die Wende nach rechts; damit stand das Deutsche Reich am Beginn eines Weges, der in Terror und Diktatur endete. Als Reichskanzler Wilhelm Marx im Januar sein viertes Kabinett bildete, berief er erstmals einen Vertreter der rechtsgerichteten Deutschnationalen Volkspartei (DNVP) als Minister. Bei der Einweihungsfeier des Tannenbergdenkmals in Hohenstein (Ostpreußen) wies Reichspräsident Paul von Hindenburg die deutsche Schuld am Ersten Weltkrieg zurück. In den meisten Ländern des Deutschen Reiches wurde Hitlers Redeverbot aufgehoben, das über drei Jahre bestanden hatte. Für ihn und seine neu gegründete NSDAP war das ein entscheidender Schritt auf dem Weg zur Macht. Er konnte nun ungehindert seine Forderungen nach Revision des Versailler „Schandfriedens" erheben und der „Bewegung" neue Mitglieder zuführen. Das Ausland registrierte diese Entwicklung aufmerksam, jedoch mit großer öffentlicher Zurückhaltung.

Die Gründe, warum mein Vater 1928 von Berlin an die Jenaer Universität wechselte, habe ich nicht erfahren. An dieser Universität hatte, im Gegensatz zu Berlin, der Geist des

Nationalsozialismus schon Einzug gehalten.

Alle Universitäten waren durch die zunehmende Studentenflut belastet. Sie war durch die Rückkehr der Frontstudenten nach dem Ersten Weltkrieg und in der Weimarer Republik durch die soziale Öffnung der Hochschulen für Kinder aus der unteren Mittelschicht und für Frauen gestiegen. Die hierdurch ausgelöste Explosion der Studentenzahlen und insbesondere das Zusammenfallen mit der Weltwirtschaftskrise am Ende der Zwanzigerjahre führten zu einer massenhaften Arbeitslosigkeit von Akademikern. Diese traf eine Jugend, die ohnehin zu einem Großteil unter desolaten materiellen Bedingungen zu leben hatte, wobei insbesondere die ,neuen' Studentenschichten von wirtschaftlichen Krisen getroffen wurden. Fast jeder zweite Studierende lebte unter dem Existenzminimum. Gesundheitliche Folgen wie Unterernährung oder Tuberkulose waren häufig, und viele mussten als sogenannte „Werkstudenten" Lohnarbeit leisten, um sich ihren Lebensunterhalt zu sichern – eine Möglichkeit, die durch die negative wirtschaftliche Entwicklung zunehmend erschwert wurde. Diese Umstände trafen auch auf meinen Vater zu. Obwohl sich in Deutschland zwischenzeitlich ein ökonomischer Aufschwung bemerkbar machte, waren die materiellen Verhältnisse der Familie meines Vaters damals nicht allzu rosig. Immer wieder finanzierte er sein Studium als Werkstudent.

In vielen Ländern Europas entstanden nach dem Ersten Weltkrieg faschistische Bewegungen, die sich in ihrer antikommunistischen Stoßrichtung, in ihrem „Führerglauben", ihrer gewalttätigen Politik und ihrem radikalen Nationalismus sowie in ihrer Ablehnung einer bürgerlich-liberalen Gesellschaft durchaus ähnelten. Ihr gemeinsames Vorbild war der italienische Faschistenführer Benito Mussolini, der 1922 an die Macht gelangte.

Nachdem die NSDAP in Deutschland schon einmal verboten worden war, wurde sie 1926 wieder neu gegründet, und sie führte ihren ersten programmatischen Reichsparteitag in Weimar durch. Thüringen wurde ein zuverlässiger Gau für die NSDAP und Weimar – die Gründungsstadt der Weimarer Republik – entwickelte sich zunächst als die „Stadt des Führers" Adolf Hitler. Die nur 20 Kilometer entfernte Landesuniversitätsstadt Jena spiegelte das kritische Verhalten der akademischen Eliten nach dem Ersten Weltkrieg gegenüber der ersten deutschen Republik besonders prägnant wider. Die Antwort der nach 1945 so eindringlich gestellten Frage, wo denn das geistige Deutschland vor 1933 gestanden habe, fällt in Jena wie bei den meisten Universitäten beunruhigend aus: *„Das ‚akademische Deutschland' erschien seinen Kritikern nach dem NS-Regime und dem Zweiten Weltkrieg mit gutem Grund als mitverantwortlich für den Weg in die ‚deutsche Katastrophe'."* [13]

Vermutlich wegen der Überfüllung der Berliner Universität war mein Vater an die besser überschaubare Jenaer Hochschule gewechselt, deren Naturwissenschaftliche Fakultät einen besonders guten Ruf genoss. War doch Ernst Haeckel (1834–1919), der „deutsche Darwin", gerade erst in Jena verstorben. Der Zoologe, Philosoph und Freidenker machte die Arbeiten von Charles Darwin in Deutschland bekannt und baute sie zu einer speziellen Abstammungslehre aus.

Von seiner Zeit als Student hat mein Vater mir viel erzählt, besonders dann, wenn es einen Bezug zu meinem Schulstoff gab. Er hat mir lange bevor ich im Biologieunterricht davon hörte, die Entwicklung des Menschen zu erklären versucht. Er hat mir am Stammbaum gezeigt, dass Mensch und Affe dieselben Vorfahren haben.

Er war natürlich als Biologiestudent und dazu in Jena und Halle mit der in die Lehre involvierten Rassenkunde, Vererbungslehre usw. vertraut gemacht worden. Das gilt auch für die Diplomlandwirte Heinrich Himmler und Walter Darré. Doch während Himmler zum rassistisch motivierten Massenmörder wurde, blieb der spätere Agrarminister Darré ein realitätsbezogener Experte der Pferdezucht. In der Zwischenkriegszeit wurden erst die Warmblutpferde gezüchtet. Die größte Zucht besaß in Deutschland die Kölner jüdische Bankiersfamilie Oppenheim.

Schon seit Ende des 19. Jahrhunderts war mit den Ideen von Haeckel und seinen Nachfolgern wie Ludwig Plate und Alfred Ploetz der wissenschaftliche und ideologische Weg zu Rassenwahn und Antisemitismus geebnet, wenn nicht sogar vorgezeichnet. Die Entdeckung der Mendelschen Gesetze revolutionierte die Entwicklung der Biowissenschaften um 1900, und die Vererbungslehre erhielt einen enormen Aufschwung. Schon 1904 war mit der Gründung des „Archivs für Rassen- und Gesellschaftsbiologie" die Universität Jena führend in diesen Disziplinen. Durch die weitere Forschung im Dritten Reich sollten aber die Bio- und Humanwissenschaften in Jena vollends ihre negative Rezeption, ihre Entwicklung zur Rassenideologie erlangen. Dazu trug nicht unwesentlich die Berufung des „Rasse-Günther" aus Freiburg auf einen extra für ihn geschaffenen Lehrstuhl für Sozialanthropologie bei. Hans Friedrich Karl Günther (1891-1968) war ein deutscher Eugeniker, in der Weimarer Republik und in der Zeit des Nationalsozialismus als „Rasseforscher" tätig. Die Fächer Rassenkunde und später auch Rassenhygiene wurden bald für die Propagierung der Rassen-Ideen der Nationalsozialisten bis hin zu den Nürnberger Rassengesetzen 1935 genutzt.

Meinen Vater haben die Sammlungen des 1863 gegründeten „Germanischen Museums" in Jena besonders beeindruckt. Bei den Beständen handelt es sich überwiegend um Keramikgefäße und deren Bruchstücke sowie Werkzeuge und Waffen aus Stein und Metall vom Paläolithikum bis in die frühe Neuzeit. In der für archäologische Objekte charakteristischen breiten Materialpalette sind aber auch Ausstellungsstücke aus Silber und Gold sowie aus Knochen, Elfenbein (Mammutzähne), Bernstein, Glas und Holz vertreten. Die Fundobjekte aus der Sammlung waren in vielen Fällen die Grundlage für die erstmalige Beschreibung archäologischer Kulturen oder Zeitstufen. Ich habe Vaters Berichte buchstäblich vor Augen, so anschaulich hat er mir die Vitrinen mit den Ausstellungsstükken beschrieben. Gustav Eichhorn, der Nachfolger des Gründers Klopfleisch, betreute die Sammlung ab 1900 ehrenamtlich. 1927 wurde ihm für seinen Einsatz sogar der Titel eines Honorarprofessors verliehen. Bereits seit 1928 schwer erkrankt, starb Eichhorn am 15. Oktober 1929 in Jena. Er war sicher der alte Professor, der in den Erzählungen meines Vaters als wunderlicher alter Gelehrter auftauchte. Mein Vater hat Eichhorn also noch in seinem letzten Lebensjahr als Professor erlebt. Besonders beeindruckten ihn seine interessanten Experimente, in die er die Studenten mit einbezog. An eine Beschreibung erinnere ich mich noch sehr genau: Die Studenten mussten nach eingehender Betrachtung von Keramikgefäßen sich vor der Vitrine aufstellen, in der ihnen die Objekte am besten gefielen. Es stellte sich heraus, dass fast alle die Vitrine auswählten, die Ausgrabungen aus dem jeweiligen Heimatgebiet enthielt. Mein Vater stand vor der Vitrine, in der die Funde aus Schlesien aufbewahrt wurden. In Jena profitierte die Ur- und Frühgeschichte von dem Bedeutungsaufschwung, den diese Disziplin im *Dritten Reich* erlebte.

NSDAP-Mitgliedschaft 1928–1945

Im Sommersemester 1928 belegte mein Vater in Jena Vorlesungen. Obwohl er nur ein Semester dort eingeschrieben war, prägte die Gedankenwelt der Jenaer Universität seinen weiteren Lebensweg. Um als Student Chancen für die Zukunft und das eigene Fortkommen zu haben und wohl auch um eine gesellschaftliche Einbindung zu erfahren, trat er mitten im Sommersemester am 1.6.1928 in den Nationalsozialistischen Deutschen Studentenbund (NSDStB) und damit in die NSDAP ein. Programmatisch agierte der NSDStB exakt auf der Parteilinie. Der Versailler Diktatfrieden, die „Kriegsschuldlüge", die Reparationen, die Einschränkung der Wehrfähigkeit im 100 000-Mann-Heer, die Gefahr durch „fremdstämmige Elemente" waren u. a. Themen, die auch oder gerade in der Studentenschaft diskutiert wurden.

Der Wechsel im Herbst 1928 von Jena nach Halle mit erneuter Erwerbstätigkeit als Werkstudent (Montage) hatte sicher wirtschaftliche Hintergründe. Die sich abzeichnende Weltwirtschaftskrise und die kürzere Verkehrsverbindung nach Hause, nach Kohlfurt, mögen mit ausschlaggebend für diesen Wechsel gewesen sein. Musste er doch immer wieder im väterlichen Fleischereibetrieb mithelfen, da man sich dort keinen Gehilfen leisten konnte.

In Halle trat mein Vater außerdem der SA (Sturmabteilung) bei. Diese Gruppierung der NSDAP bestand seit 1920 als parteieigener Ordnungsdienst zum Schutz von Veranstaltungen. Sie dienten aber auch politischen Werbeaufmärschen und gewaltsamen Auseinandersetzungen mit politischen Gegnern.

Die NSDAP präsentierte sich als Partei der Jugend, weit über zwei Drittel der SA-Mitglieder (1929–31) waren unter dreißig Jahre alt. Dagegen waren die Mitglieder der übrigen Parteien der Weimarer Republik entschieden älter – bis auf die der KPD, die eine ähnliche Altersstruktur wie die NSDAP aufwies. Nach internen Auseinandersetzungen um den „sozialrevolutionären" Kurs des Gründers Tempel hatte Baldur von Schirach als Hitlers Gefolgsmann die Leitung des NSDStB im Juli 1928 übernommen. Von nun an folgten die NSDAP-Hochschulgruppen der Parteilinie. Viele nationalsozialistische Studenten gehörten zugleich der Partei, der SA oder der SS an.

Die Universität Halle galt als eines der wesentlichen Zentren des demagogischen Aufbegehrens der nationalsozialistischen Kräfte. Auch ein weit verbreiteter Antisemitismus begann zunehmend die studentischen Kreise zu erfassen, aber von einer massenhaften Vernichtung der Juden war keine Rede. Die Studenten honorierten die Politik des NSDStB bei den Wahlen zur studentischen Selbstverwaltung. Der Studentenbund war bei den ASTA-Wahlen 1931 prozentual erfolgreicher als die NSDAP bei den Reichstagswahlen. Mein Vater hatte von 1929–1931 den Posten des Kassierers der NSDStB-Ortsgruppe der Uni Halle inne.

Als Anlage zum Meldebogen für das Entnazifizierungsverfahren führte Vater aus: „Als sich 1931/32 widerwärtige Streitigkeiten innerhalb der Führerschaft der Partei zeigten und ich außerdem in schlechter wirtschaftlicher Lage war, ließ ich Ende 1931 meine Mitgliedschaft durch Nichtzahlung der Beiträge einschlafen." Mein Vater trat damit aus allen drei Organisationen der Partei (NSDAP, NSDStB und SA) aus, was auch die erhaltenen und jetzt zugänglichen Parteiunterlagen im Document-Center Berlin bestätigen.

Was könnten das für widerwärtige Streitigkeiten gewesen sein, die meinen Vater verunsichert hatten? Einmal wird 1931 an der Universität Halle der „Fall Dehn" aktuell. Günther Dehn (1882–1970) hatte als evangelischer Theologe in Münster die Ehrendoktorwürde erhalten. Verschiedene Berufungen als Lehrbeauftragter an eine Universität scheiterten an seiner sozialistischen Haltung und seinem Engagement bei der Arbeiterjugend in Berlin. Obwohl als „Roter Pfarrer" abgestempelt, sollte er schließlich einen Ruf nach Halle an die Theologische Fakultät erhalten. Daraufhin organisierte der NSDStB Proteste und verfasste Flugblätter. Günther Dehn wurde darin als Pazifist beschimpft, der die deutschen Kinder zum „feigen Pazifismus erziehen" wolle und zur „Kriegsdienstverweigerung" aufrufe. In Wahrheit hatte der Pfarrer bei einer Predigt lediglich die Frage aufgeworfen, ob die Anbringung von Gedenktafeln für die Gefallenen in Kirchen richtig sei. Seine Meinung, dass der, der getötet wurde auch selbst töten wollte, rief allgemeine Empörung auch in den evangelischen Gemeinden hervor, weil damit seine Auffassung, Soldaten seien Mörder, offenkundig geworden war.

Außerdem findet man in den Dokumenten für die Jahre 1931/32 Hinweise über den Beginn eines Machtgerangels zwischen den Parteiflügeln der NSDAP. Sie gipfelten nach Hitlers Machtübernahme im von der NSDAP-Führung fingierten sogenannten Röhm-Putsch 1934, in welchem dieser seinen Duzfreund, aber auch stärksten Rivalen, Ernst Röhm, ermorden ließ.

Der Börsenkrach, der sogenannte „Schwarze Freitag" in New York am 24. Oktober 1929, löste die Weltwirtschaftskrise aus, die in Deutschland 1932 ihren Höhepunkt erreichte. Damit waren auch die Arbeitslosenzahlen rasant gestiegen, auf etwa 6 Millionen. Durch die allgemeine Unzufriedenheit erzielte die NSDAP massenhaft Zulauf und Stimmengewinne und errang in zwei Reichstagswahlen 1932 im Reichstag die meisten Sitze, allerdings keine absolute Mehrheit.

1931 fand ich in den Aufzeichnungen meines Vaters: 9 Monate Werkarbeit im Hochbau, also ein ganzes Semester samt den sich anschließenden Semesterferien. In den zwei Semestern 1932 hat er danach noch intensiv Vorlesungen, Seminare und Übungen besucht. Dann gab er das Studium auf, obwohl die Voraussetzungen für das Staatsexamen gegeben waren. In die anschließende Zeit als Volontär in Hirschberg fiel Hitlers „Machtergreifung" am 30. Januar. Die meisten

Menschen haben die verhängnisvollen Vorgänge zu dem Zeitpunkt gar nicht wahrgenommen, denn es war vielmehr eine „Machtübertragung", als Reichspräsident Hindenburg Hitler zum Reichskanzler berief. Erst bei den im März stattfindenden Reichstagswahlen erreichte die NSDAP mit den Deutschnationalen zusammen die Mehrheit im Reichstag. Und von da ab überstürzten sich die Ereignisse. In Hitlers Händen lag nun die gesetzgebende und ausführende Gewalt, die er hemmungslos ausnutzte.

Nach einem halben Jahr Probezeit in der Drogerie in Hirschberg sah die wirtschaftliche Lage in Deutschland noch nicht besser aus. Vater berichtete später für die Spruchkammer: „Als sich mir da auch keine Aussichten boten, meldete ich mich zum Arbeitsdienst. Auf Grund dessen wurde ich von einem Funktionär der Partei aufgesucht und über meine Parteizugehörigkeit befragt. Es wurde mir eröffnet, daß verlangt werde, daß ich wieder der Partei beitrete. Mein altes Mitgliedsbuch wurde mir abgenommen und ich erhielt dieses nach kurzer Zeit, mit den rückständigen Marken voll geklebt und den Beitrag für ½ Jahr im Voraus bezahlt, wieder zurück. Dieses erweckt nun den Eindruck der ununterbrochenen Mitgliedschaft." Ein Engagement der RAD- Führermannschaft in der Partei war nicht erforderlich, sogar nicht erwünscht. Dagegen wurde erwartet, dass die nationalsozialistischen Grundauffassungen und die Ziele der Partei überzeugend weitergegeben wurden.

Waren in den folgenden Jahren die allmähliche Veränderung innerhalb der Institution des RAD, der Verlust der ursprünglichen Konzeption und stattdessen die Einbindung in die Wehrmacht gegen seine Überzeugung erfolgt? In der Anlage für die Spruchkammer verteidigte er sich:

„Ich betrachte und fühle mich seit 1933 nur als Mitläufer, ohne mit den Maßnahmen der NSDAP zufrieden gewesen zu sein oder mich damit zu identifizieren. Im Gegenteil: mir wurden selbst Schwierigkeiten wegen meiner kritischen Einstellung zur Partei und führenden Personen bereitet. Vor allem mußte ich immer wieder feststellen, daß das damals verkündete Programm nicht mit den Tatäußerungen übereinstimmte, und ich konnte mich der öffentlichen Kritik nicht enthalten."

Vielleicht äußerte er seinen Unmut über die veränderten Zielsetzungen im RAD auch mit der eigenmächtigen Abänderung oder Nichteinhaltung der Lehrpläne bei den Schulungen und Lehrgängen, die er zu halten hatte. „Mir wurde in meinen dienstlichen Beurteilungen wiederholt zum Ausdruck gebracht", heißt es in einem ergänzenden Schreiben, „daß ich zu weich und zu nachsichtig gegenüber meinen Leuten und zu kameradschaftlich gegen meine unterstellten Mitarbeiter sei, mit dem Gesamturteil: unmilitärisch und unsoldatisch."

Ob mein Vater mit *Kritik* auch seine Äußerungen bei Vorgesetzten der Reichsleitung des RAD aufgrund seiner Russlanderfahrungen Ende 1942 in Berlin-Zehlendorf gemeint hat? Man fragt sich unwillkürlich, wieso die Vorgesetzten nicht kurzen Prozess wegen Defätismus mit ihm gemacht haben. Sollte ihm vielleicht die Auszeichnung als „Alter Kämpfer" einen gewissen Schutz geboten haben? Nach seiner Darstellung habe er das goldene Parteiabzeichen aber nur „auf Drängen der Vorgesetzten" angenommen. Das wird sicher eine Schutzbehauptung im Spruchkammerverfahren gewesen sein. In den von mir beim Bundesarchiv angeforderten Personalakten habe ich allerdings eine Anfrage bzw. Bitte um Ersatz eines verloren gegangenen Ehrenzeichens gefunden. Ich denke, auf diese Weise hat man den Parteiaustritt 1931 und das Ruhen der Mitgliedschaft bis 1933 kaschiert.

Schriftliches Spruchkammerverfahren

In dem Verfahren wurde mein Vater nicht persönlich vor eine Spruchkammer geladen. Dem ausgefüllten Meldebogen fügte er seine Stellungnahme und entlastende Argumente schriftlich bei. Die Anklageschrift der Spruchkammer Fürth, also einer Gutachterinstanz, eingesetzt von der Okkupationsmacht, wurde ihm per Post am 19.1.1948, also zwei Jahre nach Abgabe des Meldebogens, zugestellt. Sie hat ihn sicher schockiert:

Einordnung in die **Gruppe I der Hauptschuldigen.** Begründung:

„Der Betroffene war Mitglied der NSDAP v. 1.6.28–45
Mitgliedsnummer 90 587

Inhaber des goldenen Ehrenzeichens
Mitglied der SA von 1929–31
Mitglied des NSDStB v. 1928–32, Ortsgruppenkassierer
(Hochschule)
Angehöriger d. RAD, Oberstfeldmeister ab 1.7.37

Personen, die der Gruppe I zugeordnet wurden, hatten mit ernsthaften Konsequenzen zu rechnen bis hin zur Verhaftung, zumindest mit der Beschränkung ihrer bürgerlichen Rechte und ihrer Berufstätigkeit.

So reichte mein Vater einen Einspruch gegen dieses Urteil ein und fügte ein weiteres Schreiben mit fünf Erklärungen von unbelasteten Bürgern zur Rechtfertigung bei. Einer dieser „Persilscheine" wurde schon wörtlich wiedergegeben; vier weitere sollten die Richtigkeit seiner Angaben bestätigen.

In der erneuten monatelangen Wartezeit erlebte ich meinen Vater vollkommen verändert. Er war gereizt und ungehalten mir gegenüber. Dieser naturwissenschaftlich und logisch denkende Mensch flüchtete sich in Wahrsagemethoden. Ich erinnere mich zum Beispiel an das Pendeln, zu dessen Zweck er den Ehering an einem Faden befestigte. Über einem auf ein Blatt Papier gezeichnetem Kreuz mit den Worten Ja und Nein ließ er in konzentrierter Haltung das Pendel schwingen. Welche Fragen er an das Orakel stellte, hat er mir nicht erzählt. Ich denke mir heute, dass ihn mehrere Vorhersagen am Herzen lagen: Wird meine Frau bald aus dem Krankenhaus entlassen? Bekomme ich mein Tochtel gesund durch diese harte Zeit? Wird die Entscheidung der Spruchkammer revidiert und gerecht ausfallen? Werde ich irgendwie beruflich Fuß fassen können? Wenn ich das einzige Foto meines Vaters aus dieser Zeit betrachte, so kann ich in dem abgehärmten, verbitterten Gesicht keinen gerade mal vierzigjährigen Mann erkennen. Heute denke ich, er fühlte sich als Besiegter, in einem Krieg, den er nicht gewollt hatte. Er sah sich als Verlierer, da er seinen kleinen Sohn und im mentalen Sinn seine Frau verloren hatte und als Opfer, da man ihn seiner beruflichen Existenz und des väterlichen Erbes beraubt hatte. Er wollte nicht wahrhaben, dass er die nationalsozialistische Herrschaft nicht als menschenverachtendes System erkannt

Spruchkammer I /3
des
Stadtkreises Fürth.

Az.: 14/1417 Ts. 5449

Fürth i. Bay., den 3. 6. 1948
Hornschuchpromenade 6

<u>BK – Nachverfahren</u>

S P R U C H :

Der Betroffene

P a e s e l t Herbert, Chemiker, geb. 27.7.06 in Kohlfurt/Schles.,
wohnhaft Fürth/Bay., Nürnbergerstr. 88,

wird auf Grund des Spruches vom 14.5.48, nachdem er nachgewiesen
hat, daß er die ihm auferlegte Sühne von

RM. 100.-- (einhundert)

bezahlt hat, im Nachverfahren nach Art. 42/II S.G. in die

Gruppe IV – der Mitläufer

eingereiht. (Art. 12 S.G.

Der Vorsitzende: B e i s i t z e r :

gez.: Berger   gez.: Fuchs   Wehr

Zur Beglaubigung:
Der Schriftbeamte.

Rechtskräftig am 8. 6. 1948.
Beg...
U...

Schreiben der Spruchkammer an meinen Vater

und deshalb in diesem funktioniert hatte – bis zum „Zusammenbruch".

Nach einer Wartezeit von weiteren vier Monaten ging ihm am 14.5.1948 eine erneute Klageschrift zu, wonach mein Vater in die **Gruppe III der Minderbelasteten** einzuordnen sei. Von der Anordnung einer Bewährungsfrist wurde Abstand genommen, *„da der Betr. seit 25.06.45 als Hilfsarbeiter, somit in gewöhnlicher Arbeit tätig ist. Mit der Festlegung eines einmaligen Sühnebetrages von RM 100.- besteht wegen der schlechten wirtschaftl. Verhältnisse des Betr. Einverständnis".* Nach Ableistung der Sühne könne er in die Gruppe IV der Mitläufer eingeordnet werden, hieß es abschließend.

Am 3.6.1948 erhielt mein Vater schließlich den erlösenden Urteilsspruch, dass er nach Eingang der Geldsumme in die **Gruppe IV der Mitläufer** eingeordnet ist.

Die Ergebnisse der Entnazifizierung wurden von vielen Zeitgenossen, auch von den Siegermächten, kritisch bewertet. Hier z. B. die Äußerung des liberalen österreichischen Journalisten jüdischer Herkunft Hans Habe: *„Die abwehrende Reaktion, die sie hervorrief, war einer ehrlichen Reflexion und Umerziehung bei den Deutschen kaum förderlich."* [14] Oder die des katholischen Gegners des Nationalsozialismus Eugen Kogon über die Reaktion der deutschen Bürger: *„Wegen des argen Geschreis um sie und wegen der eigenen Blindheit wollten sie vom Insichgehen nichts mehr hören. Die Stimme ihres Gewissens ist nicht wach geworden."* [15]

Auch ein Witz aus jener Zeit zeigte symptomatisch die Stimmung in der Bevölkerung:

„Frage: Was ist der Unterschied zwischen einer Spruchkammer und einem Fischernetz? Antwort: Ein Fischernetz fängt die Großen und lässt die Kleinen entkommen."

Natürlich besaßen alle „Persilscheine" die Funktion von „Weißmachern". Oft wurden zumindest tendenziell Fälschungen vorgenommen oder bestimmte Tätigkeiten verschwiegen. Denn wer wollte schon nach dem verlorenen Krieg, den zerrissenen Familien, den zerstörten materiellen Existenzen noch eine politische Gehirnwäsche der einstigen Gegner über sich ergehen lassen? Außerdem waren die wenigen unbelasteten Richter vollkommen überfordert von der Masse der Verfahren.

Mein Vater war über die Entscheidung der Spruchkammer sichtbar erleichtert. Seine bisherige mangelnde Initiative und Mutlosigkeit wichen einem rührigen Unternehmungsgeist. Jetzt konnte er wenigstens wieder an die eigene Existenzsi-

cherung denken und sich um eine Arbeit bewerben. Die Süh-
negelder waren durch die hohe Inflation sowieso nichts mehr
wert. Am 20. Juni 1948 kam es zur Währungsreform.

Berufliche Neuorientierung

Die Währungsreform

Die Bevölkerung wurde am Freitag, dem 18. Juni 1948 durch den Rundfunk und über Aushänge über die anstehende Währungsreform und den Ablauf informiert. Die Umstellung erfolgte somit an einem Wochenende. Ab 21. Juni 1948 wurde die DM allein gültiges Zahlungsmittel in den westlichen Besatzungszonen. Der Währungsumtausch vollzog sich in Etappen:

- Bevölkerung, Wirtschaft und öffentliche Hand erhielten eine Sofortausstattung
- Das bare Altgeld (Reichsmark, Rentenmark, Marknoten der alliierten Militärbehörden („AMC") musste auf ein Konto eingezahlt werden
- Der Anspruch auf Umstellung der gesamten Reichsmarkkonten musste geltend gemacht werden
- Prüfung und Umstellung der Reichsmarkkonten auf Deutsche Mark (DM).

Mit dem Stichtag erloschen alle alten Zahlungsmittel außer dem Kleingeld bis 1 RM zu einem Zehntel seines Nennwertes; gleiches galt für Briefmarken. Bis zur allgemeinen Umstellung erhielten Bevölkerung, Wirtschaft und öffentliche Hand eine Sofortausstattung mit Deutscher Mark. Jedem Bürger wurde in zwei Schritten sofort – im Normalfall am 20. Juni – ein „Kopfgeld" von 40,– DM und einen Monat später 20,– DM bar ausgezahlt. Bei der späteren Umwandlung der Reichsmark wurden diese 60 DM angerechnet. [16]

Ich erinnere mich noch, wie mein Vater eines Tages aufgeregt mit der Nachricht kam, dass wir neue Geldscheine bekämen. Das alte Kleingeld würde noch eine Weile gelten, aber 10 Pfennigstücke seien nur noch 1 Pfennig wert. Dann kramte er unsere Sparbücher aus dem Geheimfach des großen Wohnzimmerschrankes hervor. Meine Mutter hatte wahrscheinlich die wichtigsten Papiere in irgendeinem Kleidungstück eingenäht und auf der Flucht und bei der Rückkehr nach

Bayern bei sich getragen. Ich freute mich, dass auch mein Sparbuch vom Schulsparen in Jauer die Reise von Schlesien überstanden hatte. Nun sollte der Sparbetrag aber nur noch ein Zehntel des alten Wertes haben! Ich war sehr enttäuscht.

Am nächsten Tag gab es plötzlich in den Schaufenstern Dinge zu bestaunen, die wir lange nicht mehr gesehen hatten. Da mein Vater als Hilfsarbeiter und in den anderen Jobs wenig Geld verdiente, zwischendurch außerdem arbeitslos war, konnten wir uns außer Lebensmitteln keine anderen Artikel wie zum Beispiel neue Kleidung leisten. Wenn ich mich recht erinnere, bekam ich damals dennoch ein Paar feste Schuhe. Bis dahin war ich fast nur in „Klapperlatschen" unterwegs, da hatten die Zehen bei meinem schnellen Wachstum etwas Spielraum, aber ich hatte oft nasse Füße oder fror bei kalter Witterung. Froh war ich über getragene Sachen aus Kleidersammlungen.

Für neue Kleidung sorgte gelegentlich eine Schneiderin, Frau H. Sie hatte mich in ihr Herz geschlossen, weil sie selbst kinderlos und meine Mutter eine gute Kundin bei ihr gewesen war. Sie besaß immer Stoffreste, aus denen sie für mich ein Kleidungsstück zauberte. Ich erinnere mich an ein blaues Kleid mit aufgesetzter Tasche, die ein Reh zierte. Ich zog es extra an dem Schultag an, als Klassenfotos gemacht wurden. Auch als mein Vater schon Geld für unseren Lebensunterhalt verdiente, schneiderte Frau H. zur Prüfung vor der Konfirmation ein weinrotes Kleid und zur Konfirmation selbst ein schwarzes Samtkostüm. Und alles sehr preiswert!

Vertreter für „Ernährung aus dem Walde"

Nach der Entnazifizierung 1948 durfte sich mein Vater endlich um eine Arbeit bewerben und nahm eine Stelle als Bezirksvertreter der Wildfrucht-Sammel-Verwertungs-GmbH in Untersteinach/Oberfranken an. Dort konnte er seine biologischen Kenntnisse aus seiner Studienzeit anwenden. Aber das zu betreuende Gebiet lag rund hundert Kilometer nordöstlich von Fürth. Er war tagelang von zu Hause weg und ich in dieser Zeit auf mich allein gestellt. In dieser schwierigen Situation sprangen die Gastwirtsleute B. aus der Luisenstraße hel-

fend ein. Für wenige Pfennige bekam ich eine warme Mittagsmahlzeit nach der Schule. Außerdem durfte ich im geheizten
Gastraum meine Hausaufgaben erledigen und Klavier üben.

Nur ein halbes Jahr übte mein Vater diese Tätigkeit in der
Leitung der Sammelstelle aus, dann wollte er die durch seine
Abwesenheit bedingte mangelnde Betreuung für mich nicht
weiter verantworten.

Aber die Kenntnisse aus dem Biologiestudium und die Erfahrungen aus dieser „Wildfruchtsammeltätigkeit" hatten
Einfluss auf unsere Versorgungsmethoden. Fast jedes Wochenende unternahmen wir nun Ausflüge ins Grüne, oft in die
Fränkische Schweiz. Es gab damals ganz billige Sonntagsaus-
flugszüge, die sehr früh starteten und gegen Abend wieder
zurückfuhren. Bei den Wanderungen lehrte mein Vati mich,
essbare Pflanzen zu erkennen, wofür wir das aus Vaters Studienzeit stammende Bestimmungsbuch von Schmeil-Fitschen
[17] benutzten, das ich heute noch in sehr zerfleddertem Zustand zur Erinnerung aufbewahre. Schon mit etwa elf/zwölf
Jahren lernte ich von ihm auch, viele Blumen einzuordnen
und mit ihrem botanischen Namen zu bezeichnen.

Im Frühjahr waren es zarte Brennnesseln und Giersch anstelle von Spinat. Aber vor allem beim Giersch musste man
die Pflanze genau kennen und durfte sie nicht mit dem gifti-
gen Schierling verwechseln. Vater konnte sie aber gut unterscheiden, da er sie schon aus seiner schlesischen Heimat kannte. Brombeer- und Himbeerblätter bereicherten unsere Tee-
zubereitung. Der fruchtige Duft weckte die Vorfreude auf die
im Sommer folgende Beerensuche: Himbeeren, Brombeeren
und Heidelbeeren. Im Herbst kamen auch noch Pilze dazu.
Weil viele Menschen gleich uns darin die Möglichkeit suchten, den Speiseplan zu bereichern und den Vitaminmangel
auszugleichen, kamen wir Städter oft zu spät und standen
enttäuscht vor den abgeernteten Sträuchern und Plätzen.

Als Wanderfotograf

1949 besann Vater sich auf die Existenz seiner guten Leica.
Diesen Fotoapparat aus der Zeit als Kriegsberichterstatter
während des Russlandfeldzuges hatte er im Geheimfach un-

seres eichenen Bücherschranks versteckt.

Das große Bad in der Fürther Wohnung wurde umfunktioniert in ein Fotolabor. Den großen Kleiderschrank rückte Vater von der Wand ab, sodass eine kleine Kammer dahinter entstand, die er oben mit Brettern lichtdicht abschloss. Eine alte Militärdecke ersetzte den Vorhang am Eingang und fertig war die Dunkelkammer. Einige Geräte wie ein Vergrößerungsapparat, eine Trocken- und eine Schneidemaschine, verschiedene Chemikalien und Fotopapier musste er natürlich noch anschaffen. Einer unserer Söhne hat in den Achtzigerjahren noch Reste dieser Ausstattung eine Zeitlang als Hobbyfotograf benutzt.

Nachdem er eine Arbeitserlaubnis eingeholt hatte, machte mein Vater sich zu Fuß auf den Weg und wurde in den nächst gelegenen Schulen vorstellig. Er fertigte jeweils ein Klassenfoto und dann von jedem Schüler bzw. jeder Schülerin ein Bild an. Am Nachmittag begann unsere gemeinsame Arbeit. Vater stand in der Dunkelkammer. In einer bestimmten Flüssigkeit entwickelte er zuerst die Filme, die eine Weile trocknen mussten. Dann zog er den Negativfilm durch den Vergrößerungsapparat und dabei wurden die einzelnen Aufnahmen vergrößert und belichtet. Im Entwicklerbad blieben die Bilder so lange, bis die richtige Tönung erreicht war. Es folgte das Fixierbad für die Schwarz-Weiß-Fotos. Nun begann meine Hilfsarbeit: In der Badewanne waren Kuchenbleche und Schüsseln mit Wasser aufgestellt, in denen die Fotos gewässert wurden. Aus dem Wasserbad fischte ich sie mit einer Pinzette und legte sie auf den Trockenapparat. Jedes fertige Bild wurde mit einem geschweiften Rand verziert, wozu ich die Schneidemaschine, ähnlich einer Brotmaschine, bediente. Auch das Nummerieren durfte ich besorgen, damit später Fotos nachbestellt werden konnten. Wir steckten jeweils ein Klassenfoto und ein Einzelbild in einen Briefumschlag. Alle diese Arbeitsschritte mussten zeitlich genau aufeinander abgestimmt sein.

Am nächsten Tag besuchte mein Vater wieder die Schulen, um den Schüler(inne)n die Fotos zu zeigen und auszuhändigen. An weiteren Tagen kassierte er das Geld, nahm Nachbestellungen auf oder sammelte die nicht gekauften Fotos ein.

Aber auch diese Beschäftigung als Wanderfotograf sollte nicht allzu lange währen. Andere Arbeitssuchende hatten die gleichen Ideen, und bald war die Konkurrenz so stark, dass mein Vater nicht mehr mithalten konnte. Auch die Anschaffung eines Fahrrades machte sich nicht bezahlt. Einige Konkurrenten besaßen die Mittel, sich ein Motorrad zu besorgen, und waren somit schneller, konnten ihren Aktionsradius erweitern und rissen die Aufträge an sich.

Im Baugeschäft

Nach Zeiten vorübergehender Arbeitslosigkeit bemühte sich mein Vater, in der Baubranche Fuß zu fassen. Oft erlebte ich ihn abends über Büchern und Fernlehrgängen brütend, weil er hoffte, als Bauingenieur eine Anstellung zu finden. Hatte er doch praktische Kenntnisse und Erfahrung als Werkstudent in Berlin beim U-Bahn-Bau am Alexanderplatz und dann vor allem im Arbeitsdienst beim Straßen- und Wegebau, besonders auch bei militärischen Bauten wie Feldflugplätzen, Bunkern und anderen Befestigungsanlagen gesammelt. Doch ihm fehlten zum Teil die theoretischen Grundlagen. Er dachte auch daran, als Lehrling das Maurerhandwerk von der Pike auf zu lernen. Alle Bemühungen scheiterten daran, dass ein Mann im fortgeschrittenen Alter mit über vierzig Jahren nicht mehr als Lehrling angenommen wurde. Schließlich versuchte er sich als Vertreter für Baumaterialien bei der Firma Beckenbausteine GmbH in Bamberg. Aber auch in dieser Branche musste er viel unterwegs sein, weshalb er die Tätigkeit nur wenige Monate ausübte, um mich nicht wieder so lange alleine zu lassen.

German Labor Service

Eines Tages erfuhr mein Vater von der Möglichkeit einer Anstellung bei der amerikanischen Besatzungsmacht, beim German Labor Service. Dabei handelte es sich nicht um eine dem Reichsarbeitsdienst ähnliche Einrichtung, was die wörtliche Übersetzung aus dem Englischen vermuten lassen könnte. Vielmehr entwickelte sich ein amerikanischer Military Labor

Service schon während des Krieges aus westalliierten Hilfsverbänden, vor allem aus Displaced Persons (DP) wie z. B. Angehörigen der polnischen Exilarmee. Sie übernahmen Hilfsdienste bei den Wachmannschaften der unzähligen amerikanischen Einrichtungen wie Depots und logistischen Installationen.

Daneben entstanden nach dem Krieg deutsche Labor-Service-Einheiten, Technical Units, die für Transport, Reparatur und Wartung bei der amerikanischen Besatzungsmacht zuständig waren. Insgeheim dienten sie aber im Laufe des Kalten Krieges – dem Konflikt zwischen den Westmächten unter Führung der Vereinigten Staaten von Amerika und dem Ostblock unter Führung der Sowjetunion, der seine erste Zuspitzung in der Berlin-Blockade 1948/1949 fand –, der Vorbereitung zur Aufstellung einer deutschen Armee.

Die Stadt Fürth war nach Ende des Zweiten Weltkriegs der größte Standort der US-Armee in Bayern, bezogen auf Fläche und Einwohnerzahl. Mein Vater bewarb sich dort am 8.9.1950, wurde angenommen und eingesetzt. Zwar erwartete ihn ein oft unregelmäßiger Dienst, aber er konnte zu Hause wohnen und ihm war ein festes Einkommen garantiert. Über seine Tätigkeit dort hat er nicht viel erzählt, durfte er wahrscheinlich wegen der Geheimhaltung auch nicht, sodass er mir gegenüber nur ganz allgemein organisatorische Aufgaben erwähnt hat. Auch die Urkunde, die mein Vater nach eineinhalb Jahren Dienst in dieser Organisation erhielt, sagt nichts Konkretes über seine Aufgabenstellung aus:

SFC PAESSELT Herbert 96667
wurde mit der deutschen Labor Service Dienstauszeichnung
Nr. 6136 für hervorragende Arbeitsleistung und beispielhafte
persönliche Führung ausgezeichnet.
Hq EUCOM 11 Feb 52

German Liaison Director
Erich Brandenberger
Col Lbr Svc

Der Text steht natürlich auch in Englisch darüber. Sein Chef war Amerikaner mit deutschen Wurzeln, wie der Name verrät.

Diese Wertschätzung seiner Arbeit, seines Organisationstalentes und seiner Korrektheit hat meinen Vater in seinem Selbstwertgefühl aufgebaut. Manchmal durfte ich ihn nach dem Dienst abholen und mit ihm in der Kantine essen. Dort habe ich im Jahr 1951/52 meine ersten Fernsehsendungen erlebt, allerdings auf Englisch. Bis 1957 sollte der Dienst beim German Labor-Service Vaters Erwerbsquelle bleiben.

Das Leben normalisiert sich

Bundesrepublik Deutsche Demokratische
Deutschland – Republik
BRD DDR

Im Bündnis der vier alliierten Siegermächte des Zweiten Weltkrieges zeigten sich schon ab 1946 die ersten Risse. Winston
Churchill prägte den Begriff vom »Eisernen Vorhang«, der
sich zwischen Ostsee und Adria über Ost- und Südosteuropa
gesenkt habe, was in der Sowjetunion zu scharfen Reaktionen führte. In zahlreichen Regionen der Welt spitzte sich nach
und nach der Machtkampf zwischen kommunistischen und
kapitalistischen Systemen zu.

Nach dem Zweiten Weltkrieg war Deutschland in vier Besatzungszonen eingeteilt: die amerikanische, die britische und
die französische Zone im Westen und die sowjetische im Osten.
Am 2. Dezember 1946 beschlossen England und die USA, ihre
Besatzungszonen zu vereinen und in einem „Vereinigten Wirt-
schaftsgebiet" gemeinsam zu verwalten. Die Bizone entstand.
Hauptgrund war, den Wiederaufbau Deutschlands und die
Wiederbelebung der Wirtschaft so effektiver gestalten zu können. Am 1. Januar 1947 trat der Beschluss in Kraft. Die Franzosen, die zunächst ein Wiedererstarken der deutschen Wirtschaft und damit der deutschen Kriegsindustrie fürchteten,
schlossen sich erst im April 1949 an. Die Bizone wurde damit
zur Trizone und geografisch zum Vorläufer der Bundesrepublik (BRD), deren offizielle Gründung am 23.5.1949 stattfand.
Da die UdSSR sich weigerte, ihre Besatzungszone mit der
Trizone zu vereinen, blieb Deutschland zweigeteilt. Aus der
sowjetischen Besatzungszone (SBZ) entstand am 7. Oktober 1949 die Deutsche Demokratische Republik (DDR).

Ferien in der SBZ/DDR bei den Großeltern

Im Nachkriegsdeutschland nahmen die Spannungen zwischen den westlichen Alliierten und dem östlichen ehemaligen Verbündeten zu. Es wurde schwierig, zu Verwandten in den anderen Teil Deutschlands zu reisen, es sei denn als Kind oder Rentner. Etwa ab 1948, ich war damals 12 Jahre alt, durfte ich in den Ferien allein mit dem Interzonenzug fahren und meine Großeltern in Görlitz besuchen. Mein Vater wollte nie in die SBZ reisen – auch später nicht –, weil er wegen seiner Nazi-Vergangenheit und Teilnahme am Russlandfeldzug trotz des abgeschlossenen Entnazifizierungsverfahrens eine nochmalige Aburteilung befürchtete. Während seines Dienstes beim Labor Service hätte er als Geheimnisträger, was ich nicht wusste, sowieso keine Reiseerlaubnis erhalten.

Für eine Einreisegenehmigung in die SBZ musste man eine Einladung vorweisen. Die erhielt ich natürlich von den Großeltern. Sie mussten in Görlitz für mich einen „Berechtigungsschein" beantragen und uns zuschicken. An der Grenze hatte ich diesen und meinen Kinderausweis vorzuweisen. Außerdem bekam ich ein Visum, mit dem ich mich dann in Görlitz melden musste.

Der Transitzug kam von München und fuhr von Nürnberg weiter über Dresden bis Görlitz; jedenfalls kann ich mich nicht an ein Umsteigen erinnern. An der Grenze zwischen der amerikanischen und russischen Zone und später zwischen BRD und DDR fanden strenge Kontrollen statt. Auch das Gepäck wurde genau in Augenschein genommen, und zwar von der östlichen Seite. Man durfte nichts Gedrucktes bei sich haben, vor allem keine Zeitungen. Auf der Rückfahrt wiederholte sich das Procedere, damit keine unberechtigten Personen ausreisten. Manchmal erschienen mir diese Grenzaufenthalte endlos. Denn nicht selten kam es beim Grenzübergang im Interzonenzug zu Eklats, wenn beispielsweise nicht die erforderlichen Dokumente vorlagen, die westdeutschen Grenzgänger den ostdeutschen Behörden nicht mit dem erwarteten Respekt begegneten oder Waren geschmuggelt wurden. Auf den Bahnsteigen wimmelte es nur so von Grenzpolizisten, laute Schritte und Kommandos hallten durch die Nacht. Mir war immer unheimlich und ich musste an unseren nächtlichen Grenzübergang im Herbst 1945 denken, bei dem uns ein Russe heimlich von Ost nach West geführt hatte.

Meine Großeltern wohnten weiterhin in Görlitz-West, jetzt aber in der Jakobstraße 27 beim Fleischer H.. Opa hatte bei Kriegsende mit seinen 66 Jahren eigentlich schon das Rentenalter erreicht. Aber in einer Fleischerei zu arbeiten, bedeutete natürlich, sich eine zusätzliche Nahrungsquelle zu erschließen, vor allem in der unmittelbaren Nachkriegszeit. Meine Großeltern hausten in einem Zimmer, das mit Möbeln vollgestellt war, denn der Raum musste gleichzeitig als Wohn- und Schlafzimmer dienen. Die Küche wurde von allen Mietern in der Etagenwohnung gemeinsam benutzt. Das änderte sich auch in den nächsten Jahren nicht. Bei meinem letzten Besuch 1955 wohnte mein Großvater nach Großmutters Tod 1954 immer noch in diesem Raum.

Opa ging mit mir manchmal so weit wie möglich in Richtung Neiße spazieren und wir schauten sehnsüchtig auf die andere Seite des Flusses hinüber, wo das Haus der Großeltern lag, das wir im Juni 1945 so überstürzt verlassen mussten. Man konnte es aber vom Westufer aus nicht sehen; außerdem warnten Schilder davor, sich der Uferzone zu nähern: „Spaziergänger am Neiße Ufer werden bestraft!" An ein Passieren der Neiße nach Polen war überhaupt nicht zu denken. Die Großeltern wussten nicht, wer in ihrem Häuschen wohnte und wie es darin aussah. Außerdem war auf dem Ostufer entlang der Neiße eine Sperrzone eingerichtet, die nur polnischen Soldaten und deren Familien vorbehalten blieb, die die Bewachung der Grenze und die Kontrolle der wenigen Grenzgänger zu übernehmen hatten. „Repatriierte" Polen siedelten sich nur sehr zaghaft an, denn sie lebten immer in der Angst, die Teilung der Stadt würde aufgehoben und die Deutschen würden ihren Besitz wieder zurückholen. Schließlich nahm Polen etwa 80.000 Menschen aus dem griechischen Bürgerkrieg (1946–1949) auf, von denen bis zu 14.000 in Görlitz-Ost (Zgorzelec) untergebracht waren und die erst 1950 in ihr Heimatland zurückkehrten.

Bei jedem Besuch in Görlitz suchte ich in den ersten Tagen

den städtischen Friedhof bei der Nikolaikirche auf. Mit seiner Weitläufigkeit, den parkähnlichen, von einer 2,5 Kilometer langen Mauer umschlossenen Anlagen und alten Grufthäusern ist er noch heute besonders sehenswert. Opa hatte Grabsteine anfertigen lassen und es war mir immer ein Bedürfnis, Blumen auf die Gräber von meinem kleinen Bruder und meiner Großmutter zu pflanzen und sie regelmäßig zu gießen und zu pflegen.

Ich besuchte reihum die Verwandten und wurde durchgefüttert. Die Familie meines Onkels lebte nicht mehr im Schulhaus in Kunnerwitz, sondern im Ortsteil Görlitz-Biesnitz, denn mein Onkel war aus dem Schuldienst entlassen worden. Er war Regimegegner, äußerte sich aber natürlich nur im Familienkreis kritisch. Gelegentlich brachte ich ihn in unangenehme Situationen, wenn ich z. B. bei Straßenbahnfahrten oder anderen Menschenansammlungen unbedachte Fragen stellte. Oft verstand ich die Plakate oder die überall aufgehängten Parolen auf Spruchbändern nicht. Er vertröstete mich dann auf Antworten zu einem späteren Zeitpunkt und gab mir Zeichen, dass ich still sein sollte. Ich lernte bald, dass man nur „zu Hause" offen sprechen durfte.

Meine älteste Cousine und Patentante war verheiratet und hatte bei meinem ersten Besuch schon zwei Kinder. Auch sie lebte in Biesnitz, aber in einer anderen Wohnung. Ich besuchte sie oft und freute mich darauf, Kindermädchen spielen zu dürfen. Wir unternahmen mit den Kleinen gemeinsame Spaziergänge auf die Landeskrone, die schon für mich als Kind ein beliebtes Ausflugsziel gewesen war.

Meine Cousine konnte ihren Beruf als Lehrerin ausüben, weil sie als unbelastet galt. Aber auch sie konnte sich mit dem kommunistischen Regime nicht abfinden. Mit ihrem Mann und den Kindern beging sie Ende der Fünfzigerjahre „Republikflucht". Sie verließen die DDR, solange Flüchtlinge noch vom Ostsektor in den Westsektor überwechseln konnten, um von dort über das Flüchtlingsaufnahmelager Marienfelde in die Bundesrepublik zu gelangen. Auf diese Weise verlor die DDR einen Großteil ihrer arbeitenden Bevölkerung. Allein 1960 gingen etwa 200.000 Menschen dauerhaft in den Westen. Die DDR stand kurz vor dem gesellschaftlichen und wirtschaftlichen Zusammenbruch und sah sich 1961 zur Abriegelung durch den Bau einer Mauer mitten durch Berlin sowie zur Errichtung nahezu unüberwindbarer Zäune und Todesstreifen an der Zonengrenze genötigt. Der Schießbefehl ließ die Grenze zur Todesfalle werden.

Von Görlitz aus war es nicht weit nach Zittau, wo zwei Großtanten nach Kriegsende Zuflucht gefunden hatten, Tante Agnes und Tante Meta. Erstere war eine Schwester meiner Großmutter, Tante Meta ihre Freundin, also nicht blutsverwandt mit uns. Zusammen bewirtschafteten sie bis 1945 ein kleines Gut in Siebeneichen (Derby Gab) im Kreis Löwenberg (Lwówek Śląski) in Niederschlesien. Als kleines Kind muss ich dort sicher schon zu Besuch gewesen sein, denn der Ort lag nicht weit von Jauer entfernt. Von den Großtanten war oft die Rede. Mit einem Treck waren sie im Februar 1945 vor der Roten Armee geflüchtet und gerade noch über die Neiße bis Zittau gekommen, also nicht weit entfernt von ihrem Heimatort. Dort hatte sie das Kriegsende ereilt und die Ziehung der Oder-Neiße-Grenze schnitt ihnen den Rückweg in die Heimat ab. Die Bahnlinie von Görlitz nach Zittau überquert auch heute mehrmals die deutsch-polnische Grenze, die dem gewundenen Flusslauf folgt. Streckenweise fährt der Zug auf polnischem Gebiet. Damals war die Fahrt besonders aufregend, weil polnische Grenzsoldaten unterwegs die Abteiltüren verriegelten und erst beim endgültigen Erreichen des SBZ-Territoriums wieder aufschlossen. Das war die Konsequenz aus abenteuerlichen Fluchtversuchen schlesischer Bewohner, die von den Polen keine Ausreisegenehmigung erhielten. Denn in den besetzten Gebieten waren diejenigen Deutschen zurückgehalten worden, die als Arbeiter und Fachleute zum Aufbau eines polnischen Staates gebraucht wurden. Nachdem der Grenzverlauf unverrückbar erschien, wollten viele aber nach dem Westen in die Bundesrepublik, doch dieser Weg blieb ihnen noch auf Jahre hinaus verwehrt.

Bei meinen Besuchen hausten die beiden Tanten mit vielen anderen Flüchtlingsfamilien in einem kasernenähnlichen Gebäude. Die Stadt Zittau, im Dreiländereck Polen, DDR und Tschechoslowakischer Republik gelegen, besaß eine jahrhundertelange militärgeschichtliche Vergangenheit und mehrere

Kasernen. Solch eine Kaserne diente etliche Jahre zur Unterbringung von Flüchtlingen. Die großen Räume waren mit Bettlaken und Decken in kleinere Abteilungen abgetrennt. Ohne Privatsphäre war es ein menschenunwürdiges Dasein. Die beiden älteren Frauen litten besonders unter den mangelhaften hygienischen Bedingungen. Sie sind später nach Hainewalde verlegt worden in ein altes Schloss, das im Naziregime als KZ-Haftanstalt gedient hatte. Dort sind sie in den Fünfzigerjahren gestorben.

Ferien im Rheinland bei Onkel und Tante

Mein Großvater mütterlicherseits war mit meiner Tante und ihren drei Kindern nach Kriegsende aus dem vorübergehenden Evakuierungsort bei Karlsbad im Sudetengau sofort ins Rheinland transportiert worden. Meine Tante und ihre Familie hatten den offiziellen Wohnsitz in St. Goarshausen beibehalten, wo mein Onkel an der Bezirksschule des Reichsarbeitsdienstes auf der Burg Katz als Lehrer tätig gewesen war. Mit Kriegsbeginn meldete er sich zur Wehrmacht, nahm am Afrikafeldzug teil und hat schwer verwundet den Krieg überlebt.

Auf der Burg Katz fand die Familie mit dem Großvater zunächst ein Unterkommen. Als die Burg einer neuen Nutzung als Internatsschule zugeführt wurde, musste die Familie sich im Städtchen eine andere Bleibe suchen.

Sobald die Post im Nachkriegsdeutschland wieder halbwegs funktionierte, versuchten unsere Familien Kontakt aufzunehmen. Da war es naheliegend, sich unter den alten Adressen anzuschreiben, was auch erfolgreich war. Mein Großvater erhielt von meinem Vater die traurige Nachricht, dass seine Frau kurz nach Kriegsende in Görlitz verstorben war, ebenso ein Enkel. Er musste den Verwandten auch noch mitteilen, dass meine Mutter sich ein psychisches Leiden zugezogen hatte und ihr Aufenthalt in einer Klinik notwendig geworden war.

Natürlich versuchten die Familien sich gegenseitig zu helfen. Die Zonengrenzen bereiteten anfangs Schwierigkeiten, denn St. Goarshausen lag in der französischen Besatzungszone und wir lebten in Fürth in der amerikanischen. Aber zumindest mit Gründung der Bundesrepublik war das Reisen in diesem Gebiet nicht mehr eingeschränkt. Und so verbrachte ich zahlreiche Ferien in St. Goarshausen. Die Bahnverbindung stellte kein Problem dar. Ein D-Zug verkehrte von Nürnberg-Fürth über Würzburg nach Frankfurt. Die Fahrt von dort im Personenzug am Rhein entlang begeisterte mich jedes Mal. Bald kannte ich jede Sehenswürdigkeit in der Umgebung wie den Mäuseturm bei Bingen, das Niederwalddenkmal und alle Burgen mit Namen. Die Verwandten stellten für mich das Ideal einer intakten Familie dar, einschließlich meines Großvaters. Die zwei älteren Kinder, nahezu in meinem Alter, waren wunderbare Spielkameraden – schon seit deren Besuchen in Jauer/Schlesien.

Es herrschten noch immer Engpässe in der Versorgung der Bevölkerung mit Lebensmitteln. Und ich denke, es war für meine Tante nicht leicht, auch nach der Währungsreform noch einen siebten Magen zu füllen. Diese Situation sollte mir den Spitznamen "Ise" einbringen. Das hatte folgende Bewandtnis: Jeden Nachmittag durften wir Kinder Kaffee trinken. Es gab Getreidekaffee mit Milch, dazu Brot mit Marmelade. Ich war mit der zugeteilten Ration kaum satt zu kriegen und bettelte um Zugaben. Und so wurde der Brotlaib schnell kleiner und meine Tante wunderte sich am Abend über die kümmerlichen Reste. Auf Nachfragen musste ich kleinlaut zugeben, dass ich der „Nimmersatt" war. Wir Kinder müssen zu der Zeit das Tierepos „Reineke Fuchs" von Goethe gelesen haben. Darin sind die Tiere mit Namen versehen und mit menschlichen Eigenschaften ausgestattet. Eine der Hauptfiguren, der Wolf „Isegrim", ist gekennzeichnet durch seine Gefräßigkeit. So musste ich mir gefallen lassen, dass ich in der Familie als „Isegrim", der unersättliche Wolf gehänselt wurde. Schließlich wurde ich mit „Ise" oder „Iselein" angeredet, was dem Klang eines Kosenamens nahekam und von mir akzeptiert wurde.

Ich versuchte, die Scharte bei meinen Verwandten ein wenig auszuwetzen, indem ich fleißig beim Beerenpflücken und Marmeladekochen half. Da kletterten wir Kinder in den alten Weinbergen und in den Hängen der Rheinterrassen herum und fanden Brombeeren und Himbeeren. Zerkratzt und müde, aber auch stolz brachten wir die meist reichliche Beute meiner Tante zur Verarbeitung. Bei solchen oft abenteuerlichen Unternehmungen war mir mein etwas jüngerer Cousin immer der beste Kamerad.

In den Seitentälern und auf den Höhen gab es herrliche Buchenwälder, wo wir Bucheckern sammelten. Die Früchte wurden in einer professionellen Ölmühle gepresst. Auch wenn das Auflesen mühsam war, die Ausbeute an Öl stellte eine willkommene Ergänzung der Fettration dar.

Neben den üblichen Spielen und dem Treiben der Kinder war in St. Goarshausen der Rhein ein magischer Anziehungspunkt. Vom Ufer aus konnte man flache Steine hüpfen lassen und Wettbewerbe veranstalten, wessen Stein die meisten Sprünge machte. Die Rheinschifffahrt kam langsam wieder in Gang. Die Kähne schipperten stromauf- und -abwärts und schickten ihre Wellen bis ans Ufer. Wie hoch würden sie wohl spritzen? Man konnte die Fähre und die Raddampfer beobachten und den Fahrgästen zuwinken.

Ich hatte mir in Fürth ja selbst das Schwimmen beigebracht, aber es mangelte mir zunächst noch an Ausdauer, um mit den am Rhein aufgewachsenen und im Fluss schwimmenden Kindern mithalten zu können. Im Krieg versenkte Lastkähne lagen noch mehrere Jahre im Wasser, je nach Wasserstand teilweise oder ganz überspült. Den älteren Jungen galt es als Mutprobe, in das geheimnisvolle Innere vorzudringen. Gab es vielleicht etwas zu entdecken? Ob man nicht doch plötzlich auf eine Wasserleiche stoßen würde? Schließlich wurde ein erbeuteter Aal mit großem Hallo gefeiert.

Die Sage von der Loreley faszinierte mich vom ersten Augenblick an. Es war von St. Goarshausen bis an den Fuß des mächtigen Felsens ein Spaziergang. An der engsten Stelle im Rheintal zwängte sich der mächtige Fluss mit seinen Wassermassen durch die Berghänge, sodass gerade noch Platz für eine schmale Straße auf beiden Ufern blieb. Für die Bahnstrecken mussten schon Tunnel gebohrt werden. Strudel bildeten sich überall im Flussbett und traurige Geschichten von Badeunfällen in der gegenüberliegenden Badeanstalt in St.Goar wurden erzählt und ließen das „Märchen aus uralten Zeiten" nahe an die Realität rücken. Meine Cousine brachte mir natürlich das Volkslied „Ich weiß nicht, was soll es bedeuten, dass ich so traurig bin" bei, das sie in der Schule im Heimatkundeunterricht gelernt hatte. Einmal unternahmen wir mit der ganzen Familie einen Tagesausflug auf das Plateau der Loreley. Und von oben überlegten wir dann, auf welchem Felsvorsprung die „schöne Jungfrau ihr goldenes Haar" wohl gekämmt haben mochte. Tief unten stellten wir uns den Fischer in höchster Not im Boot auf den Wellen schaukelnd vor.

Viele Jahre war St. Goarshausen mein Ferienziel, bis die Verwandten nach Mainz umzogen.

„Auf Fahrt" durch Westdeutschland

Wer eigentlich die Idee hatte, weiß ich nicht mehr. Womöglich gab mein Vater den Anstoß, der mir von seinen Jungengruppen „auf Fahrt" erzählt hatte. „Auf Fahrt gehen" hieß damals wandern, zu Fuß mit Rucksack und Zelt die Heimat erkunden. „Wie Wandervögel in der Luft zogen wir zu Fuß durch die Lande", erklärte er mir, und so hieß auch die Jugendbewegung, die Anfang des 20. Jahrhunderts entstanden war: Wandervogel.

So war also eines Tages der Plan gefasst, in den Sommerferien 1952 auf Tour zu gehen, allerdings mit Fahrrädern: Meine Freundin Anti und ich, damals beide 16 Jahre, der ein Jahr jüngere Bruder Bob und Anke, ein 17-jähriges Mädchen aus einer befreundeten Familie. Die drei besaßen eigene Räder. Für mich aber musste erst noch eins gekauft werden, natürlich konnten wir uns nur ein gebrauchtes leisten. Unsere Drahtesel waren stabil, ohne Gangschaltung, aber mit Rücktrittbremse versehen.

Mein Vater hatte mir auch Jugendherbergen beschrieben, die er kennengelernt hatte. Diese Einrichtungen entstanden vor allem nach dem Ersten Weltkrieg in zunehmender Zahl – auch im Riesengebirge. Nach Hitlers Machtübernahme waren die Jugendherbergen wie andere Organisationen gleichgeschaltet und der Hitlerjugend (HJ) unterstellt worden. Während des Krieges hatten sie der Wehrmacht als Unterkunft oder Lazarette, als Kriegsgefangenen- und Zwangsar-

Auf Fahrradtour durch Westdeutschland, ich (links) mit Freundin Anneliese B. („Anti" rechts).

beitslager gedient. Die nach Kriegsende mit Flüchtlingen belegten Häuser waren mittlerweile wieder ihrer ursprünglichen Funktion zugeführt und auch neue Herbergen errichtet worden. Die Jugendherbergen waren die einzige Möglichkeit, eine bezahlbare Übernachtung zu finden. Wir besorgten uns ein Verzeichnis, nach dem sich unsere Route richten sollte, einen Jugendherbergsausweis und Bettwäsche. Ein Bettlaken wurde der Länge nach bis auf das letzte Viertel zugenäht und die Ecken mit Bändern zum Festbinden an den Bettpfosten versehen; fertig war der Schlafsack!

So ausgerüstet fuhren wir los und erreichten die erste Herberge. In den Schlafräumen standen vier bis sechs Etagenbetten. Wie beim Militär lernten wir, unsere Betten zu bauen, zumindest die Decken exakt zu falten und zu stapeln. Die Stube musste bei der Abreise besenrein hinterlassen werden. Die Herbergsmütter sorgten für unser leibliches Wohl mit Frühstück und Abendessen. Um zehn Uhr abends war „Zapfenstreich". So hatte in den Herbergen alles seine Ordnung.

Unterwegs verpflegten wir uns mit Nudeln oder Kartoffeln, die wir in einem Kochtopf auf einem Spirituskocher zu-

bereiteten. Außerdem schenkte uns der Sommer Fallobst für
kostenlose Zwischenmahlzeiten.

Ich hatte zwar in den ersten Nachkriegsjahren immer wieder mal die Gelegenheit, meine Radfahrkünste auf geliehenen Rädern auszuprobieren, aber Sicherheit erlangte ich erst
im Laufe dieser Fahrt. So konnte es nicht ausbleiben, dass ich
auf der ersten Etappe von Fürth in Richtung Würzburg einen
Unfall baute. Auf der abschüssigen Strecke ins Maintal geriet
ich auf Splitt ins Schleudern. Ich hatte dabei noch Glück, brach
mir nichts, schürfte mir aber auf dem rauen Straßenbelag
Unterarm und Oberschenkel auf. Mit Jod und Verbandszeug
wurden die Wunden von meiner Freundin notdürftig versorgt.
Bis gegen Ende unserer Reise musste ich täglich die Pflaster
erneuern.

An die einzelnen Etappen kann ich mich nicht mehr genau
erinnern. Wir radelten in etwa parallel zur Bahnstrecke, die
ich auch bei meinen Reisen von Fürth ins Rheinland benutzte. Einige Ziele, die wir aus dem Erdkundeunterricht kannten, waren in unser Programm aufgenommen. In Frankfurt
besuchten wir unter anderem den Palmengarten. Von Rüdes-
heim aus stiegen wir zum Niederwalddenkmal auf. Und ich
konnte meinen Freunden die Loreley zeigen. Die Marksburg,
die mir von der anderen Rheinseite vom Zug aus so interes-
sant erschien, entpuppte sich bei ihrer Besichtigung als die
Musterburg schlechthin. Und natürlich wollte ich auch das
„Deutsche Eck" in Koblenz von Nahem sehen. „Schießt die
Flak den Pisspot weg", der Spottvers spukte immer noch in
meinem Hirn. Das Kaiserdenkmal selbst sagte mir aber ebenso wenig zu wie zuvor die monumentale Figur am Nieder-
wald. Die schöne Lage mit Blick auf die Mündungen von Nahe
und hier der Mosel in den Rhein begeisterte mich allerdings.
Von Koblenz ging es linksrheinisch weiter. Köln lag in Trümmern, aber der Dom war bei all den Bombardements wie durch
ein Wunder erhalten geblieben. Vom Turm aus hatten wir die
Ruinenstadt unter uns, die ich fotografierte.

Anschließend erreichten wir das Ruhrgebiet. Ursprünglich
wollten wir von dort aus im großen Bogen wieder zurück nach
Bayern fahren. Wie wir darauf kamen, den Plan vollkommen
zu verwerfen und stattdessen als Nächstes Norddeutschland

Den Blick vom Kölner Dom auf die Trümmerstadt hielt ich fest (1952).

anzusteuern, weiß ich nicht mehr. Jedenfalls versuchten wir, auf einem Rastplatz an der Autobahn in Bottrop eine Mitfahrgelegenheit auf einem Lastwagen zu erwischen. Das gelang uns nur dadurch, dass wir uns aufteilten. Anti und ihr Bruder ergatterten eine Fahrt direkt nach Hamburg. Die siebzehnjährige Anke und ich fuhren auf der Ladefläche eines Lasters nach Emden. Die stundenlange Fahrt durch die Nacht verbrachten wir fest schlafend auf leeren Sand- bzw. Kartoffelsäcken. Uns war keineswegs bewusst, dass wir zwei Mädchen für Fahrer und Beifahrer leichte Beute gewesen wären, hätten sie unlautere Absichten gehabt. So naiv waren wir damals. Wir hatten Glück. Am nächsten Morgen in aller Frühe setzten uns die beiden Fahrer an ihrem Ziel in Emden ab und wir steuerten von dort aus der Nordseeküste zu. „Ich will das Meer sehen! Einmal das Meer sehen!", drängte ich meine Begleiterin. Und bis Norddeich, einem kleinen Ort unmittelbar an der Küste, waren es nur noch 40 Kilometer. Wir traten fest in die Pedale und stemmten uns gegen die frische Brise, die uns entgegenwehte. Ich meinte, regelrecht den immer stärker werdenden Salzgeruch in der Nase zu ha-

ben. Als wir endlich das Meer erreichten, legten wir unsere
Fahrräder samt Gepäck am Fuß des Deiches ab und stiegen
keuchend die letzten Meter bis zur Deichkrone hinauf. Und
da lag die weite blau-grüne Fläche des Wattenmeers zu unseren Füßen: Die Nordsee. Nordsee – Mordsee hatte ich im Sinn.
Aber sie gebärdete sich durchaus nicht wild, sondern breitete
sich an dem Tag friedlich bis zum Horizont aus. Nur leichte
Wellenkämme kamen auf das Ufer zu. Die Flut hatte ihren
Höchststand erreicht und das Wasser zog sich schon langsam
zurück.

Von Norddeich radelten wir an der ostfriesischen Küste
entlang, denn wir hatten bei Verwandten meiner Freundin in
Hamburg den Treffpunkt vereinbart. Durch die Marsch kamen wir in dem flachen Gelände auf Küstensträßchen gut
voran. In unserem Verzeichnis war als Nächstes die Jugend-
herberge auf der Insel Langeoog angegeben. Am Nachmittag
erreichten wir den kleinen Hafen, von dem aus ein Fischer-
boot auch Personen zur Insel befördern sollte. Das fuhr aber
erst am nächsten Morgen wieder, denn es war von den Gezei-
ten abhängig.

Zunächst etwas ratlos, fragten wir dann aber auf einem
der Marschhöfe wegen eines Nachtlagers an. Nach einigen
abschätzenden Blicken und verwunderten Fragen nahmen uns
die Bauersleute auf. Zu unserem mitgebrachten Proviant tisch-
te uns die Frau noch eine leckere Fischsuppe auf. Es war eine
gemütliche Runde mit den alten Leuten am Bauerntisch. Wir
mussten uns aber mächtig anstrengen, um das friesische Platt
zu verstehen. Ich erzählte von meiner leichten Enttäuschung
über meine erste Begegnung mit der Nordsee, und dass ich
mir das Meer viel wilder vorgestellt hatte, worauf uns die
Bäuerin den Rat gab: „Morgen früh kann euch das Schiff nach
Langeoog mitnehmen, da könnt ihr das offene Meer sehen.“
Inzwischen hatte uns der Bauer im Schweinestall auf Stroh
ein Nachtlager gerichtet. Wir schliefen todmüde ein und selbst
das Grunzen der Tiere störte uns nicht. Am nächsten Morgen
erwartete uns das Abenteuer Nordseeinsel. Zwar hatte ich im
Stillen leichte Bedenken, ob ich das Schaukeln auf den Wellen vertragen würde. Es war aber kein Seegang und der schwere Kahn hob und senkte sich nur ganz gemächlich. Wir genos-

Blick auf Hamburg als Trümmerstadt und die Elbe 1952. Vermutlich habe ich das Foto vom Kirchturm des „Alten Michel", bei dem die Kriegsschäden schon beseitigt waren, geschossen.

sen die frische Luft, verfolgten den Sturzflug der Möwen und waren ganz erstaunt, wie schnell das „Land in Sicht" näher kam. Es blieben uns einige Stunden, um ein wenig auf der Insel herumzuwandern, denn wir wollten noch am gleichen Tag zum Festland zurück und weiterfahren. Wir liefen durch die Dünen und mussten bald die Schuhe ausziehen, weil sie voll Sand waren. Ich erinnere mich auch noch, dass wir an einer Stelle den steilen Hang wie auf einer Rutschbahn hinuntersausten. An der offenen Seeseite wollten wir an den Badestrand und im Meer schwimmen. Aber wegen der einsetzenden Ebbe trauten wir uns nicht weit hinaus. So planschten und spritzten wir im seichten Wasser uns gegenseitig nass und hatten unseren Spaß. Und was die Fluten alles ans Ufer spülten! Ich fand viele Muscheln, eine immer schöner als die nächste. Leider konnten wir uns aber nicht mit weiterem Gepäck belasten. Die Zeit bis zur Rückfahrt verging viel zu schnell.

Welche Route wir dann um den Jadebusen über Bremerhaven wählten, ob wir zwei oder drei Tage bis Hamburg unterwegs waren, ist von den vielen Erlebnissen überdeckt. Meine Freundin in Hamburg hatte sich schon Sorgen um uns gemacht. Für eine Stadtbesichtigung reichte die Zeit nicht, aber wir stiegen noch auf einen hohen Kirchturm, vielleicht den „Alten Michel", und konnten von dort sehen, dass auch Hamburg ein Trümmerfeld bildete. Aber im Hafen lagen schon wieder große Schiffe und ein Überseedampfer.

Für die Rückfahrt organisierten wir uns zu viert wieder eine Mitfahrgelegenheit auf einem Laster bis ins Weserbergland. Wir hatten dann bis Fürth noch mehrere Tagesfahrten vor uns.

Wie die weitere Route verlief und was wir noch erlebt und gesehen haben, ist mir heute nicht mehr präsent; es existieren auch keine weiteren Fotos. Ich erinnere mich aber noch an eine kritische Situation. Wir waren vor der Rhön auf einer Strecke mit Steigungen und Gefälle unterwegs. Durch meinen Sturz am Anfang der Reise vorsichtig geworden, fuhr ich immer als Letzte und bremste bei abschüssigen Strecken stark ab. In einem kleinen Dorf ging es bergab und ich hatte meine drei Freunde vor mir. Ich konnte noch beobachten, dass bei dem letzten Eckhaus einer nach dem anderen hinter einer scharfen Kurve verschwand. Als ich selbst diese Stelle erreichte, konnte ich das Rad nur mit Mühe herumlenken. Der Seitenrand der Straße brach an einer Böschung abrupt ab; keine Begrenzung war eingezeichnet, geschweige denn ein Geländer angebracht. Vor mir sah ich nur noch zwei meiner Freunde. Ich schrie: „Halt, halten! Anke fehlt!" Ich bremste stark ab, sprang vom Rad, warf es auf die Fahrbahn und rannte zu dem Abbruch. Da erhob sich gerade eine Gestalt aus dem Morast eines sumpfigen Dorfbaches mit ausgebreiteten Armen, an denen der braune Brei herunterkleckerte wie bei Max und Moritz der Kuchenteig. Die Augen weit aufgerissen blinkte deren Weiß im Kontrast zu dem braunen Dreck im Gesicht. Das Bild war so urkomisch, dass ich in Lachen ausbrach. Aber schon kamen Dorfbewohner aus den umliegenden Häusern herbeigeeilt und halfen, das Mädchen den Abhang heraufzuziehen und ihr Rad zu bergen. Im nächsten Hof wurde ein großer Bottich aufgestellt und Anke hineingesetzt. Wir seiften sie ein und begossen sie anschließend von oben mit klarem Wasser. Und auch ihre Kleider mussten ausgewaschen werden. Unsere Freundin hatte zum Glück keine Verletzungen davongetragen, aber doch Prellungen und üble Verstauchungen erlitten. Das Rad war so verbogen, dass eine Reparatur auf die Schnelle nicht zu bewerkstelligen war. Für die Freundin war die Fahrt damit leider beendet. Von ihrem restlichen Geld besorgten wir ihr eine Fahrkarte und sie legte die Rückfahrt samt dem demolierten Fahrrad mit der Bahn zurück. Zu dritt beendeten wir die Deutschlandtour wie geplant mit dem Fahrrad. An die Reaktion der Eltern auf unsere Berichte kann ich mich nicht mehr erinnern. Für mich hinterließ die erste große Fahrt aber bleibende Eindrücke, wobei die Tage an der Nordsee die schönsten waren. Mein Vater berichtete mir damals von einer Exkursion von der Universität Halle aus nach Helgoland, bei der er mit anderen Studenten meeresbiologische Studien betrieben hatte (1928/29).

Getrennte Lebenswege

Konflikt in der Familie

Hinter meinem Vater und mir lagen etwa fünf Jahre einer gewachsenen und engen Vater-Tochter-Beziehung, als die Ärzte die Auskunft erteilten, mit einer Besserung des Zustandes meiner Mutter sei nicht mehr zu rechnen. Mitte vierzig – also im besten Mannesalter – sehnte er sich nach einer neuen fraulichen Partnerschaft, zumal er eine solche durch die Wirren des Krieges bis dahin nicht hatte pflegen können. Ich selbst glaubte hingegen fest daran, dass meine Mutter eines Tages wieder mit uns zusammenleben würde. Ich besuchte sie auch alleine in der Klinik in Ansbach, wozu ich ab dem zwölften Lebensjahr berechtigt war. Ich tat es auch gelegentlich ohne Wissen meines Vaters, während seiner zeitweiligen beruflichen Abwesenheit.

Bei den Treffen ehemaliger RAD-Kameraden, auch aus anderen Gauen, sowie mit Kameradinnen des weiblichen Arbeitsdienstes, lernte mein Vater Maria Noack kennen. Sie hatte das Kriegsende in Österreich erlebt, war nach Bayern aufgebrochen und konnte ziemlich rasch den Aufenthalt ihrer Eltern und Schwester – einer Kriegerwitwe mit Kind – nach deren Flucht aus dem Breslauer Raum in Erfahrung bringen. Sie waren in einem Flüchtlingslager am Stadtrand von Nürnberg untergekommen. Als ledige und alleinstehende Frau – am Kriegsende Anfang dreißig – arbeitete sie zunächst als Hausgehilfin, dann als Sekretärin und schließlich als Sprechstundenhilfe. Dabei kamen ihr die Schulausbildung an der Handelsschule für Mädchen, ihr Organisationstalent, ein ausgeprägter Ordnungssinn und ihre Erfahrung im Umgang mit Menschen zugute.

Zunächst blieb es bei Wochenendbesuchen oder Gegenbesuchen meines Vaters. Als aber Maria bei uns einzog, waren die Konflikte vorprogrammiert. Jetzt war die Wohnung zu klein für drei Personen mit unterschiedlichsten Interessen und Bedürfnissen. Zwar trug das eine oder andere mitgebrachte Möbelstück zu mehr Wohnlichkeit der Räume bei. Auch Vorhänge oder Gardinen ersetzten die bis dahin als einzige Abschirmung der Fenster benutzten Verdunklungsrollos aus den Kriegszeiten. Aber das Wohnzimmer war eigentlich mit meinem Bett m e i n Zimmer, das ich jetzt aufgeben musste. Das lange Zimmer, der „Schlauch", eignete sich nicht besonders als eheliches Schlafzimmer, es stellte ja den Durchgang zu Küche und Bad und der ohnehin gemeinsamen Toilette mit den Untermietern dar.

Bald kam das Thema „Internat" zur Sprache. Für mich ein vermeintliches Zeichen, dass ich abgeschoben werden sollte. Ich fühlte mich als Vierzehnjährige sehr unglücklich und allein gelassen und hatte niemanden, mit dem ich darüber sprechen mochte.

Ich konnte meinem Vater nicht einfach sagen, dass ich sein Verhalten als lieblos empfand, nicht nur mir gegenüber, sondern auch gegenüber meiner Mutter. Ich konnte kein Verständnis für ihn aufbringen. Es sollte viele Jahre dauern, bis ich mich in seine damalige Situation versetzen konnte, nämlich als ich selbst heiraten und eine Familie gründen wollte. Dann erst wurde mir bewusst, dass unsere Elterngeneration über Jahre kein echtes Ehe- und Familienleben hatte. Der Einsatz der Männer im Krieg, dann die Kriegsgefangenschaft und im schlimmsten Fall der Tod rissen die Partner, ja ganze Familien auseinander über Jahre oder gar für immer. Bei uns in der Familie war es die Frau und Mutter, die ausfiel.

Maria Noack und der weibliche Arbeitsdienst

Was war das nun für ein Mensch, der sich zwischen meinen Vater und mich drängte, wie ich es als junges Mädchen empfand? Maria Noack stammte aus einer schlesischen Försterfamilie. Ihren Geburtsort Riemberg, Kreis Wohlau bei Breslau, gleichzeitig letzter Dienstort ihres Vaters vor Kriegsende, war 1994 Ziel einer gemeinsamen Reise in die Heimat, die unsere ganze Familie ihr anlässlich des 80. Geburtstages geschenkt hatte. Ich war dabei ihre Reiseführerin, Chauffeurin und Begleiterin. Nach meiner anfänglich sehr distanzierten, ja ablehnenden Haltung „Tante" Maria gegenüber als Bekannte und spätere Ehefrau meines Vaters fand ich vor allem nach seinem Tod ein gutes Verhältnis zu ihr. Maria hatte meinen Vater während seiner Krebserkrankung rührend gepflegt und ihm ermöglicht, zu Hause zu sterben. Nach meiner Heirat verband auch meine Familie und Maria ein sehr herzliches Verhältnis.

Maria Noack hat ihren detaillierten Lebenslauf vermutlich anlässlich einer Bewerbung verfasst und aufbewahrt. Er gibt einen interessanten Einblick in den beruflichen Werdegang einer Frau aus „besserem Hause", die während des Ersten Weltkrieges und der Weimarer Republik auf dem Lande aufgewachsen war. Orte ihrer Kindheit und Jugend hat sie mir auf der schon beschriebenen Reise in unsere schlesische Heimat gezeigt. Ihr weiterer Lebenslauf ist exemplarisch für die Führerinnengeneration beim **R**eichs**a**rbeits**d**ienst **w**eibliche **J**ugend (RADwJ). Nach dem erfolgreichen Abschluss einer guten Schulbildung fand sie über mehrere Jahre zur Zeit der Weltwirtschaftskrise keine Anstellung. Schließlich bot ihr der Frauenarbeitsdienst die Chance, einen Beruf auszuüben und sich zu verwirklichen:

1934	6 Monate FAD Arbeitsmaid und Küchenleiterin
[1934/35	Gesellschafterin bei Verwandten in Den Haag/ Holland und im elterl. Haushalt]
1935	Führeranwärterin Bezirk Schlesien (Breslau), 3-monatiger Lehrgang
1936/1937	Verwalterin im Lager Kaltwasser/ Oberschlesien.
1937/1938	Verwalterin im Lager Neumannshöh/Oberschlesien.
1938/1939	Tabellenbearbeiterin [Statistik? für den RADwJ] Gruppe Zwettl Nd.Österreich
1939/1940	Lagerführerin (Maidenoberführerin) Lager Reifenberg/Sonntagsberg bei Armst. Sonderlehrgang Bezirksschule Bingenheim/Hessen 14 Tage Skikurs in Lavastein
1940/1941	Lagerführerin Lager Unterweißenbach Oberösterreich Lehrgang in Leibeserziehung in Mondsee

1941/1942   Lagerführerin in Porz bei Linz/Donau, 8 wöchg.
Sonderlehrgang zur Verwendung im Stabsdienst
Bezirksschule Tollet bei Wald/Oberösterreich
1942–1944   Unterkunftsführerin (ab Nov. 1943 Maidenhauptführerin) in einem Großlager
Kriegshilfsdienste bei der Straßenbahn in Wien
15.10.–31.12.1944
kommandiert zum Luftwaffeneinsatz als Batterieführerin in die FAS (Flugabwehr) V Baden bei
Wien
1.1.1945–Kriegsende
Sachbearbeiterin für Dienste und Organisation
der Lagergruppe Baden/Österreich

Maria stellte diese Organisation des NS-Regimes in ihren
Erzählungen immer uneingeschränkt positiv dar. Ihre ersten
Arbeitsstellen in der Verwaltung zweier Lager in Oberschlesien entsprachen vollkommen ihrer Schulausbildung. Dass
sich mit dem Anschluss Österreichs die Gelegenheit bot, eine
andere Gegend und einen anderen Menschenschlag kennen-
zulernen, hat sie als einen besonders glücklichen Umstand
gewertet. Nach dem Krieg besuchte sie unzählige Male ihre
Wirkungsstätten im Nachbarland, in dem sie vier verschiedene Lager selbst geleitet und die Arbeitsmaiden betreut hatte.
Positive Begegnungen mit den Landfrauen und den durchweg von ihrer Arbeit auf dem Bauernhof erfüllten jungen
Menschen überwogen.

Ganz besonders begeistert erzählte Maria von ihrer Zeit in
Wien. Sie war ganz angetan von der Wiener „küss die Hand,
gnädige Frau"-Höflichkeit. Die österreichische Küche genoss
sie und erzählte immer wieder von ihrem Erstaunen über den
Kaiserschmarrn: „Das ist ja kaputt gemachter Eierkuchen!"
Häufig berichtete sie über ihre zweijährige Tätigkeit beim
Kriegshilfsdienst als Einsatzleiterin für die jungen Frauen,
die als Schaffnerinnen bei der Wiener Straßenbahn statt der
eingezogenen Männer Dienst taten. Von ihr lernte ich das Lied
von der „lieben kleinen Schaffnerin" kennen:

1. Einsteigen bitte, einsteigen bitte,
   ruft sie jedem laut ins Ohr.
   bleiben Sie bitte
   nicht in der Mitte
   gehen Sie endlich doch vor.

2. Aussteigen bitte, aussteigen bitte,
   wir sind bei der Endstation.
   Doch ich bleib sitzen,
   und nehm die dritte
   Fahrkarte mir heute schon.

Refrain:
   Liebe, kleine Schaffnerin,
   kling, kling, kling!
   Sag', wo fährt Dein Wagen hin?
   Kling, kling, kling!

   Liebe, kleine Schaffnerin,
   gern bleib' ich im Wagen drin.
   Und ich küsse dann sehr galant
   Deine kleine entzückende, kleine berückende,
   Fahrkarten zwickende Hand.

Mit diesem Schlager gelang es dem damals sehr populären Schauspieler, Komiker und Sänger an der Wiener Volksoper, Rudolf Carl, den Kriegshilfsdienst als Schaffnerin des RAD-wJ populär zu machen. Die jungen Frauen wurden nur bei freiwilliger Meldung genommen, denn die Tätigkeit stellte wegen Schichtdienst und Beförderung großer Menschenmengen mangels anderer Verkehrsmittel im Krieg besondere physische und psychische Anforderungen. Bei den ab Herbst 1943 einsetzenden Fliegerangriffen auf das bis dahin verschonte österreichische Gebiet mussten die Arbeitsmaiden bei Fliegeralarm die Fahrgäste schnell und sicher zum nächsten Bunker geleiten. Da die Amerikaner ihre Angriffe meist tagsüber flogen, gerieten die Schaffnerinnen häufig in diese schwierige Situation. Von dieser Belastung durch Verantwortung und zusätzlichen Erschwernissen hat Tante Maria nie etwas erzählt.

Getrennte Lebenswege 377

Auch nicht, dass sie in der Endphase des Krieges von Oktober bis Dezember 1944 selbst zum Luftwaffeneinsatz als Batterieführerin in die FAS V Baden bei Wien abkommandiert war. Es handelte sich dabei um die Bedienung der Flakscheinwerferbatterien und von Horchgeräten, was auch die Berechnung und Verfolgung der feindlichen Flugrouten erforderte. Über eventuelle Opfer in ihrer unmittelbaren Umgebung hat sie nie berichtet.

Bis Kriegsende hatte Maria Noack als Maidenhauptführerin die höchste Stufe der mittleren Laufbahn im RADwJ erreicht. Sie rechnete damit, bei einem gewonnenen Krieg weiter befördert zu werden. Die Voraussetzung dafür war der schon 1942 absolvierte achtwöchige Sonderlehrgang zur Verwendung im Stab an der Bezirksschule in Tollet/Österreich.

Solange ich Maria kannte, folgte sie fast jedes Jahr den Einladungen zu den Treffen ehemaliger Führerinnen, die wie sie in Österreich tätig gewesen waren, oder sie organisierte sie selbst.

Maria und auch mein Vater haben immer hervorgehoben, dass es ein besonderer Glücksfall für beide gewesen war, sich kennengelernt zu haben. Das Wissen, im „Dritten Reich" derselben Organisation angehört, sogar denselben Dienstgrad (dem Hauptmann entsprechend) erreicht zu haben, war für sie wie eine Klammer, die sie zusammenhielt und sie bei der Bewältigung der Nachkriegsprobleme stützte: Der Wegfall des Berufes, damit der Entzug der materiellen Existenzgrundlage und der langsame Aufbau einer neuen Basis für die zweite Hälfte ihres Lebens, ohne gegenseitige Schuldzuweisungen für ihre Tätigkeit während des NS-Regimes über sich ergehen lassen zu müssen. Sie rechtfertigten sich mit der Tatsache, persönlich kein Unrecht begangen, sondern die an ihrem Platz geforderte Pflicht getan zu haben. Bei allem ausgeprägten Nationalbewusstsein wiesen sie den Generalverdacht, der rassistischen NS-Ideologie Vorschub geleistet und dienstbar gewesen zu sein, entschieden zurück. Beide lebten im Bewusstsein, während der NS-Zeit missverstanden, missbraucht und später dann auch noch Opfer der Nachkriegsdemokratie geworden zu sein. Beide übernahmen nach dem Krieg keinerlei politische, gesellschaftliche oder radikale Verpflichtungen. Bei den ersten Bundestagswahlen ab 1949 haben sie dem „Bund der Heimatvertriebenen und Entrechteten" (BHE) ihre Stimme gegeben und mich bei meiner ersten Beteiligung an Bundestagswahlen 1957 animiert, auch diese Partei zu wählen.

Die Entwicklung hin zum weiblichen Reichsarbeitsdienst und dessen Geschichte stehen in engem Zusammenhang mit der emanzipatorischen Evolution seit Ende des 19./Anfang des 20. Jahrhunderts, bei deren kurzen erzählerischem Aufriss beziehe ich mich auf zahlreiche Veröffentlichungen, die sich aus dem Literaturverzeichnis thematisch leicht zuordnen lassen. [18]

Die tiefgreifende Umgestaltung des wirtschaftlichen und sozialen Lebens ließ Stimmen laut werden, die nach der Schulpflichtzeit die Vorbereitung der Mädchen nicht nur auf ihre spätere Rolle als Hausfrau und Mutter beschränkt wissen wollten. Die entstandene Frauenbewegung selbst strebte eine über den Tätigkeitsbereich der eigenen Familie hinausgehende Verantwortung der Frau für die Gesamtheit des Volkes an. So wurde schon vor dem Ersten Weltkrieg die Idee einer „Frauendienstpflicht" diskutiert. Sie erhielt weitere Impulse während des Ersten Weltkrieges durch den „Vaterländischen Hilfsdienst", bei dem die Frauen an vielen Stellen für die im Feld stehenden Männer einspringen mussten, ohne dafür eine Ausbildung durchlaufen zu haben. In der Weimarer Republik formierten sich immer weitere Organisationen, die vor allem während der Weltwirtschaftskrise dem Problem der Arbeitslosigkeit durch einen allgemeinen Arbeitsdienst, unter Einschluss der Frauen, entgegenwirken wollten.

Es gab Gruppen, die schon frühzeitig eine regelrechte Arbeitsdienstpflicht für Frauen forderten, andere betonten mehr die Freiwilligkeit. Bei der Vielzahl sämtlicher Maßnahmen war der Anteil der Institutionen für Frauen geringer als der für Männer.

Im Großen und Ganzen verlief die Entwicklung von männlichen und weiblichen Arbeitsdiensten parallel, und beide erhielten mit dem Gesetz vom 5. Juni 1931 eine Rechtsgrundlage. Für den Einsatz des Freiwilligen Arbeitsdienst (FAD) galt das Prinzip der Gemeinnützigkeit. Die verschiedenen Träger der Organisationen unterstanden der Reichsanstalt für Arbeit in Zusammenarbeit mit den Arbeitsämtern, die auch die Finanzierung sicherten. Der Personenkreis der Empfänger sowie die Tätigkeitsmerkmale des Dienstes erweiterten sich mit der Zeit. Beim FAD der Frauen waren vor allem karitative, landwirtschaftliche, gärtnerische, pädagogische, also im Allgemeinen spezifisch weibliche Tätigkeitsmerkmale vorherrschend.

In der Endphase der Weimarer Republik hatte die sich ergießende Akademikerschwemme die Berufsaussichten derart vermindert, dass von der offiziellen Berufsberatung vor einem Studium gewarnt wurde. Um dem Ansturm an den Universitäten gegenzusteuern, plante man das sogenannte Werkjahr, das dann, wegen begrenzter Finanzierungsmittel, zu einem verpflichtenden Werkhalbjahr verkürzt für Studentinnen wie für Studenten angeboten wurde. Nach der Machtübernahme wurden alle diese Organisationen gleichgeschaltet. Das bedeutete, dass sie dasselbe nationalsozialistische Schulungsprogramm durchführen mussten. Ende 1933 avancierte Reichsfrauenführerin Gertrud Scholtz-Klink zur obersten Führerin des „Deutschen Frauenarbeitsdienstes" (DFAD) und als solche unterstand sie direkt dem Reichsarbeitsführer Konstantin Hierl. In dem Jahr absolvierte Maria sechs Monate freiwilligen Dienst.

Das Reichsarbeitsdienstgesetz vom 26. Juni 1935 enthielt zwar die Verpflichtung „aller jungen Deutschen beiderlei Geschlechts" zur Ableistung des Arbeitsdienstes, allerdings mit der Ankündigung eines Sondergesetzes für die weibliche Jugend. Bis dahin blieb der Arbeitsdienst für junge Frauen freiwillig. Eine Ausnahme bildeten wiederum die Abiturientinnen, die zunächst 13, später 26 Wochen Arbeitsdienst nachweisen mussten, um eine Zulassung zum Studium zu bekommen. Die NS-Ideologie wollte Frauen von den Hochschulen fernhalten, um sie ihrer „ureigensten Berufung zur Frau und Mutter" zuzuführen. 1939 erfolgte die Einführung der Arbeitsdienstpflicht für die weibliche Jugend (RADwJ). 1941 rief man im Anschluss an die sechsmonatige Arbeitsdienstpflicht den weitere sechs Monate dauernden Kriegshilfsdienst ins Leben, um männliche Kräfte für das Militär freizusetzen. Einsatzbereiche für die jungen Frauen waren:

- Hilfsdienst im Bürobereich bei Dienststellen der Wehrmacht und bei Behörden
- Hilfsdienst in Krankenhäusern und anderen gesundheitlichen und sozialen Einrichtungen
- Hilfsdienst bei hilfsbedürftigen, insbesondere kinderreichen Familien
- Hilfsdienst im Büro und Schalterdienst sowie Schaffnerin bei Verkehrsbetrieben, vorwiegend bei den Straßenbahnen in den Großstädten (Büro, Schalterdienst, Schaffnerin)
- Einsatz in der Rüstungsindustrie bei Engpässen
- Einsatz beim „Volkssturmkampf" im Osten (Umsiedlungsaktionen)

Die letztgenannte Aufgabenstellung wies dem RADwJ eine politisch und menschlich besonders heikle Arbeit zu: Unmittelbar nach dem Polenfeldzug und später während des Russlandkrieges und der Besetzung großer Gebiete im Osten wurden Baltendeutsche und so genannte Volksdeutsche z. B aus Wolhynien und Galizien durch Versprechungen aber auch unter Zwang zur Aufgabe ihrer Heimat bewogen. Man siedelte diese Menschen in die nach der Zerschlagung Polens „zurückgewonnenen Gebiete", den so genannten Reichsgau Wartheland und in Ost-Oberschlesien an. Aus diesen Regionen waren Juden in Konzentrations- und Vernichtungslager sowie Polen zur Zwangsarbeit ins Reich deportiert worden. Diese Aktionen führten SS-Einheiten mit Unterstützung von Arbeitsmaiden durch. Ihnen kam die prekäre Aufgabe zu, die Mitnahme von Hausrat beim Abtransport der Vertriebenen zu verhindern. Anschließend galt es, Wohnungen und Häuser für die neuen deutschen Bewohner herzurichten und diesen bei Einzug und Eingewöhnung zu helfen. Die Maiden waren gehalten, die neuen Eigentümer aus Zeitungsnachrichten über die „Heldentaten" und Erfolge der Wehrmacht zu informieren und darüber hinaus generell mit nazistischem Gedankengut zu indoktrinieren. Sie hatten Leben, Wirken und Kämpfen Hitlers zu veranschaulichen und zu verherrlichen. Gerade die bäuerlichen Frauen zeigten sich besonders empfänglich für den Führerkult.

Ein Beispiel mag folgendes Gedicht aus einem Propagandawerk des weiblichen Arbeitsdienstes geben, mit dem die Maiden die ihnen zugewiesenen Familien begrüßen sollten:

Mutter, uns schickte des Führers Gebot,
dass wir euch helfen.
Gebt uns die Hand und ihr wisst durch uns,
dass der Führer auch euch nicht vergaß,
dass auch ihr von seiner Sorge umschlossen seid
als Mütter des Volkes.

Durch die Hilfe der Maiden bei der Kinderbetreuung und Erziehung war gewährleistet, dass sie durch Gedichte, Lieder, Märchenerzählungen, Theaterstücke u. a. m. die deutsche Sprache und Kultur in die auslandsdeutschen Familien hineintrugen.

Ob Maria über die Beteiligung des RADwJ an den brutalen Evakuierungsmethoden der SS in Oberschlesien Kenntnis hatte? Zu dem Zeitpunkt war sie in Österreich, hatte aber vorher von 1936 bis 1938 in oberschlesischen Lagern gearbeitet. Von sich aus kam sie auf solche Themen nicht zu sprechen. Ich selbst stellte ihr keine Fragen zu solchen Vorgängen, da ich zu ihren Lebzeiten selbst noch nichts von den Umsiedlungsaktionen im Osten wusste.

Zusätzliche Aufgaben für den weiblichen Arbeitsdienst ergaben sich in den letzten Kriegsjahren auf folgenden Gebieten:

- Agrareinsatz in ländlichen Haushalten
- Einsatz im Luftnachrichtendienst
- Wehrmachteinsätze an Scheinwerferbatterien (1944)
- Wehrhilfsdienst

Wie im männlichen Arbeitsdienst bestand auch im RADwJ eine hierarchische Dienstrangordnung:

Dienstgrade des RADwJ:	vergleichbarer Dienstgrad beim Militär:
Stabshauptführerin	Oberst
Stabsoberführerin	Oberstleutnant
Stabsführerin	Major
Maidenhauptführerin x	Hauptmann

(Maria Noacks letzter Dienstgrad)

Maidenoberführerin	Oberleutnant
Maidenführerin	Leutnant
Maidenunterführerin	Oberfähnrich
Jungführerin	Oberfeldwebel
Kameradschaftsälteste	Unteroffizier
Arbeitsmaid	Soldat

Das 131er-Gesetz, der Lastenausgleich und eine neue Existenz

Nach der Gründung der Bundesrepublik Deutschland 1949 wurde die Regierung unter Konrad Adenauer vor die Lösung vielerlei Probleme gestellt, wie sie sich auch aus der ehemaligen Zugehörigkeit eines Großteils der öffentlich Bediensteten zu NS-Organisationen ergaben:

Eine der wichtigsten Aufgaben bestand darin, die durch die Kriegsauswirkungen beschäftigungslos gewordenen Staatsdiener wieder in den öffentlichen Dienst einzugliedern. Das wurde im Grundgesetz im Artikel 131 (= §131) festgelegt. 1955 verabschiedete der Deutsche Bundestag die Ausführungsbestimmungen im sog. 131er-Gesetz. Es regelte im Einzelnen die Verfahrensweise, die Rechtsverhältnisse und den unter dieses Gesetz fallenden Personenkreis. Das waren u. a. Beamte, Hochschullehrer und Richter aus den Vertreibungsgebieten und Beamte in nicht mehr existierenden Verwaltungen. Auch Berufsgruppen, deren Arbeitsgebiete nach Kriegsende weggefallen waren, wie ehemalige Berufssoldaten und Führer (Stammpersonal) des RAD, fielen unter diese Bestimmung, somit auch mein Vater. Ebenso hatten zunächst von den Alliierten aus politischen Gründen aus staatlichen Positionen Entlassene, die nach dem Entnazifizierungsverfahren nicht in die Gruppe der Hauptschuldigen und Belasteten eingestuft waren, Anspruch auf ein entsprechendes Beschäftigungsverhältnis. Jede Behörde sollte mindestens 20 Prozent der Planstellen aus dem genannten Personenkreis beschäftigen.

Somit bekam mein Vater sämtliche Beamtenrechte aus seiner früheren Tätigkeit als RAD-Angehöriger angerechnet. Letztendlich ergab sich aus der mehrjährigen Tätigkeit beim

„German Labor Service", der 1957 anlässlich der seit 1955 im Aufbau befindlichen Bundeswehr aufgelöst wurde, für ihn die Übernahme in das Bundeswehr-Materialamt in St. Augustin bei Siegburg. Dort fand er eine seinen Interessen und seiner Ausbildung gemäße Beschäftigung. Es ging darum, Materialien der Bundeswehr auf ihre Tauglichkeit zu untersuchen und zu überprüfen, wobei ihm seine Kenntnisse aus der Studienzeit in Chemie und Physik zugutekamen. Zusammen mit Maria, die ebenfalls zu den oben genannten Berufsgruppen gehörte und in das Gesundheitswesen übernommen wurde, war er jetzt finanziell abgesichert. Ihr beider Lebensmittelpunkt verschob sich 1958 von Franken ins Rheinland. Sie zogen zunächst nach Hangelar, zwischen Bonn und Siegburg gelegen.

Mein Großvater väterlicherseits siedelte als Witwer 1963 im Alter von 84 Jahren aus der DDR zu ihnen in die Bundesrepublik über. Fast zwanzig Jahre hatte er als Vertriebener in Görlitz-West gelebt und vergeblich gehofft, eines Tages wieder in sein Haus auf der anderen Neißeseite in Görlitz-Ost zurückkehren zu können. Doch die Grenze sollte endgültig werden, wie wir wissen. Sein letzter Wunsch aber, bei seinem einzigen Sohn seinen Lebensabend zu verbringen, war noch in Erfüllung gegangen. Rentner ließen die DDR-Machthaber gerne in den Westen ziehen, denn sie kosteten nur Geld. Leider war ihm nicht mehr viel Zeit vergönnt. Sechs Wochen nach meiner (seiner einzigen leiblichen Enkeltochter) Hochzeit im Jahr 1963, die er noch erleben durfte, ist er noch im selben Jahr in Hangelar zufrieden für immer eingeschlafen.

1964 erwarben mein Vater und seine zweite Frau gemeinsam eine Eigentumswohnung in Meckenheim bei Bonn. Als Grundstock für die Finanzierung dienten, außer einem zinsbegünstigten Darlehen, weitere Geldmittel aus dem sogenannten „Lastenausgleich". Dieser fußte auf dem Lastenausgleichsgesetz von 1952, einer Maßnahme, mit der ein finanzieller Ausgleich zwischen jenen Bundesbürgern geschaffen werden sollte, die im Krieg und seinen Nachwirkungen Vermögensschäden oder andere Nachteile erlitten, z. B. durch Bombenschäden oder Vertreibung ihren Besitz verloren hatten, und denen, die von unmittelbaren materiellen Kriegseinwirkungen verschont geblieben waren. Letztere mussten 50 Prozent des berechneten Vermögenswertes von 1948, hauptsächlich von Immobilien, in Raten und verteilt auf 30 Jahre in einen Ausgleichsfond einzahlen.

Nach dem Tod meines Großvaters konnte mein Vater als Erbe der beiden Häuser in Görlitz-Moys und Kohlfurt seinen Anspruch auf Geldmittel beim Lastenausgleichsamt geltend machen, dem auch stattgegeben wurde. Die tägliche Fahrt von Meckenheim bis zur Arbeitsstelle St. Augustin nahm er noch bis zu seiner Pensionierung 1971 auf sich. Er wollte unbedingt auf der linken Rheinseite leben, um dort sicherer zu sein für den Fall, „dass die Russen bis an den Rhein kommen". Hier fanden wohl traumatisierende Erlebnisse in Russland und die daraus resultierende ständige Angst vor den ehemaligen Kriegsgegnern ihren Niederschlag.

Das „Päda" im alten Kronenhotel

Als Maria 1951 in die Wohnung einzog, war mein bis dahin so inniges Zusammenleben mit meinem Vater gestört. Der Familienrat hatte beschlossen, dass ich in einem Internat die richtige Betreuung und Erziehung erhalten sollte. Hauptsächlich Onkel und Tante sowie mein Großvater im Rheinland waren an dieser Entscheidung und an der Auswahl des Ortes beteiligt. Die Zeit von 1951 bis 1955 verbrachte ich in einem Internat in Bad Neuenahr bei Bonn.

Die Schule hatte ein besonderes Profil. Sie war ein Staatliches Pädagogium, eine Oberschule bis zum Abitur, und diente in erster Linie zur Vorbereitung auf das Studium an einer Pädagogischen Akademie, einer Bildungsstätte für das Lehramt an Volks- und Realschulen. Die Ausbildung nach dem Abitur sollte nur zwei Jahre dauern. Großvater hatte als ehemaliger Lehrer ein besonderes Interesse daran, dass ein Mitglied in der Familie in seine Fußstapfen trat. Auch meine Mutter hatte im Krieg zwei Jahre als Hilfslehrerin gearbeitet. In der Familie meines Vaters übten der Onkel, eine Cousine und ein Vetter den Beruf des Volksschullehrers aus. Und mein Vater hatte den Lehrberuf, allerdings an Gymnasien, zumindest angestrebt.

Zu jener Zeit besaß ich noch keine Vorstellung von meiner beruflichen Zukunft. Doch lockte mich die Aussicht, in einem Internat mit vielen Gleichaltrigen zusammen zu leben und zu lernen. Ich hatte damals mit Begeisterung die Mädchenbuch-Serie „Trotzkopf" gelesen, in der ich mich wiederfand, da die Hauptfigur wie ich die Auseinandersetzung mit der Stiefmutter nicht ertrug und in einem Mädchenpensionat aufgenommen wurde.

So trat ich mit knapp fünfzehn Jahren die Reise zu meinem neuen Lebensmittelpunkt an. Die ersten Eindrücke sind in Briefen aus dieser Zeit, die mein Vater aufbewahrt hat, festgehalten.

Nach einem Zwischenaufenthalt bei den Verwandten in St. Goarshausen reiste ich zu meinem neuen Schulort ohne Begleitung weiter. Begeistert schilderte ich die Zugfahrt durch das Rheintal, das mir ab St. Goar noch nicht bekannt war, über Koblenz nach Remagen, wo ich dann umsteigen musste. Nach nur drei Stationen erreichte ich mein Ziel Bad Neuenahr.

Das Gepäck brachte ich zur Aufbewahrung und machte ich mich auf die Suche zu meinem neuen Quartier. „Hundert Meter nach rechts, das große alte Hotelgebäude", lautete die Auskunft des Gepäckträgers. Das war nun wirklich nicht weit und ich stand staunend vor meinem neuen „Zuhause". Allerdings war das Hotel in schlichter Form renoviert: kein Stuck mehr über den Fenstern, keine Balkone an der Fassade, wie es mir heute beim Vergleich mit einem alten Foto deutlich wird. Erbaut wurde es gleich nach dem Deutsch-Französischen Krieg 1870/71. Bei meiner Ankunft in Bad Neuenahr staunte ich dennoch über das große Gebäude, das so gar nicht wie ein Schulhaus aussah.

Aber ich befand mich zunächst vor verschlossenen Türen. Über einen Hintereingang, über dunkle Treppen und nach vergeblichem Anklopfen an leeren Klassenräumen, gelangte ich schließlich zur Wohnung des Direktors. Wie pochte mein Herz vor Aufregung! Der „Direks", oder wie ich bald erfuhr „der Kleine" genannt, empfing mich aber sehr freundlich und klärte mich auf, dass der Anreisetag für die Schüler nach den Pfingstferien erst am folgenden Tag wäre. Ich wechselte ja mitten im Schuljahr, das in Rheinland-Pfalz nach Ostern be-

Bad Neuenahr   Bonn's Kronen-Hôtel

Bad Neuenahr, Bonn's Kronen-Hotel (Postkarte aus der Weimarer Zeit)
beherbergte das Pädagogium bzw. die Staatliche Aufbauschule. Meine
Schulausbildung erfuhr ich dort von 1951-1955. Das Mädcheninternat
war bis 1953 im selben Gebäude untergebracht.

gann. Sofort wurde ich der Heimleiterin vorgestellt, die mich
in einen Schlafsaal – früher sicher ein komfortables Doppel-
zimmer – mit sechs Betten einwies, von denen eines noch frei
war. Ich war glücklich, „gleich neben der Balkontür ein schö-
nes Eckchen zu haben mit einem Hocker als Nachttisch", wie
ich meinem Vater im ersten Brief schrieb.

Für meine Habseligkeiten wurde mir in einem Schrank ein
Fach zugeteilt. Zudem erhielt ich durch eine der beiden Töchter der Heimleiterin, die mich durch alle Räumlichkeiten führte, weitere Einweisungen. Schule und Internat waren in demselben Gebäude untergebracht. Die Schulräume lagen im Erdgeschoss, Schlafsäle der Jungen in der ersten und dritten, die
der Mädchen in der zweiten Etage. Eine wichtige Verhaltens-
vorschrift teilte ich meinem Vater zu dessen Beruhigung gleich
mit: „Wenn ein Junge das Revier der Mädel oder umgekehrt
ein Mädel das Revier der Jungen betritt, so fliegen sie von der
Schule." Das Auftauchen des anderen Geschlechts in so unmittelbarer Nähe war für mich natürlich eine Sensation. Nicht

nur im Unterricht, auch im Speisesaal erprobte man Koedukation: „Da saßen wir an den Tischen immer ein Junge und dann ein Mädchen. Ich kam mir ja komisch vor zwischen den Jungen. Die Mädel sind ja ganz nett." Die Jungen beurteilte ich nicht.

In meinen ersten Briefen berichtete ich über unsere ausreichenden Mahlzeiten: „Wir tranken zusammen Kaffee: Ein Stück Butter für jeden, aber Brot, Marmelade und Milchkaffee so viel, wie wir wollten." Oder: „Heute Mittag gab es Kartoffeln mit Schnittlauchsoße, Bohnen- und Blattsalat und hinterher einen Pfannkuchen mit gekochten Äpfeln. Ich habe mich ordentlich satt gegessen und es hat mir auch geschmeckt." Wenn ich heute bedenke, dass wir erst im sechsten Friedensjahr lebten, war es eine große Leistung der Heimleitung, so viele junge Menschen satt zu bekommen. Ich beteuerte immer wieder: „Das Essen ist ausgezeichnet, und wir können so viel essen, wie wir wollen."

Einige Episoden im Zusammenhang mit dem Essen sind mir unvergesslich geblieben: Die Einteilung der Hilfsdienste durch Heimschüler war klar geregelt. Die Jungen hatten Türdienst, d. h. sie überwachten die ein- und ausgehenden Heimbewohner für die festgelegte Zeiten galten. Ihre Aufgabe war es auch, in der Küche Kartoffeln für die Mahlzeiten zu schälen und Geschirr abzutrocknen. Wir Mädchen kamen im Turnus von vier bis sechs Wochen zum „Saaldienst" an die Reihe, der das Decken, Servieren und Abdecken von zwei 8er-Tischen einschloss. Waren wir zum Saaldienst eingeteilt – für drei Tage – saßen wir, das Hilfspersonal, zusammen an einem Tisch neben dem Brücheneingang, von wo aus man den Speisesaal und die zugeteilten Tische gut überblicken konnte. Wir nahmen die Mahlzeiten ein und mussten nebenher die vollen Schüsseln und Kannen austeilen, die leeren nachfüllen und schließlich abräumen. Auf einem Plan waren die Namen der Mädchen des Saaldienstes, die Daten und die Tischnummern aufgelistet. Mit bangem Herzen warf ich jedes Mal einen Blick auf den Plan: Welche Tische muss ich bedienen? Welche Jungen sitzen an diesen Tischen? Manche hatten einen maßlosen Appetit. Einige schikanierten uns und meldeten sich durch Handheben so häufig, dass wir selbst kaum Zeit zum Essen

hatten. Ein Junge aus unserer Klasse war ein ausgezeichne-
ter Orgelspieler, von riesigem Wuchs und mit dem entsprechend unbändigen Appetit gesegnet. Einmal traf mich das Los,
den Tisch mit dem Vielfraß zu bedienen. Ich war den Tränen
nahe. Aber ich nahm mir vor, mich nicht unterkriegen zu lassen. Dann verlief die Mahlzeit aber ganz normal ab.

Am Ende des Mittagsessens wurde gesungen. Das jeweilige
Geburtstagskind durfte sich ein Lied wünschen. Da erklan-
gen Wander- oder Jahreszeiten-Lieder. Manche Spaß- und
Trinklieder lernte ich erst damals: Ein Heller und ein Batzen
– oder – Meine Oma fährt im Hühnerstall Motorrad.

Die Jungen mussten reihum zum Essen „Kibeluwa" besorgen. Ich beobachtete, wie sie mit einem Handwagen und Kisten leerer Flaschen loszogen und fand heraus, dass sie Spru-
delwasser holten. Und dafür fuhren sie zu einer öffentlichen
Quelle in der Innenstadt des Kurortes, wo die Einwohner von
Bad Neuenahr sich das mineralhaltige Heilwasser kostenlos
abfüllen konnten. Erst hielt ich „Kibeluwa" für eine Marken-
bezeichnung. Schließlich klärte mich eine Klassenkameradin
auf, dass irgendein Spaßvogel für das alkoholfreie Getränk
den Spottnamen **Ki**nder**belu**stigungs**wa**sser erfunden hatte,
und die Internatsschüler dafür die Abkürzung „Kibeluwa"
benutzten.

Heute weiß ich, wie der Ausdruck „Kinderbelustigungswas-
ser" zustande kam. Er sollte nach dem Krieg einen anderen
Spottnamen für das Apolllinariswasser im Dritten Reich ersetzen: „Heinrich-Himmler-Sekt". Der Chef der SS war ein
Verächter des Alkohols. Betrunkene Deutsche passten nicht
in sein Bild vom gesunden, disziplinierten arischen Kämpfer.
Er versuchte deshalb, den Alkoholkonsum des deutschen Volkes einzudämmen, indem er dafür sorgte, dass Mineralwas-
ser billiger als Bier war und in den Kasernen der Waffen-SS
sogar kostenlos ausgegeben wurde. Die SS hatte sich neben
anderen Unternehmen wie zum Beispiel Steinbrüchen, fast
alle Mineralwasserkonzerne einverleibt. Das ehemalige Kro-
nenhotel gehörte von 1941 bis Kriegsende der NS-Wohlfahrt.
Vielleicht waren da beide Spottnamen schon im Umlauf.

Ausführlich schilderte ich in meinen ersten Briefen den
Tagesablauf in Heim und Schule:

Viertel vor 7 Uhr Wecken
7 Uhr Läuten zum Frühstück
Halb 8 Uhr Unterrichtsbeginn
Zwischendurch ¼ Std. Pause zum Bettenmachen
und eine große Pause mit Kakao und Brötchen
Viertel vor 1 Unterrichtsschluss
1 Uhr Mittagessen
2–4 Uhr „Silentium"(Gemeinsame Erledigung der Hausaufgaben unter Aufsicht bei absoluter Stille. Auch ein
Novum für mich)
4 Uhr Kaffeetrinken
4–6 Uhr Freizeit mit Ausgang (aber immer mindestens
zu dritt!)
Viertel nach 7 Uhr Abendbrot
Ab Viertel vor 9 Uhr Nachtruhe (gestaffelt je nach Klas-
senstufe bzw. Alter)
Bei Nichteinhalten drohte Strafe: Zusätzlicher Saaldienst oder Ausgangssperre.

Mein Vater war von dem geordneten Tagesablauf seiner
Tochter sehr angetan. Sicher hat ihn manches an seine RAD-
Zeit erinnert, als er bei den Arbeitsmännern für Zucht und
Ordnung zu sorgen hatte.

Meine Schule nannte sich zunächst „Staatliches Pädagogium Bad Neuenahr". In der Weimarer Republik hatte der welt-
bekannte Kurort in der alten „preußischen Rheinprovinz"
gelegen, jetzt gehörte er zu Rheinland- Pfalz unter französischen Besatzung. Nach dem Krieg veranlasste die französische Militärregierung die Landesregierung, hier den Volks-
schullehrernachwuchs heranzuziehen. Als Vorbild dienten die
Richtlinien zur „Neuordnung der Volksschullehrerbildung in
Preußen von 1925". Begabte Volksschüler erhielten die Möglichkeit, nach der 7. oder 8. Klasse einer Volksschule mit der
Untertertia beginnend in einem Pädagogium nach sechs Jahren die Reifeprüfung abzulegen, um dann an einer Pädagogischen Akademie die zweijährige Ausbildung als Volksschullehrer anzuschließen.

Das Provisorium von Schule und Internat in großer Be-
engtheit war in Bad Neuenahr erst kurz vor meiner Ankunft
eingetreten und sollte zwei Jahre bestehen. Bis zum Beginn

des Schuljahres 1951 besuchten in Bad Neuenahr nur Mädchen das Pädagogium. Nun kamen die Jungen der aufgelösten vergleichbaren Bildungsanstalt in Nassau hinzu. Die evangelische Einrichtung und dazu noch die praktizierte Koedukation erregten in dem katholischen Umfeld Missfallen. Bis in die 70er Jahre sollte es dauern, ehe der koedukative Unterricht zum Standard wurde. Damals waren ebenfalls die Simultanschulen (christliche Gemeinschaftsschulen) erst in der Diskussion. Sie wurden nach Bundesländern unterschiedlich in den 1950er und 1960er Jahren nach und nach zum allgemeinen Schultyp entwickelt.

Nach Ostern 1953 bezogen wir Mädchen dann ein frisch renoviertes Gebäude als Internat, das in der Nähe des Kurhauses lag, das Walburgisstift. Das ehemals herrschaftliche Gebäude für adelige Damen stammte auch aus der Gründerzeit. In der Unterprima bezogen wir Zweibettzimmer und in der Oberprima hatte sogar jede ihr eigenes kleines Reich für sich. Das genoss ich sehr, vor allem den herrlichen Blick aus dem Fenster im Dachgeschoss. Vor mir lagen die alten Gebäude des Kurzentrums, auf der südlichen Seite erstreckten sich die Ausläufer der Eifel mit dem Neuenahrer Berg und nach Norden konnte ich die Weinberghänge bewundern. Vom Walburgisstift aus hatten wir jetzt einen zehnminütigen Schulweg, denn Schule und Jungeninternat blieben weiterhin im alten Hotel Krone bestehen.

Die Eltern mussten Schulgeld zahlen, dessen Höhe ich nicht mehr angeben kann. An Unterhaltskosten im Internat waren 53,33 Mark pro Monat zu entrichten (1951). Jedenfalls bat ich im ersten Brief meinen Vater, diese Summe an das Landesamt zu überweisen. Ich konnte in Zukunft ein Stipendium erwarten, musste aber gute Leistungen erbringen und bei jedem Antrag zu Schuljahresbeginn mein Zeugnis mit einem Gutachten der Schulleitung einreichen. Deshalb bemühte ich mich um Erfolge in der Schule. Aber auch die Freude, neues Wissen aufzunehmen und zu verarbeiten oder mich in Klassenarbeiten zu bewähren, spornte mich an. Das Stipendium belief sich meines Erachtens auf 400 Mark im Schuljahr.

An Taschengeld genehmigte mein Vater mir 10 DM monatlich, wovon ich alle persönlichen Ausgaben für Körper-

*Das Walburgis-Stift in Bad Neuenahr wurde 1880 unter der Träger-
schaft der Inneren Mission erbaut. Es war für die Pflege von „Kranken
und Schwachen" gedacht. Ab 1953 diente das renovierte Gebäude als
Mädcheninternat.*

pflege, Schulmaterial, Briefpapier und Porto selbst bezahlen musste. Beim Porto war auch das „Notopfer Berlin" enthalten. Es handelte sich dabei um eine kleine Steuermarke
über 2 Pfennig, die von 1948 bis 1956 vom Absender zusätzlich zum normalen Porto (Postkarte 10 Pfennig, Brief
20 Pfennig) auf die Post geklebt werden musste. Die Ein-
nahmen wurden seit der Berlin-Blockade für die in wirtschaftliche Not geratene West-Berliner Bevölkerung verwendet. Das Verhältnis zwischen den Westalliierten und der Sowjetunion samt DDR hatte sich rapide verschlechtert. Der
„Kalte Krieg" verschärfte die Lage und schließlich wurden
die Zufahrtswege auf dem Land für die Transporte von der
Bundesrepublik nach Westberlin gesperrt. Die Bevölkerung
musste über eine Luftbrücke mit sämtlichen Nahrungsmitteln und anderen Gütern versorgt werden.

Die Auflistung meiner Ausgaben gibt einen guten Über-
blick über das Preisgefüge von Utensilien, unter anderem für
den Schulbedarf, Anfang der Fünfzigerjahre:

Mai 1951

Gegenstand	M[ark]
5 Briefumschläge	0,05
5 Postkarten	0,05
3 Ansichtskarten	0,32
3 x 20 Pfennig-Briefmarke	0,60
6 x 10 Pfennig-Briefmarke	0,60
9 x 2 Pfennig Notopfer	0,18
2 x Hefte je 50 Pfennig	1,00
Zahnbecher	0,55
Malkasten	1.45
Pinsel	0,45
4 x Hefte je 25 Pfennige	1,00
2 x Hefte je 25 Pfennige	0,50
1 Paket Tempotaschentücher	0,45
Eis	0,40
Briefmappe f. Freundin	2.25
2 Geburtstagskarten	0,20
1 Tafel Schokolade	0,60
1 Tafel Schokolade	0.30
1 Bleistift	0,15
Sparkassenbuch Anzahlung	1,00
1 Heft	0,25
Einschlagpapier	0,25
	12,60 M

Um mein Taschengeld aufzubessern, wandte ich die schon in Fürth erfolgreiche Methode gegenüber meinem Vater an: Ich rechnete gute Noten bei Klassenarbeiten gegen schlechte auf und hatte bei Ziffernnoten ein einfaches System zugrunde gelegt:

Note 1	10 Pfennige
Note 2	5 Pfennige
Note 3	0 Pfennige
Note 4	– 5 Pfennige
Note 5	– 10 Pfennige
Note 6	wurde nicht in Betracht gezogen.

Bei dem in Bad Neuenahr angewandten Punktesystem 0 bis 20 verfuhr ich vergleichsweise.

Umstellung bei innerdeutschem Schulwechsel

In Rheinland-Pfalz begann das Schuljahr an Ostern. Ein Schuljahr wurde in Trimester statt in Halbjahre eingeteilt – entsprechend dem französischen Vorbild – und somit erhielten wir drei Zeugnisse.

Mir teilte man am ersten Schultag mit, dass ich auf Grund meines Winterzeugnisses der 5. Klasse (Obertertia) in Bayern in die Untersekunda aufgenommen war. Ich hatte also ein halbes Schuljahr übersprungen. Für mich bedeutete das aber, fünf Jahre Französisch nachzuholen. Trotz Nachhilfeunterrichts und eifrigen Büffelns erreichte ich im Abitur mit Müh und Not ein Ausreichend. Meine Englischkenntnisse erfuhren keine besondere Förderung, da im Wahlfach nur die Grundkenntnisse in der dritten Fremdsprache vermittelt wurden, für mich aller Stoff also Wiederholung war. Freiwillig belegte ich dafür in der Oberstufe Spanisch. Den Unterricht erteilte „Chile-Born." Dieser ehemalige Lehrer an der deutschen Schule in Santiago de Chile hatte es vorgezogen, bei Kriegsbeginn in Südamerika zu bleiben, eine Familie zu gründen und kehrte mit dieser erst 1953 nach Deutschland zurück. Er verstand es, mich für die spanische Sprache zu begeistern. Das sollte später mit ein Anstoß sein, um als junge Lehrerin nach dem zweiten Examen mit einem Vertrag für drei Jahre ins Ausland, nämlich an die deutsche Schule in Bilbao in Nordspanien zu gehen.

In der französischen Besatzungszone stand ab der 5. Klasse als erste Fremdsprache Französisch auf dem Lehrplan. Das blieb so über die Besatzungszeit hinaus. Ab Untertertia (8. Klasse) mit Beginn der Schullaufbahn im Pädagogium kam Latein hinzu. An die Stelle der dritten Fremdsprache trat Musik. In unseren Zeugnissen wurde bei diesem Fach sogar eine Unterteilung in Theorie, Gesang und Instrumentalunterricht vorgenommen. Mit der Fortsetzung meines Klavierunterrichts hatte ich Schwierigkeiten, da er privat finanziert werden musste. Außerdem stand der Flügel im Speisesaal nur begrenzt zum Üben zur Verfügung. Wir hatten verpflichtend wöchentlich zwei Stunden Musik sowie zwei Stunden gemischten Chor. Freiwillig war die Teilnahme im Mädchenchor und im Schulorchester. Dass wir mit diesen Musikgruppen wesentlich zur Ausgestaltung der Gottesdienste in der evangelischen Kirche beitrugen, war naheliegend. Wir brachten Choräle, Kantaten, Motetten und anderes zur Aufführung. Die größte Herausforderung bedeutete für mich, als ich einmal beim vierstimmigen Satz des Benedictus aus Mozarts Requiem die Altstimme singen durfte. Unser Musiklehrer hatte allerdings eine doppelte Besetzung vorgeschlagen, da unsere Stimmen nicht so ausgebildet und tragend waren.

Bei der Beschäftigung mit Barockmusik im Unterricht lernten wir den Benediktinermönch Valentin Rathgeber (1622-1750) kennen, Komponist, Organist und Chorleiter des Barock. Ganz unerwartet hat sich in meinem Bewusstsein jetzt ein Bogen gespannt zu einem meiner frühen Kindheitsorte: Oberelsbach in der Rhön. Rathgeber ist in diesem Ort geboren, wo es heute ein Rathgeber-Museum und eine -Statue gibt. Seine Augsburger Tafelmusik ist eine Liedersammlung, aus der zur Hauptspeise musiziert werden soll. Darunter ist eines meiner Lieblingslieder, das ich auch zum Vorsingen für die Zeugnisnote auswählte. Rathgeber hat uns damit eine Hymne an die Musik geschenkt:

Der hat vergeben das ewig Leben,
der nicht die Musik liebt
und sich beständig übt in diesem Spiel.
Wer schon auf Erden will selig werden,
kann schon erreichen hie
durch Musik ohne Müh sein himmlisch Ziel.
Es gibt der höchste Gott seinen Engeln das Gebot:
Es singe Cherubim, es singe Seraphim,
der Engel viel!
Der hat vergeben das ewig Leben,
der nicht die Musik liebt
und sich beständig übt in diesem Spiel.

Der Kehrreim sollte vor allem für mein berufliches Leben ein Leitmotiv werden. Als Lehrerin habe ich viel musiziert, begann mit meinen Schüler(inne)n jeden Morgen den Unterricht mit einem Lied, mit Gitarre begleitet. Mit den für Kinder einfach zu handhabenden Orffschen Instrumenten gestalteten wir Lieder und führten sogar Musicals auf.

In dem Badeort Neuenahr nutzten wir außerschulische kulturelle Angebote. Für nur drei Mark erhielten wir eine Schülerjahreskarte, die zum Eintritt in den Kurpark mit sämtlichen Veranstaltungen berechtigte. Ich habe diese Möglichkeiten als einen besonderen Vorzug empfunden und berichtete davon meinem Vater in vielen Briefen.

Dass an diesem Schultyp Musik einen Schwerpunkt bildete, trug dem Umstand Rechnung, dass der Volksschullehrer nicht nur Unterweiser im Lesen, Schreiben und Rechnen sein, vielmehr auch ab Beginn des 20. Jahrhunderts den Kindern auf dem Land Kulturgut vermitteln sollte. Oft bekleidete er nebenher das Amt des Organisten in der Kirche, leitete Chöre und erteilte Instrumentalunterricht.

Zu der Zeit, als ich das Pädagogium besuchte, war es für dessen Schulabgänger schon nicht mehr verpflichtend, nach dem Abitur die Ausbildung zum Volksschullehrer anzuschließen. 1953 erfolgte nämlich die Erweiterung zur Staatlichen Aufbauschule d. h. begabte Schüler konnten nach der 7. Klasse Volksschule bis zum Abitur gelangen und hatten dann freie Studienwahl. Von 22 Abiturienten aus meiner Klasse ergriff trotzdem knapp die Hälfte den Beruf des Volksschullehrers.

Vor allem in der Oberstufe wurden Flüchtlingskinder aus der DDR in die Internatsschule aufgenommen, denen man ermöglichte, die Schulausbildung mit Russisch als erster Fremdsprache fortzusetzen und darin auch das Abitur abzulegen.

Die Schule erhielt auf dem Gelände des Kronen-Hotels einen Erweiterungsbau, der neben Lehrerwohnungen mit zwei Klassenräumen und einem Physik/Chemiesaal ausgestattet war. So konnten wir in den beiden Abschlussjahren professionellen Unterricht in den naturwissenschaftlichen Fächern erhalten. Arbeitsgemeinschaften wurden ebenfalls angeboten. Ich wählte Biologie; in dem Fach waren wir nur eine kleine

Gruppe, was einem Privatunterricht gleichkam.

Ein Problem während der ganzen Schulzeit in Bad Neuenahr bildete der Sportunterricht. Wir hatten keine Turnhalle
und mussten dazu bis nach Ahrweiler zu Fuß laufen, um das
vorgeschriebene Geräteturnen zu absolvieren. Auch im Sommer stand uns nur ein Sportplatz in Ahrweiler zur Verfügung.
Dort veranstalteten verschiedene Schulen jeden Sommer ein
Sportfest mit Wettbewerben in Leichtathletik.

In den Genuss eines regelrechten Schwimmunterrichts
kamen wir, als in Bad Neuenahr das Schwimmbad fertiggestellt war. Dort erwarb ich das DLRG-Jugendabzeichen. Einmal in meinem späteren Leben kam ich in die Lage, die er-
worbenen Kenntnisse über das Verhalten in einer Rettungs-
situation sowie die erlernten Griffe und Wiederbelebungsver-
suche einzusetzen: Bei einer Urlaubfahrt mit meinem Mann
und einem befreundeten Ehepaar nach Spanien konnten wir
drei Menschenleben am Atlantik retten, einen achtjährigen
Jungen, dessen Vater und den Onkel. Die drei leichtsinnigen
Nichtschwimmer waren in den Sog der Wasserströmung bei
Einsetzen der Ebbe in einer Flussmündung geraten und trieben meerwärts. Es gelang uns, sie schwimmend und mit Hilfe eines Ruderbootes an Land zu bringen. Wir begannen sofort mit Wiederbelebungsversuchen. Als sie die ersten Lebenszeichen von sich gaben, traf endlich der Küstenrettungsdienst
ein und brachte die Geretteten ins Krankenhaus.

Die großen Ereignisse in meiner Schullaufbahn waren für
mich die gemeinsamen Klassenwanderungen in die Umgebung, ins Ahrtal und in die Eifel. Jedes Jahr fand ein Winter-
ausflug auf die Hohe Acht statt, mit über 800 Metern der
höchste Berg der Eifel. Da ich keine passende Ausrüstung
besaß, zog ich meinen Trainingsanzug über meine Winterbe-
kleidung und lieh mir ein Paar Stiefel aus. Mit diesem Aufzug
konnte ich bei den Jungs allerdings nicht punkten. Ich genoss aber trotzdem den herrlichen Wintertag.

In der Unterprima unternahmen wir sogar eine Klassen-
fahrt mit Fahrrädern von mehreren Tagen und Übernachtung
in Jugendherbergen. Im Nachhinein bewundere ich die Lehrer, die uns begleiteten, für ihren Mut, diese Verantwortung
auf sich zu nehmen. Natürlich war der Autoverkehr auf den

Straßen damals nicht vergleichbar mit heute, aber es existierten auch keine Radwege. Es ging von Bad Neuenahr an den Rhein, dem wir bis Köln folgten und dann weiter bis nach Wuppertal.

Von Bad Neuenahr aus war es mit dem Zug nicht weit nach Bonn, in die Bundeshauptstadt, die man mit einmaligem Umsteigen in Remagen erreichte. Unsere Klassenlehrerin hatte einen Besuch bei einer Bundestagssitzung organisiert. Damals wussten wir nicht, dass in Bonn 1926 eine der ersten drei Pädagogischen Akademien der Weimarer Republik eröffnet worden war. Ein provisorisches Schulgebäude wurde bald zu klein. In dem im Bonner Stadtteil Gronau am Rhein errichteten Neubau entwickelte sich bis zum Ende des Krieges die größte Pädagogische Akademie der NS-Zeit. Nach dem Zweiten Weltkrieg spielte das Bauwerk eine bedeutende historische Rolle. Ab 1949 beherbergte es den ersten Deutschen Bundestag. Der Komplex wurde erst nach und nach erweitert, erhielt Plenarsaal und Zuschauertribüne. Ich war sehr beeindruckt, mich in den Räumlichkeiten umsehen zu können, in denen die Gesetzgebung für die Bundesrepublik beschlossen wurde. An die Einzelheiten der damaligen Sitzung des Parlaments kann ich mich leider nicht mehr erinnern. Durch das Erlebnis wurde aber mein Interesse erstmals auf das Fach „Staatsbürgerkunde" gelenkt. Mein Vater hatte mich immer vor der Einmischung in die Politik gewarnt: „Man erreicht nichts und macht sich nur die Finger schmutzig." Heute sehe ich in seiner Politikverdrossenheit den Ausdruck einer im Dritten Reich gescheiterten politischen Existenz. Das hatte natürlich auch Einfluss auf mich; ich las keine Zeitung und auch die Schule vermochte es bis dahin nicht, mein Interesse für die Politik zu wecken. Geschichte und Staatsbürgerkunde waren in den Jahren nach dem Krieg Fächer, für die die Schulbehörden kaum geeignete Lehrer finden konnten. Oft übernahmen fachlich unqualifizierte Kräfte den Unterricht in den genannten Fächern. Und gerade zur Verarbeitung und Bewältigung der NS-Zeit benötigte meine Generation die richtige Hilfestellung. Am Pädagogium in Bad Neuenahr hatten wir mit dem Geschichtslehrer Dr. W. einen positiven Ausnahmefall.

Frau Sch., unsere Klassen- und gleichzeitig Deutschlehrerin, unser „Mohrchen" – mit tiefschwarzem Haar –, führte uns bemerkenswerterweise an moderne Literatur heran, besonders an die in der NS-Zeit verbotene oder verfemte. Bei der Schullektüre „Nachts schlafen die Ratten doch" von Wolfgang Borchert (1921–1947) holte mich die Vergangenheit wieder ein. Diese Kurzgeschichte aus der Sammlung „An diesem Dienstag" wühlte mich besonders auf, weil sie die Erlebnisse eines neunjährigen Jungen erzählt, der nach einem Bombentreffer ganz verstört auf den Trümmern des Wohnhauses ausharrt, um seinen unter den Halden verschütteten jüngeren Bruder vor den an Leichen nagenden Ratten zu schützen. Ein älterer Mann, Gartenbesitzer und Karnickelzüchter, stellt dem Kind ein junges Kaninchen als Geschenk in Aussicht. Er will den Jungen behutsam von Angst und Schrecken und Tod wegführen und durch Verantwortung für etwas Lebendiges sein Herz wieder öffnen für das Glück und den Glauben an eine Zukunft. Neun Jahre war auch ich gewesen, als ich meinen kleinen Bruder durch den Hungertod im ersten Nachkriegsjahr verlor.

Wahrscheinlich schon vorher war ich durch das Hörspiel im Radio „Draußen vor der Tür" auf den bekannten Nachkriegsschriftsteller Borchert aufmerksam geworden. Selbst Teilnehmer am Russlandfeldzug, hatte er Verwundung und Krankheit an der Front erlitten, Verhaftung und Verurteilung durch das Nazi-Regime wegen Wehrkraftzersetzung und später noch einmal wegen angeblicher Selbstverstümmelung erduldet. Seine Kriegserfahrungen und seine seelischen Verletzungen und die einer ganzen Generation verarbeitete er in seinen Werken.

Meiner Deutschlehrerin habe ich auch die Auswahl meiner Lektüre in der Bibliothek zu verdanken. Ich legte mir eine Art Tagebuch an – ohne Angabe eines Datums, aber mit „Gedanken aus Büchern", die ich gelesen und die mich beeindruckt oder nachdenklich gestimmt hatten. Da notierte ich Sätze von Saint-Exupéry, Rudolf Binding, Edzard Schaper, Stefan Zweig und Stefan Andres, Frank Thiess und Albrecht Goes. Aber auch Frauenliteratur ist darunter, beispielsweise von Annette von Droste-Hülshoff, Pearl S. Buck und Ina Seidel.

Dem Französischunterricht Rechnung tragend, beschäftigten wir uns als Klassenlektüre mit Molières „Der Geizige" und brachten das Theaterstück auf die Schulbühne. Dass ich mich in meiner Schüchternheit zunächst vor der Teilnahme drücken wollte und dann doch notgedrungen eine Rolle übernahm, hat mich in meiner Entwicklung ein Stück weitergebracht. Obwohl mir die Figur der Heiratsvermittlerin Frosine ganz und gar nicht „auf den Leib geschrieben" war, versetzte ich mich so intensiv in diese Person und steigerte mich von Probe zu Probe, sodass ich schließlich die Zuschauer nicht mehr wahrnahm und in den Aufführungen ziemlich unbefangen agierte und allgemeines Lob für meine schauspielerischen Leistungen erntete.

Modell für die Heilige Barbara

Ich kann mich an einzelne Stunden in Kunsterziehung nicht mehr erinnern, aber sehr wohl an den Lehrer Theo Deisel. Eines Tages – es war wohl in der Unterprima (12. Klasse) – sprach er mich nach dem Unterricht an. Er würde mich gerne seiner Frau vorstellen, die als freischaffende Bildhauerin auf der Suche nach einem Modell für eine Skulptur der Heiligen Barbara sei. Ich freute mich über die Anfrage und sagte zu.

Zum vereinbarten Termin suchte ich das Ehepaar mit etwas gemischten Gefühlen in seiner Wohnung auf. Frau Deisel-Jennes flößte mir aber gleich bei der Begrüßung Vertrauen ein, und das war die Voraussetzung für eine gute Zusammenarbeit. Sie erklärte mir, dass die Barbara-Figur für die Eingangshalle der Grube Rodderich bei Brühl in der Nähe von Köln bestimmt sei, da die Heilige die Schutzpatronin der Bergleute ist. Sie erzählte mir auch gleich noch deren Legende: Die Tochter eines reichen Kaufmanns lebte im 4. Jahrhundert in Kleinasien, sie erfuhr vom Christentum, ließ sich taufen und führte ein frommes Leben abgeschieden in einem Turm. Als sie sich weigerte, einen reichen heidnischen Kaufmannssohn zu heiraten, zog sie den Zorn des Vaters auf sich, sodass sie fliehen musste. Auf der Flucht geriet sie an eine Felswand, die sich vor ihr öffnete, um ihr Schutz zu bieten.

Für eine Hl. Barbara, bestimmt für die Grubendirektion Rodderich bei Brühl im Rheinland, durfte ich der Bildhauerin Erna Deisel-Jennes Modell stehen (1954).

Doch durch Verrat wurde sie dem Vater wieder ausgeliefert, der sie dem römischen Landpfleger überantwortete. Sie wurde in einem Verlies gefangen gehalten, zum Tode verurteilt und durch den eigenen Vater enthauptet.

Barbara wurde zur Schutzpatronin der Bergleute, um sie bei ihrer gefährlichen Arbeit unter Tage zu beschützen. Der Berg sollte sich wie die Felsen in der Legende durch die Fürsprache der Heiligen immer wieder öffnen, ihnen Schutz gewähren und nicht zur Todesfalle geraten.

Ich erfuhr von der Künstlerin auch von dem schönen Brauch, am 4. Dezember, dem Barbaratag, Obstbaumzweige zu schneiden und ins Wasser zu stellen: „Was Anfang Dezember noch wie tot aussieht, zeigt wenige Wochen später in der Heiligen Nacht Leben und trägt weiße Blüten. Jeder Mensch bedarf des Lichtes zur Orientierung, besonders aber der Bergmann im Dunkel der Grube."

Auch der Turm spielte in der Legende eine Rolle. Er gewährte der Flüchtenden Rückzug und Sicherheit und ist auch das Symbol für Standfestigkeit, weshalb die Figur der Barbara von Künstlern oft mit einem Turm dargestellt wird. Auch ich musste als Modell ruhig stehend mit einem solchen in den Händen posieren. Dabei dachte ich über das Leben der Barbara nach. Ich nutzte die Zeit auch, um Vokabeln in Latein oder Französisch im Kopf zu rekapitulieren. Und ich freute mich natürlich darüber, dass ich mein Taschengeld aufbessern konnte, denn ich erhielt für jede Sitzung fünfzig Pfennige.

Viele Werke der Künstlerin Deisel-Jennes waren bzw. sind im Rheinland zu finden in Hüttenwerken – heute fast alle geschlossen – und auch in Schulen im Ahrtal sowie in der ehemaligen Bundeshauptstadt Bonn.

Bei einem Klassentreffen zwanzig Jahre nach unserem Abitur habe ich das Künstlerehepaar wiedergesehen. Wir erinnerten uns an die gemeinsamen Stunden im Atelier. Frau Deisel-Jennes lud mich in ihre Wohnung ein und zeigte mir das Gipsmodell für die Barbara. Sie stellte mir die nur 45 cm hohe Figur für einen Bronzeabguss zur Verfügung. Diese Heilige Barbara in unserer Wohnung erinnert mich heute an die schönen Jugendjahre in Bad Neuenahr, an die Lehrer, die uns junge Menschen geprägt haben, und an die Mitschüler, mit denen mich so manches schöne Erlebnis verbindet.

Abiturklasse 16. Februar 1955, die Autorin vorne 5. von links.

Sum ut fiam

Ausgerechnet unter dem Gelände des Walburgis-Stiftes entdeckte man eine weitere Quelle des heilenden Wassers. Das Mädcheninternat im alten Stifts-Gebäude musste in den 1990er Jahren der „Ahrtherme" weichen. Sie dient heute der Gesundheit und Freizeitgestaltung der ganzen Bevölkerung im Ahrtal.

1965 nahm man einen Schulneubau am östlichen Stadtrand in Angriff: Das Are-Gymnasium. Das Kronen-Hotel dagegen blieb noch über Jahre als Internat für Jungen bestehen, bis die Anzahl der Schüler so gering war, dass nach einer Existenz von 33 Jahren dieses zweite Zuhause für junge Menschen geschlossen werden musste. Letztlich wurde 1981 das alte Gebäude abgerissen, weil keine angemessene Nutzung möglich war und sich kein Investor fand, dem die Renovierung kostenmäßig sinnvoll erschien. Eine Grünfläche lässt heute nichts mehr von der lebendigen Vergangenheit an dieser Stelle erahnen. [19]

Auch das Gymnasium geriet Ende der 1980er Jahre in eine Krise und sollte aufgelöst werden. Doch mutige und tatkräftige Leute brachten eine Wende zustande. Heute ist das Are-Gymnasium eine modern ausgestattete und international vernetzte Ganztagsschule, die von mittlerweile mehr als 1000 Schülern besucht wird. Das Kollegium hat für seine Schule ein Leitmotiv gewählt, das mich sehr anspricht, weil es den Prozess des Werdens ins Zentrum unseres Handelns stellt und nicht allein das fertige Wissen. Deshalb möchte ich den Leitgedanken im Nachhinein über meine Schulzeit stellen:„ Sum ut fiam" – „Ich bin, um zu werden". Ich kam nach Bad Neuenahr, um zu lernen und es wurden mir Wege eröffnet. Die vier Jahre haben mich deutlich geprägt. Das Abitur war ein Abschluss der Schulzeit, aber der Prozess des Werdens ging weiter. Ich erlernte den Lehrerberuf, wofür erste Grundlagen im Pädagogium in Bad Neuenahr gelegt worden waren.

Das Schicksal meiner Mutter

Meine Mutter litt nach der langen, schweren Typhuserkrankung an gesundheitlichen Folgeerscheinungen. In den Entlassungspapieren, ausgestellt durch das Flüchtlingskrankenhaus in Hof, steht zwar, dass sie keinen Typhus hatte. Aber das war nur eine Schutzbehauptung des behandelnden Arztes. Er ließ meinem Vater gegenüber durchblicken, dass er ihre wahre Erkrankung nicht offiziell angeben dürfte. Das hätte die Schließung des Krankenhauses zur Folge gehabt, da er Typhusfälle in einer Isolierstation hätte behandeln müssen, diese aber nicht vorhanden war. Die Einnahme starker Medikamente hatte die Gesundheit meiner Mutter erheblich angegriffen. Die seelische Belastung durch Flucht, Vertreibung, den Tod ihrer Mutter und eines Kindes führten zu starken Depressionen. Von 1946 an war sie in ständiger ärztlicher Behandlung in Nervenheilanstalten in Nürnberg und Ansbach, wo man sie mit – aus heutiger Sicht – veralteten Methoden behandelte. Ärzte und Pflegepersonal waren größtenteils noch dieselben wie zur Zeit des Nationalsozialismus, wo etliche als Handlanger und Vollstrecker des Euthanasieprogramms gedient hatten. Das Gedankengut über „unwertes Leben" war nicht von heute auf morgen aus den Köpfen verschwunden. Allgemein vertrat man damals die Auffassung, dass nur eine genetische Disposition bei einem belastenden Erlebnis wie schwerer Unfall, Tod eines nahestehenden Menschen, Kriegseinwirkungen u. ä. zu psychischen Störungen führen kann. Heute weiß man vor allem durch Untersuchungen an Kriegsveteranen, die psychopathologische Auffälligkeiten entwickelten, dass Kriegseinwirkungen häufig zu Traumatisierungen führen, die sich – oft mit jahrelanger Verzögerung – in schweren psychischen Symptomen äußern. Sie werden unter dem Fachbegriff „posttraumatische Belastungsstörung" (PTBS) zusammengefasst.

Die Behandlung der psychisch Kranken war in der Nachkriegszeit nicht besonderes einfühlsam. Ich musste bei meinen Besuchen in den Kliniken hilflos mit anhören, wie meine Mutter unter Tränen die Qualen der Elektroschocks schilderte, sich an uns klammerte und uns beschwor, sie wieder mit nach Hause zu nehmen. Heute ist diese Methode weiterentwickelt und wird nur unter Narkose angewandt. Die medizinische Forschung der letzten Jahrzehnte brachte Psychopharmaka auf den Markt, die Linderung und sogar Heilung solcher Krankheiten bewirken können.

Mein Vater stand damals dem Problem hilflos gegenüber und konnte nur dem Rat der Ärzte folgen, Mutter unter medizinischer Kontrolle zu lassen. Für ihn ergab sich aus dieser Diagnose der Entschluss, sich scheiden zu lassen.

Erst 1984 hatte ich die Möglichkeit, meine Mutter in meine Nähe zu holen. Bis zu ihrem Tod 2001 war sie im Alten- und Pflegeheim im Nachbarort gut aufgehoben. Ich besuchte sie regelmäßig, holte sie stundenweise nach Hause, machte mit ihr kleine Spaziergänge und wir feierten ihre Geburtstage und die Weihnachtsfeste gemeinsam. Gerne spielte sie Mensch-ärgere-dich-nicht und freute sich schelmisch, wenn sie mich wieder zurück zum Ausgangspunkt schicken konnte. Natürlich arrangierte ich die Züge so, dass sie gewinnen konnte. Manchmal sangen wir auch Kinder- oder alte Volkslieder, von denen sie zumeist nur die erste Strophe oder Liedteile behalten hatte. Besonders gern schaute sie sich das alte Fotoalbum an, wobei ich ihr immer wieder die Personen erklären und die Namen der Familienmitglieder nennen musste. Sie wirkte nicht anders als ein alter Mensch mit dementen Erscheinungen. Unsere langjährige Hausärztin betreute sie während der Jahre im Pflegeheim. 2001 ist „Muttchen" im Alter von 87 Jahren nach kurzer Krankheit in meinen Armen sanft eingeschlafen.

Epilog

Geschriebene Geschichte beruht vielfach auf überlieferten amtlichen Dokumenten sowie Briefen und Tagebüchern. Sie sind Bausteine, mit denen der Ablauf der Geschehnisse rekonstruiert werden kann. Mündliche Überlieferungen und Erinnerungen vermitteln subjektive Eindrücke und persönliche Betroffenheit und ergänzen die Dokumente um den menschlichen Aspekt.

Ich wollte mit meiner Biografie in erster Linie ganz persönlich die Menschen erreichen, die den Anstoß zu diesem Buch gegeben und mich bestärkt haben, das Projekt auszuweiten und in einen geschichtlichen Zusammenhang zu stellen. Ich begab mich auf Spurensuche, auch nach mir selbst, und beim Schreiben habe ich viel über die Einflüsse, die auf mich gewirkt haben, erfahren. Vor allem jüngere Leser wollte ich mit meiner Generation bekannt machen, deren Eltern und Großeltern in ein doktrinäres Denken von Nationalismus, Ordnung und Gehorsam eingebunden waren. Sie haben nicht selten noch den Ersten Weltkrieg, jedenfalls aber den Zweiten erlebt. Wenn sie ihn überlebten, mussten sie den Aufbau einer neuen Existenzgrundlage im Nachkriegsdeutschland bewerkstelligen.

Manche Leser meiner Generation werden sagen: So ähnlich habe ich die Zeit – die Mitte des 20. Jahrhunderts – selbst in Erinnerung. Andere werden aber auch Schrecklicheres, Unmenschlicheres, Verstörenderes zu berichten haben über Intoleranz, Krieg und dessen Auswirkung. Mir ist klar geworden, dass Zeiten der Unterdrückung und der militärischen Auseinandersetzungen nicht wie Naturkatastrophen über uns hereinbrechen. Von heute aus betrachtet, können wir die Entwicklung zum ethnischen Nationalstaat ab dem 19. Jahrhundert mit vermehrter Ghettobildung, Umsiedlungen, Ausweisungen sowie Deportationen verfolgen, die schließlich im Dritten Reich, gesteigert durch das rassistische Element, in der systematischen Vernichtung der europäischen Juden gipfelte. Kriege wurden immer brutaler geführt mit den verhee-

renden Folgen wie Flucht, Vertreibung und Verschiebung der
Staatsgrenzen. Sie zeigen ihre Auswirkungen auch Jahrzehnte
danach in dem Bedürfnis und dem Wunsch nach Erinnerung
an die Heimat, an die Opfer und das Leiden. Die Diskussion
um einen Ort des Gedenkens darf aber nicht nur erlittenes
Unrecht und Leid beschwören, sondern muss sich auch zu
Schuld – der Vorfahren – und der daraus erwachsenen Verantwortung bekennen, damit die Völker sich die Hand zur
Versöhnung reichen und zukünftigen Generationen Wege
aufzeigen zur Zusammenarbeit in der EU und letztlich vielleicht einmal weltweit in der UNO.

Im zeitlichen Zusammenhang mit meinen geschilderten
Erinnerungen und, als deren Fortsetzung und Fortwirken,
haben Vorgänge in meiner Familie stattgefunden, die den
unlöslichen, auch persönlichen Bezug zwischen gestern und
heute verdeutlichen.

Durch Heirat eines Sohnes hatte sich der Verbund um eine
Urgroßmutter mit „Migrationshintergrund" erweitert. Diese
Uroma Hanna (* 1925) war gebürtige Wienerin, also österreichischer Herkunft. In der zwischen Polen und der Tschechoslowakei aufgeteilten Stadt Teschen als Polin assimiliert, hatte
sie einen deutschen Besatzungssoldaten geheiratet und war
als junge Mutter mit ihrem Kind noch im Krieg ins Rheinland in die zerbombte Großstadt Köln verpflanzt worden. Sie
lernte erst dort die deutsche Sprache, verbrachte die letzten
Jahrzehnte in Süddeutschland, hatte aber innerlich wegen
des migrationsskeptischen Umfeldes in Deutschland nie richtig Wurzeln geschlagen. Gelegentlich reiste sie in die Heimat
und besuchte Freunde aus ihrer Kindheit und Jugend, begleitet von Mann, Tochter und später der Enkeltochter. Die
letzte Fahrt erlebte sie sogar in Begleitung der ältesten Uren-
kelin. Die Eindrücke mögen wohl bei dieser das Interesse geweckt haben, sich nach dem Abitur einem internationalen
Studium zuzuwenden und die polnische Sprache zu erlernen,
sich mit Geschichte und Kultur unseres Nachbarlandes und
anderer ostmitteleuropäischer Staaten zu befassen. Sie stu-
dierte in Krakau und absolvierte in Warschau ein Praktikum.
Und hier wird wieder ein Bogen geschlagen zu der Diskussion um die Erinnerungskultur, die meine Enkelin in einem

Gremium kennenlernte, das sich mit dieser befasst: Das 2005 von den Kulturministern Deutschlands, Polens, der Slowakei und Ungarns gegründete „Europäische Netzwerk Erinnerung und Solidarität". Die Gründung dieser Einrichtung erfolgte in Reaktion auf den bisher nicht ausgeräumten Verdacht, das von Vertretern deutscher Vertriebenen-Organisationen 1999 projektierte „Zentrum gegen Vertreibungen" beschränke sich auf die Pflege eines deutschen Opfergedächtnisses.

Das Jahrhundert der Weltkriege hat das Zeitalter von Flucht und Vertreibung erst eingeleitet. Wir dürfen die Augen nicht verschließen, dass sich auf unserem Planeten fortwährend kriegerische Auseinandersetzungen anbahnen, stattfinden und deren Auswirkungen auch uns erreichen. Zum 70. Jubiläum der UNO müssen sich die Mitglieder eingestehen, dass seit der Gründung ihrer Organisation noch nie so viele Menschen auf der Flucht waren wie augenblicklich. Es sind die kriegerischen Auseinandersetzungen vor unserer Haustür wie in der Ukraine und auf dem Balkan, aber auch weiter entfernt auf anderen Kontinenten wie in Vorderasien und Afrika. Von dort ergießen sich nicht enden wollende Flüchtlingsströme bis zu uns. Die Historiker erklären sie uns zum Teil als Auswirkungen der kolonialen Inbesitznahme durch die europäischen Staaten – und die begann bereits mit Columbus und der Entdeckung Amerikas – bis hin zum Zeitalter der Kolonialmächte, gefolgt von Hitlers mörderischem Programm der „Ausdehnung des Lebensraums nach Osten". Heute zeigen uns die Medien täglich, wohin Ausbeutung, Gewalt und Ausgrenzung von Minderheiten aller Art führen können. Wir müssen aus der Erinnerung an die eigenen bitteren Erfahrungen heraus die Kraft und den Mut finden, Vorbild zu sein in der Ausübung von Toleranz. Wir müssen uns öffnen und Aufnahme- und Hilfsbereitschaft für die Geflüchteten, die Getriebenen und die Hilfesuchenden zeigen.

Wie war das doch, als wir Flüchtlinge und Vertriebene aus dem Osten in Westdeutschland, der späteren Bundesrepublik, ankamen und integriert werden mussten? Trotz deutscher Staatsbürgerschaft und als „deutsche Kulturträger" wurden viele Menschen als „Polacken" angesehen und behandelt, nur weil z. B. der Dialekt zunächst schwer verständlich, weil nach

wochenlangem Herumirren die Kleidung schmutzig und zer-
lumpt und kein Ersatz vorhanden war. Die Menschen, die von
Ausbombung und Vertreibung verschont blieben, mussten
lernen zu teilen: Wohnraum, Nahrung, Kleidung, Arbeitsstellen. Von der Regierung wurde ein finanzieller Lastenausgleich
angeordnet, um den Neubürgern die Integration zu erleichtern. Bei der Zuweisung der Flüchtlinge wurde jedoch keine
Rücksicht auf die konfessionelle Zugehörigkeit genommen.
Da wurde schon mal in einer rein katholischen Gegend über
eine Flüchtlingsfrau gehässig getuschelt: „Das luthersche
Mensch het mol weder..." – im Dialekt steht „das Mensch" im
Sinne für „dummes Huhn" oder „Luder" –. In einer evangelischen Region verlautete über eine Familie herablassend: „Natürlich typisch katholisch!" Besonders problematisch waren
Mischehen. Nicht selten führten die konfessionellen Differen-
zen einen Partner in gesellschaftliche Isolation.

Es war nicht leicht und es hat einige Jahre gedauert, aber
wir haben uns zusammengefunden und aus den Trümmern
des „Großdeutschen Reiches" ein demokratisches Gemeinwe-
sen aufgebaut und seitdem über drei Generationen in Frieden gelebt. Damit der Frieden uns und den zukünftigen Generationen in Deutschland erhalten bleibt, ist es notwendig,
die Rechte eines jeden Mitmenschen zu achten.

Heute heißen die Herkunftsländer der Flüchtlinge Syrien,
Afghanistan, Irak, Somalia, Algerien, Eritrea, um nur einige
zu nennen. Wir hören von den Heimatlosen nicht einen deutschen Dialekt, sondern wir vernehmen vollkommen fremde
Laute. Bei vielen ist die Hautfarbe dunkler, sind Gesichts-
form, Augen und Nase verschieden. Die Menschen kommen
aus einer für uns fremden Kultur mit anderen Lebensformen,
einer anderen Religion. Da sind schwierige und vielfältige
Probleme zu lösen. Auf den augenblicklichen Ansturm der
Flüchtlinge waren wir nicht vorbereitet, obwohl die Entwicklung abzusehen war, seit Monaten wahrnehmbar mit den Op-
fern im Mittelmeer. Wer verlässt schon seine Heimat unter
Lebensgefahr, wenn dort nicht ständig sein Leben bedroht ist
oder er keine lebenswerte Zukunft zu erwarten hat!

Wir selbst leben schon lange nicht mehr zwischen Trümmern wie vor siebzig Jahren, sondern in einer Wohlstands-,

Freizeit- und Spaßgesellschaft. Wir hungern und frieren nicht, schreiben niedrige Arbeitslosenzahlen. Wir schauen oft sogar über die Armen und Ausgegrenzten im eigenen Land hinweg. Dafür haben wir Bankenskandale, Betrügereien in der Wirtschaft, der Politik und anderen Schaltzentralen. Da sollte uns wachrütteln, was jetzt passiert. Wir dürfen nicht nur fordern, die Regierung solle es richten oder kritisieren, wenn sie versagt, sondern wir sollten uns in die Politik einmischen, bei Wahlen oder in anderen Gremien, die Gewicht haben, unsere Stimme in die Waagschale werfen.

Wir haben geglaubt, die Völker Europas, an erster Stelle wir Deutschen, hätten aus der Geschichte gelernt. Jetzt scheint sich die Geschichte zu wiederholen! Hören sich nicht manche Parolen bei den Demonstrationen an wie die unter dem Nazi-Regime? Erst „Kauft nicht bei Juden!", dann „... für Juden verboten!" und schließlich hieß es: „Juden raus!" Erst sollte es Madagaskar sein, dann Sibirien, letztlich hieß die Endstation Auschwitz! Und heute rufen die Unverbesserlichen: „Ausländer raus!" und „Kein Asyl für Flüchtlinge"!

1938 brannten die Geschäfte von Juden und Synagogen. Heute werden Asylantenheime abgefackelt!

Ich bin aber fest davon überzeugt, dass wir die Krise bewältigen werden, wenn jeder sein Scherflein dazu beiträgt: eine freundliche Geste, ein gutes Wort, ein überzeugendes Gespräch, Spenden und andere finanzielle Unterstützung aus unserem Überfluss, ein aktives Engagement in Helferkreisen. Wir müssen für mehr soziale Gerechtigkeit in der Welt sorgen. Politiker, Religionsgemeinschaften – die gesamte Gesellschaft muss mehr Toleranz üben, damit wir wieder auf friedlichere Zeiten hoffen können.

Anmerkungen

Teil I

[1] In den Führerblättern des F.A.D. Schlesiens werden für Anfang 1933 folgende Träger genannt: Volksbund, Sozialer Dienst, Stahlhelm, Jungdeutscher Orden, Kyffhäuser, Kath. Heimatwerk, Ev. Ausschuss, Ev. Volksdienst, Techn. Nothilfe, N.S.D.A.P., Schlesische Jungmannschaft, Werkdienst der Freiwilligen, SPD, KPD (BA-MA R 77).

[2] Deutscher Arbeitsdienst für Volk und Heimat. Führerzeitung des Deutschen Arbeitsdienstes, Berlin 22. September 1934, S. 22-23

[3] Führerblätter, S. 3 (BA-MA R 77)

[4] Hitler: Mein Kampf, S. 151

[5] Hierl: Deutscher Reichsarbeitsdienst, S. 20

[6] Diözesanarchiv Würzburg, Amtsbücher aus Pfarreien 3505, Fiche 5, S. 260/261

[7] Markt Oberelsbach, S. 208

[8] Schultheis: Juden in Mainfranken, S. 455 ff., STAWÜ LRA Bad Neustadt 21908

[9] Schultheis: Juden 1933–1945, S. 456 ff. und Brenner: Die Juden, S. 226

[10] Lebenslauf Anton K., Gesprächsprotokoll, geführt von Gerhard Schätzlein am 14.10.2013

[11] Dazu Döscher: „Reichskristallnacht"; Der Judenpogrom 1938

[12] Grüttner: Das Dritte Reich, S. 501

[13] Fasel, Peter: in: Die Zeit Nr. 46/2016

[14] Weiß, Volker: in: Die Zeit Nr. 46/2012

[15] Dazu: Der deutsche Überfall

[16] www.ns-archiv.de/krieg/untermenschen/reichenau-befehl.php

[17] Pohl: Die Herrschaft, S. 291, Anmerkung 28

[18] Müller: Das Heer

[19] Arbeitsmänner, S. 44-51, hier S. 45-47

[20] Das Deutsche Reich, Bd. 8, Anlage Karte 15

[21] Merianheft. Leningrad

[22] http/forum.panzer-archiv.de

[23] Müller: Das Heer

[24] Protokoll s. Anmerkung 10

[25] Dazu Meyer: Die deutsche Besatzung, S. 115-121

[26] Kriegstagebuch 338 I.D. (BA-MA RH 26-328/9)

[27] http://www.west-fd.marseillan/?=35:
„Späte Erinnerungen an eine deutsche Jugend im Krieg"

[28] Dazu Meyer: Die deutsche Besatzung

[29] Nachzulesen im Briefwechsel Lotter, Erhard mit Junk, Ursula, 06.08.2002 (Arbeitsdienst-Archiv)

[30] BA-MA R 52/III/15: Lageberichte vom 14.10.43 und 1.2.44

[31] Fricke: „Fester Platz Tarnopol"

[32] Das Deutsche Reich und der Zweite Weltkrieg, Bd. 8.

[33] Frank: Diensttagebuch, 8. August 1944

[34] Mallebrein: Der Reichsarbeitsdienst, S. 46

[35] Brückner: Kriegsende, S. 235-269

Teil II

[1] Heinrich Himmler über die Behandlung der Fremdvölkischen im Osten, 15.05.1940, NS-Archiv Dokumente zum Nationalsozialismus.

[2] s. Anmerkung 1

[3] Henriette Hanke war eine der erfolgreichsten Autorinnen des 19. Jahrhunderts. Ihre Romane und Novellen werden der Popularromantik zugeordnet. Sie richten sich vor allem an Frauen, denen sie Trösterin und Ratgeberin sein wollte. Als Ort der Handlung wählte sie häufig ein schlesisches Schloss.

[4] Decker: Der deutsche Weg, S. 23

[5] Bahlow: Schlesisches Namenbuch

Teil III

[1] Scholz: Görlitzer Tagebuch, hier Klappentext. Die folgenden Zitate S. 20 bis 58

[2] Dokumentation der Vertreibung, S. 35

[3] Freie Republik Schwarzenberg. – Wikipedia (mit Karte)

[4] Brandes: Der Weg, S. 319 ff.

[5] Wagner: Die Entstehung, S. 146

[6] Rogall: Die Vertreibung, S. 454

[7] Brandes: Der Weg, S. 239 ff.

[8] Haarer: Die deutsche Mutter

[9] Lammert: Die Stadt, S. 33

Teil IV

[1] Juedische Fuerther. Chronik 1933-1945. Sie wurde verfasst im Jahre 1943 auf Anordnung der Geheimen Staatspolizei Nürnberg-Fürth (ihr Zweck konnte nicht ermittelt werden). Sie wurde zusammenge-

stellt von der damaligen und letzten Sekretärin der Israelitischen Kultusgemeinde Fürth, Fräulein Grete Ballin, die selbst ein Opfer des nationalsozialistischen Vernichtungswillens wurde. Internet

[2] Mümmler: Fürth, S. 160

[3] s. Anmerkung 1

[4] Taylor: Zwischen Krieg und Frieden, S. 256

[5] http://www.Kreisbildstelle-illertissen.de/leseb.htm

[6] Das alte Fürther Flussbad war unterteilt in ein Freibad – wobei „Frei" sich auf freien Eintritt bezog – und ein Zahlbad, also mit Eintrittsgeld; dafür bot es mehr Komfort, war getrennt für Männer und Frauen.

[7] rhoenart-sage.de/html/rhonmaher.html

[8] Kroener: „Frontochsen", S. 371

[9] Siehe dazu NS-Prozesse. Wikipedia

[10] Benz: Potsdam, S. 213

[11] Taylor: Zwischen Krieg, S. 320 ff.

[12] Amtsblatt des Kontrollrats, S. 98 ff.

[13] Nationalsozialismus, S. 39/40

[14] Habe: Our Love Affair. Hans Habe, eigentlich János Békessy (1911-1977), war österreichischer Journalist, Schriftsteller und Drehbuchautor jüdischer Herkunft und ungarischer Abstammung. Ab 1941 hatte er die US-Staatsbürgerschaft. Wikipedia

[15] Kogon: Der SS-Staat, S. 325
Eugen Kogon (1903-1987) war Publizist, Soziologe und Politikwissenschaftler.

[16] Für die Umstellung galt außerdem: abgeschlossene Verbindlichkeiten wurden mit einem Kurs 10 Reichsmark (RM) zu 1 DM (10:1) umgestellt; laufende Verbindlichkeiten wie Löhne, Renten, Pensionen, Pachten und Mieten im Kurs 1:1; Bargeld und letztlich auch Spargut-

haben wurden zum Kurs 100 RM zu 6,50 DM umgetauscht.

[17] Das Bestimmungsbuch erschien erstmals 1903 im Verlag Erwin Nägele, Stuttgart und Leipzig; seinen Namen trägt es von seinen Begründern Otto Schmeil und Jost Fitschen.

[18] Die Entwicklung des weiblichen Arbeitsdienstes kann man ab Ende des 19./Beginn des 20. Jahrhunderts verfolgen: Dabei beziehe ich mich im Wesentlichen auf: Watzke-Otte: Ich war ein ..., S. 225–227; Stelling: Wo Ihr seid ...; Morgan: Weiblicher Arbeitsdienst; Flieger: ... und heiter alle Arbeit, S. 14

[19] www.are-gymnasium.de/profil.html?file=files/Benutzeruploads/

Literaturverzeichnis

Als die Deutschen weg waren. Was nach der Vertreibung geschah: Ostpreußen, Schlesien, Sudetenland, Reinbek bei Hamburg 2007.

Arbeitsmänner zwischen Bug und Wolga. Erlebnisberichte und Bilder vom Einsatz des jüngsten Jahrgangs an der Ostfront, ausgew. u. bearb. v. Hans Looks u. Hans Fischer, Berlin 1942.

Bahlow, Hans: Schlesisches Namenbuch, Kitzingen/M. 1953.

Banaszak, Harry: Keiner hat mich je gefragt. Ein Kriegskind erzählt, 1931-1948, hrsg. v. Jürgen Kleindienst, Berlin 2014.

Benz, Wolfgang: Potsdam 1945. Besatzungsherrschaft und Neuaufbau im Vier-Zonen-Deutschland, München 1986.

Benz, Wolfgang: Vom freiwilligen Arbeitsdienst zur Arbeitsdienstpflicht, in: Vierteljahrshefte für Zeitgeschichte 16 (1968), S. 517-546.

Brandes, Detlef: Der Weg zur Vertreibung 1938-1945. Pläne und Entscheidungen zum ,Transfer' der Deutschen aus der Tschechoslowakei und aus Polen, 2. überarb. u. erweit. Aufl., München 2005.

Braun, Volker: Das unbesetzte Gebiet (Erzählung), Frankfurt/M. 2004.

Breuer, Stefan: Grundpositionen der deutschen Rechten (1871-1945), Tübingen 2000.

Brückner, Joachim: Kriegsende in Bayern 1945. Der Wehrkreis VII und die Kämpfe zwischen Donau und Alpen, Freiburg i. Br. 1987.

Bruhns, Wibke: Meines Vaters Land. Geschichte einer deutschen Familie, 9. Aufl. München 2004.

Decker, Wilhelm: Der deutsche Weg. Ein Leitfaden zur nationalpolitischen Erziehung der deutschen Jugend im Arbeitsdienst, Leipzig 1933.

Das Deutsche Reich und der Zweite Weltkrieg, Bd. 8: Die Ostfront 1943/44, München 2007.

Der deutsche Überfall auf die Sowjetunion. „Unternehmen Barbarossa" 1941, hrsg. v. Gerd Überschär u. Wolfram Wette, Frankfurt/M. 1991.

Dörr, Margarete: „Wer die Zeit nicht miterlebt hat ..." Frauenerfahrungen im Zweiten Weltkrieg und danach. Das Verhältnis zum Nationalsozialismus und zum Krieg, Frankfurt/M., New York 1998.

Döscher, Hans-Jürgen: „Reichskristallnacht". Die Novemberpogrome 1938, Frankfurt/M., Berlin 1988.

Flieger, Charlotte: .....und heiter alle Arbeit. Ein Erinnerungsbuch für Führerinnen und Arbeitsmaiden des Bezirks II Pommern-West, hrsg. v. d. Bezirksleitung II Pommern-West, Berlin o. J.

Frank, Hans: Das Diensttagebuch des deutschen Generalgouverneurs Polen, 1939-1945, hrsg. v. Werner Präg, Stuttgart 1975.

Fricke, Gert: Fester Platz Tarnopol 1944, Freiburg i. Br. 1999.

Grüttner, Michael: Das Dritte Reich,1933-1939, 10. neu bearb. Aufl., Stuttgart 2014.

Grüttner, Michael: Studenten im Dritten Reich, Paderborn u. a. O. 1995.

Haarer, Johanna: Die deutsche Mutter und ihr erstes Kind, München 1934.

Haarer, Johanna: Die Mutter und ihr erstes Kind, Nürnberg 1949.

Habe, Hans: Our Love Affair with Germany, New York 1953.

Hahn, Ulla: Unscharfe Bilder, München 2003.

Hansen, Michael: „Idealisten" und „gescheiterte Existenzen". Das Führerkorps des Reichsarbeitsdienstes, Diss. Trier 2004.

Heinrich Himmlers Taschenkalender 1940, komm. Edition, hrsg. v. Markus Moors u. Moritz Pfeiffer, Paderborn 2013.

Heym, Stefan: Schwarzenberg, München 1984.

Hierl, Konstantin: Sinn und Gestalt der Arbeitsdienstpflicht. Vortrag, gehalten auf einer Veranstaltung der Reichsarbeitsgemeinschaft für deutsche Arbeitsdienstpflicht am 23. Mai 1932 in Berlin, 2. Aufl., München 1932.

Hitler, Adolf: Mein Kampf, 417.-418. Aufl., München 1939.

Hohmann, Joachim S.: Landvolk unterm Hakenkreuz. Agrar- und Rassenpolitik in der Rhön, 2. Aufl., Frankfurt/M. 1992.

Hürter, Johannes: Hitlers Heerführer, München 2007.

Jahrbuch des Reichsarbeitsdienstes 1936 bis 1943, hrsg. v. Müller-Brandenburg.

Josten, Elmar: Generalgouvernement 1939-1949: Chronik Generalgouvernement 1. September 1939 - 30. Januar 1945, Berlin-Schönefeld 2013.

Die Juden in Franken, hrsg. v. Michael Brenner u. Daniela F. Eisenstein, München 2012.

Der Judenpogrom 1938. Von der Reichskristallnacht zum Völkermord, hrsg. v. Walter H. Pehle, Frankfurt/M. 1988.

„Kämpferische Wissenschaft". Studien zur Universität Jena im Nationalsozialismus, hrsg. v. Uwe Hoßfeld, Jürgen John, Oliver Lehmuth u. Rüdiger Stutz, Köln u. a. O. 2003.

Klee, Ernst: Das Personenlexikon zum Dritten Reich. Wer war was vor und nach 1945?, 2. Aufl., Frankfurt/M. 2007.

Kroener, Bernhard: „Frontochsen" und „Etappenbullen", in: Ende des Dritten Reiches – Ende des Zweiten Weltkrieges, hrsg. v. Hans-Erich Volkmann, München 1995, S. 371-384.

Köhler, Henning: Arbeitsdienst in Deutschland. Pläne und Verwirklichungsformen bis zur Einführung der Arbeitsdienstpflicht im Jahre 1935, Berlin 1967.

Kogon, Eugen: Der SS-Staat. Das System der deutschen Konzentrationslager, Würzburg 1946.

Lagarde, Paul: „Schriften für Deutschland", hrsg. v. August Messer, Leipzig 1933.

Lammert, Markus: Die Stadt der Vertriebenen. Görlitz 1945-1953, o. O. 2012.

Leningrad. Merian 24 (1971), 10.

Longerich, Peter: Heinrich Himmler. Biographie, München 2008.

Mallebrein, Wolfram: Der Reichsarbeitsdienst. Geschichte und Entwicklung, Coburg o. J.

Markt Oberelsbach, Bad Neustadt a. d. Saale 2012.

Mein Haus an der Oder. Erinnerungen polnischer Neusiedler in Westpolen nach 1945, hrsg. v. Beata Halicka, Paderborn 2014.

Meyer, Ahlrich: Die deutsche Besatzung in Frankreich 1940-1944. Widerstandsbekämpfung und Judenverfolgung, Darmstadt 2000.

Meyer, Alrich: Die Razzien in Marseille 1943 und die Propagandaphotographie der Deutschen Wehrmacht, in: Francia 22/3 (1995).

Morgan, Dagmar G.: Weiblicher Arbeitsdienst in Deutschland, Diss. Mainz 1979.

Mühle, Eduard: Die Piasten. Polen im Mittelalter, München 2011.

Müller, Klaus-Jürgen: Das Heer und Hitler. Armee und nationalsozialistisches Regime 1933 – 1940, Stuttgart 1969.

Der nationale Aufbau. Anweisung für den Unterricht im Reichsarbeitsdienst, 2. Aufl., Berlin, Leipzig 1940.

Nationalsozialismus: Aufstieg und Herrschaft. Informationen zur politischen Bildung 314 (2012).

Opilowska, Elzbieta: Kontinuitäten und Brüche deutsch-polnischer Erinnerungskulturen. Görlitz/Zgorzelec 1945-2006, Frankfurt/O. 2008.

Patel, Kiran Klaus: Soldaten der Arbeit. Arbeitsdienste in Deutschland und den USA 1933-1945, Göttingen 2003.

Pfeiffer, Moritz: Mein Großvater im Krieg 1939-1940. Erinnerung und Fakten im Vergleich, Bremen 2012.

Pohl, Dieter: Die Herrschaft der Wehrmacht. Deutsche Militärbesatzung und einheimische Bevölkerung in der Sowjetunion 1941-1944, München 2008.

Rogall, Joachim: Die Vertreibung der Deutschen aus Polen, in: Deutsche Geschichte im Osten Europas, Berlin 1996, S. 448-460.

Ruge, E. u. P.: Nicht nur die Steine sprechen deutsch... Polens Deutsche Ostgebiete, München, Wien 1985.

Schätzlein, Gerhard: Der Reichsarbeitsdienst in der Rhön von 1932 bis 1945, Mellrichstadt 2013.

Schenk, Dieter: Krakauer Burg. Die Machtzentrale des Generalgouverneurs Hans Frank 1939-1945, Berlin 2010.

Scholz, Franz: Görlitzer Tagebuch. Chronik einer Vertreibung 1945/46, 3. Aufl., Berlin, Frankfurt/M. 1990.

Schultheis, Herbert: Juden in Mainfranken 1933-1945, unter besonderer Berücksichtigung der Deportationen Würzburger Juden, Bad Neustadt a. d. Saale 1980.

Seifert, Manfred: Kulturarbeit im Reichsarbeitsdienst. Theorie und Praxis nationalsozialistischer Kulturpflege im Kontext historisch-politischer, organisatorischer und ideologischer Einflüsse, Münster u. a. O. 1996.

Schwenk, Reinhold: Der Arbeitsdienst und seine Führer, Düsseldorf o. J.

Steinweis, Alan E.: Kristallnacht 1938. Ein deutscher Pogrom, Stuttgart 2011.

Stelling, Wiebke: Wo Ihr seid, soll die Sonne scheinen. Dokumentation über Leben und Wirken im Reichsarbeitsdienst für die weibliche Jugend, Leithe 1985.

Taylor, Frederick: Zwischen Krieg und Frieden. Die Besetzung und Entnazifizierung Deutschlands 1944-1946, Berlin 2011.

Umbreit, Hans: Deutsche Militärverwaltungen 1938/39, Stuttgart 1977.

Urban, Thomas: Der Verlust. Die Vertreibung der Deutschen und Polen im 20. Jahrhundert, München 2004.

Versäumte Fragen. Deutsche Historiker im Schatten des Nationalsozialismus, hrsg. v. Rüdiger Hols u. Konrad H. Jarausch, Stuttgart, München 2000.

Die Vertreibung der deutschen Bevölkerung aus der Tschechoslowakei, in: Dokumentation der Vertreibung der Deutschen aus Ostmitteleuropa, Bd. IV/1, Bonn 1957.

Volkmann, Hans-Erich: Zur Verantwortlichkeit der Wehrmacht, in: Die Wehrmacht. Mythos und Realität, hrsg. v. Rolf-Dieter Müller u. Hans-Erich Volkmann, München 1999, S. 1195-1222.

„Wach auf, mein Herz und denke". Zur Geschichte der Beziehungen zwischen Schlesien und Berlin-Brandenburg von 1740 bis heute = „Przebudź się serce moje, i pomyśl". Przyczynek do histori między Śląskiem i Berlinem-Brandenburgia od. 1740 roku do dziś, Gesellschaft für interregionalen Kuturaustausch Berlin, Berlin – Opole 1995.

Wagner, Wolfgang: Die Entstehung der Oder-Neiße-Linie in den diplomatischen Verhandlungen während des Zweiten Weltkrieges, Stuttgart 1964.

Wassermann, Charles: Unter polnischer Verwaltung, Hamburg 1957.

Watzke-Otte, Susanne: „Ich war ein einsatzbereites Glied der Gemeinschaft…". Vorgehensweise und Wirkungsmechanismen nationalsozialistischer „Erziehung" am Beispiel des weiblichen Arbeitsdienstes, Frankfurt/M. u. a. O. 1999.

Zwangsarbeit in Hitlers Europa. Besatzung, Arbeit, Folgen, hrsg. v. Dieter Pohl und Tanja Sebta, Berlin 2013.

Abbildung

S. 38: Fotoausschnitt (Hella Tegeler, Arbeitskreis Landeshut)

S. 57: Deutscher Arbeitsdienst 2 (1932) Folge 11, Umschlagrückseite

S. 64: Dokument Pfarrchronik (Diözesanarchiv Würzburg: Amtsbücher aus Pfarreien 3505, Fiche 5, S. 260/261)

S. 76: Karte Westwall
(Wikipedia westwall.png sansculotte@despammed.com)

S. 83: Kongresshalle Nürnberg / Nachkriegszeit, Fotograf o. Ang., Quelle: Sammlung Alexander Schmidt

S. 84: Bundesarchiv, Bild 183-C12671 / Fotograf o. Ang. / Lizenz CC-BY-SA 3.0

S. 90: Großdeutschland der Zukunft (© DHM, Berlin Do 61/144)
Zeichnung Marienberg/Sachsen, 4. April 1943 42 x 30 cm

S. 104: Titelseite der Zeitschrift: Der Arbeitsmann
(DHM Berlin, lnv.-Nr.: DG 90/6869)

S. 106: Liedpostkarte „Erika" (Univ. Osnabrück, Bildpostkartenarchiv Sabine Giesbrecht)

S. 116: Militärkarte Camargue (BA-MA: RH 26-328/19K)

S. 214: Chaiselongue (wikimedia commons), Urheberrecht abgelaufen

S. 215: Volksempfänger (02 KMJ.jpg), GNU Free Documentation

S. 219: Kohlenklau (Garsten Herbert, Energie und Haus; energieverbraucher.de)

S. 239: Bildpostkarte (Rita Breuer in Süddeutsche Zeitung, 10.12.2010)

S. 266: Karte Westverschiebung Polens (Peter Palm)

S. 278: Potsdamer Konferenz (Bergmoser + Höller Verlag AG Zahlenbild 050131)

S. 286: Neustädter Schule Hof/Saale (Bayr. Denkmalliste D-4-64-000-197), Wikipedia: Hof, Theaterstr. 4 / Fotograf Tilman / Lizenz CC-BY-SA 3.0

S. 295: Fürth, Nürnbergerstr. 88 (Liste: Bayerisches Landesamt für Denkmalpflege München, D-5-63-000-1006)

S. 307: Tagesration 1946 (stadtarchiv@illertissen.de)
http://www.Kreisbildstelle-illertissen.de/leseb.htm

Doppelklappe auf dem hinteren Umschlag: Reichsgaue 1941 (Peter Palm)

Die übrigen Abbildungen und Dokumente stammen aus dem Privatbesitz der Autorin.

Loeck, Hans-Werner
Die Brücke über den Embach
Gefangen in sowjetischen Lagern in
Estland. 1944-1949
350 Seiten, Fotos, Broschur.
Sammlung der Zeitzeugen. Band 76
ISBN 978-3-86614-234-3, Euro 14,90

Grimm, Hannelore / Mruck, Armin
**Zwei deutsche Lebenswege zwischen
Diktatur und Demokratie**
Ein unsentimentaler Erinnerungsbericht
zweier Zeitzeugen. 1944–1998
287 Seiten, zahlreiche Fotos, Broschur.
Sammlung der Zeitzeugen. Band 79
ISBN 978-3-86614-228-2, Euro 10,90

Peeters, Dieter
Vermißt in Stalingrad
Als einfacher Soldat überlebte ich Kessel
und Todeslager. 1941-1949
112 Seiten, zahlreiche Fotos, Broschur.
Sammlung der Zeitzeugen. Band 28
ISBN 978-3-933336-77-4, Euro 12,80

Schäfers Tochter
Die Geschichte der Frontschwester
Erika Summ. 1921-1945
192 Seiten, viele Abbildungen, Broschur.
Sammlung der Zeitzeugen. Band 55
ISBN 978-3-86614-108-7, EUR 12,80

Das vollständige Programm finden Sie unter **www.zeitgut.de**

Zeitzeugen-Erinnerungen gesucht

ZEITGUT ist eine zeitgeschichtliche Buchreihe besonderer Prägung. Jeder Band beleuchtet einen markanten Zeitraum des 20. Jahrhunderts in Deutschland aus der persönlichen Sicht von 35 bis 40 Zeitzeugen. ZEITGUT ergänzt die klassische Geschichtsschreibung durch Momentaufnahmen aus dem Leben der betroffenen Menschen.
Die Reihe ist als lebendiges und wachsendes Projekt angelegt. Herausgeber und Verlag wählen die Beiträge unabhängig und überparteilich aus. Die Manuskripte werden sensibel bearbeitet, ohne den Schreibstil der Verfasser zu verändern. Die Reihe wird fortgesetzt und thematisch erweitert.

Sammlung der Zeitzeugen

Die **Sammlung der Zeitzeugen** faßt autobiografische Einzelbücher zusammen, die ebenfalls das Leben in Deutschland im 20. Jahrhundert beschreiben. Die Bände ermöglichen einen tieferen Einblick in das Schicksal der Verfasser und gestatten es, deren Leben über längere Strecken zu verfolgen.

Manuskript-Einsendungen sind jederzeit erwünscht.

Zeitgut Verlag GmbH
Klausenpaß 14, D-12107 Berlin
Tel. 030 - 70 20 93 0
Fax 030 - 70 20 93 22
E-Mail: info@zeitgut.de

www.zeitgut.de